공인노무사

CONECTS
노무사단기

실 전
노동경제학

정 용 수 편저

고 시 계 사

Preface

전면개정판 머리말

늘 수험생들 곁에 있는 커넥츠 노무사단기에서 노동경제학을 전임하는 정용수 강사입니다.

2022년에 10월에 출간한 실전 노동경제학 초판은 예상보다 많은 수험생의 호응 속에 1쇄 분과 2쇄 분이 모두 완판되었습니다. 수험생분들의 호응 덕분에 힘을 내어 강의를 하고 개정작업에 더욱 몰두할 수 있었습니다. 정말 감사드립니다.

그럼에도 실전 노동경제학 초판은 여전히 부족한 부분이 많고, 수험생분들의 수험 여정에 큰 힘을 드리지 못 하였습니다.

우선, 실전 노동경제학 초판은 오탈자와 오첨자 그리고 자연스럽지 못한 문장이 많아 수험생분들의 집중력을 떨어뜨리는 큰 잘못을 범하였습니다.

그리고 George J. Borijas 교과서와 실전 노동경제학의 용어가 일치하지 않고, 본문 내에서 다양한 핵심 어휘로 수험생분들께 도움을 드리고자 했던 부분이 오히려 통일성 없는 용어의 남발로 인식되어 수험생분들의 혼란을 초래하였습니다.

마지막으로 실전 답안지 작성 형식으로 구성된 본문 내용은 경제학을 전공하지 않은 비경제 학도와 강의를 수강하지 않은 수험생분들께서 이해하는데 어려움이 있는 불친절한 내용이 많았습니다.

이러한 오류와 불편함을 바로잡아 최대한 수험생분들께서 수업을 듣지 않고 스스로 학습하더라도 큰 어려움 없이 노동경제학을 공부할 수 있도록 이해의 문턱을 낮추는데 집중하였습니다.

첫째, 그래프의 오첨자 및 문장의 오탈자를 정확하게 수정하고 편집의 통일성을 확보하려 노력하였습니다.

둘째, 최대한 George J. Borijas 교과서의 편제를 좇아 일관성 높게 노동경제학을 논의할 수 있도록 신경 썼습니다.

셋째, 모형의 설정 및 그래프의 도해와 분석의 연계성을 더욱 높여 서술하여 경제학을 전공하지 않은 수험생의 진입 문턱을 낮추었습니다.

넷째, 20년간의 공인노무사 기출문제, 2023년 공인노무사 1차 경제학원론 기출문제, 공무원 기출문제 및 George J. Borijas 교과서의 통계적 접근과 연습문제를 반영한 2023년 2기와 3기 모의고사 문제를 추가하여 새로운 문제를 통해 실전 응용력을 연습할 수 있도록 심화 문제를 확대하였습니다.

그럼에도 초판과 일관된 노동경제학의 학습방향은 유지하였습니다. 최근 5년간의 출제경향은 30회(2021년)과 31회(2022년)에도 확인하였고, 전년에 비해 다소 난이도가 낮아졌지만 일관된 흐름으로 출제된 32회(2023년)을 통해 강한 확신을 갖게 되었습니다.

전문 자격증으로서 위상이 더더욱 공고해지는 공인노무사의 2차 노동경제학은 경제학 모형에 입각하여 노동시장에서 관찰되는 경제주체의 행위를 합리적으로 분석할 수 있는 이해도를 측정합니다.

실전 노동경제학 초판과 개정판은 이러한 출제 관점에 입각하여 저자의 이해도를 바탕으로 수험생의 입장에서 답안을 작성하듯이 서술하였습니다.

초판에 비해 약 100페이지 분량이 늘어났으나 강의와 George J. Borijas 교과서를 통해 이해도를 높이면 다수의 연습문제가 통일된 관점에서 서술이 되어 있으므로 학습 분량을 대폭 줄일 수 있습니다.

커넥츠 노단기 천인철 원장님께는 말로 표현할 수 없는 고마움과 존경심을 갖고 있습니다. 보잘것없는 경력에도 불구하고 신림동에서 노동경제학 강의를 시작할 수 있도록 일관된 큰 믿음으로 지지해 주시고, 제가 좋아하는 경제학 강의를 마음껏 할 수 있도록 공무원 7급 경제학 시장으로 안내하고 이끌어주셔서 지금의 좋은 환경에서 경제학을 강의하고 있습니다. 이 모든 것은 저를 키워주신 천인철 원장님 덕분입니다. 자본주의 계약관계로 맺어진 여타의 학원과 달리 신의를 바탕으로 부족한 부분은 보이지 않는 곳에서 메꿔주고 동생의 좋은 점만 드러날 수 있도록 지금껏 든든하게 후원해 주시는 멘토 천인철 원장님께는 강단에 설 수 있을 때까지 열정적인 강의로 보답하겠습니다.

단순 개정작업을 넘어 오랜 시간과 손길이 요구되는 전면 개정판 수준의 고된 작업에도 불구하고 저자를 믿고 과감하게 투자하고 지지해주신 법치주의 길잡이 70년 전통의 『고시계&미디어 북』 정상훈 대표님, 전병주 편집국장님 그리고 정성스럽게 편집하여 주신 신아름 팀장님께 진심으로 감사를 드립니다. 그리고 지난 1년 간 강의실과 마지막 교정 작업을 함께 하며 큰 도움을 주신 김석민님께 감사드립니다.

강의실과 집만을 오고 가는 일상에서 유일한 삶의 휴식처이자 원동력인 테니스를 함께 하는 분들 덕분에 지친 마음과 몸을 위로받고 회복할 수 있었습니다. 창동 3단지 삼우회와 월곡과 수락산의 화목베스트(회장 길중섭)의 고마운 울타리 안에서 앞으로도 함께 땀 흘리며 건강하게 강의하겠습니다.

언제나 기댈 수 있는 누나, 동생 그리고 강원도 간성에서 고향을 지키시며 연락 없는 아들만을 걱정하시는 아버지께는 말로 표현할 수 없는 죄송함을 갖고 있습니다. 아버지, 정말 고맙고 존경합니다. 시간이 갈수록 더 그립고 보고 싶은 우리 엄마(故 송영춘 여사)께 아들이 정말 사랑했다고 너무 늦게 말씀드립니다.

부끄럽습니다. 실전 노동경제학 개정판의 부족한 부분은 강의를 통해 보완하도록 노력하겠습니다. 고맙습니다.

2023년 가을의 노량진 박문각 연구실에서
정 용 수 드림

Preface

초판 머리말

안녕하세요. 커넥츠 노단기에서 노동경제학을 담당하는 정용수 강사입니다.

2018년 12월의 GS 0기 수업을 시작으로 노동경제학을 강의한지 어느덧 4년이 지났습니다. 첫 해에는 기본 교과서인 노동경제학 제7판(George J. Borijas, 시그마프레스)을 중심으로 수업을 진행하였고, 두 번째 시즌에서는 논술 노동경제학(김우탁 노무사 편저) 교재와 노동경제학 7판을 50%의 비중으로 사용하였습니다. 교과서의 논제와 교재의 문제를 활용하였으나 수업은 대부분 판서를 중심으로 실전 답안지를 작성하듯이 논제를 재구성하여 해제 풀이 중심으로 강의하였습니다.

두 번의 시즌을 보내면서 더 좋은 강의로 수험생의 효율적인 학습을 위해서 보완해야 할 점을 인식하였습니다.

우선 공인노무사 노동경제학은 George J. Borijas 노동경제학에서 출제된다.

2015년 이후로 1문은 노동경제학의 미시적 기초(노동공급, 노동수요, 노동시장의 균형)에서 50점으로 출제되고, 2문과 3문 역시 미시적 기초와 거시적 토픽이 번갈아 가며 출제되지만 어떤 응용 논제도 George J. Borijas 노동경제학을 벗어난 적이 없습니다.

그리고 첫 진입부터 기출문제로 실전 답안 작성 훈련을 해야 한다.

채점자는 주관식 답안지에 서술된 내용으로 수험생의 실력을 평가합니다. 매 수업시간마다 기출문제로 논제를 정리하는 훈련이 병행되어야 수업과 강의에 의존하지 않고 암기에서 벗어나 이해 중심의 자기주도 학습이 가능합니다.

마지막으로 판서 위주의 수업은 수험생의 필기 부담을 가중시킨다.

대부분의 수험생은 필기와 강의 이해를 병행하는데 어려움을 겪습니다. 노동경제학 답안은 그래프가 차지하는 비중이 크기에 필기를 통해 그래프 도해 연습을 하는 과정이 꼭 필요하지만 필기에 집중하느라 그래프를 분석하는 해제 강의를 놓치는 경우가 종종 발생합니다.

이에 2021년도에 개정된 노동경제학 제8판(George J. Borijas, 시그마프레스)과 최근 15년 간의 기출문제를 중심으로 실전 답안지 목차와 분량에 맞추어 정리된 교재로 수강생의 판서 정리 부담을 덜어줄 수험서의 출간이 시급함을 깨달았습니다. 그래서 커넥츠 노단기 천인철원장님의 전폭적인 지원으로 실전 노동경제학을 집필하였습니다. 세 번째 시즌인 2020~2021년 강의에서 판서 조교를 담당한 임태원 노무사(30회 합격)의 도움으로 기초 가안을 마련하고 순환 강의를 통해 보완하면서 2022년 GS 1기 강의부터 실전 노동경제학 가제본을 교재로 사용하였습니다. 다만, 시간 및 편집의 문제로 실전 노동경제학 Ⅰ과 Ⅱ는 오탈자 등 수정사항이 많고 2022년 강의와 개정된 노동경제학 8판이 포함되지 못 하였습니다. 그래서 2022년 GS 3순환 강의를 마무리한 이후에 오탈자를 수정하고 2022년 강의를 추가하고 예년보다 난이도가 높았던 2022년 31회 기출문제와 해설을 포함하여 실전 노동경제학을 정식 출간하게 되었습니다.

여전히 부족한 부분이 눈에 띄지만 아직은 제 능력의 부족으로 인해 편집에 반영하지 못 한 부분은 강의를 통해 보완해 드릴 것임을 약속드리겠습니다.

신림동에서 공인노무사, 공무원 7급 강의를 시작하고 최근 코로나 시기의 어려움에도 불구하고 실강 진행과 교재 출간에 전폭적인 지지로 항상 든든한 맏형님으로 우뚝 존재하시는 천인철 원장님, 정말 고맙습니다. 부족한 원고에도 불구하고 기꺼이 책을 출간해주시는 고시계사 정상훈 대표님과 편집국장님께는 죄송한 마음뿐입니다. 볼품없는 책을 멋지게 디자인해주신 신아름 팀장님께 감사드립니다. 또한 강의로 지친 정신과 몸을 회복시켜주는 최고의 테니스 모임인 삼우회(창동 3단지)의 감독님 이하 누님, 형님, 동생님께 감사드립니다.

부족함으로 든든한 믿음을 드리지 못 하는 아버지, 누나, 동생 그리고 늘 그립고 사랑하는 우리 엄마(故 송영춘 여사)께 고맙습니다.

2022년 가을의 초입에서

정 용 수 드림

Contents

Contents

Contents

제12장 실 업 555

제1장

노동경제학의 기초

노동경제학은 노동시장에서 임금의 가격조정메커니즘에 의해 노동공급과 노동수요가 상호작용하여 최적 고용이 결정되는 원리를 탐구한다.

노동경제학의 미시적 기초인 노동공급과 노동수요 이론은 효용극대화를 추구하는 개인(근로자), 비용극소화를 통해 이윤극대화를 추구하는 기업과 근로자잉여와 생산자잉여의 관점에서 사회후생극대화를 추구하는 정부의 행동원리를 파레토 효율적인 자원배분의 관점에서 분석한다.

제2장의 노동공급은 개인의 효용극대화 행동원리에 따라 소득-여가 선택모형을 이용하여 대체효과와 소득효과를 통해 시간당 임금률과 노동공급의 예측된 관계인 후방굴절 노동공급곡선을 도출한다. 그리고 개인의 선호와 정부의 노동정책 등 노동시장의 환경변화가 소득-여가 선택모형의 목적식과 제약조건에 미치는 영향을 파악하여 개인의 근로유인과 경제활동에 미치는 영향을 탐구한다.

제3장의 재화시장에서 파생되는 노동수요는 기업의 이윤극대화 행동원리에 의해 단기와 장기의 노동수요곡선을 도출한다. 그리고 마셜의 파생수요법칙에 의해 노동수요곡선의 임금탄력성에 영향을 미치는 4가지 요인을 대체효과와 규모효과의 관점에서 학습한다. 또한 재화시장과 자본요소시장의 변동, 기술진보 등이 노동수요에 미치는 효과를 대체탄력성과 교차탄력성을 활용해 분석한다. 나아가 준고정적 비용, 고임금경제, 최저임금제 등이 노동수요에 미치는 영향을 살펴본다.

제4장의 노동시장 균형은 완전경쟁의 재화시장과 노동시장을 전제로 정부의 급여세 부과, 고용 보조금 지급, 법정부가혜택 등 정부 정책이 사회후생에 미치는 경쟁균형 효과를 평가한다. 그리고 비경쟁적인 재화시장과 노동시장에서 임금과 고용의 결정과정을 분석한다.

제5장부터 제12장까지는 노동경제학의 거시적 토픽으로서 노동시장에서 관찰되는 임금격차를 적실성 높게 설명하기 위해서 전통적 노동 모형이 전제했던 가정을 수정한다.

제5장의 보상적 임금격차는 근로자의 위험기피 성향과 기업이 제공하는 근로조건의 차이가 유발하는 임금격차를 헤도닉 임금함수를 통해 분석한다.

제6장의 교육, 제7장의 임금분포, 제8장의 노동이동은 학교교육과 졸업 이후 내부 노동시장의 인적자본 축적 차이에 의해 발생하는 임금격차인 임금-학력곡선과 연령-소득곡선을 시간할인율, 교육의 한계수익율, 사내훈련과 인적자본 투자로서의 이주(로이모형)을 통해 분석한다.

제9장의 노동시장 차별은 선호와 정보의 비대칭성에 의해 발생하는 임금격차를 설명한다.

제10장의 노동조합은 독점적 노조의 이윤극대화 행동과정에서 발생하는 내부(유노조원)과 외부(무노조원) 노동자 간의 임금격차를 살펴본다.

제11장의 유인급여는 정보의 비대칭성이 유발하는 근무태만을 방지하기 위해 이윤극대화를 추구하는 기업이 디자인하는 유인급여가 의도적으로 야기하는 임금격차를 분석한다.

제12장의 실업은 노동시장의 일자리 탐색과정에서 한번 발생한 자발적 실업이 오랫동안 지속되는 현상과 임금의 하방 경직성이 초래하는 비자발적 실업을 통해 내부 노동자와 대기 노동자 간의 상호작용과정에서 발생하는 임금격차를 설명한다.

제2장

노동공급

TOPIC 01 개인의 효용극대화 행동원리

– 개인의 효용극대화 행동원리

1. 소득-여가 선택모형

개인은 주어진 예산제약 조건에서 효용극대화를 달성하기 위한 최적의 여가(L)와 기타재(C)의 소비조합을 탐색하는 과정에서 노동공급을 선택한다.

목적식 Max $U = F(L, C)$ [단, L과 C는 재화(goods)]

제약식 $s.t.$ $1 ₩ \cdot C_0 = W \cdot (T-L) + v_0$

[단, $1 ₩$은 기타재의 단위가격, W는 시간당 임금률,

총가용시간(T) = 여가(L) + 노동공급(E), v_0는 비근로소득]

2. 효용극대화 균형 조건

효용극대화를 추구하는 개인은 여가에 대한 기타재 소비의 주관적 교환비율인 한계대체율(MRS_{LC})과 시장의 객관적 교환비율인 상대가격($\frac{W}{1 ₩}$)이 일치하는 소비조합인 무차별곡선과 예산선의 접점에서 최적의 소비조합을 선택한다.

$$(MRS_{LC} = -\frac{\Delta C}{\Delta L} = \frac{MU_L}{MU_C}) = (\frac{W}{1 ₩})$$

[단, $1 ₩$은 기타재의 단위가격]

3. 1원당 한계효용균등의 법칙

$$\frac{MU_L}{W} = \frac{MU_C}{1 ₩}$$: 1원당 한계효용균등의 법칙 성립

개인은 여가(L) 소비에 지출한 1원당 한계효용($\frac{MU_L}{W}$)과 기타재(C) 소비에 지출한 1원당 한계효용($\frac{MU_C}{1 ₩}$)이 균등한 여가와 기타재의 소비 조합(L, C)을 선택함으로써 효용극대화를 달성한다. 여가와 기타재의 1원당 한계효용이 균등하면 다른 소비조합으로 이동할 때 한계효용체감의 법칙에 의해 총효용이 감소하므로 더 이상 효용 제고가 불가능한 안정적인 소비조합이기 때문이다.

Topic 1-1

개인의 노동공급시간을 결정하는 소득−여가 선택모형(neoclassical model of labor-leisure choice)을 이용하여 다음 질문에 답하시오.

물음 1) 여가(L)와 기타재(C)를 재화(goods)로 인식하는 A의 무차별곡선을 도해하고 네 가지 특징을 설명하시오.

Ⅰ. 무차별곡선

무차별곡선은 개인의 동일한 효용수준을 보장하는 여가와 기타재의 소비조합을 연결한 궤적이다. 기수적 효용함수의 특성을 반영하는 서수적 효용의 무차별곡선이 여가(수평축)에 대하여 가파를수록 여가의 주관적 기회비용이 높은 여가선호적인 개인을 대변한다.

Ⅱ. 무차별곡선의 특징(공리)

1. 우하향하는 무차별곡선(단조성)

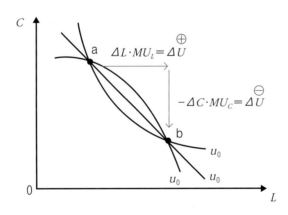

단조성(monotonicity)은 재화에 대한 소비가 변화하면 개인의 효용도 반응하여 변화하는 공리(axiom)이다. 무차별곡선은 동일한 효용수준을 보장하는 여가와 기타재의 소비조합이므로 여가 소비 증가(ΔL)로 인한 효용의 상승분($\Delta L \cdot MU_L$)을 재화(goods)인 기타재 소비 감소($-\Delta C$)로 상쇄($\Delta L \cdot MU_L = -\Delta C \cdot MU_C$)시켜야 동일한 효용을 유지할 수 있으므로 무차별곡선은 여가(L)−기타재(C) 평면에서 우하향한다. 무차별곡선이 우상향하면 재화(goods)인 여가와 기타재를 소비할 때 효용의 변화분이 발생하지 않아야하므로 단조성의 공리를 위배한다.

2. 원점으로부터 멀어질수록 높은 효용수준

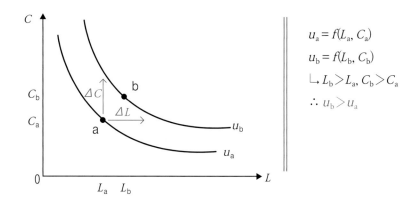

$u_a = f(L_a, C_a)$

$u_b = f(L_b, C_b)$

$\llcorner L_b > L_a, C_b > C_a$

$\therefore u_b > u_a$

여가와 기타재는 재화(goods)이므로 여가와 기타재의 소비가 모두 증가하면 개인의 효용은 반드시 증가한다. 따라서 원점을 기준으로 우상방에 위치한 무차별곡선은 좌하방에 위치한 무차별곡선보다 효용수준이 높다.

3. 교차하지 않는 무차별곡선(이행성)

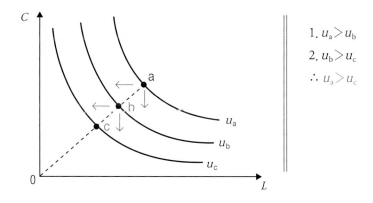

1. $u_a > u_b$

2. $u_b > u_c$

$\therefore u_a > u_c$

개인의 서수적 효용을 대변하는 무차별곡선은 a 소비조합을 b보다 선호($u_a > u_b$)하고, b 소비조합을 c 보다 선호($u_b > u_c$)한다면 a를 c보다 선호하는 이행성의 공리를 충족한다.

4. 볼록한 무차별곡선(볼록성)

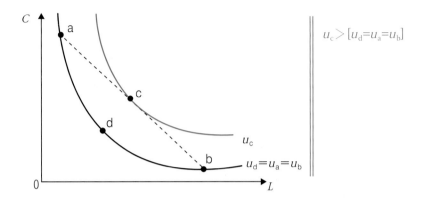

개인이 동일한 실질 구매력(a=b=c)을 보유하였을 때 극단의 소비보다 균형의 소비를 선호한다면, 극단의 소비조합(a or b)를 지나는 무차별곡선보다 균형의 소비조합(c)을 지나는 무차별곡선이 여가(L)−기타재(C) 평면에서 우상방에 위치해야 하므로 무차별곡선은 원점에 대하여 볼록하다. 이는 균형의 소비를 선호하는 개인은 여가(a) 혹은 기타재(b)에 치우친 극단의 소비조합보다 적은 실질 구매력(d)으로 동일한 효용수준에 도달할 수 있음을 의미한다.

그리고 무차별곡선이 원점에 대해 볼록하면 여가 소비가 증가할수록 여가에 대한 기타재 소비의 기회비용이 하락하여 한계대체율은 체감한다.

물음 2) A의 무차별곡선이 우상향하거나 교차한다면 물음 1)의 특징 중 무엇을 위배하는지 그래프를 통해 설명하시오.

Ⅰ. 의 의

우상향하는 무차별곡선은 단조성의 공리를 위배하고 동일한 개인의 무차별곡선이 교차하면 이행성의 공리를 위배하므로 서수적 효용함수(무차별곡선이론)에서 가정한 공리(axiom)를 충족하지 못 하는 비합리적인 경제주체이다.

Ⅱ. 단조성(monotonicity) 위배

무차별곡선이 우상향하면 여가와 기타재 소비가 모두 증가하더라도 개인의 효용수준은 변함이 없으므로 재화(goods)인 여가와 기타재 소비가 증가할수록 효용도 상승함을 가정한 단조성의 공리를 위배한다.

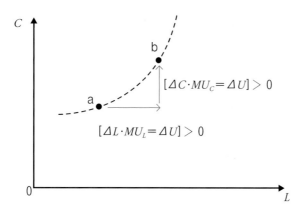

단조성의 공리를 충족한다면 여가와 기타재가 모두 재화(goods)일 때 b의 소비조합은 a보다 여가와 기타재를 각각 많이 소비하므로 효용수준이 반드시 높아야 한다. 따라서 우상향하는 무차별곡선은 단조성의 공리를 충족하지 못 한다.

Ⅲ. 이행성(transivity) 위배

1. 공리

경제적 분석의 대상 집단은 완비성, 단조성, 이행성 등의 공리를 충족하는 합리적 개인이다.

2. 이행성

합리적 개인은 자신의 선호에 대한 완전한 정보를 보유하여 소비하는 재화 간의 우열을 판단(완비성)할 수 있는 동일한 개인을 의미한다. 또한 합리적 개인은 a와 b 중에서 a를 선호하고, b와 c 중에서 b를 선호한다면 a와 c 중에서는 반드시 a를 선호하는 이행성의 공리를 충족한다.

3. 이행성 위배

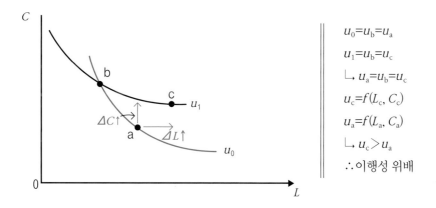

$u_0 = u_b = u_a$

$u_1 = u_b = u_c$

$\hookrightarrow u_a = u_b = u_c$

$u_c = f(L_c, C_c)$

$u_a = f(L_a, C_a)$

$\hookrightarrow u_c > u_a$

$\therefore$ 이행성 위배

합리적 개인은 이행성의 공리를 충족한다. 그런데 교차하는 무차별곡선은 이행성의 공리를 위배한다. 즉, 이행성을 충족하면 무차별곡선은 교차할 수 없다. 따라서 합리적 개인의 무차별곡선은 교차할 수 없으므로 교차하는 무차별곡선은 동일한 개인이 아니고 선호가 다른 개인을 의미한다.

[혹은 이행성의 공리에 따르면 a와 b의 효용수준이 같고, b와 c의 효용수준도 같다면 a와 c의 효용수준도 동일하다. 그러나 c는 a 소비조합보다 우상향에 위치하므로 여가와 기타재를 모두 더 많이 소비하여 효용수준이 높다. 따라서 동일한 개인의 무차별곡선이 교차하면 이행성의 공리에 위배하는 비합리적인 경제주체이거나 다른 개인이다. 그러므로 이행성의 공리를 충족하는 동일한 개인의 무차별곡선은 교차하지 않는다.]

Topic 1-2

효용극대화를 추구하는 개인과 독점적 노조의 무차별곡선을 여가(L) – 기타재(C) 평면에 도해하고 비교하시오. (단, 개인에게 여가와 기타재는 재화(goods)이고, 독점적 노조의 효용함수는 독점적 노조모형을 따른다.)

– 개인의 효용극대화와 독점적 노조의 소득극대화

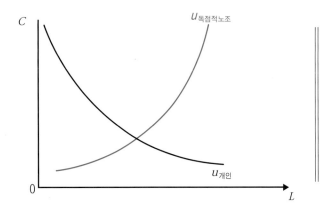

개인 : $U=f(L, C)$

(단, L과 C는 goods)

독점적 노조 : $U=f(E, W)$

$\quad\quad\quad\quad\quad =f(L, C)$

(단, E와 $W(\fallingdotseq C)$는 goods이고 L은 bads)

개인은 주어진 총가용시간의 제약에서 재화(goods)인 여가와 기타재의 최적 소비를 통해 효용극대화를 추구한다. 주관적 만족을 기수적으로 측정할 수 있는 개인과 달리 독점적 노조는 본연의 내재된 주관적 만족이 존재하지 않는다. 독점적 노조에 가입한 유노조원의 효용수준과 노조 가입률에 비례하여 독점적 노조의 효용수준을 간접적으로 추정할 뿐이다. 그러므로 독점적 노조는 유노조원의 효용수준이 높을수록 노조 가입률이 상승하여 효용수준이 증가하므로 유노조원의 효용수준을 높이기 위해 유노조원의 소득극대화를 추구한다. 따라서 임금(W)이 상승하거나 노동공급(E)을 늘리면 소득($M=W×E$)이 증가하여 소비의 기회집합이 확대되므로 독점적 노조에게 기타재는 재화이지만 노동공급을 감소시키는 여가(L)는 비재화 (bads)이다.

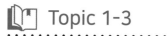

Topic 1-3

근로자 갑과 을의 효용함수는 다음과 같다.

$$U_갑 = F(L, C) = LC$$
$$U_을 = F(L, C) = LC^2 \text{(L은 여가, C는 기타재)}$$

또한 갑과 을에게 주어진 총가용시간(T)은 100시간이고 시간당 임금률(W)은 100원이다. 이와 관련하여 다음 물음에 답하시오. (단, 기타재(C)의 단위 가격은 1₩이고, 비근로소득은 존재하지 않는다.)

물음 1) 근로자 갑과 을의 효용극대화 조건을 각각 구하시오.

물음 2) 근로자 갑과 을의 최적 노동시간과 근로소득을 각각 구하시오.

물음 3) 물음 2)에서 도출한 근로자 갑과 을의 최적선택을 여가-소득 평면에 도해하시오.

I. 소득-여가 선택모형 : 갑과 을의 효용극대화 행동원리

1. 갑의 효용극대화

$$\text{Max } U = F(L,C) = LC$$
$$s.t. \quad C = \frac{W_0}{1₩}(T-L) = \frac{100₩}{1₩}(100-L) = 100(100-L)$$

개인의 효용극대화 균형조건은 여가와 기타재의 주관적 교환비율인 한계대체율($=MRS_{LC}^{갑}$)과 객관적 교환비율인 상대가격($=\frac{W_0}{1₩}$)이 일치하는 소비조합이다. 왜냐하면 무차별곡선과 예산선이 접하는 소비조합 $[(MRS_{LC}^{갑} = \frac{MU_L^{갑}}{MU_C^{갑}}) = (\frac{W_0}{1₩})]$에서는 여가와 기타재의 1원당 한계효용이 균등$[\frac{MU_L}{W_0} = \frac{MU_C}{1₩}]$하여 소비지출 대비 총효용이 극대화되기 때문이다.

2. 을의 효용극대화

$$\text{Max } U = F(L,C) = LC^2$$
$$s.t. \quad C = \frac{W_0}{1\text{₩}}(T-L) = \frac{100\text{₩}}{1\text{₩}}(100-L) = 100(100-L)$$

갑의 효용극대화 행동원리와 동일하게 을도 한계효용균등의 법칙에 따라 여가와 기타재의 1원당 한계효용이 균등한 소비조합에서 효용극대화를 달성한다.

Ⅱ. 설문 2)의 해결 : 갑과 을의 최적 노동공급

1. 갑의 효용극대화 노동공급

$$[MRS_{LC}^{\text{갑}} = \frac{MU_L^{\text{갑}}}{MU_C^{\text{갑}}} = \frac{C}{L}] = [\frac{100\text{₩}}{1\text{₩}} = \frac{W_0}{1\text{₩}}]$$

$$C = 100L \qquad \text{...... ①}$$
$$C = 100(100-L) \qquad \text{...... ②}$$

①의 효용극대화 조건을 ②의 예산제약식에 대입하면

$$100L = 100(100-L)$$
$$\therefore L = 50, C = 5,000$$

2. 을의 효용극대화 노동공급

$$[MRS_{LC}^{\text{을}} = \frac{MU_L^{\text{을}}}{MU_C^{\text{을}}} = \frac{C}{2L}] = [\frac{100}{1\text{₩}} = \frac{W_0}{1\text{₩}}]$$

갑과 동일한 효용극대화 행동원리에 의해
$$\therefore L = \frac{100}{3} \fallingdotseq 33, C = \frac{100}{3} \cdot 200 \fallingdotseq 6,667$$

Ⅲ. 설문 3)의 해결 : Graph 도해

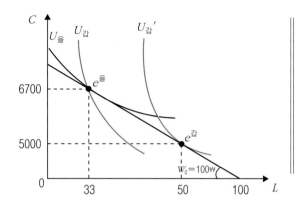

A. $e^{\underline{\text{을}}}: MRS_{LC}^{\underline{\text{을}}} = \dfrac{W_0}{1\text{₩}}$

$e^{\underline{\text{을}}}: MRS_{LC}^{\text{갑}} > \dfrac{W_0}{1\text{₩}}$

$\llcorner \dfrac{MU_L^{\text{갑}}}{W_0} > \dfrac{MU_C^{\text{갑}}}{1\text{₩}}$

$\llcorner L\uparrow \& C\downarrow$

B. $e^{\text{갑}}: MRS_{LC}^{\text{갑}} = \dfrac{W_0}{1\text{₩}}$

여가에 대한 기타재 소비의 한계대체율이 낮아 근로를 선호하는 을은 여가소비를 줄여서 많은 노동공급을 통해 기타재 소비를 늘려 $e^{\underline{\text{을}}}[=(33,6700)]$에서 효용극대화를 달성한다.

반면 여가에 대한 기타재 소비의 한계대체율이 높아 여가를 선호하는 갑은 낮은 경제활동 참가와 많은 여가소비를 통해 $e^{\text{갑}}[=(50,5000)]$에서 효용을 극대화한다.

Ⅳ. 소 결

동일한 소비조합$[e^{\underline{\text{을}}}=(33,6700)]$에서 갑은 을보다 여가에 대한 기타재 소비의 한계대체율이 보다 크므로 $(MRS_{LC}^{\text{갑}} > MRS_{LC}^{\underline{\text{을}}})$ 여가의 기회비용이 높은 여가선호자이다.

따라서 갑은 동일한 예산제약 하에서 여가 소비를 늘리고 적은 노동공급을 통해 효용극대화를 추구하는 반면 을은 여가 소비를 줄이고 많은 노동공급을 통해 기타재 소비를 늘리는 방향으로 효용극대화를 추구하므로 갑은 을에 비해 경제활동 참여도가 낮다.

Topic 1-4

개별 근로자의 노동공급 행위를 소득-여가 선택모형을 통해 분석하여 다음 물음에 답하시오. A와 B의 효용함수는 다음과 같다. (단, L은 여가, C는 기타재이며 모두 정상재이고 기타재의 단위 가격은 1₩이다.)

$$U^A = 2LC^2$$
$$U^B = 2L^2C$$

A와 B의 주당 최대 가용 여가시간은 168시간이며 노동 공급(E) 이외의 시간은 모두 여가로 소비한다. 현재 A와 B는 근로소득 외의 비근로소득은 0이다.

A와 B가 속한 노동시장의 시간당 임금률은 10,000원일 때, 효용 극대화를 위한 A와 B의 노동 공급량을 그래프를 통해 비교하여 계산하시오.

Ⅰ. 소득-여가 선택모형

A와 B는 주어진 예산제약 조건에서 효용극대화를 달성하기 위한 여가(L)와 기타재(C)의 소비조합을 탐색하는 과정에서 최적의 노동공급을 선택한다.

$$\text{Max } u^A = F(L,\ C) = 2LC^2$$
$$s.t. \quad C = \frac{W_0}{1\text{₩}}(T-L) = 10,000(168-L^A)$$
$$\text{Max } u^B = F(L,\ C) = 2L^2C$$
$$s.t. \quad C = \frac{W_0}{1\text{₩}}(T-L) = 10,000(168-L^B)$$

효용극대화를 추구하는 A와 B는 여가에 대한 기타재 소비의 주관적 교환비율인 한계대체율(MRS_{LC})과 시장의 객관적 교환비율인 상대가격($\frac{W}{1\text{₩}}$)이 일치하는 소비조합인 무차별곡선과 예산제약선의 접점 $[(MRS_{LC} = -\frac{\varDelta C}{\varDelta L} = \frac{MU_L}{MU_C}) = (\frac{W}{1\text{₩}})]$에서 최적의 소비조합을 선택한다.

Ⅱ. 효용극대화 최적 노동공급

1. A의 효용극대화 선택(최적 균형조건)

A는 여가 소비를 1단위 늘릴 때 동일한 효용수준을 유지하기 위해 포기하는 기타재 간의 대체비율인 한계대체율(MRS^A_{LC})과 기타재에 대한 여가의 상대가격($\frac{W_0}{1\text{₩}}$)이 일치하는 소비조합을 선택함으로써 효용극대화를 추구한다.

$$[MRS^A_{LC} = -\frac{\Delta C}{\Delta L} = \frac{MU^A_L}{MU^A_C} = \frac{2C^2}{4LC} = \frac{1}{2} \times \frac{C}{L}] = [\frac{10,000\text{₩}}{1\text{₩}} = \frac{W_0}{1\text{₩}}]$$

$\llcorner$, $[\frac{1}{2} \times \frac{C}{L} = \frac{10,000\text{₩}}{1\text{₩}}]$

$\llcorner$, $C = 20,000L^A \cdots ①$

$\llcorner$, ①을 예산제약조건에 대입하면

$\llcorner$, $20,000L^A = 10,000(168-L^A)$

$\therefore L^A = 56$

$\quad E^A = 112[\because E^A = T-L^A = 168-56]$

2. B의 효용극대화 선택(최적 균형조건)

A와 동일한 효용극대화 행동원리에 따라

$$MRS^B_{LC} = \frac{MU^B_L}{MU^B_C} = \frac{4LC}{2L^2} = 2 \times \frac{C}{L}$$

$$C = 5,000L \cdots ②$$

②를 예산제약조건에 대입하면

$$5,000L^B = 10,000(168-L^B)$$

$$\therefore L^B = 112(E^B=56)$$

$$\quad E^B = 56[\because E^B = T-L^B = 168-112]$$

3. Graph 도해

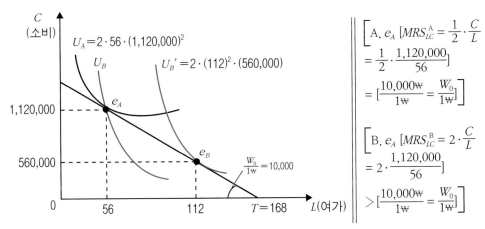

여가의 기회비용이 낮아 근로를 선호하는 A는 여가 56시간을 선택(=노동공급은 112)하고, 여가의 기회비용이 높아 여가를 선호하는 B는 여가 112시간을 선택(=노동공급은 56)하여 효용극대화를 추구한다.

4. 분석

A보다 여가를 선호하는 B는 e_A에서 1원당 한계효용이 낮은 기타재를 1원당 한계효용이 높은 여가로 대체하므로 $(\frac{MU_L^B}{W_0} > \frac{MU_L^B}{1\text{₩}})$ 여가 소비를 늘리고 기타재 소비를 줄이는 과정에서 노동공급은 감소한다.

e_A에서 노동공급을 줄이는 B는 e_B에서 한계대체율과 기타재에 대한 여가의 상대가격이 일치[$(MRS_{LC}^B = 2 \cdot \frac{C}{L} = 2 \cdot \frac{560,000}{112} = \frac{10,000}{1\text{₩}}) = (\frac{W_0}{1\text{₩}})$]하여 최적 균형조건을 달성한다.

5. 소결

A에 비해 여가에 대한 기타재의 한계대체율이 커서(= $MRS_{LC}^A < MRS_{LC}^{B\,1)}$) 여가를 선호하는 B는 보다 많은 여가 소비를 통해[= $L^A(56) < L^B(112)$] 효용극대화를 추구하므로 A보다 경제활동참여율이 낮다.

📖 Topic 1-5
....

철수의 소비와 여가에 대한 선호는 다음과 같다.

$$U(C, L) = (C-50) \times (L-20)$$

철수가 근로와 여가에 배분할 수 있는 총 가용시간은 168시간이다. 철수는 세후에 시간당 5달러를 벌고 매주 근로시간과 관계없이 320달러의 복지급여 혜택을 받고 있다.

물음 1) $L = 100$이고 철수가 예산선 위에 있을 때 철수의 한계대체율을 구하라.

물음 2) 철수의 최적 여가시간과 최적소비를 구하라.

물음 3) 철수의 유보임금은 얼마인가?

Ⅰ. 소득–여가 선택모형

철수는 주어진 예산제약 조건에서 효용극대화를 달성하기 위해 여가(L)와 기타재(C)의 소비조합을 탐색하는 과정에서 최적의 노동공급을 선택한다.

---

1) 무차별곡선은 동일 소비자의 서수적 효용(U_2, U_1, U_0)만을 측정하므로 무차별곡선이 교차하는 A와 B는 효용수준을 비교할 수 없다.

$$\text{Max } U = (C-50) \cdot (L-20)$$
$$s.t.\ C = 5(168-L)+320$$

철수는 동일한 효용수준을 보장하는 여가와 기타재의 소비조합을 연결한 궤적인 무차별곡선의 기울기(MRS_{LC})와 기타재에 대한 여가의 상대가격($\frac{W}{1 ₩}$)인 예산선의 기울기가 일치하는 소비조합을 선택하면 여가와 기타재의 1원당 한계효용이 균등($\frac{MU_L}{W_0} = \frac{MU_C}{1 ₩}$)하여 효용극대화를 달성한다.

Ⅱ. 물음 1)의 해결

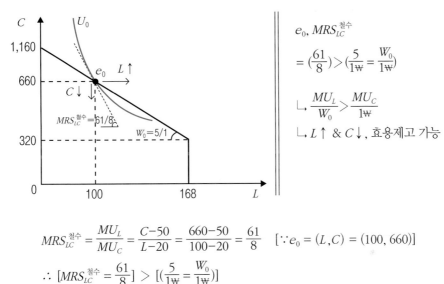

$$MRS_{LC}^{철수} = \frac{MU_L}{MU_C} = \frac{C-50}{L-20} = \frac{660-50}{100-20} = \frac{61}{8} \quad [\because e_0 = (L,C) = (100, 660)]$$

$$\therefore [MRS_{LC}^{철수} = \frac{61}{8}] > [(\frac{5}{1 ₩} = \frac{W_0}{1 ₩})]$$

Ⅲ. 물음 2)의 해결 – 최적 균형조건

1. 최적 여가시간 및 최적 소비

$$MRS_{LC}^{철수} = \frac{MU_L}{MU_C} = \frac{W_0}{1 ₩} \Rightarrow \frac{MU_L}{W_0} = \frac{MU_C}{1 ₩}$$

$$\llcorner \frac{C-50}{5} = \frac{L-20}{1}$$

$$\llcorner C = 5L-50 \cdots ①$$

①의 효용극대화 균형조건을 예산제약조건에 대입하면

$$5L-50 = 5 \cdot (168-L)+320$$

$$\therefore L = 121$$

그러므로 철수는 여가(L)에 121시간을 소비하고 나머지 47(=168-121)시간을 노동에 공급하여 기타재 (C)를 555(=47*5+320)단위 소비한다.

2. Graph 도해

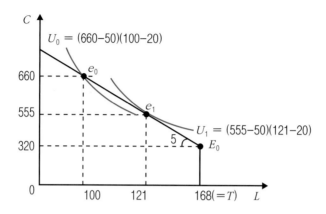

철수는 효용극대화를 위해 주어진 예산선과 무차별곡선이 접하는 e_1에서 여가 121시간을 선택한다. 그리고 철수는 47만큼의 노동을 공급함으로써 555단위의 기타재와 121단위의 여가를 소비하여 U_1 = (555-50)(121-20)의 극대화된 효용 수준을 향유한다.

Ⅳ. 물음 3)의 해결 - 유보임금

1. 유보임금

(1) 의 의

유보임금은 개인이 경제활동에 참여할 때와 참여하지 않을 때의 효용수준을 무차별하게 만드는 임금으로서 최초 1단위의 노동을 시장에 공급하기 위해 요구하는 최소한의 주관적 임금수준이다. 즉, 개인이 경제활동에 참여하여 최초 1단위의 노동을 공급할 때, 현재의 효용수준을 동일하게 유지하기 위해 요구하는 보상수준으로서 최소한의 주관적 임금률 수준이다.

(2) 측 정

유보임금은 노동시장 외부에서 경제활동에 참여하기 이전과 동일한 효용수준을 유지하기 위해 최초 1단위의 노동을 공급(= 최초 여가 1단위를 포기)할 때 보상받고자 하는 기타재와의 주관적 교환비율$[(-\frac{\Delta C}{\Delta L})^E]$이므로 초기부존점(Endowment)에서 한계대체율($=MRS_{LC}^E$)로 측정한다.

$$MRS_{LC}^E = \frac{MU_L^E}{MU_C^E} = \frac{C^E - 50}{L^E - 20} = \frac{320 - 50}{168 - 20} = \frac{270}{148}$$

$$\hookrightarrow [\frac{270}{148}] < [\frac{5}{1} = \frac{W_0}{1}]$$

초기부존점(E)에서 무차별곡선의 접선의 기울기로 측정되는 유보임금 $[\frac{270}{148}]$이 시장의 객관적인 임금 $[\frac{5}{1} = \frac{W_0}{1}]$보다 작다.

2. Graph 도해

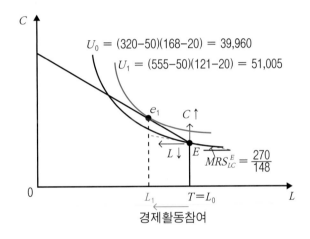

철수가 초기부존점(E)에서 받고자 하는 주관적 임금(유보임금)수준($\frac{270}{148}$)이 객관적 시장임금(5달러)보다 작으므로 경제활동에 참여하면 효용극대화를 달성할 수 있다. 이는 노동시장의 외부인 초기부존점에서 여가의 1원당 한계효용이 기타재의 1원당 한계효용보다 낮으므로 여가 소비를 줄이고 기타재 소비를 늘리기 위해 노동을 공급해야 하기 때문이다.

위험 기피적인 근로자의 무차별곡선을 위험(P)–임금(w)평면과 안전(S)–임금(w)평면에서 도해하고 비교하시오.

Ⅰ. 위험은 비재화, 안전은 재화

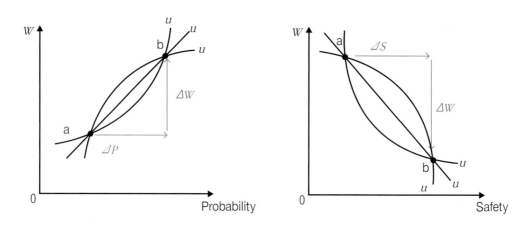

위험기피적인 근로자는 위험을 비재화(bads)로 인식하므로 산업재해율(P)이 1% 상승할 때 효용이 하락한다. 따라서 동일한 효용수준을 유지하기 위해 유보가격만큼 보상적 임금을 요구하므로 위험–임금 평면에서 무차별곡선은 우상향한다.

또한 위험기피적인 근로자는 안전을 재화(goods)로 인식하므로 안전이 1단위 증가하면 효용의 상승분만큼 안전 소비의 반대급부로 임금하락을 수용하므로 안전–임금 평면에서 무차별곡선은 우하향한다.

Ⅱ. 위험에 대한 임금의 한계대체율은 체증, 안전에 대한 임금의 한계대체율은 체감

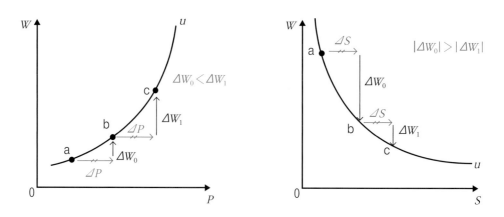

한계효용체감의 법칙에 의해 비재화인 위험의 소비가 증가할수록 효용의 하락분은 점차 증가하여 유보가격도 점차 상승한다. 따라서 위험에 대한 임금의 한계대체율(MRS_{PW})은 체증한다. 그러므로 위험-임금 평면에서 위험기피적인 근로자의 무차별곡선은 완전 위험수준(P=100%)에 대해 볼록하다.

재화인 안전 소비의 한계효용도 체감하므로 안전의 소비가 증가할수록 효용의 상승분은 점차 감소하여 임금의 하락폭도 점점 감소한다. 따라서 안전에 대한 임금의 한계대체율(MRS_{SW})은 체감하므로 안전-임금 평면에서 원점인 완전 위험수준(S=0%)에 대해 볼록하다.

Ⅲ. 위험기피 성향이 클수록 가파른 무차별곡선

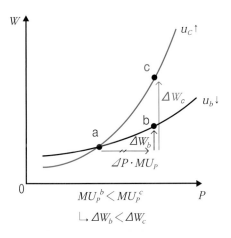
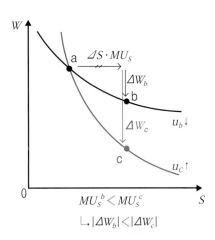

위험기피성향이 클수록 위험 1단위 증가에 대한 효용의 하락분이 커서 이를 상쇄하기 위한 유보가격도 높으므로 한계대체율이 커서 가파른 무차별곡선(U_C)으로 대변된다.

또한 위험기피성향이 클수록 안전 1단위 증가에 대한 효용의 상승분이 커서 반대납부로 지불하려는 임금 하락분도 크므로 한계대체율이 높아 가파른 무차별곡선(U_C)으로 대변된다.

여가의 기회비용(한계대체율)

📖 Topic 2-1

여가에 대한 기회비용이 상대적으로 큰 사람일수록 경제활동참가율이 낮아진다. 이를 무차별
곡선과 예산선을 이용하여 설명하시오.   [2009년 1-2)문, 10점]

I. 한계대체율(Marginal Rate of Substitution in Leisure & Consumption : MRS_{LC})

1. 의 의

한계대체율은 개인이 여가 소비 한 단위를 늘릴 때 동일한 효용수준을 유지하기 위해 포기해야 하는 기
타재 간의 대체비율($-\frac{\Delta C}{\Delta L}$)로서 개인의 선호를 반영하는 여가와 기타재(노동) 간의 주관적 교환비율이다.

2. 측 정

$$[\Delta U_L = \Delta L \cdot MU_L] = [-\Delta C \cdot MU_C = \Delta U_C]$$

$$\Rightarrow -\frac{\Delta C}{\Delta L} = \frac{MU_L}{MU_C}$$

$$[MRS_{LC} = -\frac{\Delta C}{\Delta L} = \frac{MU_L}{MU_C}]$$

개인의 소비조합이 달라질 때 동일한 효용수준을 유지하기 위해서는 늘어난 여가 소비로 인한 효용의 증
가분[$\Delta U_L = \Delta L \cdot MU_L$]과 포기하는 기타재 소비로 인한 효용의 감소분[$-\Delta C \cdot MU_C = \Delta U_C$]이 일치해야
하므로 여가(L)와 기타재(C)간의 주관적 교환비율인 한계대체율[$MRS_{LC} = -\frac{\Delta C}{\Delta L}$]은 무차별곡선 상에서 접
선의 기울기인 기타재의 한계효용에 대한 여가의 한계효용 간의 상대적 비율[$MRS_{LC} = -\frac{\Delta C}{\Delta L} = \frac{MU_L}{MU_C}$]로
측정한다.

3. 여가의 기회비용과 한계대체율

여가의 기회비용은 주어진 총가용시간의 제약조건에서 여가(ΔL)를 1단위 더 소비할 때 동일한 효용수
준을 유지하기 위해 포기해야 하는 기타재($-\Delta C$)의 크기로서 여가의 기회비용($-\frac{\Delta C}{\Delta L}$)이 클수록 한계대체
율[$MRS_{LC} = -\frac{\Delta C}{\Delta L}$]이 높으므로 동일 소비조합에서 가파른 무차별곡선으로 대변되는 여가선호자이다.

Ⅱ. Graph 도해 (첫번째 그래프 버전)

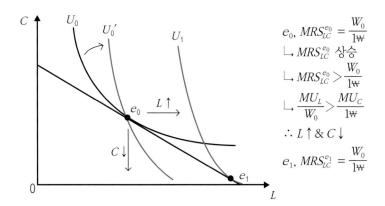

$$e_0, MRS_{LC}^{e_0} = \frac{W_0}{1\text{₩}}$$
$$\llcorner MRS_{LC}^{e_0} \text{ 상승}$$
$$\llcorner MRS_{LC}^{e_0} > \frac{W_0}{1\text{₩}}$$
$$\llcorner \frac{MU_L}{W_0} > \frac{MU_C}{1\text{₩}}$$
$$\therefore L \uparrow \& C \downarrow$$
$$e_1, MRS_{LC}^{e_1} = \frac{W_0}{1\text{₩}}$$

여가의 기회비용이 상대적으로 클수록($=-\frac{\Delta C}{\Delta L}\uparrow$) 한계대체율이 상승하므로($=MRS_{LC}\uparrow$) 무차별곡선 접선의 기울기는 가팔라지며, e_0에서 여가의 1원당 한계효용이 기타재보다 높으므로 효용극대화를 달성할 수 없어 여가소비의 유인이 증가한다.

Ⅲ. 여가 선호자(두번째 그래프 버전)

1. '여가의 기회비용이 높다'는 의미

여가의 기회비용이 높으면 여가소비를 한 단위 늘릴 때 포기해야 하는 기타재(근로소득)가 많으므로 여가 1단위로부터 획득하는 한계효용이 큰 여가 선호자를 의미한다.

그러므로 여가선호자의 한계대체율은 상대적으로 높아서 무차별곡선은 가파른 형태로 도출되고, 여가의 기회비용이 낮은 근로선호자의 무차별곡선은 완만하다.

2. Graph 도해

[그림1]

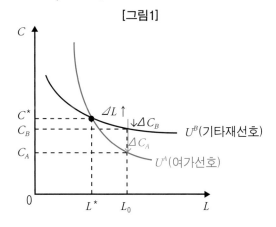

[그림2]

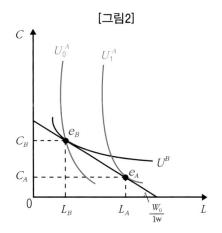

[그림1]에서 여가 소비를 한 단위 늘리기 위해($L^* \rightarrow L^0$) 여가를 선호하는 A는 기타재 소비를 C_A까지 포기할 용의가 있지만 기타재를 선호하는 B는 A보다 작은 C_B소비수준만큼만 기타재를 포기할 의도를 확인할 수 있다. 따라서 여가를 선호할수록 여가 1단위를 더 소비하기 위해 포기하는 기타재는 증가하므로 기타재로 측정하는 여가의 기회비용은 상승($-\frac{\Delta C}{\Delta L}$)하여 여가선호자의 한계대체율은 높고 무차별곡선은 보다 가파르다.

[그림2]의 e_B에서 기타재 소비를 선호하는 B는 효용극대화를 달성하지만, A는 $[MRS_{LC}^A > \frac{W_0}{1\text{₩}}]$이므로 지출대비 한계효용이 같아지는 지점($e_A$)까지 여가는 늘리고 기타재 소비를 줄인다. 따라서 e_A점에서 A는 $[\frac{MU_L}{W_0} = \frac{MU_C}{1\text{₩}}]$ 지출 대비 한계효용이 균등하므로 효용극대화를 달성한다.

Ⅳ. 소 결

여가의 기회비용이 높아 여가를 선호하는 개인은 여가 소비를 늘리고 노동 공급을 감소시키는 방향으로 효용극대화를 추구하므로 동일한 예산 제약하에서 근로선호자에 비해 경제활동참여율이 낮다.

📖 Topic 2-2

개인의 노동공급을 결정하는 소득–여가 선호모형을 이용하여 다음 물음에 답하시오.

[2010년 2문, 25점]

물음 1) '일을 더 선호하는 사람'과 '여가를 더 선호하는 사람'간의 무차별곡선의 차이점을 설명하시오. (10점)

Ⅰ. 무차별곡선과 한계대체율

무차별곡선은 동일한 효용수준을 보장하는 여가(L)와 기타재(C)의 소비조합을 연결한 궤적이다. 따라서 한계대체율(MRS_{LC})은 여가 한 단위 소비를 위하여 기타재 소비를 얼마나 포기할 수 있는지를 측정하는 여가와 기타재 소비간의 주관적 대체비율$[-\frac{\Delta C}{\Delta L}]$로써 무차별곡선 접선의 기울기로 측정한다.

$$[MRS_{LC} = -\frac{\Delta C}{\Delta L} = \frac{MU_L}{MU_C}]$$

II. 일을 더 선호하는 사람과 여가를 더 선호하는 사람

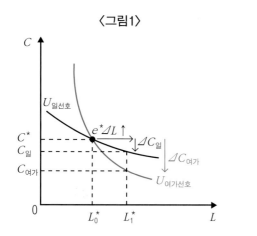

〈그림1〉

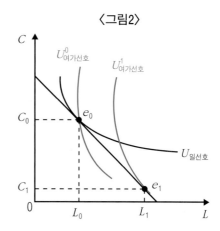

〈그림2〉

1. 〈그림1〉

e^*점에서 여가 1단위를 늘리기 위하여 일을 선호하는 사람은 $\Delta C_{일}(=C^*-C_{일})$만큼 기타재 소비가 감소하지만 여가를 선호하는 사람은 $\Delta C_{여가}(=C^*-C_{여가})$만큼 더 큰 폭으로 기타재 소비가 감소한다. 이는 무차별곡선이 보다 가파를수록 여가를 더욱 선호하여 여가 한 단위 소비에 대한 기타재의 감소(=대체) 폭이 증가하기 때문이다.

2. 〈그림2〉

개인의 효용극대화 조건은 여가와 기타재 소비의 주관적 교환비율 $[\frac{MU_L}{MU_C}]$과 객관적 교환비율 $(\frac{W_0}{1\text{₩}})$이 동일할 때 달성되는데, e_0점에서 일을 선호하는 개인은 $[\frac{MU_L}{MU_C}=\frac{W_0}{1\text{₩}}]$의 효용극대화 조건을 달성하여 이동의 유인이 없고, e_0점에서 여가를 선호하는 개인은 여가의 1원당 한계효용이 기타재보다 높으므로 $[\frac{MU_L}{MU_C}>\frac{W_0}{1\text{₩}}]$이므로, 지출 대비 한계효용을 균등화 하려는 유인이 발생한다. $[\frac{MU_L}{W_0}>\frac{MU_C}{1\text{₩}}]$ 그 결과 여가를 늘리고 기타재 소비를 줄여 e_1점에서 여가와 기타재의 1원 당 한계효용이 균등하므로 $[\frac{MU_L}{W_0}=\frac{MU_C}{1\text{₩}}]$ 더 높은 효용 수준에서 효용극대화를 달성한다.

III. 소 결

여가의 기회비용이 큰 여가선호자는 여가에 대한 기타재의 한계대체율이 높아 무차별곡선이 가파르고 보다 많은 여가와 적은 기타재 조합을 소비하여 효용극대화를 추구하므로 경제활동 참여도가 낮다. 그러나 여가의 기회비용이 작은 근로선호자는 한계대체율이 낮아 무차별곡선이 완만하고 보다 많은 노동공급을 통해 효용극대화를 추구하므로 경제활동 참여도가 높다.

개인(A,B)의 노동공급을 결정하기 위해 소득-여가 모형을 상정하고 다음 물음에 답하시오.

[2015년 2문, 25점]

물음 1) A의 소득(I)과 여가(H)의 한계효용(MU)은 각각 $MU_I^A = H$, $MU_H^A = I$ 이고,
B의 소득(I)과 여가(H)의 한계효용(MU)은 각각 $MU_I^B = 2HI$, $MU_H^B = I^2$ 이다.
두 사람의 한계대체율(MRS_{HI})을 각각 구하시오.

물음 2) 동일한 예산선 하에서 A와 B중 누구의 노동공급량이 큰지를 그래프로 설명하시오.

Ⅰ. 소득-여가 선택모형

A와 B는 주어진 예산제약 조건에서 효용극대화를 달성하기 위한 여가(H)와 소득(I)의 조합을 탐색하는 과정에서 최적의 노동공급을 선택한다.

$$A \begin{bmatrix} \text{Max } U^A = F(H^A, I^A) \\ s.t. \ 1₩ \cdot I = W_0(T-H^A) \end{bmatrix}$$
$$B \begin{bmatrix} \text{Max } U^B = F(H^B, I^B) \\ s.t. \ 1₩ \cdot I = W_0(T-H^B) \end{bmatrix}$$

이때 효용극대화를 추구하는 A와 B는 여가와 소득에 대한 개인의 주관적 교환비율인 한계대체율 (MRS_{HI})과 시장의 객관적 교환비율인 상대가격($\frac{W}{1₩}$)이 일치하는 소비조합인 무차별곡선과 예산제약선의 접점[($MRS_{HI} = -\frac{\Delta I}{\Delta H} = \frac{MU_H}{MU_I}) = [\frac{W}{1₩}]$에서 최적의 소비조합을 선택한다. 이는 무차별곡선과 예산선의 접점에서 여가와 소득의 1원당 한계효용이 균등[($MRS_{HI} = \frac{MU_H}{MU_I} = \frac{W_0}{1₩}) = [\frac{MU_H}{W_0} = \frac{MU_I}{1₩}]$하기 때문이다.

Ⅱ. A와 B의 한계대체율(MRS_{HI})

1. 한계대체율

(1) 한계대체율(MRS_{HI})은 여가 소비 한 단위를 늘릴 때 동일한 효용수준을 유지하기 위해 포기해야 하는 소득과의 대체비율($-\frac{\Delta I}{\Delta H}$)로서 개인의 선호를 반영하는 여가와 소득 간의 주관적 교환비율이다.

(2) 측 정

개인의 소비조합이 달라질 때 동일한 효용수준을 유지하기 위해서는 늘어난 여가 소비로 인한 효용의 상승분[$\Delta H \cdot MU_H = \Delta U_H$]와 포기하는 소득으로 인한 효용의 하락분[$-\Delta I \cdot MU_I = \Delta U_I$]가 일치[$\Delta H \cdot MU_H = -\Delta I \cdot MU_I$]해야 하므로 여가($H$)와 소득($I$)간의 주관적 교환비율인 한계대체율[$MRS_{HI} = -\frac{\Delta I}{\Delta H}$]은 무차별곡선 접선의 기울기인 소득의 한계효용에 대한 여가의 한계효용 간의 상대적 비율[$MRS_{HI} = -\frac{\Delta I}{\Delta H} = \frac{MU_H}{MU_I}$]로 측정한다.

2. A와 B의 한계대체율

(1) A의 한계대체율

$$MRS_{HI}^A = \frac{MU_H^A}{MU_I^A} = \frac{I}{H}$$

(2) B의 한계대체율

$$MRS_{HI}^B = \frac{MU_H^B}{MU_I^B} = \frac{1}{2}\frac{I}{H}$$

III. 소 결 – 여가선호자 A

A의 한계대체율($=\frac{I}{H}$)이 B의 한계대체율($=\frac{1}{2}\frac{I}{H}$)보다 더 크므로, A는 여가의 기회비용이 큰 여가선호자이고 동일한 소비조합에서 무차별곡선의 기울기는 보다 가파르다.

IV. 물음 2)의 해결

1. Graph 도해

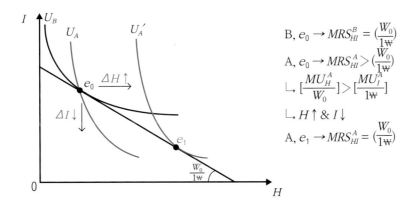

B, $e_0 \rightarrow MRS_{HI}^B = (\frac{W_0}{1\text{₩}})$

A, $e_0 \rightarrow MRS_{HI}^A > (\frac{W_0}{1\text{₩}})$

$\quad \hookrightarrow [\frac{MU_H^A}{W_0}] > [\frac{MU_I^A}{1\text{₩}}]$

$\quad \hookrightarrow H \uparrow \& I \downarrow$

A, $e_1 \rightarrow MRS_{HI}^A = (\frac{W_0}{1\text{₩}})$

e_0에서 소득을 선호하는 B는 효용극대화를 달성하나, 여가를 선호하는 A는 소득보다 여가의 1원당 한계효용이 커서 효용극대화를 달성하지 못하고 여가 소비를 늘리고 노동공급을 줄여서 e_1에서 효용극대화를 달성한다.

2. 소 결

한계대체율(MRS_{HI})이 상대적으로 높은 여가선호자 A는 근로선호자 B에 비해 더 많은 여가를 소비하여 효용극대화를 달성하므로 경제활동 참여율이 낮다.

📖 Topic 2-4

소득-여가 선택모형을 이용하여 개별근로자의 노동공급 결정에 관한 다음의 물음에 답하시오.

A와 B는 소비와 여가에 대해 동일한 예산선을 보유하고 있다. 예산선의 모든 가능한 조합에서 A는 1원의 기타재 소비를 포기할 때 효용을 동일하게 유지하기 위해서 언제나 B보다 많은 여가를 요구한다. 두 사람의 예산선과 무차별곡선 및 최적의 소비-여가 조합을 이용하여 누가 더 많은 소비를 선택할 것인지 무차별곡선의 특징과 관련하여 설명하시오.

I. 한계대체율(Marginal Rate of Substitution in Leisure & Consumption : MRS_{LC})

1. 의 의

한계대체율은 여가 소비 한 단위를 늘릴 때 동일한 효용수준을 유지하기 위해 포기해야 하는 기타재 간의 대체비율($-\frac{\Delta C}{\Delta L}$)로서 개인의 선호를 반영하는 여가와 기타재(노동) 간의 주관적 교환비율이다.

2. 측 정

$$[\Delta U = \Delta L \cdot MU_L] = [-\Delta C \cdot MU_C = \Delta U]$$
$$\Rightarrow -\frac{\Delta C}{\Delta L} = \frac{MU_L}{MU_C}$$

$$[MRS_{LC} = -\frac{\Delta C}{\Delta L} = \frac{MU_L}{MU_C}]$$

개인의 소비조합이 달라질 때 동일한 효용수준을 유지하기 위해서는 늘어난 여가 소비로 인한 효용의 상승분[$\Delta U = \Delta L \cdot MU_L$]과 포기하는 기타재 소비로 인한 효용의 하락분[$-\Delta C \cdot MU_C = \Delta U$]이 일치해야 하므로 여가(L)와 기타재(C)간의 주관적 교환비율인 한계대체율([$MRS_{LC} = -\dfrac{\Delta C}{\Delta L}$]은 무차별곡선 접선의 기울기인 기타재의 한계효용에 대한 여가의 한계효용 간의 상대적 비율[$MRS_{LC} = -\dfrac{\Delta C}{\Delta L} = \dfrac{MU_L}{MU_C}$]로서 측정한다.

Ⅱ. 근로선호자 A

1단위(원)의 기타재를 포기할 때 동일한 효용수준을 유지하기 위해 B보다 많은 여가를 요구하는 A는 여가의 기회비용이 낮아 여가에 대한 기타재의 한계대체율이 작은 근로선호자이다.

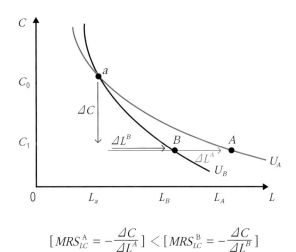

$$[\, MRS_{LC}^{A} = -\frac{\Delta C}{\Delta L^A}\,] < [\, MRS_{LC}^{B} = -\frac{\Delta C}{\Delta L^B}\,]$$

Ⅲ. 최적 노동공급 결정

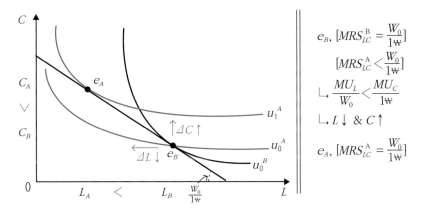

여가선호자인 B와는 달리 근로를 선호하는 A는 여가 소비를 줄이고 경제활동 참가율을 높여 기타재 소비를 늘리는 선택으로 효용극대화를 추구한다.

개인의 노동공급에 관한 다음 물음에 답하시오.

효용을 극대화하는 A와 B의 효용함수는 다음과 같다.

$$U_A = L \cdot C^2 \qquad\qquad U_B = L^2 \cdot C$$

A와 B의 시간 당 임금은 2만원이며, 주당 40시간 내에서 일(E)을 하거나 여가(L)로 사용할 수 있다. 한편, 정부는 근로자 한 명에게 주당 28만원의 보조금을 지급하며, 기타재의 단위 가격은 1원이다. (단, L은 여가시간이고 C는 기타재이다.)

물음 5-1) 효용극대화를 달성하는 A와 B의 최적 노동공급 선택 과정을 노동시간(E) – 기타재(C) 평면에 도해하고 설명하시오.

Ⅰ. 개인의 효용극대화 행동원리

A와 B는 주어진 예산제약 조건에서 효용극대화를 달성하는 여가(L)와 기타재(C)의 소비조합을 탐색하는 과정에서 최적 노동공급을 선택한다.

$$\text{Max } U^A = f(L,C) = LC^2 = (40-E)C$$
$$S.t. \quad C = \frac{W_0}{1\text{₩}}(T-L)+V = 20{,}000(40-L)+280{,}000$$
$$= 20{,}000E+280{,}000$$

$$\text{Max } U^B = f(L,C) = L^2C = (40-E)^2C$$
$$S.t. \quad C = \frac{W_0}{1\text{₩}}(T-L)+V = 20{,}000(40-L)+280{,}000$$
$$= 20{,}000E+280{,}000$$

A와 B는 여가에 대한 기타재 소비의 주관적 교환비율인 한계대체율(MRS_{LC})과 시장의 객관적 교환비율인 기타재에 대한 여가의 상대가격($\frac{W}{1\text{₩}}$)이 일치하는 무차별곡선과 예산제약선의 접점[$MRS_{LC} = -\frac{\varDelta C}{\varDelta L} = \frac{MU_L}{MU_C}) = (\frac{W}{1\text{₩}})$]에서 최적 소비조합을 선택하면 여가와 기타재의 1원당 한계효용이 균등[$\frac{MU_L}{W} = \frac{MU_C}{1\text{₩}}$]하여 효용극대화를 달성한다.

Ⅱ. 한계대체율(Marginal Rate of Substitution of Leisure & Consumption : MRS_{LC})

1. 의 의

여가에 대한 기타재 소비의 한계대체율(MRS_{LC})은 여가 소비 한 단위를 늘릴 때 동일한 효용수준을 유지하기 위해 포기해야 하는 기타재 간의 대체비율($-\frac{\Delta C}{\Delta L}$)로서 개인의 선호를 반영하는 여가와 기타재 간의 주관적 교환비율이다.

2. 측 정

$$[\Delta L \cdot MU_L] = [-\Delta C \cdot MU_C]$$
$$\Rightarrow -\frac{\Delta C}{\Delta L} = \frac{MU_L}{MU_C}$$
$$[MRS_{LC} = -\frac{\Delta C}{\Delta L} = \frac{MU_L}{MU_C}]$$

여가 소비를 한 단위 늘릴 때 동일한 효용수준을 유지하기 위해서는 늘어난 여가 소비(ΔL)로 인한 효용의 증가분[$\Delta L \cdot MU_L$]을 기타재 소비 감소로 인한 효용의 하락분[$-\Delta C \cdot MU_C$]으로 상쇄시켜야 하므로 여가(L)에 대한 기타재(C) 소비의 주관적 교환비율인 한계대체율[$MRS_{LC} = -\frac{\Delta C}{\Delta L}$]은 무차별곡선의 접선의 기울기인 기타재의 한계효용에 대한 여가의 한계효용의 상대적 비율[$MRS_{LC} = -\frac{\Delta C}{\Delta L} = \frac{MU_L}{MU_C}$]로서 측정한다.

3. 여가 선호자 B

$$[MRS_{LC}^A = -\frac{\Delta C}{\Delta L} = \frac{MU_L^A}{MU_C^A}] = [\frac{C^2}{2LC} = \frac{1}{2} \times \frac{C}{L}]$$

$$[MRS_{LC}^B = -\frac{\Delta C}{\Delta L} = \frac{MU_L^B}{MU_C^B}] = [\frac{2LC}{L^2} = 2 \times \frac{C}{L}]$$

임의의 동일 소비조합에서 B는 A보다 한계대체율이 커서 여가의 기회비용이 큰 여가선호자이다.

4. 일(E)−기타재(C) 평면에서 우상향하고 많은 노동공급에 대해 볼록한 무차별곡선

A와 B 모두 여가와 기타재 소비를 늘리면 효용이 상승한다. 따라서 여가와 기타재는 재화(goods)이므로 여가(L)−기타재(C) 평면에서 무차별곡선은 우하향한다. 또한 A와 B 모두 여가에 대한 기타재 소비의 한계대체율이 체감하므로 여가(L)−기타재(C) 평면에서 무차별곡선은 원점인 많은 노동공급에 대해 볼록하다.

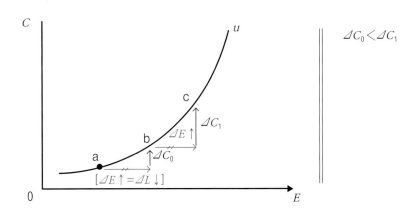

노동공급(E)이 증가하면 주어진 총가용시간에서 재화(goods)인 여가(L) 소비는 감소하므로 효용이 하락한다. 따라서 동일한 효용수준을 유지하기 위해서는 재화(goods)인 기타재(C) 소비를 증가시켜야 하므로 일(E)—기타재(C) 평면에서 무차별곡선은 우상향한다. 그리고 노동공급이 증가할수록 여가 소비는 감소하므로 한계효용 체감의 법칙에 의해 여가 소비 감소로 인한 효용의 하락폭은 점차 증가하여 이를 상쇄시키기 위한 기타재 소비의 증가분은 점차 증가하므로 많은 노동공급에 대하여 볼록한 무차별곡선이 도출된다.

5. 여가선호자 B의 가파른 무차별곡선

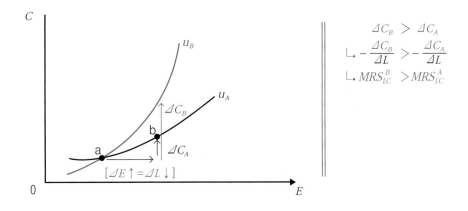

A와 B가 동일하게 노동공급(E)을 한 단위 증가시키면 여가의 기회비용인 높은 B가 여가소비 감소로 인한 효용의 하락분이 A보다 크다. 따라서 동일한 효용수준을 유지하기 위해 증가시켜야 할 기타재가 많은 B는 A보다 여가에 대한 기타재 소비의 한계대체율이 크므로 보다 가파른 무차별곡선으로 대변된다.

Ⅲ. 일(E)-기타재(C) 평면에서 우상향하는 예산선

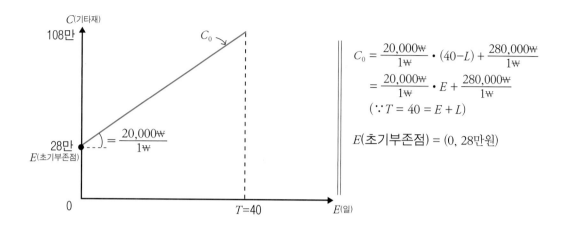

$$C_0 = \frac{20,000\text{₩}}{1\text{₩}} \cdot (40-L) + \frac{280,000\text{₩}}{1\text{₩}}$$

$$= \frac{20,000\text{₩}}{1\text{₩}} \cdot E + \frac{280,000\text{₩}}{1\text{₩}}$$

$$(\because T = 40 = E + L)$$

$$E(\text{초기부존점}) = (0, 28\text{만원})$$

A와 B는 주당 40시간의 총가용시간에서 일을 하지 않는 모든 시간은 여가 소비에 할애한다. 정부가 근로자 1명에게 지급하는 주당 28만원의 보조금은 노동공급과 무관하게 발생하는 비근로소득이므로 노동시장 외부인 초기부존점(Endownment)에서 28만원의 기타재를 소비할 수 있다. 그리고 노동공급 시간이 증가할수록 비례적으로 시간 당 2만원의 근로소득이 발생하므로 근로자의 예산선은 초기부존점을 중심으로 우상향하여 노동공급이 증가할수록 소비의 기회집합이 확대된다.

Ⅳ. 최적 노동공급

1. A의 효용극대화 선택

$$[MRS_{LC}^A = -\frac{\varDelta C}{\varDelta L} = \frac{MU_L^{iA}}{MU_C^A} = \frac{C^2}{2LC} = \frac{1}{2} \times \frac{C}{L}] = [\frac{20,000}{1} = \frac{W}{1\text{₩}}]$$

$$\therefore C = 40,000L \cdots\cdots ①$$

①의 효용극대화 균형조건을 예산제약식에 대입하면

$$C = 40,000L = 20,000(40-L)+280,000$$

$$\therefore L_A = 18, E_A = 40-18 = 22$$

2. B의 효용극대화 선택

$$[MRS^B_{LC} = -\frac{\Delta C}{\Delta L} = \frac{MU^B_L}{MU^B_C} = \frac{2LC}{L^2} = 2 \times \frac{C}{L}] = [\frac{20,000}{1} = \frac{W}{1\text{₩}}]$$

$$\therefore C = 10,000L \cdots\cdots ①$$

①의 효용극대화 균형조건을 예산제약식에 대입하면

$$C = 10,000L = 20,000(40-L)+280,000$$
$$\therefore L_B = 36, E_B = 40-36 = 4$$

3. 그래프 도해

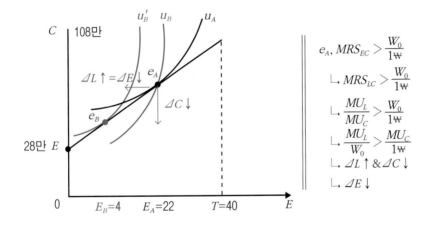

여가의 기회비용이 높아 한계대체율이 큰 B는 e_A에서 여가에 대한 기타재 소비의 한계대체율(MRS_{LC})이 기타재에 대한 여가의 상대가격($\frac{W}{1\text{₩}}$)보다 크므로 1원당 한계효용이 높은 여가로 1원당 한계효용이 낮은 기타재를 대체하기 위해 노동공급을 줄여 e_B에서 효용극대화를 달성한다.

4. 소 결

여가의 기회비용이 큰 여가선호자 B는 여가에 대한 기타재 소비의 한계대체율이 커서 무차별곡선이 가파르고 보다 많은 여가와 적은 기타재를 소비하여 효용극대화를 추구하므로 경제활동 참여도가 낮다. 반면 여가의 기회비용이 작은 근로선호자 A는 한계대체율이 낮아 무차별곡선이 완만하고 보다 많은 노동공급을 통해 효용극대화를 추구하므로 경제활동 참여도가 높다.

후방굴절 노동공급곡선의 도출

📖 Topic 3-1

1. 다음은 개별근로자의 노동공급에 관한 질문들이다.   [2009년 1문, 50점]

물음 1) 임금이 상승한다고 개인의 노동공급시간이 반드시 증가하는 것은 아니다. 오히려 임금의 상승
이 노동공급시간을 감소시킬 수도 있다. 이와 같이 개별근로자의 노동공급곡선이 후방 굴절되는 이
유를 무차별곡선과 예산선을 이용하여 설명하시오. (30점)

예시답안 1

Ⅰ. 후방굴절 노동공급곡선의 도출

　노동공급곡선은 주어진 임금률에 순응하여 개인의 효용극대화를 달성하는 최적 노동공급량 조합을 연결
한 궤적이다.

　개인은 여가와 기타재의 주관적 교환비율인 한계대체율과 객관적 교환비율인 기타재에 대한 여가의 상
대가격이 일치하도록 노동을 공급하여 효용극대화를 추구한다.

　시간당 임금률이 상승하면 여가의 상대가격이 상승하여 실질소득이 불변일 때 동일한 효용수준을 유지
하기 위해 1원당 한계효용이 하락한 여가를 상승한 기타재로 대체하는 효과에 의해 노동공급은 증가한다.
[대체효과]

　시간당 임금률이 상승하면 동일 노동공급에 대해 실질소득이 증가하므로 상대가격이 불변일 때 여가가
열등재이면 여가 소비는 감소하여 노동공급은 증가하고, 여가가 정상재이면 여가 소비는 증가하여 노동공
급은 감소한다. [소득효과]

따라서 여가가 열등재이면 대체효과와 소득효과 모두 노동공급을 증가시키므로 후방 굴절하는 노동공급곡선은 도출되지 않고, 여가가 정상재일 때 대체효과와 소득효과는 반대방향으로 작용하므로 후방 굴절하는 노동공급곡선을 도출할 수 있다.

저임금 구간에서는 시간당 임금률이 상승할 때 노동공급을 증가시키는 대체효과가 노동공급을 감소시키는 소득효과를 압도하여 임금과 노동공급 간에 양(+)의 관계가 관찰되고 고임금 구간에서는 시간당 임금률이 상승할 때 노동공급을 증가시키는 대체효과를 노동공급을 감소시키는 소득효과가 압도하여 임금과 노동공급 간에 음(−)의 관계가 관찰되므로 후방 굴절하는 노동공급곡선이 도출된다.

이러한 후방굴절하는 노동공급곡선은 근로자가 저임금 구간에서는 노동공급을 늘려 기타재 소비를 증가시키는 방향으로 효용극대화를 추구하고, 고임금 구간에서는 노동공급을 줄여 여가 소비를 늘리는 방향으로 효용극대화를 추구하는 현실을 적실성 높게 설명한다.

Ⅱ. 소득−여가 선택모형과 가격효과

$$\left[\begin{array}{l} \text{Max } U = F(L, C) \quad \text{(단, 여가는 정상재)} \\ s.t. \quad C = \dfrac{W_0}{1 \text{₩}}(T - L) \end{array}\right.$$

1. 대체효과

시간당 임금률이 상승하면 여가의 가격이 상승하여 기타재에 대한 여가의 상대가격이 상승하므로 실질소득이 불변일 때 동일한 효용 수준을 유지하기 위해 1원당 한계효용이 감소한 여가를 1원당 한계효용이 증가한 기타재로 대체하는 효과에 의해 개인의 노동공급은 증가한다.

2. 소득효과

시간당 임금률이 상승하면 기타재에 대한 여가의 상대가격이 불변일 때 동일 노동 공급에 대하여 실질소득이 증가하고 여가와 기타재 소비의 기회집합이 확대된다. 이때 여가의 소비는 증가하여 노동공급은 감소하지만 열등재인 여가의 소비는 감소하여 노동공급은 증가하는 소득 효과가 발생한다.

3. 소 결

시간당 임금률이 상승하면 여가의 가격이 상승하여
(1) 대체효과에 의해 노동공급이 증가하고,
(2) 소득효과에 의해 여가가 정상재이면 노동공급이 감소하지만, 여가가 열등재이면 노동공급이 증가한다.

이때 여가가 정상재이고 저임금 구간에서는 대체효과가 소득효과를 압도하지만, 고임금 구간에서는 소득효과가 대체효과보다 우세하다면 노동공급곡선은 임계 임금 수준 이상에서 후방굴절하는 형태로 도출된다.

Ⅲ. Graph 도해 – 여가는 정상재

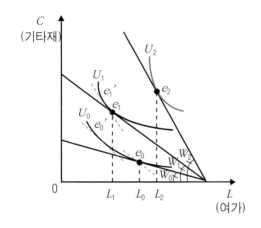 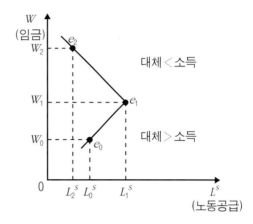

1. $e_0 \rightarrow e_1$: 대체효과 $>$ 소득효과

e_0에서 시간당 임금률이 상승($W_0 \rightarrow W_1$)하면 동일한 무차별곡선 상에서 예산선이 시계방향으로 회전이동($MRS_{LC} < \frac{W_1}{1 ₩}$)하여 1원당 한계효용이 높아진 기타재로 1원당 한계효용이 하락한 여가를 대체하므로 노동 공급을 늘려 $e_0{}'$에서 효용 극대화($MRS_{LC} = \frac{W_1}{1 ₩}$)을 달성한다. 그리고 시간당 임금률이 상승($W_0 \rightarrow W_1$)하면 동일 노동 공급에 대하여 실질소득이 증가하므로 정상재인 여가 소비는 증가하여 노동공급은 감소($e_0{}' \rightarrow e_1$)하지만 소득효과가 대체효과에 미치지 못하여 여가 소비는 감소($L_0 \rightarrow L_1$)하고 노동공급은 증가($L_0{}^S \rightarrow L_1{}^S$)한다.

2. $e_1 \rightarrow e_2$: 대체효과 $<$ 소득효과

e_1에서 시간당 임금률이 상승($W_1 \rightarrow W_2$)하면 동일한 무차별곡선 상에서 예산선이 시계방향으로 회전이동($MRS_{LC} < \frac{W_2}{1 ₩}$)하여 1원당 한계효용이 높아진 기타재로 1원당 한계효용이 하락한 여가를 대체하므로 노동공급을 늘려 $e_1{}'$에서 효용 극대화($MRS_{LC} = \frac{W_2}{1 ₩}$)을 달성한다. 그리고 시간당 임금률이 상승($W_1 \rightarrow W_2$)하면 동일 노동 공급에 대하여 실질소득이 증가하므로 정상재인 여가 소비는 증가하여 노동공급은 감소($e_1{}' \rightarrow e_2$)하는데 소득효과가 대체효과를 압도하여 여가 소비는 증가($L_1 \rightarrow L_2$)하고 노동공급은 감소($L_1{}^S \rightarrow L_2{}^S$)한다.

3. 후방굴절 노동공급곡선

따라서 시간당 임금률이 상승할 때 저임금 구간($W_0 \rightarrow W_1$)에서는 노동공급곡선이 우상향($e_0 \rightarrow e_1$)하지만 고임금 구간($W_1 \rightarrow W_2$)에서는 노동공급곡선이 좌상향($e_1 \rightarrow e_2$)하여 후방에서 굴절하는 노동공급곡선이 도출된다.

IV. 함 의

후방굴절하는 노동공급곡선은

1. (상대)가격조정 메커니즘에 의해 노동시장을 청산하려는 대체효과가 우선 발생하고 일정 시점(임금) 이후에는 실물경제효과로서 소득효과가 뒤따라 나오는 지배적인 경험적 통찰에 근거하여

2. 낮은 임금수준에서는 대체효과가 우세하지만 높은 임금수준에서는 소득효과가 우세하여 저임금 노동자는 노동공급을 늘려 효용극대화를 추구하고 고소득 노동자일수록 임금이 상승할 때 정상재인 여가 소비를 늘려 효용극대화를 추구하는 현실의 노동시장을 적실성 높게 설명한다.

예시답안 2

I. 소득-여가 선택모형

개인은 주어진 예산제약 조건에서 효용극대화를 달성하기 위한 여가(L)와 기타재(C)의 소비조합을 탐색하는 과정에서 최적의 노동공급을 선택한다.

$$\begin{cases} \text{목적식 Max } U = F(L, C) \\ \text{제약조건 } s.t. \ C = \frac{W_0}{1\text{₩}}(T-L) \ (T\text{는 총가용시간}) \end{cases}$$

이때 효용극대화를 추구하는 개인은 여가와 기타재에 대한 개인의 주관적 교환비율인 한계대체율(MRS_{LC})과 시장의 객관적 교환비율인 상대가격($\frac{W}{1\text{₩}}$)이 일치하는 소비조합인 무차별곡선과 예산제약선의 접점$[(MRS_{LC} = -\frac{\Delta C}{\Delta L} = \frac{MU_L}{MU_C})] = [\frac{W}{1\text{₩}}]$에서 최적의 소비조합을 선택한다. 이는 무차별곡선과 예산선의 접점에서 여가와 기타재의 1원당 한계효용이 균등$[(MRS_{LC} = \frac{MU_L}{MU_C} = \frac{W_0}{1\text{₩}}) = (\frac{MU_L}{W_0} = \frac{MU_C}{1\text{₩}})]$하기 때문이다.

II. 가격효과

시간당 임금률이 상승하면 여가의 기회비용이 상승하여 여가의 가격도 상승한다. 따라서 여가의 가격이 상승할 때 기타재에 대한 여가의 상대가격이 상승하여 여가소비가 감소하는 대체효과와 기타재와 여가 소비의 기회집합이 확대되어 실질소득의 증가로 정상재인 여가 소비는 증가하고 열등재인 여가 소비는 감소하는 소득효과의 두 가지 경로로 여가 소비량이 변화하는 가격효과 발생한다.

1. 대체효과

시간당 임금률이 상승하면 기타재에 대한 여가의 상대가격이 상승하므로 실질소득이 불변일 때 동일한 효용 수준을 유지하기 위해 1원당 한계효용이 감소한 여가를 1원당 한계효용이 증가한 기타재로 대체하는 효과에 의해 개인의 노동공급은 증가한다.

2. 소득효과

시간당 임금률이 상승하면 기타재에 대한 여가의 상대가격이 불변일 때 동일 노동 공급에 대하여 실질소득이 증가하고 여가와 기타재 소비의 기회집합이 확대되므로 정상재인 여가소비는 증가하여 노동공급은 감소하고, 열등재인 여가소비는 감소하여 노동공급은 증가하는 소득 효과가 발생한다.

Ⅲ. 후방굴절 노동공급곡선 도출

1. 여가가 열등재인 경우

여가가 열등재라면, 실질소득이 증가할 때 여가 소비는 감소하므로 노동공급은 증가한다. 이 경우 시간당 임금률이 상승할 때 소득효과와 대체효과 모두 노동공급을 증가시키므로 우상향하는 노동공급곡선이 도출된다.

2. 여가가 정상재인 경우

실질소득 증가하면 정상재인 여가 소비는 감소하므로 대체효과와 소득효과의 우열관계에 따라 후방 굴절하는 노동공급곡선이 도출될 수 있다.

(1) 대체효과가 소득효과를 압도하는 경우

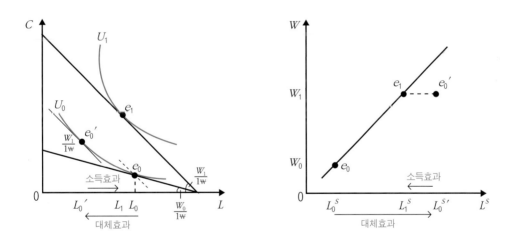

1) e_0에서 여가의 상대가격이 상승($\frac{W_0}{1\text{₩}} < \frac{W_1}{1\text{₩}}$)함에 따라 동일 효용수준($U_0$)에서 여가를 노동공급으로 대체($L_0-L_0{}'$)하는 대체효과가 발생한다.

1원당 한계효용균등의 법칙에 따라,

$$[\frac{MU_L}{MU_C} < \frac{W_1}{1\text{₩}}] \Rightarrow [\frac{MU_L}{W_1} < \frac{MU_C}{1\text{₩}}]$$이므로,

지출 대비(1원당) 한계효용이 균등해질 때까지 기타재 소비 유인이 증가하므로(여가감소) $e_0{'}$에서 $[MRS_{LC} = \frac{W_1}{1\text{₩}}]$을 달성한다.

2) 시간당 임금률이 상승($W_0 < W_1$)하면 동일 노동공급에 따른 실질소득이 증가하여 근로자는 효용수준을 제고하기 위해 정상재인 여가와 기타재 소비를 늘린다.($L_0{'} < L_1$) 그리고 새로운 예산선과 무차별곡선이 접하는 e_1에서 개인은 효용극대화(U_1)를 달성한다.

3) [$W-L^s$]평면에서 우상향하는 노동공급곡선이 도출된다.(대체효과 > 소득효과)

(2) 소득효과가 대체효과를 압도하는 경우

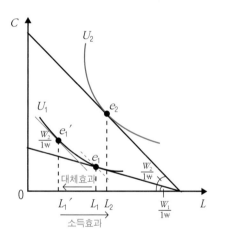
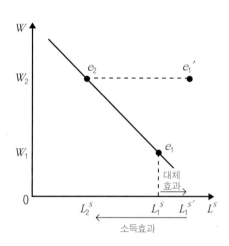

1) 시간당 임금률이 상승($W_1 \rightarrow W_2$)하면 e_1에서 무차별곡선의 기울기보다 예산선이 가파르므로[$MRS_{LC} < \frac{W_2}{1\text{₩}}$] 1원당 한계효용이 하락한 여가 소비를 줄이고 기타재 소비(노동공급)를 늘리는 대체효과($e_1 \rightarrow e_1{'}$)에 의해 여가 소비는 감소($L_1 \rightarrow L_1{'}$)하고, $e_1{'}$에서 e_2까지 실질소득의 증가에 따른 여가와 기타재 소비를 증가시켜 U_2까지 효용이 상승하는 소득효과가 발생한다.

2) [$W-L^s$]평면에서 좌상향하는 노동공급곡선이 도출된다.(소득효과 > 대체효과)

3. 후방굴절 노동공급곡선 도출

위의 $[W-L^s]$평면에서 그래프를 연결하면 다음의 후방굴절하는 노동공급곡선이 도출된다.

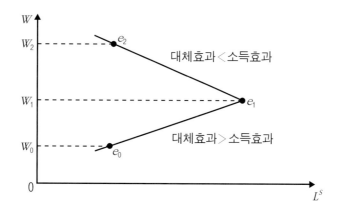

Ⅳ. 소 결

여가가 정상재일 때 저임금 구간($W_0 \rightarrow W_1$)에서는 대체효과가 소득효과를 압도하여 노동공급곡선은 우상향하고, 고임금 구간($W_1 \rightarrow W_2$)에서는 소득효과가 대체효과를 압도하여 노동공급곡선은 좌상향하므로 W_1의 후방에서 굴절하는 노동공급곡선이 도출된다.

📖 Topic 3-2

일(소득)-여가 선택모형을 이용하여 다음 물음에 그림을 그려 설명하시오.   [2014년 1문, 50점]

물음 1) 임금률이 상승할 경우 노동공급의 변화를 대체효과(substitution effect)와 소득효과(income effect)로 나누어 설명하시오. (단, 대체효과가 소득효과보다 크며, 여가는 정상재이다.) (20점)

I. 소득-여가 선택모형

개인은 주어진 예산제약 하에서 효용극대화를 달성하기 위해 최적의 여가(L)와 기타재(C) 조합을 선택한다.

목적식 : Max $U = F(L, C)$ (단, L과 C는 정상재)

제약식 : s.t. $C_0 = \dfrac{W_0}{1 ₩}(T-L)$ (단, $T-L=h$, T는 총가용시간, h는 노동공급)

$C_1 = \dfrac{W_1}{1 ₩}(T-L)$ (단, $W_0 < W_1$)

효용극대화를 추구하는 개인은 여가와 기타재에 대한 개인의 주관적 교환비율인 한계대체율(MRS_{LC})과 시장의 객관적 교환비율인 상대가격($\frac{W}{1 \text{₩}}$)이 일치하는 소비조합을 선택한다. 왜냐하면 여가와 기타재의 1원당 한계효용이 균등 ($\frac{MU_L}{W} = \frac{MU_C}{1 \text{₩}}$)할 때 다른 소비조합으로 이동하면 한계효용체감의 법칙에 의해 총효용이 감소하므로 더 이상 효용 제고가 불가능한 안정적인 소비조합이기 때문이다.

Ⅱ. 가격효과

시간당 임금률이 상승하면 여가의 기회비용이 상승하여 여가의 가격도 상승한다. 따라서 여가의 가격이 상승할 때 기타재에 대한 여가의 상대가격이 상승하여 여가소비가 감소하는 대체효과와 기타재와 여가 소비의 기회집합이 확대되어 실질소득의 증가로 정상재인 여가 소비는 증가하고 열등재인 여가 소비는 감소하는 소득효과의 두 가지 경로로 여가 소비량이 변화하는 가격효과 발생한다.

1. 대체효과

시간당 임금률이 상승하면 실질소득이 불변일 때 여가의 상대가격($\frac{W_0}{1 \text{₩}}$)이 상승하여 개인은 1원당 한계효용이 감소한 여가를 1원당 한계효용이 상승한 기타재로 대체하므로 노동공급은 증가한다.

2. 소득효과

시간당 임금률이 상승하면 여가의 상대가격($\frac{W_0}{1 \text{₩}}$)이 불변일 때 동일 노동공급에 대하여 실질소득이 증가하므로 정상재인 여가 소비는 늘리고 노동공급이 감소하는 소득효과가 발생한다.

Ⅲ. Graph 도해

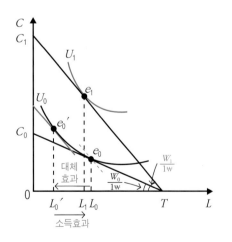
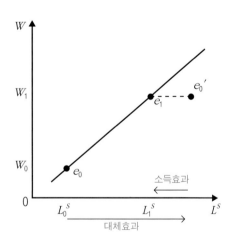

1. e_0에서 여가의 상대가격이 상승하면 실질소득이 불변일 때 동일한 효용수준(U_0)에서 여가의 1원당 한계효용이 기타재의 1원당 한계효용보다 하락 [$\frac{MU_L}{W_1} < \frac{MU_C}{1 ₩}$]하므로, 개인은 실질소득이 불변인(=동일 효용수준) 상태에서 효용극대화를 위해 1원당 한계효용이 상승한 기타재로 1원당 한계효용이 하락한 여가를 대체하기 위해 노동공급을 늘린다. 그 결과 $e_0{}'$점에서 여가와 기타재의 1원당 한계효용이 균등[$MU_L = \frac{MU_C}{1 ₩}$]하고 노동공급은 증가($L_0 \rightarrow L_0{}'$)하는 대체효과가 발생한다.

2. $e_0{}'$에서 시간당 임금률이 상승하면 기타재에 대한 여가의 상대가격이 불변일 때 동일 노동공급에 대하여 실질소득이 증가하므로 정상재인 여가와 기타재 소비를 늘려 보다 높은 효용을 달성할 수 있으므로 개인의 노동공급이 감소($L_0{}' \rightarrow L_1$)하는 소득효과가 발생한다.

3. 대체효과가 소득효과를 압도하여 여가 소비는 최초 균형지점보다 감소($L_0 > L_1$)하므로 노동공급은 증가한다($L_0{}^S < L_1{}^S$).

Ⅳ. 소 결

시간당 임금률이 인상되면 여가를 정상재로 인식하는 개인에게 대체효과는 노동공급을 늘리는데 반해 소득효과는 노동공급을 줄이는 상반된 효과가 발생한다. 그리고 총소득 제고를 통해 기타재 소비의 확대로 효용극대화를 추구하는 저소득 근로자는 대체효과가 소득효과를 압도하여 임금이 인상되면 노동공급이 증가하므로 시간당 임금률과 노동공급 간에 양의 상관관계가 관찰된다.

물음 2) 노동공급곡선의 후방굴절(backward-bending) 가능성을 설명하시오. (15점)

I. 여가는 열등재 – 우상향하는 노동공급곡선

1. 소득효과

시간당 임금률이 상승하면 여가의 상대가격($\frac{W_0}{1 ₩}$)이 불변일 때 동일 노동공급에 대하여 실질소득이 증가하므로 열등재인 여가 소비는 감소하여 노동공급이 증가한다.

2. 대체효과

시간당 임금률이 상승하면 실질소득이 불변일 때 여가의 상대가격($\frac{W_0}{1 ₩}$)이 상승하여 동일 효용 수준을 지속적으로 유지하기 위해 구매 부담이 증가한 여가를 기타재로 대체하므로 노동공급이 증가한다.

3. 소 결

따라서 여가가 열등재이면 임금의 증감과 소득효과와 대체효과로 인한 노동공급의 증감은 일치하므로 시간당 임금률이 상승할 경우에 우상향하는 노동공급곡선만이 도출된다.

Ⅱ. 여가는 정상재 - 후방 굴절하는 노동공급곡선

1. 저임금 구간 : 대체효과 > 소득효과

저임금 구간에서 임금이 상승하면 노동공급을 증가시키는 대체효과가 노동공급을 감소시키는 소득효과를 압도하므로 우상향하는 노동공급곡선이 도출된다.

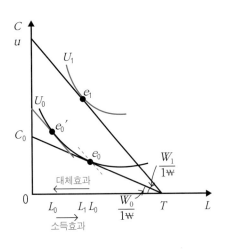
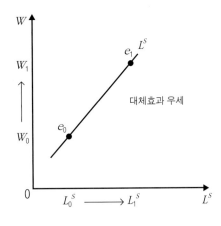

2. 고임금 구간 : 소득효과 > 대체효과

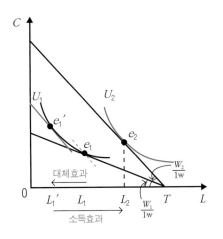
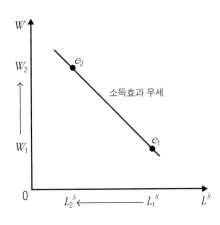

e_1에서 실질소득이 불변일 때 여가의 상대가격 상승으로 대체효과는 여가소비를 줄이나($L_1 \rightarrow L_1'$), e_1'에서 여가의 상대가격이 불변일 때 동일 노동공급에 대하여 실질소득이 증가하므로 정상재인 여가소비를 늘린다.($L_1' \rightarrow L_2$) 이때 고임금 구간에서는 여가소비 증가로 인한 효용의 상승분이 기타재소비 감소로 인한 효용의 하락분을 상회하여 e_2에서 효용극대화(U_2)를 달성한다($L_1 < L_2$).

따라서 고임금 구간에서는 임금이 상승할 때 소득효과가 대체효과를 압도하므로 노동공급이 감소하여 $(L_1^S > L_2^S)$ $[W-L^S]$평면에서 좌상향하는 노동공급곡선이 도출된다.

Ⅲ. 후방굴절 노동공급곡선 도해

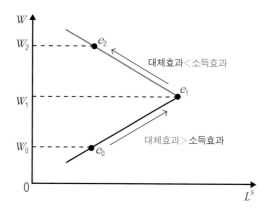

저임금구간에서 근로자는 여가 1단위 소비로 인한 효용의 증가분보다 노동공급을 통한 기타재 1단위 소비로부터 얻는 효용의 증가분이 보다 크므로 임금이 상승하면 노동공급을 증가시키는데 반해, 고임금구간에서 근로자는 기타재 1단위 소비로부터 얻는 효용의 증가분보다 여가 1단위 소비로부터 얻는 효용의 증가분이 훨씬 크므로 임금이 상승하면 노동공급을 감소시키는 방향으로 효용극대화를 추구한다.

📖 Topic 3-3

시간당 임금률이 상승할 때 노동공급이 감소할 수 있는 경우를 그래프로 설명하시오.

[2018년 1-2)문, 15점]

Ⅰ. 소득-여가 선택모형

개인은 주어진 예산 제약하에서 효용극대화를 달성하기 위해 최적의 여가(L)와 기타재(C) 소비조합을 선택한다.

$$목적식 \ Max \ U = F(L, C)$$
$$제약식 \ s.t. \ C_0 = \frac{W_0}{1₩}(T-L)$$
$$\rightarrow C_1 = \frac{W_1}{1₩}(T-L) \quad (단, \ W_0 < W_1)$$

시간당 임금률이 상승하면 예산선은 초기부존점(T)을 중심으로 시계방향으로 회전이동하므로 여가와 기타재 소비의 기회집합이 확대된다.

Ⅱ. 좌상향하는 노동공급곡선 – 여가는 정상재이고 우세한 소득효과

1. 소득효과

시간당 임금률이 상승하면 여가의 상대가격($\frac{W_0}{1\text{₩}}$)이 불변일 때 동일 노동공급에 대하여 실질소득이 증가하므로 정상재인 여가의 소비는 증가하고, 열등재인 여가의 소비는 감소한다. 따라서 여가가 정상재인 경우에만 임금인상으로 노동공급이 감소할 수 있다.

2. 대체효과

시간당 임금률이 상승하면 실질소득이 불변일 때 여가의 상대가격($\frac{W_0}{1\text{₩}}$)이 상승하여 동일 효용 수준을 지속적으로 유지하기 위해 구매 부담이 증가한 여가를 기타재로 대체하므로 노동공급이 증가한다.

Ⅲ. Graph 도해

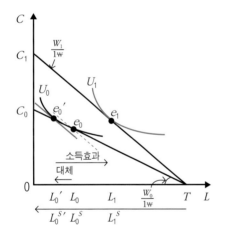 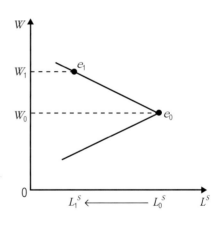

시간당 임금률이 상승하여 기타재에 대한 여가의 상대가격도 상승[$\frac{W_0}{1\text{₩}} < \frac{W_1}{1\text{₩}}$]하므로 e_0에서 한계대체율보다 예산선의 기울기가 가팔라져서[$MRS_{LC} < \frac{W_1}{1\text{₩}}$], 여가의 단위가격 지출대비 한계효용[$\frac{MU_L}{W_1}$]보다 기타재의 단위가격 지출대비 한계효용[$\frac{MU_C}{1\text{₩}}$]이 더 크므로[$\frac{MU_L}{W_1} < \frac{MU_C}{1\text{₩}}$] 여가를 기타재로 대체하기 위해 노동공급을 늘리는 대체효과가 발생한다.

$e_0{'}$에서 시간당 임금률이 상승하면 여가의 상대가격이 불변일 때 동일 노동공급(L_0^S)에 대하여 실질소득

이 증가하므로 정상재인 여가의 소비를 늘리는 소득효과가 발생한다.

그리고 노동공급에 미치는 영향이 상반된 두 효과 중에서 소득효과가 대체효과를 압도하면 여가의 증가로 인한 효용의 상승분이 기타재 소비의 감소(=노동공급의 감소)로 인한 효용의 하락분을 압도하여 e_1에서 효용극대화를 달성한다($MRS_{LC} = \dfrac{W_1}{1₩}$).

따라서 고임금 구간에서 시간당 임금률이 상승할 때 여가가 정상재이고 소득효과가 대체효과를 압도한다면 노동공급은 감소하므로 $[W-L^s]$평면에서 e_0에서 e_1을 연결하면 임금과 노동공급 간에 음($-$)의 관계가 존재하는 좌상향의 노동공급곡선이 도출된다.

 Topic 3-4

소득−여가 선택이론에서 개별근로자의 노동공급에 관한 다음 물음에 답하시오.

물음 1) 임금상승에 따른 근로시간의 변화를 소득효과와 대체효과로 구분하고 이를 근거로 노동공급곡선을 도출하시오. (단, 여가는 열등재임)　　　　　　　　　　　　　　　　[2012년 1-1)문, 10점]

물음 2) 정부는 초과근로에 대한 임금을 통상임금의 1.5배로 하고 주당 근로시간을 44시간에서 40시간으로 법제화하였다. 여가를 우등재와 열등재로 구분하여 각각에 대한 근로자의 노동시간 변화를 소득−여가 평면에서 설명하고 노동공급곡선을 도출하시오. (단 이 근로자는 현재 44시간 이상 근로하고 있음)　　　　　　　　　　　　　　　　　　　　　　　　　　[2012년 1-2)문, 20점]

물음 3) 효용극대화에 기초한 노동공급모형이 갖는 한계점을 약술하시오.　　　　　[행시 기출]

Ⅰ. 물음 1)의 해결

1. 우상향의 탄력적인 노동공급곡선

노동공급곡선은 주어진 임금률에 순응하여 개인의 효용극대화를 달성하는 최적 노동공급량 조합을 연결한 궤적이다. 개인은 여가와 기타재의 주관적 교환비율인 한계대체율과 객관적 교환비율인 기타재에 대한 여가의 상대가격이 일치하도록 노동을 공급하면 효용극대화를 달성한다. 시간당 임금률이 상승하면 여가의 상대가격이 상승하여 실질소득이 불변일 때 동일한 효용수준을 유지하기 위해 1원당 한계효용이 하락한 여가를 상승한 기타재로 대체하는 효과에 의해 노동공급은 증가한다. 시간당 임금률이 상승하면 동일 노동공급에 대해 실질소득이 증가하므로 상대가격이 불변일 때 열등재인 여가 소비는 감소하여 노동공급이 증가한다.

따라서 여가가 열등재이면 대체효과와 소득효과 모두 노동공급을 증가시키므로 후방 굴절하는 노동공급 곡선은 도출되지 않고, 여가가 정상재일 때보다 탄력적인 우상향의 노동공급곡선이 도출된다.

2. 대체효과 및 소득효과

(1) 대체효과

시간당 임금률이 상승하면 실질소득이 불변일 때 여가의 상대가격($\frac{W_0}{1\text{₩}}$)이 상승하여 동일 효용 수준을 지속적으로 유지하기 위해 1원당 한계효용이 하락한 여가를 1원당 한계효용이 상승한 기타재로 대체하므로 노동공급은 증가한다.

(2) 소득효과

시간당 임금률이 상승하면 여가의 상대가격($\frac{W_0}{1\text{₩}}$)이 불변일 때 동일 노동공급에 대하여 실질소득이 증가하므로 열등재인 여가 소비는 감소하여 노동공급이 증가한다.

3. 우상향의 노동공급곡선 도출

(1) 소득-여가 선택모형

$$\text{Max } U = F(L, C) \qquad \text{(단, 여가는 열등재)}$$
$$s.t. \quad C = \frac{W_0}{1\text{₩}}(T-L) \qquad [T = L+h(\text{노동})]$$
$$\qquad C_1 = \frac{W_1}{1\text{₩}}(T-L) \qquad (W_1 > W_0)$$

(2) 그래프의 도해

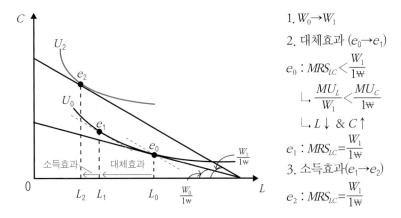

1. $W_0 \rightarrow W_1$
2. 대체효과 $(e_0 \rightarrow e_1)$

$e_0 : MRS_{LC} < \dfrac{W_1}{1\text{₩}}$

$\quad \llcorner \dfrac{MU_L}{W_1} < \dfrac{MU_C}{1\text{₩}}$

$\quad \llcorner L \downarrow \, \& \, C \uparrow$

$e_1 : MRS_{LC} = \dfrac{W_1}{1\text{₩}}$

3. 소득효과 $(e_1 \rightarrow e_2)$

$e_2 : MRS_{LC} = \dfrac{W_1}{1\text{₩}}$

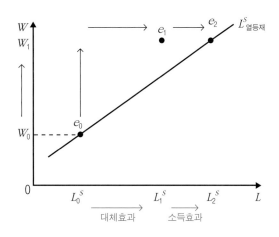

시간당 임금률이 상승하면($W_0{\to}W_1$) 대체효과($e_0{\to}e_1$)에 의해 여가소비는 감소하고($L_0{\to}L_1$), 소득효과 ($e_1{\to}e_2$) 또한 열등재인 여가소비의 감소($L_1{\to}L_2$)를 수반하므로 노동공급은 증가한다.($L_0^S{\to}L_2^S$)

4. 소 결

여가가 열등재이면 임금의 증감과 소득효과와 대체효과로 인한 노동공급의 증감은 일치하므로 시간당 임금률이 상승할 때 노동공급도 비례적으로 증가하는 우상향의 노동공급곡선만이 도출된다. 그리고 시간 당 임금률의 상승으로 동일 노동공급에 대하여 실질소득이 증가할 때 열등재인 여가는 근로자의 효용을 낮 추는 비재화(bads)이므로 여가는 감소하여 노동공급은 여가가 정상재일 때보다 임금에 대하여 탄력적으로 반응한다.

Ⅱ. 물음 2)의 해결

1. 소득-여가 선택모형

주당 근로시간을 44시간에서 40시간으로 단축하는 정책이 도입될 때 근로자의 소득을 동일하게 보장해 준다면 시간당 임금률은 상승하고 초과근로의 기준 노동시간도 단축되므로 근로자의 소비의 기회집합은 확대된다($C_0{\to}C_1$).

$$
\begin{aligned}
&\text{Max } U = F(L, C) \text{ (}L\text{은 우등재 또는 열등재)}\\
&s.t.\ C_0 = W_0(T{-}L)\ (T{-}L{\le}44)\ (T = L_0{+}h)\\
&\qquad\quad = 1.5W_0(T{-}L)\ (T{-}L{>}44)\\
&s.t.\ C_1 = W_1(T{-}L)\ (T{-}L{\le}40)\\
&\qquad\quad = 1.5W_1(T{-}L)\ (T{-}L{>}40)
\end{aligned}
$$

2. 근로자의 소득저하방지

(1) 정부는 주 44시간 근로에서 주 40시간 근로로 전환시키는 법제도의 실효성 제고 및 근로자의 경제 생활안정을 위하여 주 44시간에서의 소득수준(C_0)을 주 40시간에서도 보장하므로 실질시간당 순임금률은 상승한다.

(2) 임금인상률을 계산하면 다음과 같다.

$$44 \times W_0 = C_0 = 40 \times W_1$$
$$\Rightarrow W_1 = \frac{44}{40} W_0 = 1.1 W_0$$
$$\therefore W_0 \text{에서 } W_1 \text{의 임금 인상률은 10\%이다.}$$

3. 여가가 열등재인 경우

(1) 여가가 열등재인 때에는 개인의 실질소득이 증가한다면 여가 소비를 줄이므로 노동공급은 증가하여 기타재 소비는 확대된다.

그리고 대체효과는 정상재일 때와 동일하게 임금률 인상에 따라 더욱 비싸진 여가의 상대가격으로 인하여 구매 부담이 가중된 개인은 여가를 줄이고 노동공급을 늘려 기타재 소비를 증가시킨다.

(2) Graph 도해

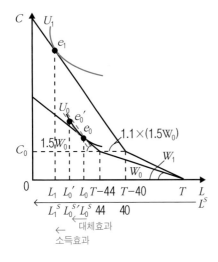

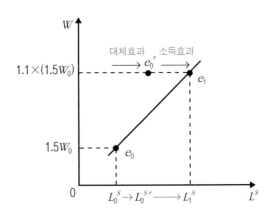

개인은 주 44시간에서 주 40시간으로 근로시간 단축 법제화에 따라 상승한 임금률에 따른 대체효과와 소득효과 모두 열등재인 여가 소비를 감소시키므로($L_0 \rightarrow L_1$) 노동공급은 증가한다.($L_0^S \rightarrow L_1^S$) 따라서 노동공급곡선은 $[W-L^S]$평면상에서 우상향한다.

4. 여가가 정상재(=우등재)인 경우

(1) 주당 총소득은 변함이 없고 주 40시간 법제화로 근로시간이 감소되어 시간당 임금률이 상승하므로

1) 대체효과
동일한 효용수준을 유지하기 위해 구매 부담이 가중된 여가를 기타재로 대체하므로 개인의 노동공급은 증가한다.

2) 소득효과
시간당 임금률의 상승은 동일 노동공급에 대한 실질소득을 증대시키므로 정상재인 여가 소비를 늘릴 구매 여력이 확대되어 노동공급은 감소한다.

(2) Graph 도해

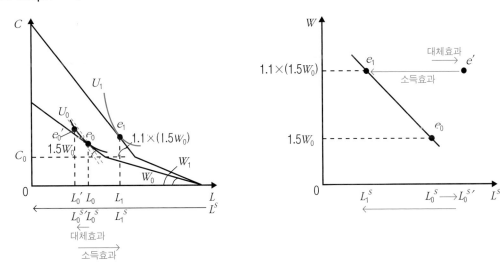

주당 총소득은 변함이 없는 상태에서 주 40시간 법제화로 근로시간이 감소되어 시간당 임금률이 상승할 때 초과근로를 제공하는 고소득 근로자의 소득효과가 대체효과를 압도한다면 개인은 여가 소비를 늘리는 ($L_0 \rightarrow L_1$) 선택으로 효용극대화를 추구하므로 $[W-L^S]$ 평면상에서 좌상향의 노동공급곡선이 도출된다.

Ⅲ. 물음 3)의 해결 : 소득-여가 선택모형의 한계점

1. 노동수요 의사를 간과 - 고용의 주체는 기업

소득-여가 선택모형은 효용극대화 행동원리에 입각하여 개인은 노동공급을 임의수준에서 결정함을 가정하고 있으나, 노동시장에서 목격되는 실질적인 고용의 주체는 노동수요자인 기업이므로 노동수요를 제약조건으로 설정하지 않는 소득-여가 선택모형에서 효용극대화를 달성하려는 노동공급 의사가 완전 (100%) 고용으로 실현될 가능성이 낮다.

2. 불완전정보

개인은 완전정보를 가정으로 효용극대화를 달성하는 최적의 노동공급을 탐색하지만 실제 노동시장의 탐색 과정에서는 불완전정보가 존재한다.

3. 인적자본측면 결여 - 정태적 분석

개인의 근로소득은 오로지 주어진 시간당 임금률과 노동공급시간에 의해서만 결정되므로 숙련 노동자와 저숙련 노동자 간에 존재하는 노동의 질을 간과하고 있다. 따라서 정태적 분석을 벗어나 동태적 교육투자를 통한 인적자본의 축적이 개인의 생산성을 향상시켜 시간당 임금률에 영향을 미치는 동태적 분석이 결여되어 생애에 걸친 효용극대화의 관점에서 시점 간 노동공급을 배분하는 과정을 설명하지 못하는 한계가 존재한다.

Topic 3-5

소득-여가 선택모형을 이용하여 다음 물음에 답하시오.

물음 1) A의 효용함수는 다음과 같다.

$$U = F(L, C) = L^{0.4}C^{0.6}$$

A의 주당 총가용시간은 60시간이고 아버지는 A에게 매주 450원의 용돈을 지원한다. 현재 시장의 시간당 임금률은 30원일 때 A의 유보임금과 효용극대화를 달성하는 최적의 노동공급 시간을 그래프를 통해 분석하시오. (단, 기타재의 단위 가격은 1₩이다.)

Ⅰ. 개인의 효용극대화 행동원리

1. 소득-여가 선택모형

개인은 주어진 예산제약 조건에서 효용극대화를 달성하기 위한 최적의 여가(L)와 기타재(C)의 소비조합을 탐색하는 과정에서 노동공급을 결정한다.

$$\text{목적식 } max\ U = W(L, C) = L^{0.4}C^{0.6} \qquad [\text{단, } L\text{과 } C\text{는 재화(goods)}]$$

$$\text{제약식 } s.t.\ 1\text{₩}*C = W*(T-L) + V$$

$$= \frac{30\text{₩}}{1\text{₩}}(60-L) + \frac{450\text{₩}}{1\text{₩}}$$

[단, 1₩은 기타재의 단위가격, W는 시간당 임금률, 총가용시간(T) = 여가(L) + 노동공급(E),

V는 비근로소득]

2. 효용 극대화 균형 조건

효용극대화를 추구하는 개인은 여가에 대한 기타재 소비의 주관적 교환비율인 한계대체율(MRS_{LC})과 시장의 객관적 교환비율인 상대가격($\frac{W}{1\text{₩}}$)이 일치하는[(MRS_{LC}) = ($\frac{W}{1\text{₩}}$)] 소비조합인 무차별곡선과 예산제약선의 접점에서 여가와 기타재의 1원당 한계효용이 균등하므로[$\frac{MU_L}{W} = \frac{MU_C}{1\text{₩}}$] 효용극대화를 달성한다.

Ⅱ. 유보임금(Reservation Wage)

1. 의 의

유보임금은 개인이 경제활동에 참여할 때와 참여하지 않을 때의 효용을 무차별하게 인식하는 임금으로서 최초 1단위의 노동을 시장에 공급하기 위해 요구하는 최소한의 주관적 임금수준이다. 따라서 유보임금은 개인이 경제활동에 참여하여 최초 1단위의 여가를 포기할 때 현재의 효용수준을 동일하게 유지하기 위해 요구하는 보상수준이므로 초기부존점에서 한계대체율로 측정한다.

2. 측 정

(1) 한계대체율(MRS_{LC})은 여가를 한 단위 늘릴 때 동일한 효용수준을 유지하기 위해 포기해야 하는 기타재의 크기로서 여가와 기타재 소비간의 주관적 교환비율이다.

(2) 경제활동에 참여하기 이전과 동일한 효용수준을 유지하기 위해 최초 1단위의 노동을 공급할 경우에, 즉 노동시장 외부인 초기부존점에서 최초 여가 1단위를 포기($-\Delta L$)할 때 요구하는 기타재의 보상 수준(ΔC)이므로 초기부존점에서 한계대체율($=-\frac{\Delta C}{\Delta L}$)이 유보임금이다.

(3) 따라서 유보임금은 초기부존점(E)에서의 한계대체율(MRS_{LC}^{E})인 무차별곡선 접선의 기울기로 측정한다.

3. 설문의 해결

$$MRS_{LC}^E = \frac{MU_L^E}{MU_C^E} = \frac{2}{3} \cdot \frac{C}{L} = \frac{2*450}{3*60} = 5$$

Ⅲ. 최적 노동공급

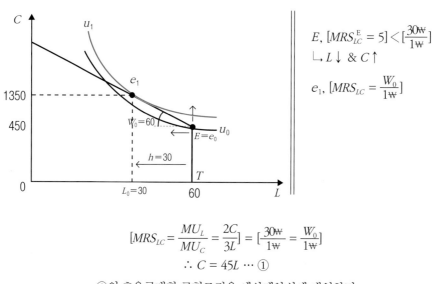

$$[MRS_{LC} = \frac{MU_L}{MU_C} = \frac{2C}{3L}] = [\frac{30\text{₩}}{1\text{₩}} = \frac{W_0}{1\text{₩}}]$$
$$\therefore C = 45L \cdots ①$$
①의 효용극대화 균형조건을 예산제약식에 대입하면
$$[C=45L] = [30 \cdot (60-L)+450]$$
$$\therefore L = 30, \, h(=L^S) = 60-30 = 30$$

물음 2) 시장의 시간당 임금률이 30원에서 60원으로 인상되었을 때 대체효과와 소득효과를 측정하여 A의 노동공급 결정을 그래프를 통해 설명하시오. 또한 A에게 여가는 정상재인지 아니면 열등재인지를 판단하시오. (단, $30^{0.4} ≒ 4, \, 1,350^{0.6} ≒ 75, \, 90^{0.6} ≒ 15$)

Ⅰ. 우상향하는 노동공급곡선

시간당 임금률이 상승하면 1원당 한계효용이 하락한 여가를 기타재로 대체하므로 노동공급은 증가하지만 실질소득이 증가하여 정상재인 여가를 늘리기 위해 노동공급은 감소하므로 대체효과와 소득효과의 크기에 따라 노동공급의 증감이 결정된다. 그러나 저소득 근로자는 기타재 소비로 인한 효용의 증가분이 여가 소비로 인한 효용의 증가폭보다 크므로 노동공급을 늘림으로써 효용극대화를 추구하여 시간당 임금률과 노동공급 간에 양(+)의 상관관계가 존재하는 우상향의 노동공급곡선을 도출할 수 있다.

Ⅱ. 가격효과

시간당 임금률이 상승하면 여가의 기회비용이 상승하여 여가의 가격도 상승한다. 따라서 여가의 가격이 상승할 때 기타재에 대한 여가의 상대가격이 상승하여 여가 소비가 감소하는 대체효과와 기타재와 여가 소비의 기회집합이 확대되어 실질소득의 증가로 정상재인 여가 소비는 증가하고 열등재인 여가 소비는 감소하는 소득효과의 두 가지 경로로 여가 소비량이 변화하는 가격효과 발생한다.

1. 대체효과

시간당 임금률이 상승하면 기타재에 대한 여가의 상대가격이 상승하므로 실질소득이 불변일 때 동일한 효용 수준을 유지하기 위해 1원당 한계효용이 감소한 여가를 1원당 한계효용이 증가한 기타재로 대체하므로 개인의 노동공급은 증가한다.

2. 소득효과

시간당 임금률이 상승하면 여가의 상대가격이 불변일 때 동일 노동 공급에 대하여 실질소득이 증가하므로 여가와 기타재 소비의 기회집합이 확대되어서 정상재인 여가는 증가하여 노동공급이 감소하고, 열등재인 여가는 감소하여 노동공급이 증가하는 소득 효과가 발생한다.

Ⅲ. 최적 노동공급 결정

1. 소득−여가 선택모형

개인은 주어진 예산세약 조건에서 효용극대화를 달성하기 위한 최적의 여가(L)와 기타재(C)의 소비조합을 탐색하는 과정에서 노동공급을 결정한다.

$$\text{목적식 } Max\ U = F(L,\ C) = L^{0.4}C^{0.6} \qquad [단, L과\ C는\ 재화(goods)]$$

$$\text{제약식 } s.t.\ 1₩ \cdot C = W(T-L)+V$$

$$= 60(60-L)+450$$

2. Graph 도해

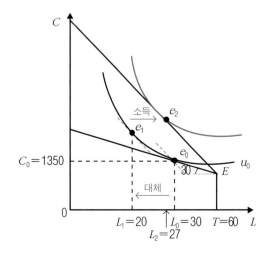
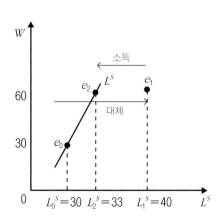

(1) 대체효과

$$[MRS_{LC} = \frac{2C}{3L}] = [\frac{60}{1} = \frac{W_0}{1}]$$

$\llcorner$ $C = 90L$

$U_{e_0} = U_{e_1}$ 이므로

$U_{e_0} = 30^{0.4} \times (30 \cdot (60-30)+450)^{0.6} = L^{0.4} \cdot (90 \cdot L)^{0.6}$

$\llcorner$ $4 \times (1350)^{0.6} = L \cdot 90^{0.6}$

$\llcorner$ $4 \times 75 = L \cdot 15$

$\therefore L = 20,\ E = 60-20 = 40$

(2) 소득효과

$$[MRS_{LC} = \frac{2C}{3L}] = [\frac{60}{1} = \frac{W_0}{1}]$$

$\llcorner$ $C = 90L$ $\cdots$ ①

$\llcorner$ ①의 효용극대화조건을 예산제약식에 대입하면

$\llcorner$ $[C=90L] = [60 \cdot (60-L)+450]$

$\therefore L = 27,\ E = 60-27 = 33$

Ⅳ. 소 결

시간당 임금률이 상승하여 실질소득이 증가할 때 여가를 늘리므로 여가는 정상재이다. 노동공급을 늘리는 대체효과가 노동공급을 감소시키는 소득효과보다 크므로 우상향의 노동공급곡선이 도출된다.

물음 3) 시장의 시간당 임금률이 60원을 초과할 경우 A의 선호는 다음과 같이 변화된다.

$$U = F(L, C) = L^{0.6}C^{0.4}$$

이때 시장의 시간당 임금률이 60원에서 90원으로 상승한다면 A의 노동공급 시간을 그래프를 통해 설명하시오. 또한 물음 2)와 연계하여 A의 노동공급곡선을 도출하시오.

Ⅰ. 후방 굴절하는 노동공급곡선

임계 임금 수준 이상에서 시간당 임금률이 상승하면 고소득 근로자들은 여가에 대한 기타재 소비의 한계대체율이 상승하여 기타재보다 정상재인 여가를 늘림으로써 효용극대화를 추구한다. 따라서 소득효과가 대체효과를 압도하여 시간당 임금률과 노동공급 간에 음(−)의 상관관계가 존재하는 후방굴절의 노동공급곡선이 도출된다.

Ⅱ. 최적 노동공급 결정

1. 소득−여가 선택모형

개인은 주어진 예산제약 조건에서 효용극대화를 달성하기 위한 최적의 여가(L)와 기타재(C)의 소비조합을 탐색하는 과정에서 노동공급을 결정한다.

목적식 $Max\ U = F(L, C) = L^{0.6}C^{0.4}$ [단, L과 C는 재화(goods)]

제약식 $s.t.\ 1{\scriptstyle ₩} \cdot C = W(T-L)+V$

$\qquad\qquad\quad = 90(60-L)+450$

2. Graph 도해

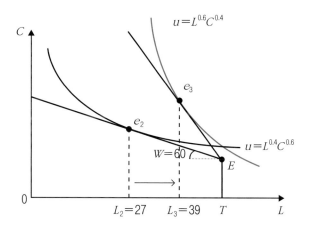

$$[MRS_{LC} = \frac{MU_L}{MU_C} = \frac{0.6L^{-0.4}C^{0.4}}{0.4L^{0.6} \cdot C^{-0.6}} = \frac{3}{2}\frac{C}{L}] = [\frac{90\text{₩}}{1\text{₩}} = \frac{W_0}{1\text{₩}}]$$

$$\llcorner, C = 60L \cdots ①$$

①을 예산제약식에 대입하면

$$(C = 60L) = (90 \cdot (60-L)+450]$$

$$\therefore L = 39, E = 60-39 = 21$$

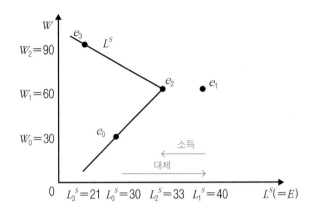

 Topic 3-6

코로나 팬데믹 이후 A의 효용함수는 다음과 같이 변화되었다.

$$U = [L^2+C^2]^{\frac{1}{2}}$$

(단, $MU_L = \frac{1}{2}[L^2+C^2]^{-\frac{1}{2}} \cdot 2L$ 이고 $MU_C = \frac{1}{2}[L^2+C^2]^{-\frac{1}{2}} \cdot 2C$ 이다.)

A의 여가에 대한 기타재 소비의 한계대체율(MRS_{LC})이 체증하는지 아니면 체감하는지 노동시간(E) – 기타재(C) 평면에서 그래프로 설명하시오. 그리고 A의 효용극대화를 달성하는 최적 노동시간(E) 선택 과정을 노동시간(E) – 기타재(C) 평면으로 설명하시오.

Ⅰ. 한계대체율 체증

$$\left[MRS_{LC} = -\frac{\Delta C}{\Delta L} = \frac{MU_L}{MU_C} = \frac{\frac{1}{2}[L^2+C^2]^{-\frac{1}{2}}2L}{\frac{1}{2}[L^2+C^2]^{-\frac{1}{2}}2C} = \frac{L}{C}\right.$$

A의 효용함수가 변화된 이후에도 여가와 기타재 소비를 늘리면 효용이 증가하므로 이전과 동일하게 여가와 기타재는 모두 재화(goods)이다. 여가에 대한 기타재 소비의 한계대체율은 무차별곡선의 접선의 기울기로 측정한다. 따라서 여가 소비를 늘릴 때 동일한 효용수준을 유지하기 위해서는 기타재 소비를 줄여야 하므로 A의 한계대체율(MRS_{LC})은 체증한다.

Ⅱ. 극단적인 소비를 선호

1. 우상향하는 무차별곡선

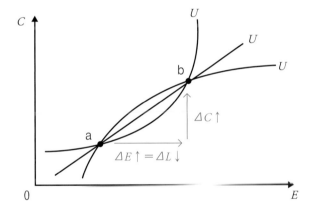

노동공급(E)이 증가하면 주어진 총가용시간의 제약에서 재화(goods)인 여가(L) 소비는 감소하므로 효용이 하락한다. 따라서 동일한 효용수준을 유지하기 위해서는 재화(goods)인 기타재(C) 소비를 증가시켜야 하므로 일(E)−기타재(C) 평면에서 A의 무차별곡선은 우상향한다.

2. 많은 노동공급에 대해 오목한 무차별곡선

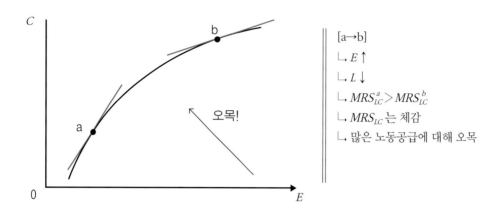

여가 소비가 증가할수록 여가에 대한 기타재 소비의 한계대체율(MRS_{LC})은 체증하므로, 여가 소비가 감소하면 여가에 대한 기타재 소비의 한계대체율(MRS_{LC})은 체감한다. 따라서 노동공급이 증가할수록 주어진 총가용시간에서 여가 소비는 감소하여 한계대체율(MRS_{LC})은 체감하므로[=MRS_{EC} 체감] A의 무차별곡선은 일(E)−기타재(C) 평면에서 많은 노동공급 단위에 대해 오목하다.

3. 극단적인 소비 선호

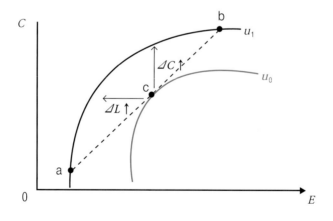

a, b, c는 개인의 실질 구매력이 동일한 소비조합이다. 여가와 기타재를 극단적으로 소비하는 a와 b의 소비조합이 지나는 무차별곡선(U_1)은 균형의 소비조합인 c를 지나는 무차별곡선(U_0) 보다 좌상방에 위치하므로 재화인 여가와 기타재를 모두 더 많이 소비하여 효용수준이 높다. 따라서 한계대체율(MRS_{LC})이 체증하여 많은 노동공급에 대해 오목한 무차별곡선은 균형의 소비보다 극단적으로 치우친 소비를 선호하는 개인을 대변한다.

Ⅲ. A의 효용극대화 선택

$$\text{Max } U^A = f(L,C) = U = \left[L^2 + C^2 \right]^{\frac{1}{2}}$$

$$S.t. \quad C = \frac{W_0}{1 \text{₩}}(T-L)+V$$

$$= 20,000(40-L)+280,000$$

$$= 20,000E+280,000$$

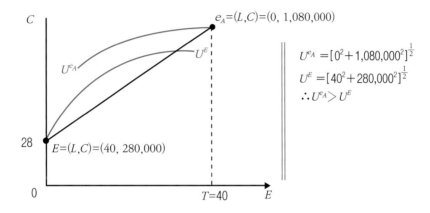

극단적인 소비를 선호하는 A는 주어진 제약조건 아래에서 최대한의 노동공급으로 기타재만을 소비할 때 효용극대화를 달성한다.

📖 Topic 3-7
···

여가가 정상재일 때 개인의 임금률 변화는 대체효과와 소득효과의 상대적 크기에 의해 모호한 영향을 미치는 반면, 임금률과 노동시장 참가확률 간에는 양(+)의 상관관계가 관찰된다. 이를 그래프로 설명하시오.

Ⅰ. 소득효과

시간당 임금률이 상승하면 여가의 가격이 상승하여 기타재에 대한 여가의 상대가격 상승을 반영하여 여가 소비를 감소시키는 대체효과와 동일 노동공급에 대한 실질 소득의 증가로 정상재인 여가 소비가 증가하는 소득효과는 노동공급에 미치는 영향이 상반된다. 이때 노동공급을 감소시키는 소득효과는 노동시장에 진입하여 노동을 공급하는 근로자에게만 발생한다.

노동시장의 외부에 존재하는 개인은 상승한 시간당 임금률이 유보임금을 상회하면 1원당 한계효용이 하락한 여가를 기타재로 대체하기 위해 노동시장에 참여한다. 이때 초기부존점에서는 노동공급이 없으므로 시간당 임금률이 상승하더라도 근로유인을 낮추는 소득효과는 발생하지 않아 임금률과 노동시장 참가확률은 양(+)의 상관관계가 관찰된다.

Ⅱ. 내부 노동시장의 임금률 상승

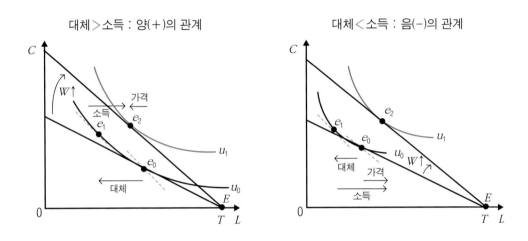

시간당 임금률이 상승하면 동일 노동공급에 대해 실질 소득을 증가시키는 소득효과에 의해 노동공급의 증감이 결정된다.

Ⅲ. 외부 노동시장의 임금률 상승

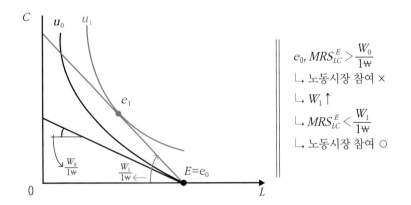

노동시장 외부에서는 시간당 임금률이 상승하더라도 노동공급이 존재하지 않아 실질 소득이 불변이므로 노동공급에 음(−)의 영향을 미치는 소득효과는 발생하지 않는다. 따라서 임금률과 노동시장 참가확률은 오로지 대체효과만에 의해 양(+)의 관계를 확인할 수 있다.

📖 Topic 3-8

소득-여가 선택모형에서 A의 효용함수는 $U = C + 3L$ 이고, 총가용시간은 24시간이며 근로소득 외 비근로소득은 존재하지 않는다. 기타재의 단위 가격은 0.5원일 때 A의 노동공급곡선을 도출하시오.

Ⅰ. A의 효용극대화 행동원리

1. 완전대체적인 선형의 무차별곡선

A에게 여가에 대한 기타재 소비의 한계대체율(MRS_{LC})은 임의의 소비조합에서 항상 3으로 일정하다. A의 완전대체적 선호를 반영하는 무차별곡선은 기타재와 여가는 모두 재화(goods)이므로 우하향하고 한계대체율이 3으로 불변이므로 직선이다.

2. 예산선

A는 노동($T - L = 24 - L = E$)을 공급할수록 시간당 임금률(W)에 비례하여 증가하는 근로소득[$M = W(T-L)$]으로 단위 당 0.5원의 기타재를 소비[$0.5C = M = W(T-L)$]할 수 있으므로 실질 시간당 임금률은 $\frac{W}{0.5 ₩}$이다.

3. 모서리해

$$\text{Max } U = F(L, C) = C + 3L$$
$$s.t. \ C = M = \frac{W}{0.5 ₩}(T-L)$$

A는 주어진 예산제약 조건에서 한계대체율과 기타재에 대한 여가의 상대가격(실질 시간당 임금률)을 비교하여 1원당 한계효용이 높은 재화로 낮은 재화를 완전히 대체함으로서 효용극대화를 추구한다.

Ⅱ. 한계대체율과 실질 시간당 임금률

1. $[(MRS_{LC} = 3) > \dfrac{W}{0.5\text{₩}}] \Leftarrow [W < \dfrac{3}{2}]$

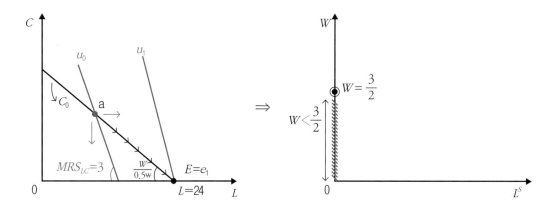

한계대체율이 실질 시간당 임금률보다 크면 여가의 1원당 한계효용이 기타재의 1원당 한계효용보다 크므로 1원당 한계효용이 높은 여가로 낮은 기타재를 완전히 대체함으로서 효용극대화를 달성할 수 있다. 따라서 명목 시간당 임금률이 0보다 같거나 크고 $\dfrac{3}{2}$ 보다 작은 구간에서는 주어진 총가용시간을 모두 여가소비에 할애하므로 최적 노동공급은 0시간이다.

2. $[(MRS_{LC} = 3) = \dfrac{W}{0.5\text{₩}}] \Leftarrow [W = \dfrac{3}{2}]$

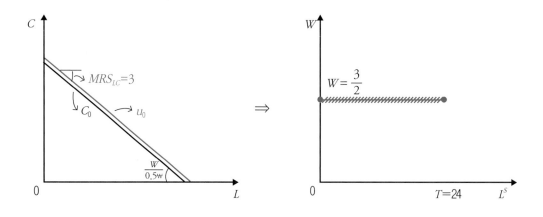

한계대체율이 실질 시간당 임금률과 일치하면 여가와 기타재의 1원당 한계효용이 균등하므로 임의의 모든 소비조합에서 효용극대화를 달성한다. 따라서 명목 시간당 임금률이 $\dfrac{3}{2}$ 이면 0부터 24시간의 모든 여가 시간에서 효용극대화를 달성하므로 24부터 0시간까지 모든 총가용시간이 최적 노동공급이다.

3. $[(MRS_{LC} = 3) < \dfrac{W}{0.5\text{w}}] \Leftarrow [W > \dfrac{3}{2}]$

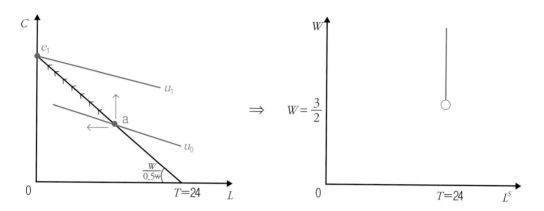

한계대체율이 실질 시간당 임금률보다 작으면 기타재의 1원당 한계효용이 여가의 1원당 한계효용보다 크므로 1원당 한계효용이 높은 기타재로 낮은 여가를 완전히 대체함으로서 효용극대화를 달성할 수 있다. 따라서 명목 시간당 임금률이 $\dfrac{3}{2}$보다 큰 구간에서는 주어진 총가용시간을 모두 노동공급에 할애하므로 최적 노동공급은 24시간이다.

Ⅲ. 노동공급곡선의 도출

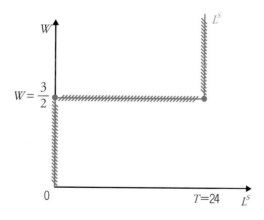

Topic 3-9

노동공급에 관한 다음 물음에 답하시오.

현행 주 52시간 근로제는 기본 근로시간 40시간에 더하여 최대 연장근로시간이 주당 12시간까지 허용된다. 최대 기본 근로시간에 대한 근로소득을 종전과 동일하게 보장하면서 기본 근로시간을 32시간으로 단축할 경우에 노동공급에 미치는 영향을 소득-여가 선택 모형으로 설명하시오. (단, 주당 총가용시간은 80시간이며 기타재의 단위가격은 1₩이고 여가는 정상재이다.)

Ⅰ. 주당 기본 근로시간의 단축

1. 소득-여가 선택 모형

주당 기본 근로시간을 40시간에서 32시간으로 단축하는 정책이 도입될 때 근로자의 소득을 동일하게 보장해준다면 시간당 임금률은 상승하고 초과근로의 기준 노동시간도 단축되므로 근로자의 소비의 기회집합은 확대된다. $(C_0 \rightarrow C_1)$

$$
\begin{aligned}
\text{Max } U &= f(L, C) & &(L\text{은 정상재 또는 열등재}) \\
s.t. \ C_0 &= W_0(80-L) & &(0 \leq 80-L \leq 40) \ (\text{단, } T = 80 = L+E) \\
&= 1.5W_0(80-L-40)+40W_0 & &(40 < 80-L \leq 52) \\
&= 58W_0 & &(52 < 80-L \leq 80) \\
s.t. \ C_1 &= W_1(80-L) & &(0 \leq 80-L \leq 32) \ (\text{단, } T = 80 = L+E) \\
&= 1.5W_1(80-L-32)+32W_1 & &(32 < 80-L \leq 52) \\
&= 62W_1 & &(52 < 80-L \leq 80) \\
&= 77.5W_0 &
\end{aligned}
$$

2. 근로자의 소득저하금지

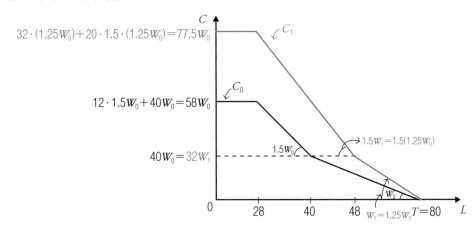

(1) 정부의 주 40시간 기본 근로시간을 주 32시간으로 단축하는 법제도의 실효성 제고 및 근로자의 경제생활안정을 위하여 주 40시간에서의 소득수준(C_0)을 주 32시간에서도 보장해주는 것을 가정하면 시간당 임금률은 상승한다.

(2) 시간당 임금 인상률을 계산하면 다음과 같다.

$$40 \times W_0 = C_0 = 32 \times W_1$$
$$\Rightarrow W_1 = \frac{40}{32}W_0 = 1.25W_0$$
$$\therefore W_0 에서 W_1 의 임금 인상률은 25\%이다.$$

Ⅱ. 여가가 열등재인 경우

개인은 주 기본 근로시간이 40시간에서 32시간으로 단축되면 시간당 임금률이 25% 상승하여 대체효과와 소득효과 모두 열등재인 여가 소비를 감소시키므로($L_0 \to L_1$) 노동공급은 증가한다.($L_0^S \to L_1^S$)

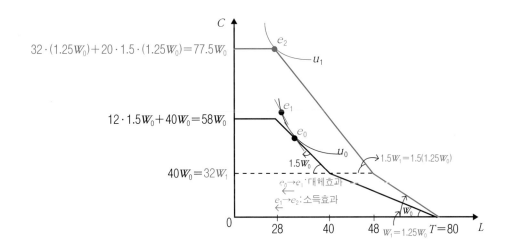

Ⅲ. 여가가 정상재인 경우

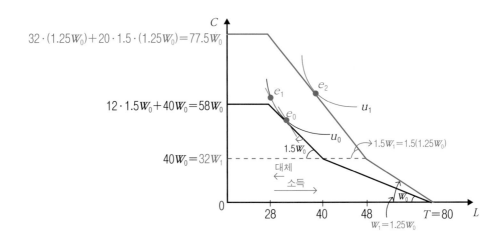

1. 대체효과

시간당 임금률이 상승하면 기타재에 대한 여가의 상대가격이 하락하므로 실질 소득이 불변일 때 동일한 효용수준을 유지하기 위해 1원당 한계효용이 하락한 여가를 1원당 한계효용이 상승한 기타재를 대체하기 위해 개인의 노동공급은 증가한다.

2. 소득효과

시간당 임금률이 상승하면 상대가격이 불변일 때 동일 노동 공급에 대하여 실질소득이 증가하여 여가와 기타재 소비의 기회집합이 확대되므로 정상재인 여가 소비는 증가하여 노동공급은 감소한다.

3. 소 결

기본 근로시간에 대한 주당 총소득은 변함이 없는 상태에서 주 32시간으로 기본 근로시간이 단축되어 실질 시간당 임금률이 상승할 때 초과근로를 제공하는 고소득 근로자의 소득효과가 대체효과를 압도한다면 고소득 근로자는 여가 소비를 늘리는 선택으로 효용극대화를 추구하므로 노동공급은 감소한다.

TOPIC 04 비근로소득과 노동공급(유보임금)

– 비근로소득 핵심 논제

A. 사례 포섭

논제에서 '비근로소득'이 명시적으로 언급되지 않는 경우,

정부보조금, 복권, 임대소득, 금융소득, 정액 육아보조금 등 "근로제공과 관계없이, 그리고 임금률의 변동과 관계없이 지급되는 소득"을 서론에서 비근로소득으로 포섭하고 논의를 전개한다.

B. 대체효과와 소득효과

비근로소득은 시장 임금률에 영향을 미치지 않으므로 상대가격의 변화로부터 발생하는 대체효과는 발생하지 않고 오직 소득효과만이 발생하고 여가가 정상재인지 열등재인지 구분하여 노동공급의 증감을 분석한다.

[근로시간에 관계없이 지급되는 정부의 근로 단절형 이전지출(복지급여, 비근로소득 등)은 임의의 노동공급 단위에서 동일액의 실질소득이 증가하므로 예산선이 수직으로 상방 이동하여 시간당 임금률이 변하지 않는다. 그러나 근로시간에 비례하여 지급되는 정부의 근로 연계형 이전지출은 노동공급이 증가할수록 실질소득의 증가폭이 확대되므로 예산선이 초기부존점을 중심으로 회전 이동하여 시간당 임금률이 상승한다.]

C. 필수 논제 : 유보임금[MRS_{LC}^E]

비근로소득이 증가할수록 유보임금(MRS_{LC}^E) 수준이 상승하고 높아진 유보임금이 시장 임금률을 넘어서면 개인은 효용극대화를 위해 경제활동에 참여하지 않는다.

┗, 비근로소득↑ ⇒ 유보임금↑ ⇒ 근로유인↓

1. 유보임금과 경제활동 참가

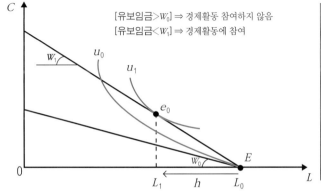

[유보임금>W_0] ⇒ 경제활동 참여하지 않음
[유보임금<W_1] ⇒ 경제활동에 참여

E... ① [$MRS_{LC}^E > W_0$]
　┗, [$\frac{MU_L}{W_0} > \frac{MU_C}{1₩}$]
　┗, L↑ & C↓
　┗, 경제활동에 참여하지 않음

E... ② [$MRS_{LC}^E < W_1$]
　┗, [$\frac{MU_L}{W_1} < \frac{MU_C}{1₩}$]
　┗, L↓ & C↑
　┗, 경제활동에 참여

개인의 유보임금이 시장의 임금률보다 높으면 1원당 한계효용이 높은 여가를 늘려 효용을 극대화하기 위해 경제활동에 참여하지 않고, 유보임금이 시장의 임금률보다 낮으면 1원당 한계효용이 높은 기타재를 소비하기 위해 경제활동에 참여한다.

[MRS_{LC}^{E} = 개인의 주관적 유보임금률, W_0 = 시장의 객관적 임금률]

2. 비근로소득과 유보임금

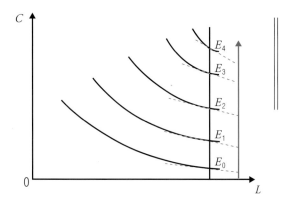

$[V_0 \rightarrow V_4] \Rightarrow [MRS_{LC}^{E_0} < MRS_{LC}^{E_4}]$
: 비근로소득이 증가할수록
  초기부존점에서 한계대체율은 상승하므로
  개인의 유보임금 수준도 상승

비근로소득이 증가할수록 초기부존점에서 무차별곡선의 접선의 기울기가 상승하므로 기타재에 대한 여가의 기회비용이 상승하여 한계대체율이 높아지고 개인의 유보임금도 상승한다. 따라서 초기부존점에서 실질소득의 증가로 상승한 개인의 주관적인 유보임금수준이 시장의 객관적인 시간당 임금률을 넘어서면 효용극대화를 추구하는 합리적 개인은 주어진 총가용시간을 모두 1원당 한계효용이 높은 여가소비에 할애하므로 경제활동에 참여하지 않는다.

Topic 4-1

유보임금을 정의하고 경제활동참가 여부를 소득-여가 모형으로 설명하시오.

Ⅰ. 의 의

노동공급과 무관한 비근로소득이 발생하면 임의의 노동공급 단위에 대하여 동일액의 실질소득이 증가하므로 소비의 기회집합이 확대되어 예산선은 수직 상방으로 이동한다.

예산선이 수직 상방으로 이동하면 시간당 임금률이 변화하지 않으므로 기타재에 대한 여가의 상대가격도 불변이므로 대체효과는 발생하지 않고, 동일 노동공급에 대한 실질소득만이 증가하여 정상재인 여가 소비를 늘리는 소득효과만에 의해(한편, 열등재인 여가 소비는 감소시키는 소득효과) 노동공급이 감소한다. 따라서 시간당 임금률이 불변이므로 대체효과는 발생하지 않고 오로지 소득효과만에 의해 노동공급이 감소한다.(단, 여가는 정상재일 때)

이는 비근로소득이 증가하면 노동시장의 외부인 초기부존점에서 실질소득이 증가하여 유보임금의 상승으로 1원당 한계효용이 높아진 여가 소비를 늘리는 방향으로 효용극대화를 추구하므로 근로유인이 저하되기 때문이다.

II. 유보임금(Reservation Wage)

1. 의 의

유보임금은 개인이 경제활동에 참여할 때와 참여하지 않을 때의 효용을 무차별하게 인식하는 임금으로서 최초 1단위의 노동을 시장에 공급하기 위해 요구하는 최소한의 주관적 임금수준이다. 따라서 유보임금은 개인이 경제활동에 참여할 때 최초 1단위의 여가를 포기($-\Delta L$)할 때 현재의 효용수준을 동일하게 유지하기 위해 요구하는 보상수준(ΔC)이므로 초기부존점의 한계대체율로 측정한다.

2. 측 정

(1) 한계대체율(MRS_{LC}) 여가 소비를 한 단위 늘릴 때(ΔL) 동일한 효용수준을 유지하기 위해 포기($-\Delta C$)해야 하는 기타재의 크기($-\frac{\Delta C}{\Delta L}$)로서 여가와 기타재 소비 간의 주관적 대체비율이다.

(2) 경제활동에 참여하기 이전과 동일한 효용수준을 유지하기 위해 최초 1단위의 노동을 공급할 경우에, 즉 노동시장 밖인 초기부존점에서 최초 여가 1단위를 포기($-\Delta L$)할 때 요구하는 기타재의 보상 수준(ΔC)이므로 초기부존점에서 한계대체율($=-\frac{\Delta C}{\Delta L}$)이 유보임금이다.

(3) 따라서 유보임금은 초기부존점(E)에서의 한계대체율(MRS_{LC}^{E})인 무차별곡선 접선의 기울기로 측정한다.

III. 소득-여가 선택모형

개인은 주어진 예산제약 하에서 효용극대화를 달성하기 위해 최적의 여가(L)와 기타재(C) 소비조합을 선택한다.

$$\begin{cases} \text{Max } U = F(L, C) & (L, C는 재화) \\ s.t. \ C = \frac{W_0}{1\text{₩}}(T-L) & [T = L+E(노동)] \end{cases}$$

Ⅳ. 개인의 경제활동 참가여부 결정

1. $[MRS_{LC}^E > \frac{W_0}{1\text{₩}}]$인 경우 : 노동시장 외부

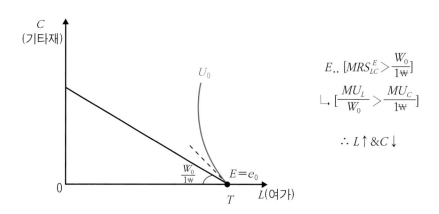

$E \therefore [MRS_{LC}^E > \frac{W_0}{1\text{₩}}]$

$\hookrightarrow [\frac{MU_L}{W_0} > \frac{MU_C}{1\text{₩}}]$

$\therefore L \uparrow \& C \downarrow$

    초기부존점(E)에서 유보임금이 시장의 임금률보다 높으면 여가의 1원당 한계효용이 기타재보다 크므로 효용극대화를 위해 여가 소비 증가와 기타재 소비 감소 유인이 존재하여 초기부존점에서 총가용시간(T)을 모두 여가에 할애하여 경제활동에 참가하지 않는다($E=e_0$).

2. $[MRS_{LC}^E < \frac{W_0}{1\text{₩}}]$ 인 경우 : 경제활동 참여

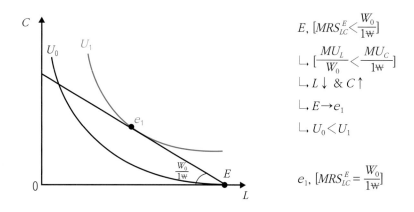

$E, [MRS_{LC}^E < \frac{W_0}{1\text{₩}}]$

$\hookrightarrow [\frac{MU_L}{W_0} < \frac{MU_C}{1\text{₩}}]$

$\hookrightarrow L \downarrow \& C \uparrow$

$\hookrightarrow E \rightarrow e_1$

$\hookrightarrow U_0 < U_1$

$e_1, [MRS_{LC}^E = \frac{W_0}{1\text{₩}}]$

    초기부존점(E)에서 유보임금이 시장의 임금률보다 작으면 효용극대화를 위해 1원당 한계효용이 큰 기타재로 여가를 대체하기 위해 경제활동에 참여하여(e_1) 근로소득을 획득한다.

Topic 4-2

개별 근로자의 노동공급 행위를 소득−여가 선택모형을 통해 분석하여 다음 물음에 답하시오.

A와 B의 효용함수는 다음과 같다. (단, L은 여가, C는 기타재이며 모두 정상재)

$$U^A = 2LC^2$$
$$U^B = 2L^2C$$

A와 B의 주당 최대 가용시간은 168시간이며 노동 공급 이외의 시간은 모두 여가로 소비한다. 그리고 현재 A와 B는 근로소득 외의 비근로소득은 0이다. (단, 기타재의 단위 가격은 1₩이다.)

물음 1) 시간당 임금률이 20,000원일 때, A와 B의 유보임금을 계산하고 경제활동에 참여하는 선택이 합리적인 행위임을 그래프를 통해 설명하시오.

물음 2) 경제의 불확실성이 확산되어 정부는 재난지원금을 2차에 걸쳐 전국민에게 지급하기로 결정였다. 1차 재난지원금은 근로자 당 84만 원, 2차 재난지원금은 근로자당 168만 원이 지급될 경우에 각 시점에서 B의 유보임금을 계산하시오.

Ⅰ. 물음 1)의 해결

1. 설문의 정리

$$\left[\begin{array}{l} \text{Max } U^A = 2 \cdot LC^2 \\ s.t.\ C^A = \dfrac{20{,}000₩}{1₩}(168 - L) \end{array}\right.$$

$$\left[\begin{array}{l} \text{Max } U^B = 2 \cdot L^2C \\ s.t.\ C^B = \dfrac{20{,}000₩}{1₩}(168 - L) \end{array}\right.$$

2. 유보임금의 의의

유보임금은 개인이 경제활동에 참여하여 최초 1단위의 노동을 공급하려 할 때 노동시장의 외부에서 누리는 효용 수준과 무차별하도록 인식하는 주관적 임금수준이다.

3. 유보임금의 측정

경제활동에 참여하기 이전과 동일한 효용수준을 유지하기 위해 최초 노동을 1단위 공급할 때, 즉 노동시장 외부에서 최초 여가 1단위를 포기할 때 보상받고자 하는 기타재와의 주관적 교환비율인 유보임금은 초기부존점에서 무차별곡선 접선의 기울기인 한계대체율(=MRS_{LC}^{E})로 측정한다.

$[MRS_{LC} = \dfrac{MU_L}{MU_C} = \dfrac{W_0}{1\text{₩}}]$일 때 효용극대화를 달성하며,

이를 소비지출 1₩에 대한 한계효용으로 나타내면 $[\dfrac{MU_L}{W_0} = \dfrac{MU_C}{1\text{₩}}]$ 이다.

① 개인은 유보임금과 시장의 객관적 임금률을 비교하여 유보임금이 시장의 임금률보다 크면 $[MRS_{LC} > \dfrac{W_0}{1\text{₩}}]$ 기타재보다 여가의 1원당 한계효용이 높으므로$[\dfrac{MU_L}{W_0} > \dfrac{MU_C}{1\text{₩}}]$ 여가 증가, 기타재 소비 감소유인이 발생하여 경제활동에 참여하지 않는다.

반면,

② 유보임금이 시장의 임금률보다 낮으면$[MRS_{LC} < \dfrac{W_0}{1\text{₩}}]$ 여가보다 기타재의 1원당 한계효용이 높으므로 $[\dfrac{MU_L}{W_0} < \dfrac{MU_C}{1\text{₩}}]$ 여가 감소, 기타재 소비 증가 유인이 발생하여 개인은 경제활동에 참여한다.

(1) A의 유보임금 : 0

초기부존점에서 L=168, C=0이므로, A의 유보임금은 $MRS_{LC}^{A} = \dfrac{MU_L^A}{MU_C^A} = \dfrac{1}{2} \cdot \dfrac{C}{L} = \dfrac{1}{2} \cdot \dfrac{0}{168} = 0$ 이다.

유보임금이 객관적인 시장 임금(20,000)보다 낮으므로, $[0 < (\dfrac{20,000\text{₩}}{1\text{₩}} = \dfrac{W_0}{1\text{₩}})]$ 여가의 감소유인이 존재하고, 기타재와 여가의 1원당 한계효용이 균등해질 때까지 경제활동에 참여하여 노동을 공급한다.

(2) B의 유보임금 : 0

A와 동일하게 초기부존점에서의 B의 유보임금은 $[MRS_{LC}^{B} = \dfrac{MU_L^B}{MU_C^B} = 2 \cdot \dfrac{C}{L} = 2 \cdot \dfrac{0}{168} = 0]$ 이다.

B역시 A처럼 유보임금이 시장 임금보다 낮으므로 경제활동에 참여하여 효용을 제고한다.

4. 소 결

A와 B 모두 초기부존점의 한계대체율이 0으로 주관적 임금수준인 유보임금이 객관적 시장임금 20,000보다 낮으므로 여가를 줄이고 노동공급을 늘림으로써 효용극대화를 달성한다. 따라서 A와 B는 노동을 공급하고 경제활동참여율은 상승한다.

Ⅱ. 물음 2)의 해결

1. 설문의 정리

$$
\text{1차 재난지원금} \quad
\begin{aligned}
&\text{Max } U^B = F(L, C) \\
&s.t. \ C^B = \frac{20{,}000\text{₩}}{1\text{₩}}(168-L) + \frac{840{,}000\text{₩}}{1\text{₩}}
\end{aligned}
$$

$$
\text{2차 재난지원금} \quad
\begin{aligned}
&\text{Max } U^B = F(L, C) \\
&s.t. \ C^B = \frac{20{,}000\text{₩}}{1\text{₩}}(168-L) + \frac{1{,}680{,}000\text{₩}}{1\text{₩}}
\end{aligned}
$$

2. B의 유보임금

(1) 1차 재난지원금 지급 시 : 유보임금 = 10,000

초기부존점에서 무차별곡선의 접선의 기울기로 측정하는 유보임금은 $MRS_{LC}^B = \dfrac{MU_L^B}{MU_C^B} = 2 \cdot \dfrac{C}{L}$ $= 2 \cdot \dfrac{840{,}000}{168} = 10{,}000$이다. ($\because E_1 = (L^B, C^B) = (168, 840{,}000)$)

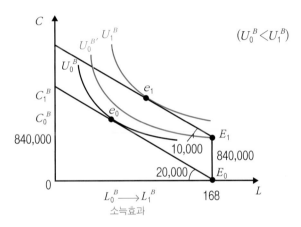

초기부존점에서의 B의 유보임금이 10,000이므로 시장의 객관적 임금률인 20,000보다 낮아서 여전히 경제활동에 참여한다.

그러나 1차 재난지원금은 임금률 변화 없이 실질소득을 증가시키므로 오로지 소득효과만이 발생하여 정상재인 여가 소비가 증가한다. 이에 따라 노동공급은 감소하며 효용수준이 U_0^B에서 U_1^B로 상승한다.

(2) 2차 재난지원금 지급 시 : 유보임금 = 20,000

초기부존점에서 무차별곡선의 접선의 기울기로 측정하는 유보임금은 $[MRS_{LC}^B = \dfrac{MU_L^B}{MU_C^B} = 2 \cdot \dfrac{C}{L} =$ $2 \cdot \dfrac{1{,}680{,}000}{168} = 20{,}000]$이다. ($\because E_1 = (L^B, C^B) = (168, 1{,}680{,}000)$)

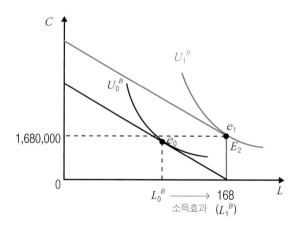

비근로소득인 2차 재난지원금으로 소득효과만 발생하여 $L_0^B \rightarrow L_1^B$ 여가가 증가한다. 이 때 B의 유보임금이 객관적 시장임금과 동일하게 20,000이므로 노동시장 외부에서 효용극대화를 달성한다.

3. 소 결

비근로소득이 증가할수록 초기부존점에서 무차별곡선의 접선의 기울기는 점점 가팔라지므로 한계대체율도 높아져서 상승한 유보임금이 B의 근로유인을 저하시키고, 정상재인 여가를 늘려 효용극대화를 추구하므로 노동공급이 감소하였다(비근로소득↑ → MRS_{LC}^E↑ → 유보임금↑ → 근로유인↓).

 Topic 4-3

소득−여가 선택모형을 이용하여 근로자의 노동공급 결정에 관한 다음 물음에 답하시오.

[2018년 1-1)문, 50점]

금융소득 등 비근로소득(non-labor income)의 증가가 노동공급에 미칠 수 있는 영향을 그래프를 활용하여 설명하시오. (15점)

Ⅰ. 소득−여가 선택모형

개인은 주어진 예산제약조건($s.t.$ C)에서 대하여 정상재인 여가(L)와 기타재 소비(C)를 통해 효용극대화를 추구한다.

목적식 Max $U = F(L, C)$

제약식 $s.t.$ $C_0 = \dfrac{W_0}{1\text{₩}}(T-L) + V$

[단, $(T-L)$은 노동공급($=L^S$), V는 비근로소득, 1₩은 기타재 단위가격]

개인은 여가와 기타재 소비의 주관적 교환비율인 한계대체율(MRS_{LC})과 객관적 교환비율인 기타재에 대한 여가의 상대가격($\dfrac{W_0}{1\text{₩}}$)이 일치하는 소비조합을 선택하여 효용극대화를 달성한다.

$$[MRS_{LC} = -\frac{\Delta C}{\Delta L} = \frac{MU_L}{MU_C}] = [\frac{W_0}{1\text{₩}}]$$

II. 비근로소득

1. 의 의

자본소득, 금융소득과 같은 비근로소득은 노동공급을 통한 근로소득 외에 발생하는 소득을 의미한다. 노동공급과 무관한 비근로소득이 발생하면 시간당 임금률은 변하지 않으므로 대체효과는 발생하지 않고, 여가와 기타재 소비의 기회집합이 확대되어 실질소득이 증가하므로 오르지 소득효과만이 발생한다.

2. 소득효과

비근로소득이 증가하면 상대가격이 불변일 때 동일 노동공급에 대하여 실질소득이 증가하므로 정상재인 여가의 소비를 늘려 효용극대화를 추구하므로 노동공급이 감소한다.

III. Graph 도해

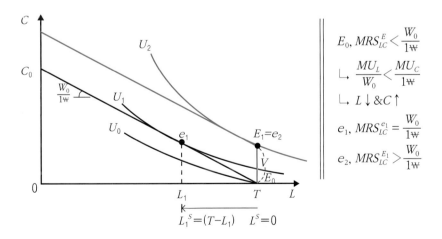

비근로소득이 발생하기 전 최초의 초기부존점(=E_0)에서 유보임금이 시장의 임금률보다 작으므로 ($MRS_{LC}^E < \frac{W_0}{1\text{₩}}$)경제활동 참여유인이 발생한다. e_1에서 L_1의 여가를 소비하고 L_1^S만큼 노동공급을 제공함으로써 여가와 기타재 간의 주관적 교환비율인 한계대체율(MRS_{LC})과 객관적 교환비율인 상대가격($\frac{W_0}{1\text{₩}}$)이 일치하여 효용극대화를 달성한다. 금융소득과 같은 비근로소득(V)이 발생하면 시간당 임금률은 불변이므로 대체효과는 발생하지 않고 소비의 기회집합이 확대되어 실질소득이 증가하여 유보임금은 상승하고 오로지 소득효과에 의해 정상재인 여가 소비의 유인이 증가하므로 노동시장 외부인 초기부존점($E_1 = e_2$)에서 보다 높은 효용($U_1 < U_2$)을 달성한다.

Ⅳ. 소 결

비근로소득이 발생하면 동일 노동공급에 대한 실질소득이 증가하므로 오직 소득효과만이 개인의 노동공급 선택에 영향을 미친다. 실질소득의 증가는 유보임금 수준을 상승시키고 점차 상승한 유보임금 수준이 시장의 객관적 임금률 수준을 상회하면 근로자는 효용극대화를 위해 주어진 총가용시간을 모두 여가에 할애하므로 경제활동에 참여하지 않는다. 따라서 비근로소득의 발생은 소득효과에 의해 개인의 유보임금 수준을 높임으로써 근로유인을 약화시킨다.

 Topic 4-4

. . . .

유보임금(reservation wage)과 노동공급과의 관계를 설명하시오. 아울러, 비근로소득이 늘어날 경우(단, 여가는 정상재) 유보임금이 어떻게 변화될 것인가를 설명하시오. [2018년 1-3)문, 10점]

Ⅰ. 비근로소득과 노동공급 간 관계

비근로소득이 증가하면 시간당 임금률이 불변이므로 대체효과는 발생하지 않고, 동일 노동공급에 대한 실질소득이 증가하여 오르지 소득효과에 의해 정상재인 여가 소비는 증가하여 노동공급을 감소시킨다.

Ⅱ. 유보임금

1. 유보임금 의의

유보임금은 노동을 공급하지 않는 초기부존점(E)인 노동시장 외부에서 경제활동에 참여하여 최초 한 단위 노동공급을 하기 위해 개인이 요구하는 최소한의 주관적 임금률이다.

2. 유보임금 측정

유보임금은 초기부존점에서 최초 한단위 노동을 공급하기 위해 포기하는 여가와 교환되는 기타재 간의 주관적 교환비율인 한계대체율(MRS_{LC}^{E})로 측정한다. 그리고 유보임금 수준과 시장의 객관적 임금률을 비교하여 경제활동참가 여부를 결정한다.

Ⅲ. 비근로소득과 유보임금

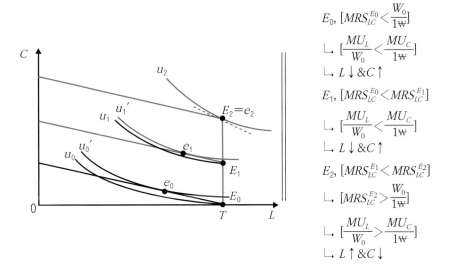

$E_0, [MRS_{LC}^{E0} < \dfrac{W_0}{1\text{₩}}]$

$\llcorner \; [\dfrac{MU_L}{W_0} < \dfrac{MU_C}{1\text{₩}}]$

$\llcorner \; L\downarrow \& C\uparrow$

$E_1, [MRS_{LC}^{E0} < MRS_{LC}^{E1}]$

$\llcorner \; [\dfrac{MU_L}{W_0} < \dfrac{MU_C}{1\text{₩}}]$

$\llcorner \; L\downarrow \& C\uparrow$

$E_2, [MRS_{LC}^{E1} < MRS_{LC}^{E2}]$

$\llcorner \; [MRS_{LC}^{E2} > \dfrac{W_0}{1\text{₩}}]$

$\llcorner \; [\dfrac{MU_L}{W_0} > \dfrac{MU_C}{1\text{₩}}]$

$\llcorner \; L\uparrow \& C\downarrow$

비근로소득의 증가는 소득효과로 인하여 정상재인 여가를 늘린다. 비근로소득이 발생하면 초기부존점에서 한계대체율이 상승하고 무차별곡선의 접선이 기울기가 가파라진다. 따라서 비근로소득이 증가할수록 유보임금 수준이 상승하고 높아진 유보임금이 시장의 임금률을 상회하면 개인은 총가용시간을 모두 여가에 할애하여 경제활동에 참여하지 않고 효용극대화를 달성하므로 근로유인이 약화된다.

Topic 4-5

근로자의 효용은 소비(C)와 여가(L)를 통해 얻고 효용함수는 $U = (C, L) = 2 \cdot C \cdot L$이라고 가정하자. 이 근로자에게 주어진 기간 동안의 최대 여가시간은 100시간이고, 근로시간과 관계없이 정부로부터 현금보조금 60만원을 받을 경우에 이 근로자의 유보임금을 구하시오.

[2018년 1-4)문, 10점]

Ⅰ. 소득-여가 선택모형

$$\text{목적식 Max } U = 2CL$$
$$\text{제약식 } s.t. \ C = \frac{W_0}{1\text{₩}}(100-L) + 600,000$$

Ⅱ. 유보임금 계산

$$MU_L = \frac{dU}{dL} = 2C$$
$$MU_C = \frac{dU}{dC} = 2L$$

유보임금은 초기부존점에서 여가와 기타재의 한계대체율로 측정한다.

$$[MRS_{LC}^E = \frac{MU_L^E}{MU_C^E} = \frac{C}{L}] - - - - - - - - - - - - - ①$$

초기부존점에서 총가용시간을 모두 여가로 사용하므로 L과 C는 다음과 같다.

$$[L = 100], [C = 600,000] - - - - - - - - - - - - - - ②$$

②를 ①에 대입하면 $[\frac{600,000}{100} = \frac{W_0}{1\text{₩}}]$

$$[MRS_{LC}^E = (\frac{C}{L})^E = \frac{600,000}{100} = 6,000]$$

만약 설문의 근로자가 직면하는 시장의 시간당 임금률이 유보임금인 6,000을 하회한다면 총가용시간을 모두 여가에 할애하므로 노동시장 외부에 머무르며 효용극대화를 달성한다.

Ⅲ. Graph 도해

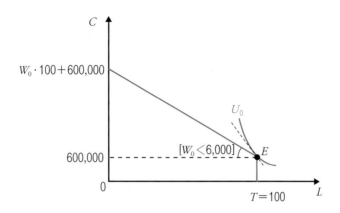

Ⅳ. 소 결

비근로소득이 발생하면 동일 노동공급에 대한 실질소득이 증가하므로 소득효과만이 개인의 노동공급 선택에 영향을 미친다. 실질소득의 증가는 유보임금 수준을 상승시키고 점차 상승한 유보임금 수준이 시장의 시간당 임금률 수준을 상회하면 근로자는 효용극대화를 위해 경제활동에 참여하지 않는다. 따라서 비근로소득의 발생은 소득효과에 의해 개인의 유보임금 수준을 높임으로써 근로유인을 약화시킨다.

Topic 4-6

하루 24시간 중 수면시간 8시간을 제외하고 총가용시간(T)인 16시간을 여가(L)와 노동(E)에 사용하는 근로자가 있다고 가정하자. 이 근로자의 시간당 임금(W)은 10이고 연금소득(V)은 10이라고 한다. 이와 관련하여 다음 물음에 답하시오. (단, 기타재의 단위가격은 1이다.)

물음 1) 이 근로자의 소득(M)(비근로소득 포함)을 여가시간을 포함한 수식으로 표현하시오.

물음 2) 이 근로자의 효용함수가 $U = U(L, M) = LM$일 때 효용을 극대화하는 소득과 근로시간을 계산하시오.

물음 3) 제시된 사례를 소득-여가 선택모형으로 도출하시오.

Ⅰ. 물음 1)의 해결

- 소득−여가 선택모형

목적식 Max $U = F(L, M)$

제약식 $s.t.\ M\ = W_0(T-L)+V$ (V : 비근로소득)

$\quad\quad\quad M\ = 10(16-L)+10$ (연금소득 = 비근로소득)

Ⅱ. 물음 2)의 해결 : 효용극대화 소득과 근로시간

효용극대화 조건은 $[MRS_{LM} = \frac{W_0}{1\text{₩}}]$이다. 즉, 개인의 주관적 교환비율($MRS_{LM}$)과 시장의 객관적 교환비율($\frac{W_0}{1\text{₩}}$)이 일치하는 지점에서 개인은 효용극대화를 실현한다. 왜냐하면 $[\frac{MU_L}{W_0} = \frac{MU_M}{1\text{₩}}]$과 같이 여가와 기타재의 지출 대비 한계효용이 균등할 때 개인의 효용은 극대화되기 때문이다.

효용극대화 조건은 $[MRS_{LM} = \frac{W_0}{1\text{₩}}]$이므로,

$[MRS_{LM} = \frac{MU_L}{MU_M} = \frac{M}{L}] = [\frac{10\text{₩}}{1\text{₩}} = \frac{W_0}{1\text{₩}}] \Rightarrow [M = 10 \cdot L]$ … ①식

①식을 예산제약식에 대입하면,

$[M = 10L] = 10(16-L)+10$

$\therefore L = 8.5,\ M = 85$

이 때, 총가용시간(T)은 16이므로 최적 노동공급은 7.5시간이다.

Ⅲ. 물음 3)의 해결 : Graph 도해

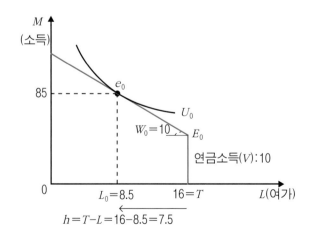

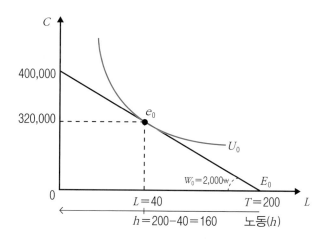

Topic 4-7

어떤 사람이 한달 동안 최대한으로 일할 수 있는 시간은 200시간이며 그의 시간당 임금률은 2천원이다. (단, 기타재의 단위 가격은 1₩이다.)

물음 1) 이 사람이 160시간의 노동을 선택하는 것이 관찰되었다. 이 선택을 그림으로 설명하시오.

물음 2) 그가 어느 날 복권에 당첨되어 매달 30만원의 생계보조금을 받게 되었다고 하자. 그에게는 여가가 열등재라고 가정하고 이와 같은 변화가 그의 선택에 어떤 영향을 미칠 것인지를 그림으로 분석하시오.

Ⅰ. 물음 1)의 해결

1. 소득-여가 선택모형

$$\begin{cases} \text{Max } U = F(L, C) \\ s.t. \ 1\text{₩} \cdot C = W_0(T-L) \\ \qquad\qquad = 2,000(200-L) \end{cases}$$

2. Graph 도해

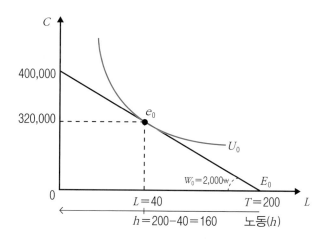

Ⅱ. 물음 2)의 해결 : 비근로소득과 열등재인 여가

1. 목적식과 제약조건

$$\begin{bmatrix} \text{목적식} \ \ Max \ U = F(L, C) \\ \text{제약조건} \ \ s.t. \ C = \dfrac{2,000\text{₩}}{1\text{₩}}(200-L) + \dfrac{300,000\text{₩}}{1\text{₩}} \end{bmatrix}$$

2. 열등재인 여가와 소득효과

복권당첨금은 근로자의 근로제공과 무관하게 매월 발생하는 비근로소득이다. 따라서 시간당 임금률의 변화 없이 여가와 기타재 소비의 기회집합의 확대로 실질소득이 증가하므로 소득효과만이 발생하고 대체효과는 나타나지 않는다. 이때 여가는 열등재이므로 실질소득이 증가하면 열등재인 여가 소비는 감소하고 노동공급은 증가한다.

3. Graph

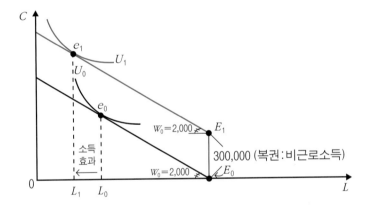

근로자의 노동공급 행위에 관한 소득-여가 선택모형을 응용하여 소비(C)-노동시간(E) 평면에서 다음의 물음에 답하시오. 사용할 수 있는 총시간(T)은 15시간이고 시간당 임금률(W)은 1만원이다.

[2022년 1문, 50점]

물음 1) 개별 근로자의 효용은 소비와 노동시간에 의해 결정된다. 예산선을 수식으로 도출하고 소비의 한계대체율이 체증하는 경우와 체감하는 경우로 나누어 개인의 노동공급 선택을 그래프로 나타내고 설명하시오. (30점)

물음 2) 정부에서 최대 근로시간을 12시간으로 제한하는 규제를 도입할 경우, 예상되는 효과를 그래프로 나타내고 설명하시오. (단, 소비의 한계대체율은 체감한다고 가정한다.) (10점)

물음 3) 최대 근로시간 규제는 없고 정부가 8시간 초과근로에 대해 1.5만원의 시간당 임금률을 새로 적용하도록 하였다. 현재 8시간 일하는 근로자의 소비, 노동시간 및 효용에 미치는 영향을 그래프로 나타내고 설명하시오. (단, 소비의 한계대체율은 체증한다고 가정한다.) (10점)

물음 1)

Ⅰ. 개인의 효용극대화 행동원리

1. 소비-노동시간 선택모형 : 원점에서 뻗어 나오는 직선의 예산선

개인은 주어진 예산제약 조건에서 개인은 노동시간(E)에 대한 소비(C)의 주관적 교환비율(MRS_{EC})과 시장의 객관적 교환비율($\frac{W}{1 ₩}$)이 일치하도록 무차별곡선과 예산선의 접점에서 최적의 소비조합을 선택함으로써 효용극대화를 달성한다.

$$\left(MRS_{EC} = \frac{\Delta C}{\Delta E} = \frac{MU_E}{MU_C} \right) = \left(\frac{W}{1} \right) \quad \text{[단, 1₩은 기타재 소비의 단위 가격]}$$

목적식 Max U $= F(T-L, C)$ [단, L은 재화(goods), C는 재화(goods)]

$\qquad\qquad\qquad = F(E, C)$ [단, E는 비재화(bads), C는 재화(goods)]

제약식 $S.t.$ $1₩*C = W*(T-L)+V$

$\qquad\qquad\qquad\quad = 1*(15-L)$

$\qquad\qquad\qquad\quad = 1*E$ [단, $0 \le E \le 15$이고, 단위는 만원이다.]

[단, 1₩은 기타재의 단위가격, W는 시간당 임금률, 총가용시간($T = 15$) = 여가(L)+노동시간(E), V는 비근로소득 = 0]

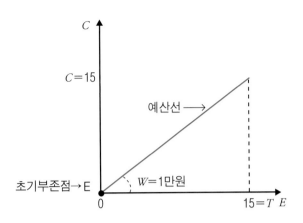

소비 – 노동시간 평면에서 노동공급이 증가할수록 시간당 임금률에 비례하여 소득이 증가하고 기타재를 소비할 수 있는 소비의 기회집합이 확대되므로 비근로소득이 없다면 예산선은 원점에서 뻗어 나오며 기울기가 시간당 임금률($W = 1$)인 45˚의 직선이다.

2. 최적 노동시간 : 1원당 한계효용균등의 법칙

$$\frac{MU_E}{W} = \frac{MU_C}{1\text{₩}} : 1원당 한계효용균등의 법칙 성립$$

개인은 노동시간(E)에 지출한 1원당 한계효용($\frac{MU_E}{W}$)과 기타재(C) 소비에 지출한 1원당 한계효용($\frac{MU_C}{1\text{₩}}$)이 일치하도록 노동시간(= 총시간–여가)과 기타재의 소비 조합(E, C)을 선택함으로써 효용극대화를 달성할 수 있다. 무차별곡선과 예산선이 접하는 소비지점은 노동시간과 기타재 소비의 1원당 한계효용이 균등하여 다른 소비조합으로 이동하면 한계효용체감법칙에 의해 총효용이 감소하므로 더 이상 효용 제고가 불가능한 안정적인 소비조합이기 때문이다.

Ⅱ. 소비의 한계대체율(MRS_{EC}) 체증 : 균형의 소비와 많은 노동시간에 볼록한 무차별곡선

1. 한계대체율

노동시간에 대한 기타재 소비의 한계대체율(MRS_{EC})은 노동시간을 1 단위 늘릴 때 동일한 효용수준을 유지하기 위해 대체되는 기타재 간의 주관적 교환비율로서($\frac{\Delta C}{\Delta E}$) 무차별곡선의 접선의 기울기로 측정한다.

2. 우상향하는 무차별곡선 : 기타재는 재화(goods), 노동은 비재화(bads)

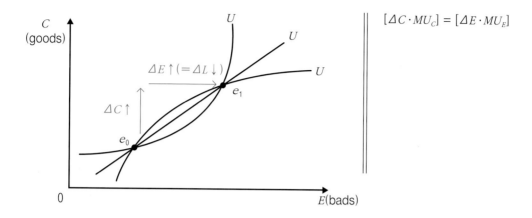

$$[\Delta C \cdot MU_C] = [\Delta E \cdot MU_E]$$

무차별곡선은 동일한 효용수준을 보장하는 소비와 노동시간의 조합이다. 이때 소비증가로 효용이 상승하면 여가(goods) 감소의 반대급부인 노동시간(bads)이 증가해야 효용이 하락하여 동일한 효용수준을 유지할 수 있으므로 소비−노동시간 평면에서 무차별곡선은 우상향한다.

3. 좌상방에 위치할수록 높은 효용수준

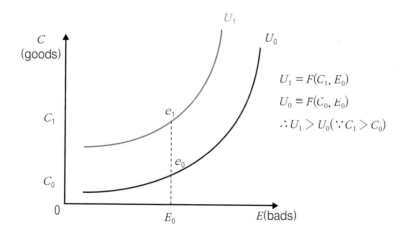

$$U_1 = F(C_1, E_0)$$
$$U_0 = F(C_0, E_0)$$
$$\therefore U_1 > U_0 (\because C_1 > C_0)$$

동일 노동시간에 대하여 재화(goods)인 기타재 소비가 많을수록 효용이 상승하므로 무차별곡선은 수직 상방에 위치할수록 효용수준이 높다.

[동일 기타재 소비에 대하여 비재화(bads)인 노동시간이 적을수록 효용이 상승하므로 무차별곡선은 좌측에 위치할수록 효용수준이 높다.]

4. 많은 노동시간에 대하여 볼록한 무차별곡선 : 균형의 소비를 선호

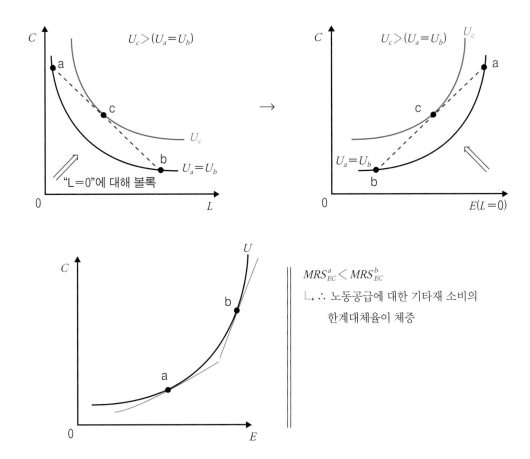

개인이 여가와 기타재 소비에 대하여 극단적인 소비보다 균형의 소비를 선호한다면 동일한 실질소득으로 치우친 소비보다 균형의 소비를 통해 더 높은 효용을 달성하므로 소비-노동시간 평면에서 많은 노동공급단위(소득-여가 선택모형에서는 원점)에 대해 볼록한 형태의 무차별곡선이 도출된다.

5. 최적 노동공급 시간 - 균형의 소비

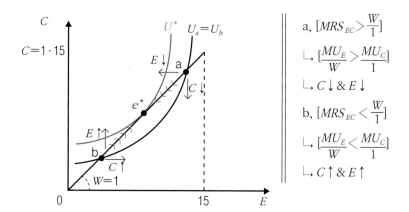

예산선과 무차별곡선이 교차하는 a와 b의 소비조합에서 개인은 효용극대화를 달성하지 못 한다. a에서는 노동시간에 대한 소비의 한계대체율이 기타재에 대한 여가의 상대가격보다 높으므로 1원당 한계효용이 낮은 기타재를 여가로 대체하면 효용이 증가하기 때문에 노동시간을 줄여야 한다. 반면, b에서는 노동시간에 대한 소비의 한계대체율이 기타재에 대한 여가의 상대가격보다 낮으므로 1원당 한계효용이 높은 기타재로 여가를 대체하면 효용이 증가하기 때문에 노동시간을 늘려야 한다. 따라서 무차별곡선과 예산선이 접하는 e^*에서 여가와 기타재 소비의 1원당 한계효용이 균등하여 효용극대화를 달성한다.

이는 극단적인 소비보다 균형의 소비를 선호하여 노동시간에 대한 소비의 한계대체율이 체증하는 a에서 기타재를 극단적으로 소비하는 경우나 b에서 여가를 극단적으로 소비하는 경우보다 e^*에서 기타재와 여가를 균형 있게 소비할 때 효용극대화를 달성할 수 있음을 의미한다.

III. 소비의 한계대체율(MRS_{EC}) 체감 : 극단의 소비와 많은 노동시간에 오목한 무차별곡선

1. 많은 노동시간에 대하여 오목한 무차별곡선 : 극단의 소비를 선호

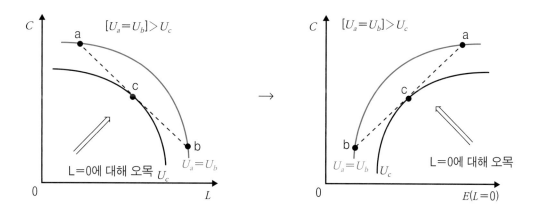

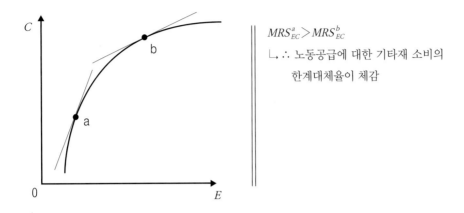

$MRS_{EC}^{a} > MRS_{EC}^{b}$

ㄴ ∴ 노동공급에 대한 기타재 소비의
한계대체율이 체감

개인이 여가와 기타재 소비에 대하여 균형의 소비보다 극단적인 소비를 선호한다면 동일한 실질소득으로 균형 잡힌 소비보다 치우친 소비를 통해 더 높은 효용을 달성하므로 소비-노동시간 평면에서 많은 노동공급단위(소득-여가 선택모형에서는 원점)에 대해 오목한 형태의 무차별곡선이 도출된다.

2. 최적 노동공급 시간

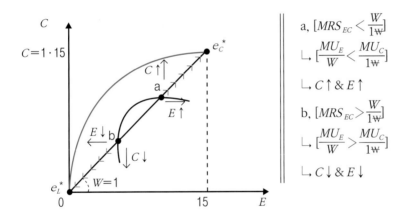

a, $[MRS_{EC} < \frac{W}{1\text{₩}}]$

ㄴ $[\frac{MU_E}{W} < \frac{MU_C}{1\text{₩}}]$

ㄴ $C\uparrow \& E\uparrow$

b, $[MRS_{EC} > \frac{W}{1\text{₩}}]$

ㄴ $[\frac{MU_E}{W} > \frac{MU_C}{1\text{₩}}]$

ㄴ $C\downarrow \& E\downarrow$

예산선과 무차별곡선이 교차하는 a와 b의 소비조합에서 개인은 효용극대화를 달성하지 못 한다. a에서는 노동시간에 대한 소비의 한계대체율이 기타재에 대한 여가의 상대가격보다 낮으므로 1원당 한계효용이 높은 기타재로 여가를 대체하면 효용이 증가하기 때문에 노동시간을 늘려야 한다. 반면, b에서는 노동시간에 대한 소비의 한계대체율이 기타재에 대한 여가의 상대가격보다 높으므로 1원당 한계효용이 낮은 기타재를 여가로 대체하면 효용이 증가하기 때문에 노동시간을 줄여야 한다. 따라서 무차별곡선과 예산선의 모서리해인 e_c^*와 e_L^*에서 기타재와 여가를 극단적으로 소비하여 효용극대화를 달성한다.

이는 a와 b처럼 균형의 소비보다 극단의 소비를 선호하여 노동시간에 대한 소비의 한계대체율이 체감하는 개인이 e_c^*에서 기타재를 극단적으로 소비하는 경우나 e_L^*에서 여가를 극단적으로 소비하면 기타재와 여가를 균형 있게 소비할 때보다 효용이 상승함을 의미한다.

물음 2)

Ⅰ. 최대 근로시간의 제한 – 소득 저하 방지

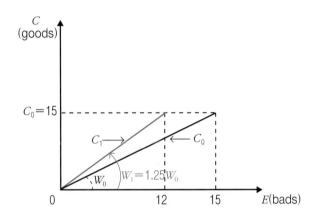

$$15 \cdot W_0 = 12 \cdot W_1$$

$$\therefore W_1 = \frac{15}{12} \cdot W_0 = \frac{5}{4} \cdot 1만 = 1만2천5백원 = 1.25W_0$$

└. 시간당 임금률 ⇒ 25% 상승

주당 최대 근로시간을 15시간에서 12시간으로 단축할 때 근로자의 소득저하를 방지하여 12시간의 노동공급을 통해서도 15시간의 노동공급과 동일한 소득을 보장받는다면 시간당 순 임금률은 25% 상승한다. 따라서 소비-노동시간 평면에서 예산선은 원점을 중심으로 반시계방향으로 회전 이동한다.

Ⅱ. 극단적인 여가선호자와 근로선호자

1. 체감하는 여가에 대한 소비의 한계대체율

개인의 노동에 대한 소비의 한계대체율이 체감하면 균형보다 특정 재화에 치우치는 극단적인 소비를 선호한다. 따라서 여가의 기회비용이 커서 소비의 한계대체율이 큰 극단적인 여가선호자는 이전과 동일하게 15시간의 여가만을 소비함으로써 효용수준은 변함이 없지만, 여가의 기회비용이 작아 소비의 한계대체율이 낮은 극단적인 근로선호자는 이전보다 적은 12시간의 노동공급으로 동일의 기타재를 소비하고 3시간의 여가를 더 소비함으로써 효용수준이 상승한다.

2. 극단적인 여가선호자

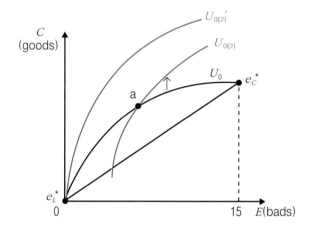

극단적으로 여가를 선호하는 개인은 여가에 대한 기타재 소비의 기회비용이 커서 동일 소비조합(a)에서 여가에 대한 기타재 소비의 한계대체율이 높으므로 보다 가파른 무차별곡선으로 대변된다. 따라서 소비–노동시간 평면의 원점인 e_L^*에서 총가용한 15시간을 모두 여가에 소비함으로써 효용극대화를 달성한다.

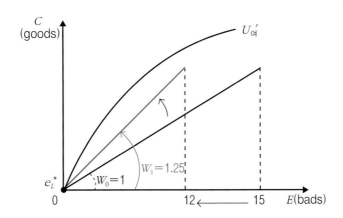

극단적인 여가선호자는 최대 근로시간이 12시간으로 줄어들어도 이전과 동일하게 총가용한 15시간의 여가를 소비하는 e_L^*인 초기부존점(노동시장 외부)를 선택하므로 노동공급과 효용수준은 변함이 없다.

3. 극단적인 근로선호자

극단적으로 근로를 선호하는 개인은 여가에 대한 기타재 소비의 기회비용이 작아서 동일 소비조합(a)에서 여가에 대한 기타재 소비의 한계대체율이 낮으므로 보다 완만한 무차별곡선으로 대변된다. 따라서 e_C^*에서 총가용한 15시간을 모두 노동을 공급함으로써 효용극대화를 달성한다($[U_{근로} < U_{근로}']$).

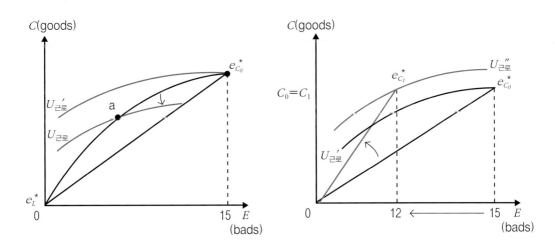

극단적인 근로선호자는 최대 근로시간이 12시간으로 규제되면 $e_{C_1}^*$에서 12시간의 노동을 공급하여 이전과 동일한 기타재($C_1=C_0$)를 소비하고 총가용시간에서 노동공급을 하고 남은 3시간의 여가를 더 소비하므로 효용 수준이 상승한다($U_{근로}' < U_{근로}''$).

물음 3)

Ⅰ. 초과근로 할증임금

정부가 8시간 초과근로에 대해 50%의 임금을 가산하는 할증임금을 도입하면 8시간 노동공급을 기준으로 시간당 임금률이 1.5만원으로 상승하므로 소비−노동시간 평면에서 예산선은 반시계 방향으로 회전이동하고 여가와 소비의 기회집합이 확대된다.

Ⅱ. 노동공급의 증가

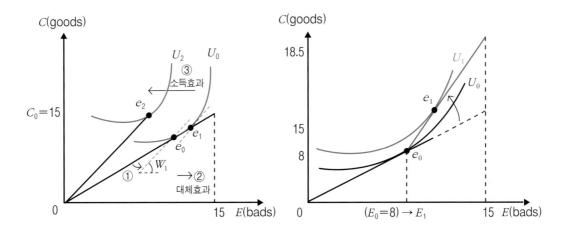

최초 e_0에서 효용극대화를 달성하던 근로자는 8시간 이후의 초과근로에 대한 할증임금이 도입되면 시간당 임금률이 상승하여 여가의 기회비용이 증가한다. 따라서 1원당 한계효용이 하락한 여가를 기타재로 대체하기 위해 노동공급을 늘려 e_1에서 효용극대화를 달성한다. ($U_1 > U_0$)

부의소득세제(NIT)

📖 Topic 5-1

개인의 노동공급시간을 결정하는 소득−여가 선택모형(neoclassical model of labor-leisure choice)을 이용하여 다음 질문에 답하시오.

물음 1) 전통적인 현금보조로써의 공적부조가 근로의욕을 떨어뜨리는 현상을 그래프를 통해 설명하시오.

Ⅰ. 공적부조

− 의 의

전통적인 현금보조 정책으로써의 공적부조는 경제활동에 참여하지 않는 노동시장 외부의 초기부존점에서만 복지급여의 수혜자격을 부여하므로 공적부조를 수령해도 시간당 임금률은 변함이 없다. 그리고 공적부조를 수령하는 저소득층이 경제활동에 참여하여 노동을 공급하는 즉시 공적부조의 수혜자격을 박탈하는 근로 단절형 복지급여 프로그램이므로 하위계층의 근로유인을 제도적으로 봉쇄한다.

[or 전통적인 현금보조 정책으로서의 공적부조는 시간당 임금률이 고정되어 있으므로 대체효과는 발생하지 않는다. 따라서 노동시장 외부인 초기부존점에 머무를 때에만 비근로소득을 획득하여 실질소득이 증가하고 오로지 소득효과만이 발생하므로 노동자의 근로유인을 저하시킨다. 또한 경제활동에 참여하는 즉시 복지급여의 수혜자격이 박탈당하는 근로 단절형 복지급여프로그램이므로 공적부조 수혜 대상 집단의 노동시장 진입문턱을 제도적으로 높여 경제활동 참여율을 낮춘다.]

Ⅱ. 근로단절형 복지급여 프로그램

1. 소득−여가 선택모형

저소득층은 공적부조를 수령하기 위해 경제활동에 참여하지 않고 노동시장 외부인 초기부존점(E)에서 효용극대화를 달성한다.

$$
\begin{aligned}
&\text{목적식 } \operatorname{Max} U = F(L, C) \\
&\text{제약식 } s.t. \ C_0 = \frac{W_0}{1\text{₩}}(T{-}L) && (\text{단}, T{-}L \geq 0) \\
&\quad\quad\ \ s.t. \ C_1 = V && (\text{단}, T{-}L = 0) \\
&\quad\quad\quad\quad\ = \frac{W_0}{1\text{₩}}(T{-}L) && (\text{단}, T{-}L > 0)
\end{aligned}
$$

2. Graph 도해

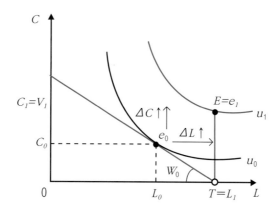

저소득 근로자는 최초 경제활동에 참여하여 e_0에서 U_0의 효용수준을 누리고 있다. 이때 정부가 노동시장 외부에 머무르며 근로소득이 없는 극빈층에게 현금보조로 공적부조를 지급한다면 초기부존점(E)에서 실질소득이 증가한다. 따라서 저소득 근로자는 실질소득의 증대를 도모하기 위해 노동시장을 이탈하여 초기부존점으로 이동할 유인이 발생한다.

정부는 경제활동에 참여하지 않는 이탈자에게만 공적부조를 지급하므로 저소득 근로자들은 복지급여의 수혜자격을 획득하기 위해서 노동시장 외부의 초기부존점(E)으로 이동한다. 이때 노동시장 내부의 예산선 기울기인 시간당 임금률은 변함이 없으므로 대체효과는 발생하지 않는다. 그리고 증가한 실질소득으로 정상재인 여가와 기타재 소비를 늘려 효용이 상승하는 소득효과에 의해 노동공급이 감소한다.

또한 저소득 근로자가 경제활동에 참여하려 해도 노동시장에 복귀하는 즉시 복지급여의 수혜자격이 박탈당하므로 실질 총소득이 감소하여 효용이 낮아지므로 근로와 단절된 현금보조는 수급자의 근로의욕을 제도적으로 봉쇄한다.

Ⅲ. 소결 – 근로연계형 복지급여 프로그램의 도입

공적부조에 대한 성찰에 기반하여 경제활동에 참여하여 노동을 공급할수록 실질 총소득이 비례적으로 상승하여 대체효과에 의해 노동공급을 증가시킬 수 있도록 근로와 연계된 복지급여 프로그램으로 전환이 요구된다. 그리고 노동시장의 외부에 머무르는 시간을 단축시키기 위해 초기부존점에서는 복지급여의 수혜자격을 부여하지 않고 경제활동에 참여하여 노동시장의 내부에 진입한 근로자에게만 수혜자격을 부여해야 한다.

Topic 5-2

부의 소득세(negative income tax)가 공적부조(public assistance)를 받는 빈곤층의 노동공급에 미치는 영향을 무차별곡선과 예산선을 이용하여 설명하시오.

Ⅰ. 공적부조와 부의 소득세

1. 공적부조

전통적인 현금보조 정책으로서의 공적부조는 경제활동에 참여하지 않는 초기부존점에서만 복지급여의 수혜자격을 부여하므로 노동시장 외부에서 공적부조를 지급받아도 시간당 임금률은 변하지 않는다. 그리고 공적부조의 수혜자가 경제활동에 참여하여 노동을 공급하는 즉시 공적부조의 수혜자격을 박탈하는 근로 단절형 복지급여 프로그램이므로 저소득계층의 근로유인을 저하시킨다.

[or 전통적인 현금보조 정책으로서의 공적부조는 시간당 임금률이 고정되어 있으므로 대체효과는 발생하지 않고 초기부존점에서 비근로소득을 획득하여 실질소득이 증가하여 오로지 소득효과만이 발생하므로 노동자의 근로유인을 완전히 저하시킨다. 또한 경제활동에 참여하는 즉시 복지급여의 수혜자격이 박탈당하는 근로 단절형 복지급여프로그램이므로 공적부조 수혜 대상 집단의 노동시장 진입문턱을 높여 제도적으로 경제활동 참여의사를 봉쇄한다.]

2. 부의 소득세

전통적인 공적부조와 달리 복지급여의 수혜자가 노동을 공급하면 수혜자격을 계속 유지하면서 노동공급으로 획득하는 근로소득에 비례하여 정부이전 소득을 지급하는 부(−)의 소득세는 근로소득과 연계하여 근로소득세를 환급하는 복지정책이다. 다만, 근로소득에 비례하여 복지급여액을 지급하므로 근로자의 총소득(근로소득세 + 정부이전 소득)은 증가하지만 근로소득의 증가폭보다 노동공급에 비례하여 지급되는 복지급여액이 점차 감소하므로 근로자의 실질(복지급여수령 이후) 시간당 임금률은 하락한다.

Ⅱ. 소득–여가 선택모형

개인은 주어진 예산제약 조건에서 최적의 노동을 공급하여 효용극대화를 추구한다.

목적식 $\text{Max } U = F(L, C)$

제약식 $s.t. \ C_0 = W_0(T-L)+V$ (단, $(T-L) = 0$이면 $V > 0$이고 $T-L > 0$이면 $V = 0$)

　　　　$s.t. \ C_1 = W_0(1-t)(T-L)+V$

　　　　(단, $C_1 < [C_0 = W_0(T-L)]$ 이면, $C_1 = W_0(T-L)$ ☜ 굴절된 이후의 예산선)

빈곤층은 소득수준이 낮으므로, 복지급여를 수혜 받는 구간에서 여가와 기타재의 주관적 교환비율과 시장의 객관적 교환비율이 일치[$MRS_{LC} = \frac{W_0}{1}$]하는 지점에서 노동공급을 결정한다.

III. Graph 도해

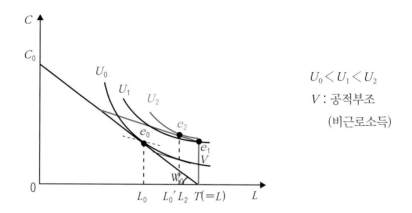

$U_0 < U_1 < U_2$

V : 공적부조

(비근로소득)

1. 공적부조 노동공급 : e_1

전통적인 현금보조로서의 공적부조는 근로와 단절된 복지급여 프로그램으로서 비근로소득(V)이 노동시장의 외부인 초기부존점에서만 발생하므로 시간당 임금률이 변하지 않아 대체효과는 발생하지 않고 오로지 소득효과만이 발생한다. 따라서 노동을 공급하지 않을 때에만 실질소득이 증가하므로 초기부존점에서 확대되는 소비의 기회집합을 활용하여 경제활동에 참여하지 않음으로써 총가용시간을 모두 여가에 소비하여($T=L_1$) 효용극대화를 추구한다. 이는 근로와 단절된 전통적인 공적부조가 경제활동에 참여하는 즉시 복지급여의 수혜자격을 박탈하므로 빈곤층의 노동공급 의사를 제도적으로 봉쇄하기 때문이다.

2. 부의 소득세제와 노동공급 : [$e_1 \rightarrow e_2$] vs [$e_0 \rightarrow e_2$]

근로 단절형 공적부조에서 벗어나 근로소득과 연계하여 복지급여를 지급하면 경제활동에 참여할 때 빈곤층의 총소득은 증가하므로 근로유인은 제고된다($e_1 \rightarrow e_2$).

그러나 부의 소득세제는 노동공급이 증가할수록 근로소득의 증가폭보다 연계되어 환급되는 소득세의 감소폭이 크므로 복지 프로그램이 실시되기 전의 e_0보다 실질 시간당 임금률이 하락한다[$W_0 > (1-t) \cdot W_0$]. 따라서 여가의 1원당 한계효용이 기타재의 1원당 한계효용을 상회하여 여가로 기타재를 대체하기 위해 노동공급은 감소한다($L_0 \Rightarrow L_0'$). 그리고 실질소득의 하락으로 정상재인 여가 소비가 감소하여 노동공급은 증가하지만, 저소득 노동자의 소득효과는 대체효과보다 작다.

또한 전통적 공적부조와 동일하게 정부는 경제활동에 참여하지 않는 개인에게 비근로소득(V)을 지급하여 초기부존점에서 실질소득이 확대되므로 소득효과에 의해 정상재인 여가 소비를 독려한다($L_0' \Rightarrow L_2$).

따라서 저소득 근로자는 근로소득에 비례하여 복지급여를 수혜하므로 총소득이 증가하여 전통적 공적부조에 비해 근로유인은 증가한다. 그러나 복지프로그램이 도입되기 전의 최초 균형점(e_0)을 기준으로 근로소득에 연계되어 지급되는 복지급여액은 점차 감소하여 전통적 공적부조가 실시되기 이전의 최초 노동공급보다 실질 시간당 임금률은 하락하고 대체효과가 소득효과를 압도하므로 근로유인은 감소하고 초기부존점(노동공급 = 0)에서도 여전히 복지급여가 지급되므로 소득효과에 의해 노동공급 의사를 제약한다.

Ⅳ. 소 결

소득효과에 의해 근로유인을 완전히 제약하는 공적부조를 개선하기 위해 근로와 연계되어 도입된 부의 소득세제는 실질 임금률의 하락으로 발생하는 대체효과에 의해 취약계층의 근로유인을 약화시켰다.

따라서 정부는 부의 소득세제가 근로유인을 제고하는 장점은 계승하여 근로소득에 비례적으로 복지급여를 지급하지만, 초기부존점에서의 비근로소득 발생으로 인한 근로유인 저하를 방지하고자 경제활동에 참여하지 않으면 복지급여의 수혜자격을 박탈하고, 시간당 임금률의 상승으로 여가를 노동으로 대체하여 근로유인을 높이기 위해 근로소득에 연계하여 지급하는 복지급여를 점점 증가시키는 근로장려세제($EITC$)를 도입하였다.

📖 Topic 5-3

A는 매주 세전으로 시간당 20원의 임금을 받고 최대 80시간까지 노동을 공급할 수 있으며, 20%의 단일세율을 적용받는다. 이러한 조건 아래에서 A는 매주 50시간을 일하는 선택을 하여 효용극대화를 달성하고 있다. 정부는 모든 사람에게 주당 300원을 지급하고, 만일 노동시장에 참여하여 일을 할 경우 근로소득에 보조금을 더하여 지급하는 부의 소득세를 제안하였다. 부의 소득세 지급을 위한 재정을 마련하기 위하여 급여세율은 50%로 인상될 것이다.

물음 1) A의 최초 예산선과 부의 소득세가 적용된 이후의 예산선을 하나의 그래프에 도해하고 설명하시오.

물음 2) 만약 부의 소득세가 도입되어 시행된다면 이 근로자의 최적 근로시간과 효용을 평가하시오.

Ⅰ. 소득-여가 선택모형

1. 부의 소득세 적용 전

$$
\left[\begin{array}{l}
\text{Max } U_0 = F(L, C) \qquad\qquad \text{(단, } L, C\text{는 재화)} \\
s.t. \quad C_0 = (1-t)\dfrac{W_0}{1\text{₩}}(T-L) \\
\qquad\quad = (1-0.2)\cdot 20\cdot(80-L)
\end{array}\right.
$$

2. 부의 소득세 적용 후

$$
\left[\begin{array}{l}
\text{Max } U_1 = F(L, C) \\
s.t. \quad C_1 = (1-0.5)\cdot 20\cdot(80-L)+300
\end{array}\right.
$$

Ⅱ. 물음 1)의 해결

1. 부의 소득세제의 의의

통상의 근로 소득세가 근로소득이 발생하면 정부에 세금을 납부하는 정(+)의 소득세라면, 부의 소득세제는 근로소득에 비례적으로 정부가 근로자에게 복지급여를 지급하므로 근로자는 마치 근로소득세를 환급받는 것과 같은 부(-)의 소득세 효과가 발생한다.

2. Graph 도해

A는 부의 소득세 적용으로 인하여

① 초기부존점이 E_0에서 E_1로 변화(비근로소득)하고,
② 예산선의 기울기인 시간당 임금률도 16에서 10으로 하락한다.

따라서 A의 예산제약선은 $E_0-E_1-e_0-b$로 확대된다.

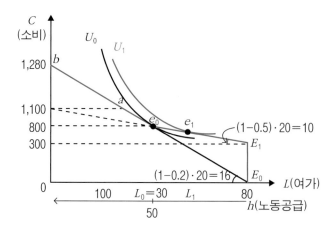

3. 분 석

부의 소득세가 도입되기 전에는 e_0점에서 효용극대화를 달성하던 A는 부의 소득세가 실시되어 여가와 기타재 소비의 기회집합이 확대되어 정상재인 여가를 늘려 e_1점에서 효용극대화를 달성한다. 따라서 부의 소득세제가 도입되면 A는 근로의욕이 감소하여 노동공급이 감소한다.

III. 물음 2)의 해결

1. 부의 소득세 도입 전 : e_0

A는 부의 소득세 도입 전 e_0점에서 소득 800과 여가 30을 소비하여 효용극대화를 달성한다. 이 때 노동공급은 50시간이다.

2. 부의 소득세 도입 후

(1) 비근로소득 300 : $E_0 \rightarrow E_1$

정부가 A에게 비근로소득을 300원만큼 지급하면 실질소득이 증가하여 소득효과가 발생한다. 이에 따라 A는 최초 30의 여가수준에서 더 많은 여가를 유인하여 노동공급이 감소한다.

(2) 부의 소득세 : e_1

비근로소득 지급 후 세율이 0.2에서 0.5로 증가함에 따라 세후 시간당 임금률이 하락하여 예산선은 초기부존점(E_1)을 중심으로 반시계 방향으로 회전이동한다. 따라서 실질(세후) 시간당 임금률이 하락하여 노동공급을 줄이는 대체효과가 노동공급을 늘리는 소득효과를 압도하므로 A는 여가를 늘리고 노동공급을 감소시킨다.

3. 함 의

(1) A에게 300만큼의 비근로소득을 지급하는 전통적인 현금 보조정책이 실시될 경우 초기부존점에서 효용극대화를 달성하여 경제활동에 참여하지 않는다.

(2) 이 때, A가 경제활동에 참여하여 노동을 공급하더라도 복지급여의 수혜자격을 박탈하지 않고 근로소득에 연계하여 복지급여를 지급하는 부의소득세제를 도입한다면 초기부존점(E_1)에서 경제활동에 참여하지 않던 A를 경제활동에 참여하도록 유인하여 A는 노동을 공급한다.

(3) 하지만, 근로소득에 비례적으로 지급하는 복지급여액은 점차 감소하므로 최초 균형(e_0)에 비해 시간당 임금률이 하락하여 대체효과에 의해 노동공급이 감소한다. 따라서 근로소득에 연계하여 지급하는 복지급여를 점차 늘리는 근로소득장려세제($EITC$)를 도입하면 실질(세후)시간당 임금률이 상승하여 대체효과에 의해 A의 노동공급을 늘릴 수 있도록 근로유인을 제고할 수 있다.

근로장려세제(EITC)

TOPIC 06

– 근로소득장려세제가 노동공급에 미치는 영향
(단, 여가=정상재, 대체효과 > 소득효과)

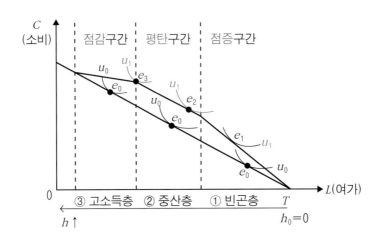

1. 점증구간 : 노동공급 증가

$$\begin{bmatrix} \text{Max } U = F(L, C) \\ \\ s.t.\ C = (1+t) \cdot W_0(T-L) \end{bmatrix}$$

- 대체효과 : $(1+t) \cdot W_0 \uparrow \Rightarrow L^S \uparrow$
  (여가의 상대가격 $\uparrow$)
- 소득효과 : $(1+t) \cdot W_0 \uparrow \Rightarrow L^S \downarrow$

(단, 저소득 근로자의 대체효과는 소득효과를 압도하여 $L^S \uparrow$)

2. 평탄구간 : 노동공급 감소

$$\begin{bmatrix} \text{Max } U = F(L, C) \\ s.t.\ C = W_0(T-L)+V \\ \text{(단, } V\text{는 비근로소득)} \end{bmatrix}$$

- 대체효과 : W_0 변동없음 $\Rightarrow$ 대체효과 X
- 소득효과 : 비근로소득의 증가로 실질소득$\uparrow \Rightarrow L^S \downarrow$

3. 점감구간 : 노동공급 감소

$$\left[\begin{array}{l} \text{Max } U = F(L, C) \\[8pt] s.t. \ C = (1-t) \cdot W_0(T-L)+V \end{array}\right.$$

• 대체효과 : $(1-t) \cdot W_0 \downarrow \ \Rightarrow L^S \downarrow$
  (여가의 상대가격 $\downarrow$)

• 소득효과 : 비근로소득의 증가로 실질소득 $\uparrow \Rightarrow L^S \downarrow$

※각 구간별 매칭

① 점증 구간 : 실질적인 EITC

② 평탄 구간 : 비근로소득의 발생, 현금보조

③ 점감 구간 : 부의소득세제

Topic 6-1

소득−여가 선택이론에서 개인의 노동공급 의사결정에 관한 다음 물음에 답하시오.

[2020년 1문, 50점]

물음 1) 우리나라 국세청에서 현재 시행하고 있는 근로장려세제(Earned Income Tax Credit: EITC)를 소득−여가 평면에 그래프로 그리고 설명하시오. (10점)

Ⅰ. 소득−여가 선택모형

개인은 주어진 제약($s.t. \ C$)하에서 정상재인 여가(L)와 기타재(C) 소비를 통해 효용극대화 달성을 위한 최적의 소비조합을 탐색한다.

목적식 : Max $U = F(L, C)$

제약식 : $s.t. \ C = \dfrac{W_0}{1\text{₩}}(T-L)$ [단, $(T-L)$은 노동공급 $(=L^S)$]

Ⅱ. 근로장려세제(Earned Income Tax Credit : EITC)

1. 의 의

근로장려세제는 소득-여가 선택모형의 대체효과와 소득효과에 기반하여

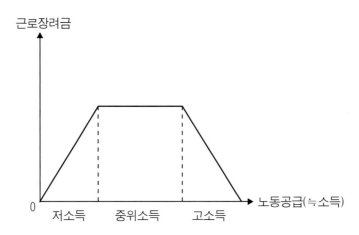

① 저소득 구간에서는 근로시간에 연계하여 지급하는 근로장려금을 점차 증가시켜 시간당 임금률이 상승하는 점증구간

② 중위소득 구간에서는 근로시간에 무관하게 동일액의 근로장려금을 지급하므로 시간당 임금률이 고정된 평탄구간

③ 고소득 구간에서는 근로시간에 연계하여 지급하는 근로장려금을 점차 감소시켜 시간당 임금률이 하락하는 점감구간을

설정하고 소득 구간과 노동공급에 따라 차등의 근로소득장려세를 지급하여 근로를 장려하고자 도입된 정부의 복지급여 프로그램이다.

2. 제약식 변화

분석의 편의를 위해 총 가용시간(T)을 20시간마다 보조금 지급방식이 달라지는 것으로 가정하여 점증구간, 평탄구간, 점감구간을 구분한다.

$$제약식 \quad s.t. \ C_0 = W_0(T-L)$$

$$s.t. \ C_1 = (1+t) \cdot W_0(T-L) \qquad [0 \le (T-L) < 20$$
$$= W_0(T-L)+V \qquad 20 \le (T-L) < 40$$
$$= (1-t')W_0(T-L) \qquad 40 \le (T-L) < 60$$
$$= W_0(T-L) \qquad (T-L) \ge 60]$$

3. Graph 도해

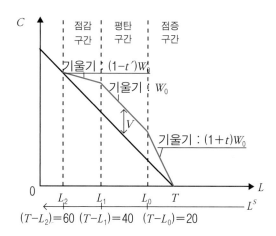

물음 2) 근로장려세제가 노동공급에 미치는 영향을 소득-여가 평면에서 경우의 수에 따라 그래프로 그리고 설명하시오. (단, 비근로소득은 없으며, 여가는 정상재이고, 임금률 변화시 대체효과의 절대적 크기가 소득효과의 절대적 크기보다 항상 큼) (30점)

Ⅰ. 소득-여가 선택모형

개인은 주어진 제약($s.t.$ C)하에서 정상재인 여가(L)와 기타재소비(C)를 통해 효용극대화 달성을 위한 최적 소비조합을 탐색한다.

$$목적식 : Max\ U = F(L, C)$$
$$제약식 : s.t.\quad C = \frac{W_0}{1￦}(T-L)\ \ [단, (T-L)은 노동공급 (L^s)]$$

효용극대화를 추구하는 개인은 여가에 대한 기타재 소비의 주관적 교환비율인 한계대체율(MRS_{LC})과 시장의 객관적 교환비율인 상대가격($\frac{W_0}{1￦}$)이 일치하는 소비조합을 선택한다. 왜냐하면 여가와 기타재의 1원당 한계효용이 균등 ($\frac{MU_L}{W} = \frac{MU_C}{1￦}$)하여 다른 소비조합으로 이동하면 한계효용체감법칙에 의해 총효용이 감소하므로 더 이상 효용 제고가 불가능한 안정적인 소비조합이기 때문이다.

Ⅱ. 가격효과

시간당 임금률이 상승하면 여가의 기회비용이 상승하여 여가의 가격도 상승한다. 따라서 여가의 가격이 상승할 때 기타재에 대한 여가의 상대가격이 상승하여 여가소비가 감소하는 대체효과와 기타재와 여가 소비의 기회집합이 확대되어 실질소득의 증가로 정상재인 여가 소비는 증가하고 열등재인 여가 소비는 감소하는 소득효과의 두 가지 경로로 여가 소비량이 변화하는 가격효과 발생한다.

1. 대체효과

시간당 임금률이 상승하면 실질소득이 불변일 때 여가의 상대가격($\frac{W_0}{1w}$)이 상승하여 개인은 1원당 한계효용이 감소한 여가를 1원당 한계효용이 상승한 기타재로 대체하므로 노동공급은 증가한다.

2. 소득효과

시간당 임금률이 상승하면 여가의 상대가격($\frac{W_0}{1w}$)이 불변일 때 동일 노동공급에 대하여 실질소득이 증가하므로 정상재인 여가 소비는 늘리고 노동공급이 감소하는 소득효과가 발생한다.

Ⅲ. EITC의 구간별 가격효과

1. 노동공급에 비례하여 복지급여를 점차 증가시키는 점증구간

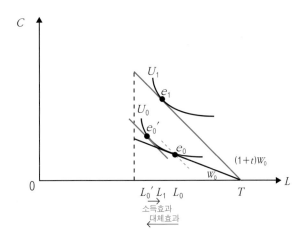

근로시간에 비례하여 근로장려세를 환급(지급)하면 근로자의 노동공급이 점차 증가할수록 복지급여액이 확대되므로 총소득(근로소득+근로장려세)이 증가한다. 따라서 세후 시간당 임금률이 상승하고 ($W_0 \rightarrow (1+t)W_0$), e_0에서 한계대체율보다 기타재에 대한 여가의 상대가격이 높아진다($MRS_{LC} < (1+t)W_0$). 이때 1원당 한계효용이 하락한 여가를 기타재로 대체하기 위해 $e_0{'}$으로 노동공급은 증가($L_0 \rightarrow L_0{'}$)하고 동일 노동공급에 대한 실질소득이 증가하여 정상재인 여가의 소비가 늘어 노동공급은 감소($L_0{'} \rightarrow L_1$)하지만 저소득 근로자는 대체효과가 소득효과를 압도하여 e_1으로 노동공급은 증가한다.

2. 노동공급과 무관하게 복지급여를 지급하는 평탄구간

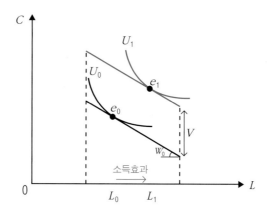

근로시간과 무관하게 근로소득세를 환급해주는 평탄구간에서는 모든 노동공급 단위에 대하여 동일액의 복지급여를 지급하므로 예산선은 수직으로 상방이동하여 시간당 임금률은 동일(W_0)하다. 따라서 대체효과는 발생하지 않고 실질소득이 증가하여 소득효과만이 정상재인 여가를 늘려 e_0에서 e_1으로 노동공급을 줄여서($L_0 \rightarrow L_1$) 효용극대화를 추구한다($U_0 < U_1$).

3. 노동공급에 연계하여 복지급여를 점차 감소시키는 점감구간

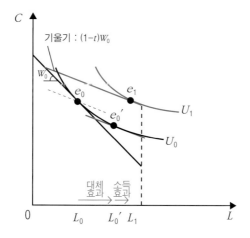

정부는 근로시간에 연계하여 근로장려세를 지급하지만 근로자의 노동공급이 점차 증가할수록 지급하는 복지급여액을 감소시키면 총소득(근로소득 + 근로장려세)은 증가하지만 세후의 실질 시간당 임금률이 하락한다($W_0 \rightarrow (1-t)W_0$). 따라서 e_0에서 한계대체율이 기타재에 대한 여가의 상대가격보다 크다 ($MRS_{LC} > (1-t)W_0$). 이때 1원당 한계효용이 상승한 여가로 기타재를 대체하기 위해 e_0'으로 노동공급은 감

소($L_0 \rightarrow L_0'$)하고 동일 노동공급에 대한 실질소득이 증가하여 정상재인 여가의 소비가 증가하고 노동공급은 감소($L_0' \rightarrow L_1$)하므로 고소득 근로자의 대체효과와 소득효과는 모두 노동공급을 감소시킨다.

물음 3) 근로장려세제로 인해 예상되는 정책효과를 설명하시오. (10점)

Ⅰ. 근로와 단절된 공적부조

전통적인 현금보조로서의 공적부조는 노동시장 외부의 초기부존점에서만 비근로소득을 지급함으로써 오직 소득효과만이 노동공급을 감소시킨다. 또한 경제활동에 참여하여 노동을 공급하는 즉시 복지급여의 수혜자격을 박탈하므로 저소득 근로자의 노동공급을 제도적으로 봉쇄하여 근로유인을 저하시킨다.

Ⅱ. 부의소득세제(NIT)

부의소득세제는 보조금을 지급한 후 근로에 비례하여 보조금을 차감하는 방식이다. 전통적 현금보조정책의 문제점인 근로와 단절된 복지급여 정책의 반성으로부터 노동공급과 연계하여 복지급여를 지급하므로 저소득 근로자를 노동시장 내부로 유인한다. 그러나 근로시간에 연계되어 지급되는 복지급여액이 노동공급이 증가할수록 감소하므로 세후의 실질 시간당 임금률이 하락하여 대체효과와 노동시장 외부의 소득효과 모두 근로유인을 저하시킨다.

Ⅲ. 근로소득장려세제

1. 무노동 무복지(생산적 복지)

전통적인 현금보조는 노동시장 외부에서만 복지급여의 수혜자격을 부여한다. 이러한 공적부조는 초기부존점에서만 실질소득이 증가하므로 저소득 근로자의 경제활동 의욕을 약화시켰다. 이에 대한 반성으로 출발한 근로소득장려세제는 노동시장 외부가 아닌 내부에 진입한 근로자에만 복지급여의 수혜자격을 부여함으로써 초기부존점에서의 비근로소득이 유발하는 소득효과도 완전히 제거하여 저소득 근로자가 노동시장으로부터 이탈할 유인을 제도적으로 차단하였다.

2. 근로시간과 비례하여 복지급여 확대

근로시간과 연계하여 복지급여를 지급하는 부의소득세제는 노동공급이 증가할수록 환급받는 근로소득세가 감소하여 대체효과의 영향력이 큰 저소득 계층의 근로의욕을 저하시켰다. 이에 대한 보완으로서 근로소득장려세제는 노동공급이 증가할수록 지급받는 근로소득세를 비례적으로 증가시키므로 실질 시간당 순임금률이 상승하여 대체효과에 의해 근로의욕이 제고된다.

3. 계층별 차등적 복지급여 프로그램

근로소득장려세제는 저소득, 중위, 고소득 근로자에게 적용되는 실질적인 복지 정책이 다르므로 재정의 건전성을 확보하고 임금격차를 해소할 수 있다. 저소득 근로자는 노동공급의 확대를 통한 총소득의 증가로 효용이 증가하고 중위 근로자는 여가 소비의 증가로 삶의 질이 향상된다. 반면 고소득 근로자에게 지급하는 복지급여를 점차 줄임으로써 한정된 재원이 저소득 근로자와 중위 근로자에게 선별적으로 집중 투입되어 재정의 건전성을 높일 수 있다. 또한 정부로부터 수혜하는 총복지급여는 중위 계층이 가장 많으므로 저소득 근로자를 중위 근로자로 유인할 수 있어 근로자 계층간의 소득격차를 완화하여 사회후생을 제고할 수 있다.

Topic 6-2

근로장려세제(EITC)는 이 제도가 없었다면 일을 하지 않았을 사람을 노동시장으로 유인하는 작용을 하고 아무도 일을 중단하게 만들지 않는 반면에 정부가 제공하는 현금보조의 경우 어떤 근로자의 근로활동을 중단하게 만들고 아무도 일을 시작하게 하지 않는 이유를 그래프로 설명하시오.

Ⅰ. 저소득 근로자의 근로유인

저소득 근로자는 복지급여를 수령하기 전과 이후의 효용수준을 비교하여 노동시장 참가여부를 결정한다.
노동시장의 외부에 존재하는 경우에만 복지급여의 수혜자격을 부여하는 전통적인 공적부조로서의 현금보조 정책은 정책 대상 집단이 노동시장에 참여하는 즉시 복지급여의 수혜자격을 박탈한다. 따라서 노동을 공급하면 소비의 기회집합이 대폭 축소되어 효용이 하락하므로 노동시장의 외부에서만 발생하는 소득효과가 근로유인을 제도적으로 봉쇄한다.

최초 저소득 근로자가 노동시장의 외부인 초기부존점으로 노동시장을 이탈한 이유는 유보임금이 시장의 객관적 임금률보다 높았기 때문이다. 이때 노동시장의 외부에서는 복지급여의 수혜자격을 박탈하고 경제활동에 참여해야만 수혜자격을 부여하는 근로장려세제(EITC)가 도입되면 노동공급에 비례하여 정부가 지급하는 복지급여 지급액이 점차 증가하므로 실질 시간당 임금률이 상승한다. 그리고 높아진 시간당 임금률이 개인의 유보임금을 상회하면 노동시장에 진입하여 여가를 기타재로 대체함으로써 효용극대화를 달성한다. 따라서 근로장려세제는 저소득 근로자의 노동시장 이탈 유인을 제도적으로 봉쇄한다.

Ⅱ. 현금보조 – 소득효과

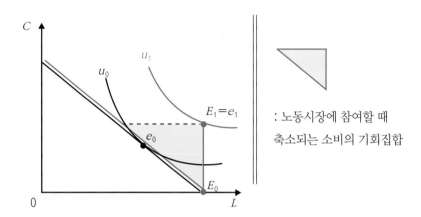

: 노동시장에 참여할 때
축소되는 소비의 기회집합

전통적인 현금보조 정책은 시간당 임금률이 고정되어 있으므로 대체효과는 발생하지 않고 초기부존점에서만 복지급여를 지급하여 실질소득의 증가로 오로지 소득효과만이 발생하므로 정책 대상 집단의 근로유인을 완전히 저하시킨다. 또한 경제활동에 참여하는 즉시 복지급여의 수혜자격이 박탈당하는 근로 단절형 복지급여프로그램이므로 공적부조 수혜 대상 집단의 노동시장 진입문턱을 제도적으로 봉쇄한다.

Ⅲ. 근로장려세제(EITC)

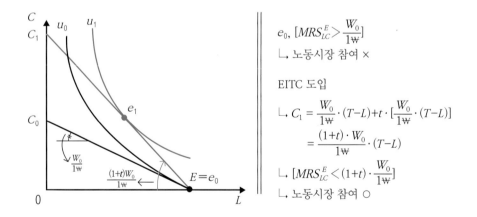

$e_0, [MRS_{LC}^E > \dfrac{W_0}{1₩}]$

└ 노동시장 참여 ×

EITC 도입

└ $C_1 = \dfrac{W_0}{1₩} \cdot (T-L) + t \cdot [\dfrac{W_0}{1₩} \cdot (T-L)]$

$\quad = \dfrac{(1+t) \cdot W_0}{1₩} \cdot (T-L)$

└ $[MRS_{LC}^E < (1+t) \cdot \dfrac{W_0}{1₩}]$

└ 노동시장 참여 ○

최초 시장임금이 유보임금보다 낮아 노동시장 참여유인이 존재하지 않았던 저소득 근로자는 정부가 노동공급에 연계하여 복지급여를 지급하는 근로장려세제를 도입하면 실질 시간당 임금률이 상승한다. 그리고 현재 효용극대화를 달성하는 초기부존점에서 상승한 시간당 임금률이 유보임금을 상회하면 1원당 한계효용이 낮은 여가를 1원당 한계효용이 높은 기타재로 대체함으로써 효용을 제고할 수 있다. 그러나 노동시장의 외부인 초기부존점에서는 노동공급이 존재하지 않으므로 시간당 임금률이 상승하더라도 실질소득이 불변이므로 근로유인을 저하시키는 소득효과는 발생하지 않는다. 따라서 노동시장 내부로 근로자를 안내하는 근로장려세제는 근로유인적 복지급여프로그램이다.

Topic 6-3

소득-여가 선택모형을 이용하여 개별근로자의 노동공급 결정에 관한 다음의 물음에 답하시오. A의 효용함수는 다음과 같다.

$$U = F(L, C) = LC$$

[단, L은 여가이고 C는 여가를 제외한 소비가능한 모든 재화로서 기타재 혹은 복합재이다. 기타재의 단위 가격은 1원이다.]

물음 1) A는 매주 세전으로 시간당 2만원의 임금을 받고 최대 80시간까지 노동을 공급할 수 있으며 임의의 노동공급 단위에서 10%의 단일세율을 적용받는다. 정부는 모든 사람에게 주당 24만원의 보조금을 지급하고, 만일 노동시장에 참여하여 일을 할 경우 추가적으로 근로소득을 지급하는 부의 소득세(negative income tax)를 도입하였다. 이때 부의 소득세 지급을 위한 재정을 마련하기 위해 급여세율은 40%로 인상된다. 이러한 부의 소득세가 A의 노동공급에 미치는 영향을 그래프로 설명하시오.

물음 2) 정부는 물음 1)에서 노동시장 외부의 개인이 수급할 수 있는 최대 부의 소득세만큼을 상한액으로 지급하는 근로장려세제(EITC)를 도입하였다. 근로장려세제 도입 이후 실질 순(세후) 임금률을 계산하고 부의 소득세와 근로장려세의 효용수준을 비교하시오.

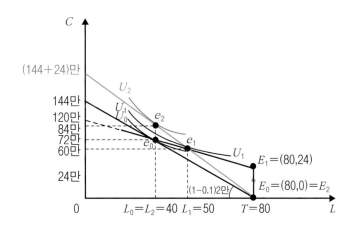

Ⅰ. 최초 복지급여프로그램 도입 前

$$\left[\begin{array}{l} \text{Max } U = L \cdot C \\ s.t.\ C_0 = \dfrac{(1-0.1)}{1\text{₩}} \cdot 2\text{만₩}(80-L) \end{array}\right.$$

$[MRS_{LC} = \dfrac{MU_L}{MU_C} = \dfrac{C}{L}] = [\dfrac{(1-0.1)}{1\text{₩}} \cdot 2\text{만₩} = \dfrac{1.8\text{만₩}}{1\text{₩}} = \dfrac{(1-t)}{1\text{₩}} \cdot W_0]$

$C = 1.8\text{만} \cdot L$ ... ① 효용극대화 균형조건

$C = 1.8\text{만} \cdot L = 1.8\text{만}(80-L)$

$\therefore L = 40 \Rightarrow C = 72\text{만}$

$\llcorner U_0 = 40 \cdot 72\text{만}$

Ⅱ. NIT 도입

$$\left[\begin{array}{l} \text{Max } U = L \cdot C \\ s.t.\ C_1 = \dfrac{(1-0.4)}{1\text{₩}} \cdot 2\text{만₩}(80-L)+24\text{만} \end{array}\right.$$

$[MRS_{LC} = \dfrac{C}{L}] = [\dfrac{(1-0.4)}{1\text{₩}} \cdot 2\text{만₩} = \dfrac{1.2\text{만₩}}{1\text{₩}} = \dfrac{(1-t)}{1\text{₩}} \cdot W_0]$

$C = 1.2\text{만} \cdot L$

$C = 1.2\text{만} \cdot L = 1.2\text{만}(80-L)+24\text{만}$

$\therefore L = 50 \Rightarrow C = 60\text{만}$

$\llcorner U_1 = 50 \cdot 60\text{만}$

Ⅲ. EITC 도입

$$\left[\begin{array}{l} \text{Max } U = L \cdot C \\ s.t.\ C_2 = \dfrac{(1+0.05)}{1\text{₩}} \cdot 2\text{만₩}(80-L) \\ \qquad = \dfrac{2.1\text{만₩}}{1\text{₩}} \cdot (80-L) \qquad (W_2 = 2.1\text{만₩},\ t = 5\% \uparrow) \end{array}\right.$$

$[MRS_{LC} = \dfrac{C}{L}] = [\dfrac{(1+0.05)}{1\text{₩}} \cdot 2\text{만₩} = \dfrac{2.1\text{만₩}}{1\text{₩}} = \dfrac{(1+t)}{1\text{₩}} \cdot W_0]$

$C = 2.1\text{만} \cdot L$

$C = 2.1\text{만} \cdot L = 2.1\text{만}(80-L)$

$\therefore L = 40 \Rightarrow C = 84\text{만}$

$\llcorner U_2 = 40 \cdot 84\text{만}$

$$\therefore U_0 < U_1 < U_2$$

근로소득세 및 보조금과 노동공급(정액세, 정률세)

📖 Topic 7-1

근로소득세율의 인상과 인두세의 인상이 노동공급에 미치는 효과를 소득-여가 선택모형을 통해 비교하시오.

Ⅰ. 종가세와 종량세

근로소득의 일정 비율을 조세로 징수하는 근로소득세는 종가세로서 근로소득세율이 인상되면 동일 노동공급에 대한 실질소득이 감소하므로 예산선은 초기부존점을 중심으로 반시계방향으로 회전이동하여 세후 시간당 임금률이 하락하고 소비의 기회집합이 축소된다. 따라서 기타재에 대한 여가의 상대가격이 하락하여 노동공급이 감소하는 대체효과와 실질소득의 감소로 정상재인 여가는 감소하지만 열등재인 여가는 증가하는 소득효과가 발생한다.

단위 노동자 당 정액의 세금을 징수하는 인두세가 인상되면 단위 노동자의 노동공급과 무관하게 임의의 노동공급에 대해 실질소득이 감소하므로 예산선은 수직 하방으로 이동하여 소비의 기회집합이 축소된다. 이때 기타재에 대한 여가의 상대가격은 불변이므로 대체효과는 발생하지 않고 오로지 소득효과만이 노동공급에 영향을 미친다.

[or Ⅰ. 의의

단위 노동자 당 일정액의 세금을 부과하는 인두세는 종량세로서 인두세가 부과되면 노동공급과 무관하게 임의의 노동공급에 대하여 실질 소득이 감소하므로 예산선이 수직하방으로 이동한다. 따라서 실질 시간당 임금률은 불변이므로 대체효과는 발생하지 않고 오로지 소득효과만에 의해 정상재인 여가 소비는 감소하여 노동공급은 증가한다.

노동소득에 비례하여 일정 비율의 세금을 부과하는 근로소득세는 종가세로서 근로소득세율이 상승하면 동일 노동공급에 대한 실질소득이 감소하므로 노동공급이 증가할수록 소비의 기회집합이 더욱 축소되므로 예산선은 초기부존점을 중심으로 반시계방향으로 회전이동한다. 따라서 실질 시간당 순 (세후)임금률이 하락하므로 노동공급을 감소시키는 대체효과가 노동공급을 증가시키는 소득효과(단, 여가는 정상재)를 압도하여 노동공급이 감소한다.]

Ⅱ. 대체효과와 소득효과

1. 대체효과

시간당 임금률이 하락하면 동일한 기타재에 대한 여가의 상대가격이 하락하므로 동일한 효용수준을 유지하기 위해 1원당 한계효용이 상승한 여가로 1원당 한계효용이 하락한 기타재를 대체하기 위해 개인의 노동공급은 감소한다.

2. 소득효과

동일 노동 공급에 대하여 실질소득이 감소하면 여가와 기타재 소비의 기회집합이 축소되므로 정상재인 여가 소비는 감소하여 노동공급은 감소하지만 열등재인 여가소비는 증가하여 노동공급은 증가하는 소득효과가 발생한다.

Ⅲ. 근로소득세율의 인상 – 예산선의 회전 이동

1. 대체효과

$$\text{Max } U = F(L, C)$$

$$S.\, t.\, C_0 = \frac{W}{1\text{₩}}(T-L) + V - t_0(T-L)$$

$$= (1-t_0)\frac{W}{1\text{₩}}(T-L) + V$$

$$C_1 = (1-t_1)\frac{W}{1\text{₩}}(T-L) + V$$

(단, t_0와 t_1은 근로소득세율이고 $t_0 < t_1$이다.)

근로소득세율(t_0)이 인상되면($t_0 < t_1$), 동일 노동공급($T-L$)에 대하여 실질 소득이 감소하므로 예산선은 초기부존점(E)을 중심으로 반시계방향으로 회전이동한다. 따라서 세후 실질 시간당 임금률이 하락하여 $[(1-t_0)\frac{W}{1\text{₩}} > (1-t_1)\frac{W}{1\text{₩}}]$ 실질 소득이 불변일 때 동일한 효용 수준을 유지하기 위해 1원당 한계효용이 하락한 기타재를 1원당 한계효용이 상승한 여가로 대체하므로 노동공급은 감소한다.

2. 소득효과 (단, 여가는 정상재이고, 대체효과 > 소득효과)

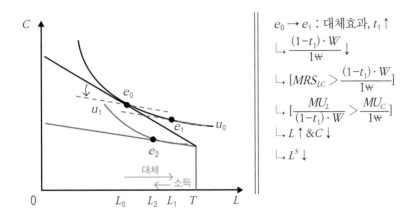

근로소득세율(t_0)이 인상되면($t_0 < t_1$) 동일 노동공급에 대하여 실질 소득이 감소하여 정상재인 여가 소비는 감소하므로 노공공급을 증가시키는 소득효과가 발생한다. 그리고 노동공급을 감소시키는 대체효과($e_0 \rightarrow e_1$)가 노동공급을 증가시키는 소득효과를 압도하면 노동공급은 감소한다. ($e_1 \rightarrow e_2$)

그러나 여가가 정상재이더라도 여가 소비를 증가시키는 대체효과보다 여가 소비를 감소시키는 소득효과가 크고, 여가가 열등재이면 대체효과와 소득효과 모두 여가 소비를 증가시키므로 노동공급은 증가한다.

Ⅳ. 인두세의 인상 – 예산선의 수직 이동

1. 대체효과

$$\text{Max } U = F(L, C)$$

$$S.t.\ C_0 = \frac{W}{1\text{₩}}(T-L)+V_0$$

$$C_1 = \frac{W}{1\text{₩}}(T-L)+V_0-V_1$$

$$= \frac{W}{1\text{₩}}(T-L) \quad \text{(단, } V_0 \text{는 비근로소득이고 } V_1 \text{은 인두세 인상액이며 } V_0 = V_1 \text{이다.)}$$

단위 노동자 당 정액의 세금을 부과하는 종량세(인두세)가 인상되면 단위 노동자의 노동공급과 무관하게 임의의 노동공급에 대해 실질소득이 감소하므로 예산선은 수직 하방으로 이동하여 소비의 기회집합이 축소된다. 이때 세후 실질 시간당 임금률은 변함이 없으므로 기타재에 대한 여가의 상대가격도 불변이고 대체효과는 발생하지 않는다.

2. 여가는 정상재 - 유보임금의 하락

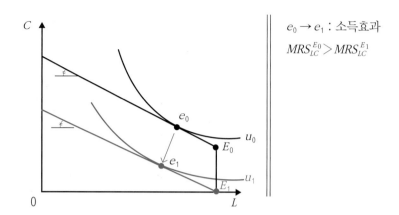

$e_0 \rightarrow e_1$: 소득효과
$MRS_{LC}^{E_0} > MRS_{LC}^{E_1}$

임의의 노동공급 단위에 대하여 실질 소득이 감소하면 소비의 기회집합이 축소되어 정상재인 여가 소비는 감소하는 소득효과에 의해 노동공급은 증가한다($e_0 \rightarrow e_1$). 이는 유보임금의 하락으로 정상재인 여가의 1원당 한계효용이 하락하여 기타재 소비를 늘리기 위해 노동공급 의사가 증가했기 때문이다.

3. 여가는 열등재

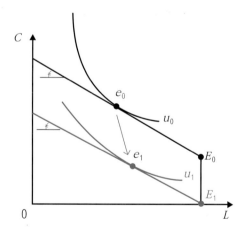

여가가 열등재이면 실질 소득이 감소할 때 여가 소비가 증가하는 소득효과만이 발생하여 노동공급은 감소한다($e_0 \rightarrow e_1$).

Topic 7-2

개인의 노동공급을 결정하는 소득−여가 선호모형을 이용하여 다음 물음에 답하시오.

[2010년 2-1), 문]

다른 조건이 일정할 때 근로소득세를 인하할 경우 그래프를 이용하여 두 사람의 노동공급시간 변화를 분석하시오. (단, 대체효과가 소득효과를 압도함) (15점)

Ⅰ. 소득−여가 선택모형

개인은 주어진 예산제약 조건 하에서 효용극대화를 달성하기 위한 여가와 기타재 소비조합을 탐색한다.

$$
\begin{bmatrix}
\text{목적식 } \operatorname{Max} U = F(L, C) : L, C \text{는 정상재} \\
\text{제약식 } s.t. \ C_0 = (1-t_0) \cdot \frac{W_0}{1 ₩}(T-L) \ [\text{단, } T-L_0 = h = L^s]
\end{bmatrix}
$$
$$
s.t. \ C_1 = (1-t_1) \cdot \frac{W_0}{1 ₩}(T-L) \ [\text{단, } t_0 > t_1]
$$

근로소득세(t)를 인하하면 세후 시간당 임금률이 상승하므로 근로자에게 임금인상과 동일한 가격효과 (대체효과 및 소득효과)가 발생한다.

Ⅱ. 개인의 효용극대화 조건과 가격효과

1. 효용극대화 조건

근로자는 여가에 대한 기타재 소비의 주관적 교환비율인 한계대체율(MRS_{LC})과 객관적 교환비율인 상대 가격$[\frac{W_0}{1 ₩}]$이 일치하는 소비조합을 선택하면 효용극대화를 달성할 수 있다.

$$
[MRS_{LC} = -\frac{\Delta C}{\Delta L} = \frac{MU_L}{MU_C}] = [\frac{W_0}{1 ₩}]
$$

2. 가격효과

임금률이 상승할 때

(1) 동일한 효용수준에서 기타재에 대한 여가의 상대가격 상승하여 여가를 기타재 소비로 대체하는 대체 효과와

(2) 동일한 임금수준에서 실질소득의 증가로 효용을 늘리기 위해 정상재인 여가를 증가시키는 소득효과 가 발생한다.

Ⅲ. Graph 도해

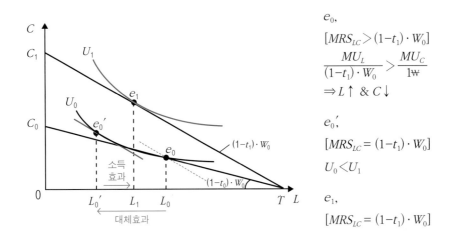

$e_0,$
$[MRS_{LC} > (1-t_1) \cdot W_0]$
$$\frac{MU_L}{(1-t_1) \cdot W_0} > \frac{MU_C}{1\text{₩}}$$
$\Rightarrow L \uparrow \ \& \ C \downarrow$

$e_0',$
$[MRS_{LC} = (1-t_1) \cdot W_0]$
$U_0 < U_1$

$e_1,$
$[MRS_{LC} = (1-t_1) \cdot W_0]$

근로소득세율이 하락하여 세후의 실질 시간당 임금률이 상승하면 노동공급을 증가시키는 대체효과 ($L_0 \rightarrow L_0'$)가 노동공급을 감소시키는 소득효과($L_0' \rightarrow L_1$)를 압도하여 여가는 감소($L_0 \rightarrow L_1$)하고 노동공급은 증가한다.

Ⅳ. 소 결

근로소득세율의 인하는 임금인상과 동일한 가격효과를 반영하여 대체효과가 소득효과를 압도하는 경우에 여가 소비를 줄이고 기타재 소비를 늘려 효용극대화를 추구하는 과정에서 노동 공급은 증가한다.

📖 Topic 7-3

. . . .

정부가 출산장려를 위해 기혼여성에게 보조금을 지급한다. 소득-여가 선택모형 그래프를 이용하여 다음 물음에 답하시오.   [2019년 2문, 25점]

물음 1) 기혼여성에게 근로시간과 상관없이 일정금액의 육아보조금이 지급될 경우, 취업 기혼여성과 전업주부의 노동시간과 경제활동참가율에 미치는 효과를 설명하시오. (단, 여가는 정상재) (10점)

Ⅰ. 의 의

1. 근로와 단절된 육아보조금

근로와 단절된 육아보조금 복지정책은 근로시간과 무관하게 임의의 노동공급에 대하여 동일액의 비근로소득을 지급하므로 예산선이 수직으로 상방 이동한다.

따라서 시간당 임금률은 불변이므로 대체효과는 발생하지 않고 오로지 소득효과만이 취업 기혼여성과 전업주부의 근로유인을 저하시킨다. 그러므로 근로와 연계되어 기혼여성의 근로유인을 제고할 수 있는 생산적 복지급여프로그램의 도입이 요구된다.

2. 근로와 연계된 육아보조금

육아비용에 대한 보조금이 근로시간에 비례하여 지급될 경우 노동공급이 증가할수록 근로소득에 연계되어 지급받는 육아보조금이 더욱 확대되므로 기혼여성의 예산선은 초기부존점을 중심으로 시계방향으로 회전이동하여 소비의 기회집합이 확대되고 실질 시간당 임금률은 상승한다.

실질 시간당 임금률의 상승으로 내부 노동시장에서 경제활동에 참여하던 취업 기혼여성은 노동공급을 늘리는 대체효과보다 노동공급을 감소시키는 소득효과가 크므로 노동공급이 감소하고, 노동시장 외부인 초기부존점에서 경제활동 참여 여부를 결정하는 전업주부는 오로지 대체효과만에 의해 상승한 시간당 임금률이 유보임금을 상회하여 경제활동참가율이 대폭 상승한다.

Ⅱ. 취업 기혼여성과 전업주부의 한계대체율[MRS_{LC}]

기타재에 대한 가정재의 기회비용[$-\frac{\Delta C}{\Delta L}$]이 작아서 기타재에 대한 여가의 한계대체율 [$MRS_{LC} = -\frac{\Delta C}{\Delta L}$]이 낮은 취업 기혼여성은 근로를 선호한다. 따라서 노동시장 외부에서 직접 가정재를 완전 생산하는 것보다 경제활동에 참여하여 획득한 근로소득으로 가정재를 구입하여 효용극대화를 추구한다.

반면 기타재에 대한 가정재의 기회비용이 커서 기타재에 대한 여가의 한계대체율이 높은 전업주부는 여가를 선호한다. 따라서 경제활동에 참여하여 획득한 근로소득으로 가정재를 구입하지 않고 모든 가용시간을 여가에 할애하여 출산과 육아 등의 가정재를 직접 생산하여 효용극대화를 추구한다.

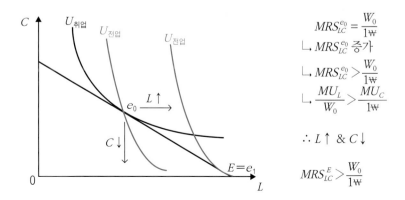

취업 기혼여성보다 가파른 무차별곡선으로 대변되는 전업주부는 효용극대화를 달성하기 위해 노동시장 외부인 초기부존점($E=e_1$)에서 여가시간에 가사노동시간을 할애하여 가정재를 직접 생산한다.

III. 비근로소득과 소득효과

1. 소득-여가 선택모형

기혼여성은 여가에 대한 기타재 소비의 주관적 교환비율(MRS_{LC})과 객관적 교환비율($\frac{W_0}{1}$)이 일치하는 소비조합에서 효용극대화를 달성한다. 무차별곡선과 예산선이 접하는 선택지점은 여가와 기타재 소비의 단위 지출당 한계효용이 일치($\frac{MU_L}{W_0} = \frac{MU_C}{1\text{₩}}$)하므로 1원당 한계효용이 균등하여 다른 소비조합으로 이동하면 효용이 감소하기 때문이다.

$$\text{목적식 Max } U = F(L, C)$$
$$\text{제약식 } s.t. \ C_0 = \frac{W_0}{1\text{₩}}(T-L) \qquad (\text{단, } (T-L) = \text{노동공급})$$
$$C_1 = \frac{W_0}{1\text{₩}}(T-L)+V_0 \quad (\text{단, } V_0 = \text{육아보조금})$$

근로시간과 무관하게 지급되는 육아보조금은 모든 노동공급 단위에 대하여 동일액(V_0)의 실질소득을 증가시키는 비근로소득이다. 이처럼 근로와 단절된 육아보조금이 지급되면 기혼여성은 비근로소득이 발생한 것과 동일하게 시간당 임금률은 변함없이 소비의 기회집합이 확대되므로 예산선은 수직 상방으로 이동한다.

2. 그래프의 도해 : 소득효과와 유보임금의 상승

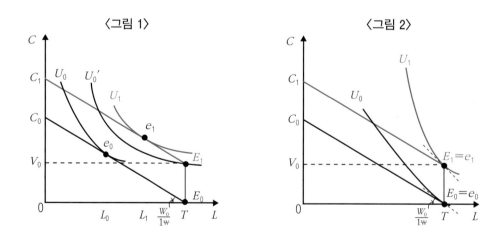

〈그림 1〉의 근로 선호적인 취업 기혼여성은 최초 예산제약조건(C_0)에서 L_0의 여가와 ($T-L_0$)의 노동공급을 제공함으로써 효용극대화를 달성(U_0)하다가, 육아보조금(비근로소득 V_0)이 지급되어, E_1점에서 100%

여가를 소비하면 효용이 더 증가($U_0{'}$)한다. 하지만 E_1점에서 유보임금은 시장의 객관적 임금률보다 낮아서 [$MRS_{LC} < \frac{W_0}{1\text{₩}}$] 경제활동에 참여하여 노동을 공급하고($T-L_1$), e_1에서 효용극대화(U_1)를 달성한다($MRS_{LC} = \frac{W_0}{1\text{₩}}$). 이는 비근로소득이 발생하면 시간당 임금률은 변함이 없어 대체효과는 발생하지 않고 오로지 소득효과만에 의해 정상재인 여가 소비가 증가하여 근로유인이 저하되기 때문이다.

〈그림 2〉의 여가 선호적인 전업주부는 초기부존점인 e_0점에서 100% 여가를 소비하여 가정재를 직접 생산한다. 이때 육아보조금(비근로소득 V)이 지급되면 가정재를 시장에서 구매하고 더 많은 여가를 소비함으로서 효용이 증가(U_1)한다. 이때 초기부존점에서의 한계대체율(MRS_{LC}^{E})이 상승하여 유보임금 수준도 높아지므로 경제활동에 참여할 근로유인은 더욱 감소한다($MRS_{LC}^{E} > \frac{W_0}{1\text{₩}}$). 이는 모든 여가시간을 가정재 생산에 할애하였던 전업주부에게 비근로소득이 발생하면 증가한 소득으로 직접 생산하던 가정재의 일부를 시장에서 구매하여 늘어난 실질 가용시간을 여가에 소비하여 효용극대화를 추구하기 때문이다.

Ⅳ. 소 결 – 근로와 단절된 육아보조 프로그램

근로와 단절된 육아보조금 복지정책은 근로소득의 증가폭과 무관하게 동일액의 비근로소득을 지급하므로 시간당 임금률은 변동이 없어 대체효과는 발생하지 않고 오로지 소득효과로 인하여 취업 기혼여성과 전업주부의 근로유인을 저하시키는 부분을 간과하였다. 따라서 근로와 연계되어 기혼여성의 근로유인을 제고할 수 있는 생산적 복지급여프로그램의 도입이 요구된다.

물음 2) 육아비용에 대한 보조금이 근로시간당 지급될 경우, 취업 기혼여성과 전업주부의 노동시간과 경제활동참가율에 미치는 효과를 설명하시오. (15점)

Ⅰ. 근로연계형 육아보조금

육아비용에 대한 보조금이 근로시간당 비례하여 지급될 경우 근로소득에 연계되어 지급되는 육아보조금이 노동공급이 증가할수록 더욱 확대되므로 기혼여성의 실질 시간당 임금률은 상승한다. 따라서 기혼여성의 예산선은 초기부존점을 중심으로 시계방향으로 회전이동하여 소비의 기회집합이 확대된다.

$$\text{목적식 : Max } U = f(L, C)$$
$$\text{제약식 : } s.t. \ C_0 = \frac{W_0}{1\text{₩}}(T-L)$$
$$\Rightarrow C_1 = \frac{W_0}{1\text{₩}} \cdot (T-L) + t \cdot \frac{W_0}{1\text{₩}}(T-L)$$
$$= (1+t) \cdot \frac{W_0}{1\text{₩}}(T-L)$$
$$\text{(단, } t \cdot W_0(T-L)\text{은 근로시간당 육아보조금, } t > 0)$$

실질 시간당 임금률이 상승하면 실질소득이 불변일 때 기타재에 대한 여가의 상대가격이 상승하여 여가를 기타재로 대체하므로 노동공급은 증가하고, 상대가격이 불변일 때 동일노동 공급에 대하여 실질소득이 증가하므로 정상재인 여가는 증가하여 노동공급은 감소한다.

II. 취업 기혼여성의 경우

1. 대체효과가 소득효과를 압도하는 경우(여가는 정상재)

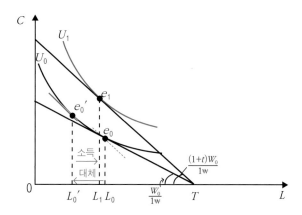

e_0에서 시간당 임금률이 상승하면 예산선의 기울기가 무차별곡선보다[$MRS_{LC} < \frac{(1+t) \cdot W_0}{1\text{\textwon}}$] 커지므로 1원당 한계효용이 하락한 여가를 1원당 한계효용이 상승한 기타재로 대체하여[$\frac{MU_L}{(1+t)W_0} < \frac{MU_C}{1\text{\textwon}}$] 노동공급이 증가한다($e_0 \rightarrow e_0'$: 대체효과). e_0'점에서 [$\frac{MU_L}{(1+t)W_0} = \frac{MU_C}{1\text{\textwon}}$]을 달성하여 효용극대화 조건을 충족한다. 이 후 동일 노동공급($T-L_0'$)에 대하여 실질소득이 증가하므로 정상재인 여가와 기타재 소비 확대를 통해 e_1점에서 효용극대화($U_0 < U_1$)를 달성한다($e_0' \rightarrow e_1$: 소득효과). 이때 대체효과가 소득효과를 압도하면 여가 소비가 감소하고 노동공급은 증가한다.

2. 소득효과가 대체효과를 압도하는 경우(여가는 정상재)

소득효과가 대체효과를 압도하는 경우 여가는 증가하고 노동공급은 감소한다.

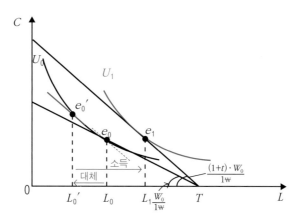

3. 여가가 열등재인 경우

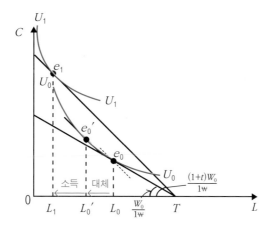

 여가가 열등재인 경우 동일한 노동공급량에서 실질소득의 증가로 열등재인 여가의 소비를 줄이고 노동공급을 늘리는 소득효과가 발생한다. 따라서 소득효과와 대체효과 모두 여가를 줄이므로 노동공급은 증가한다.

Ⅲ. 전업주부의 경우

1. 여가의 상대가격이 유보임금보다 큰 경우

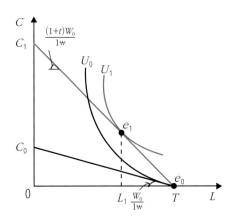

노동시장 외부에서 최초 한 단위 노동을 공급할 때 개인이 요구하는 최소한의 주관적 임금률인 유보임금이 시장의 객관적 임금률($\frac{W_0}{1 \text{\textwon}}$)보다 높으면 경제활동에 참여하지 않는다($e_0$). 하지만, 육아보조금을 반영한 실질임금인 여가의 상대가격이 상승하여 초기부존점에서 전업주부의 유보임금을 상회하면 근로유인이 제고되어 e_1에서 여가를 L_1만큼 소비하고$(T-L_1)$만큼 노동을 공급함으로써 효용극대화(U_1)를 달성한다 $[MRS_{LC} = \frac{(1+t) \cdot W_0}{1 \text{\textwon}}]$.

2. 여가의 상대가격이 유보임금보다 작은 경우

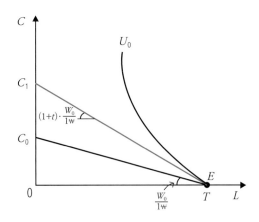

전업주부는 유보임금이 시장의 객관적 임금률($\frac{W_0}{1}$)보다 높아서 경제활동에 참여하지 않는다(E). 이후 육아보조금을 반영한 임금률인 여가의 상대가격이 상승하였더라도 초기부존점에서의 유보임금보다 낮다면 여전히 노동시장 외부인 초기부존점(E)에서 100% 여가를 소비하여 가정재를 직접 생산하기 위해 경제활동에 참여하지 않는다[$MRS_{LC}^{E} > (1+t) \cdot \frac{W_0}{1 \text{₩}}$].

Ⅳ. 소 결

정부가 근로시간과 무관하게 기혼여성에게 지급하는 육아보조금은 노동공급과 복지급여가 단절되어 취업 기혼여성과 전업주부 모두의 근로유인을 저하시켜 경제활동참가율을 낮춘다. 이를 개선하고자 근로시간에 비례적으로 지급되는 육아보조금은 노동공급이 증가할수록 육아보조금의 지급액이 확대되므로 근로장려세제(EITC)의 점증구간과 동일하게 기혼여성의 시간당 임금률을 상승시켜 대체효과에 의해 근로유인을 제고함으로써 경제활동참가율을 높이는 생산적 복지프로그램이다.

📖 Topic 7-4

물음 1) 현재 미국의 사회보장법에 따르면 사회보장연금을 수령하는 은퇴 노동자는 사회보장연금수당에 대해 연방정부와 주정부 어디에도 세금을 납부하지 않는다. 그리고 은퇴 이후 매년 1회 지급되는 사회보장연금은 은퇴시기 이후 점점 감소하지만 일정액 이상을 매년 수령한다. 정부가 근로소득에 부과하는 세율을 사회보장연금수당에 적용하여 과세할 것을 제안한다면 은퇴에 가까운 근로자들의 최적 은퇴연령에 어떤 영향을 미치게 될 것인지 소득-여가 선택모형을 통해 설명하시오. (단, 미국의 평균은퇴연령은 65세이고 평균기대수명은 85세이다.)

Ⅰ. 의 의

정부가 은퇴자의 사회보장연금에 과세한다면 매년 수령하는 연금소득이 감소하므로 은퇴자의 여가와 기타재에 대한 소비의 기회집합이 축소되고 여가의 기회비용이 상승한다. 따라서 실질소득이 감소하여 정상재인 여가는 줄어들고, 여가의 기회비용이 상승하여 1원당 한계효용이 하락한 여가를 기타재로 대체하므로 소득효과와 대체효과 모두 은퇴 세대의 여가를 감소시킨다. 이는 곧 은퇴를 앞둔 고령의 노동자는 은퇴시기를 늦추고 은퇴 이후 경제활동에 참여하지 않고 있던 은퇴자를 노동시장에 복귀시킴으로써 은퇴 세대의 경제활동 참여율이 상승하는 현상을 설명할 수 있다.

Ⅱ. 설문의 해결

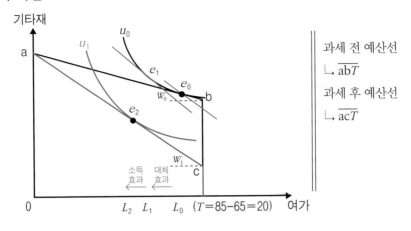

$W_0 \rightarrow W_1$: 여가의 기회비용↑

(※ 시간당 임금률로 해석하지 말 것!)

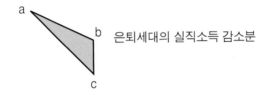

은퇴세대의 실직소득 감소분

1. 대체효과

여가의 기회비용이 상승하여 1원당 한계효용이 하락한 여가를 기타재로 대체하기 위해 은퇴세대의 노동공급(경제활동참가율)이 증가한다.

2. 소득효과

정부가 사회보장연금에 세금을 부과하면 은퇴세대는 여가와 기타재 소비의 기회집합이 축소되어 실질소득이 감소하므로 정상재인 여가를 줄이고 기타재 소비를 늘리기 위해 노동공급이 증가한다.

물음 2) 현재 정부가 은퇴자에게 65세부터 사망할 때까지 지급하는 사회보장연금은 은퇴시기 이후 일정하게 감소하고, 당사자가 생애근로기간에 걸쳐 기여한 공헌도에 따라 은퇴시점에 최소 1천만 원과 최대 5천만 원 사이에서 결정된다. 사회보장연금 개혁을 추진하는 정부는 65세 이상의 모든 은퇴자와 근로자에게 평생 얼마의 소득을 획득하였는지 또는 65세 이후에도 계속 일을 하든지 상관없이 최초 동일하게 2천만 원을 지급하는 방식으로 변경하는 개혁안을 제안하였다. 이런 개혁안이 은퇴자의 근로시간에 미치는 영향을 그래프로 설명하시오. (단, 생애 소득과 무관하게 65세 이상 근로자가 경제활동에 참여하여 지급받는 임금률은 동일하고 근로자의 기대수명은 85세이다.)

Ⅰ. 의 의

정부가 사회보장연금의 기여도와 무관하게 모든 은퇴 노동자들에게 매년 2천만 원의 사회보장연금을 지급한다면, 현재 2천만 원보다 많은 연금을 수령하는 근로자는 임의의 은퇴연령에 대하여 동일액의 실질소득이 감소하므로 예산선은 수직 하방으로 이동한다[$C_고 \rightarrow C_{2천만}$]. 그러나 현재 2천만원보다 적은 연금을 수령하는 근로자는 임의의 은퇴연령에 대하여 동일액의 실질소득이 증가하므로 예산선은 수직 상방으로 이동한다[$C_저 \rightarrow C_{2천만}$].

따라서 은퇴자는 여가의 기회비용이 불변이므로 대체효과는 발생하지 않고 오로지 소득효과만에 의해 은퇴시기(사회보장연금 수령 기간)이 결정된다.

Ⅱ. 그래프 도해

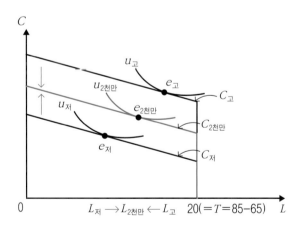

은퇴 노동자들은 은퇴 이후 지급 받는 사회보장연금은 은퇴시기 이후 일정하게 감소하므로 은퇴자의 예산선은 우하향한다.

사회보장연금을 개혁하기 이전에 연금 기여도가 높아 은퇴 직후 2천만 원보다 많은 연금을 수령하는 고령 근로자는 개혁 이후 임의의 은퇴시기에 대해 동일액의 실질 소득이 감소하므로 예산선은 수직 하방으로 이동하여 정상재인 여가 소비는 감소하고 은퇴 시기는 늦춰져 경제활동 참여율이 상승한다($e_고 \rightarrow e_{2천만}$, $L_고 \rightarrow L_{2천만}$).

이에 반해 사회보장연금을 개혁하기 이전에 연금 기여도가 낮아 은퇴 직후 2천만 원보다 적은 연금을 수령하는 고령 근로자는 개혁 이후 임의의 은퇴시기에 대해 동일액의 실질 소득이 증가하므로 예산선은 수직 상방으로 이동하여 정상재인 여가 소비는 증가하고 은퇴 시기를 앞당겨 경제활동 참여율이 하락한다.

따라서 사회보장연금 개혁 이후에 일국의 경제활동참여율의 증감은 2천만 원보다 사회보장연금을 많이 혹은 적게 수령하는 은퇴자의 비율에 의해 결정된다.

TOPIC 08 휴업급여

 Topic 8-1

소득-여가 선택이론에서 개별 근로자의 노동공급에 관한 다음 물음에 답하시오.

[2016년 1-1)문, 2)문]

물음 1) 산업재해를 입은 근로자에게 산재직전 임금의 100%가 휴업급여로 지급되고, 직장에 복귀하여 근로할 경우에는 휴업급여 지급이 중지된다고 가정할 때, 근로자의 노동공급 결정을 그래프를 그리고 설명하시오. (단, 여가는 정상재임) (20점)

Ⅰ. 산재근로자의 효용극대화 행동원리

산재를 경험한 근로자는 건강을 회복하더라도 노동시장의 외부에 머무르며 지급받는 휴업급여와 만끽하는 여가로부터 발생하는 효용수준을 업무에 복귀하였을 때의 효용수준과 비교하여 업무복귀 여부를 결정한다.

$$\text{목적식 Max } U = f(L, c)$$
$$\text{제약식 } s.t. \ C_0 = \frac{W_0}{1 \text{₩}}(T-L)$$
$$\Rightarrow C_1 = \frac{W_0}{1 \text{₩}}(T-L) + V$$

산업재해를 입은 근로자가 지급받는 100% 수준의 휴업급여는 근로와 단절되어 발생하는 비근로소득(V)이다. 따라서 업무에 복귀하면 휴업급여가 중단되는 새로운 예산선(C_1)은 노동시장 외부에서만 비근로소득이 발생하는 전통적인 공적부조와 동일한 맥락에서 근로유인을 낮춘다.

따라서 근로자의 건강에 대한 불완전한 정보를 보유한 기업은 산재근로자가 노동시장 외부에 존재할 때의 효용수준이 업무에 복귀하였을 때의 효용수준보다 낮도록 휴업급여를 지급하여야 건강을 회복한 산재근로자가 즉시 업무에 복귀하도록 유인할 수 있다.

Ⅱ. 개인의 효용극대화 조건

개인은 여가(L)와 기타재 소비(C)의 주관적 교환비율인 한계대체율(MRS_{LC})과 객관적 교환비율인 상대가격($\frac{W_0}{1$}$)이 일치할 때 효용극대화를 달성한다. 동일한 효용을 보장하는 여가와 기타재의 소비조합을 연결한 궤적인 무차별곡선과 기타재에 대한 여가의 상대가격인 예산선의 기울기가 접하는 소비지점을 선택하면 여가와 기타재의 1원당 한계효용이 균등하여 다른 소비조합으로 이동할 때 한계효용체감의 법칙에 의해 총효용이 하락하기 때문이다.

Ⅲ. 비근로소득과 소득효과

산재 휴업급여와 같은 비근로소득은 노동공급과 무관하게 지급되는 근로 단절형 복지급여이다. 산재를 경험하여 노동시장 외부인 초기부존점에서만 실질소득이 증가하므로 시간당 임금률은 일정하여 대체효과는 발생하지 않고 휴업급여로 기타재를 소비하면서 총가용시간 전부를 여가에 소비할 수 있는 소득효과는 노동시장 외부에서만 작동하므로 근로자의 업무복귀를 지연시킨다.

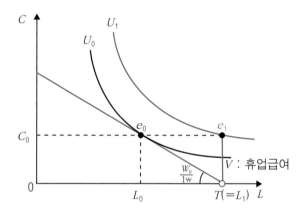

e_0에서 효용극대화를 달성하던 개인은 산업재해 이후 산재를 경험하기 전의 임금 수준(C_0)을 완전 (100%)하게 휴업급여(V)로 지급받는다. 비근로소득은 오직 소득효과만을 발생시켜 정상재인 여가를 늘리므로 근로유인을 감소시킨다. 따라서 노동시장 외부인 초기부존점 e_1에서 경제활동에 참여하지 않음으로써 효용극대화를 달성한다.

물음 2) 물음 1)과 관련하여 산재 근로자에 대한 적정 휴업급여수준을 그래프를 그리고 설명하시오.
  (10점)

Ⅰ. 적정휴업급여 수준

  산재 직전 임금의 100% 수준으로 휴업급여를 지급하면 휴직 상태임에도 불구하고 산재 전의 근로소득
과 동일하고 보다 많은 여가를 소비하므로 업무에 복귀하여 노동을 공급할 때 보다 항상 효용수준이 높다.
따라서 근로자가 건강을 회복하면 즉시 업무에 복귀하도록 유인하는 적정 휴업급여 수준은 휴직상태의 효
용수준이 업무에 복귀하였을 때의 효용수준보다 낮도록 설정해야 한다.

Ⅱ. Graph 도해

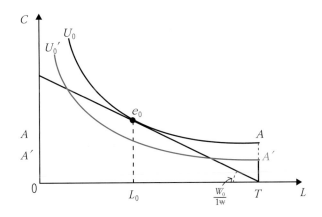

  여가와 기타재 모두가 재화이므로 원점에 대하여 볼록한 무차별곡선(U_0)을 보유한 근로자의 선호를 고
려하여 휴업상태의 효용수준(U_0')이 업무에 복귀하였을 때의 효용수준(U_0)보다 낮도록 휴업급여를 지급해
야 한다. 따라서 휴업상태에서 산재를 경험하기 전의 효용수준과 일치하도록 지급되는 휴업급여인 A보다
적은 휴업급여($A' < A$)가 적정 휴업급여수준이다.
  기업은 산재근로자의 건강 회복에 대해 근로자보다 적은 정보를 보유하므로 노동시장은 정보의 비대칭성
이 만연한 상태이다. 그럼에도 휴직 상태에서 A보다 낮은 휴업급여를 지급받는 산재노동자는 업무에 복귀
해야 효용극대화를 달성할 수 있으므로 A'의 휴업급여는 정보의 비대칭 상황에서 도덕적 해이를 통해 효용
극대화를 추구하는 근시안적인 근로자가 건강을 회복하는 즉시 업무에 복귀하도록 유인하는 적정 휴업급
여 수준이다.

Topic 8-2

소득-여가 선택모형을 통해 개별 근로자의 노동공급에 관한 다음 물음에 답하시오.
A의 효용함수는 다음과 같다. (단, L은 여가, C는 기타재이며 모두 정상재)

$$U^A = L*C$$

A의 주당 최대 가용 여가시간은 168시간이며 노동 공급 이외의 시간은 모두 여가로 소비한다. 현재 A의 유일한 비근로소득은 휴업급여뿐이고 시간당 임금률은 10,000원이다. (단, 기타재의 단위 가격은 1₩이다.)

물음 1) 위험한 업무를 수행하는 과정에서 산업재해를 입은 A에게 산재직전 임금의 100%가 휴업급여로 지급되는 정책이 실시되고 있다. 직장에 복귀하여 근로할 경우에는 휴업급여 지급이 중지된다고 가정할 때, A의 휴업급여액을 계산하시오. 또한 휴업급여를 지급받는 A의 유보임금을 계산한 이후에 경제활동 참여 여부를 그래프를 통해 분석하시오. (단, 여가는 정상재임)

물음 2) A가 휴식을 통해 완전히 건강을 회복하여 산재 이전의 노동을 100% 공급할 수 있다면 즉시 A를 업무에 복귀시키기 위한 적정 휴업급여수준을 계산하고 그래프를 통해 설명하시오.

I. 물음 1)의 해결

1. 휴업급여의 의의

A가 산업재해로 받게 되는 휴업급여는 노동을 전혀 공급하지 않을 때 지급받는 비근로소득이다. 또한, 산업재해 이전에 벌어들인 소득과 동일한 수준(100%)으로 휴업급여를 지급하면 원점에 대하여 볼록한 무차별곡선의 선호를 보유한 A에게 보다 높은 효용을 가져다 줄 것이다.

2. 산업재해 이전

(1) A의 효용극대화

$$\text{Max } U^A = L \cdot C$$
$$s.t. \ C^A = 10,000(168-L)$$
$$[MRS_{LC}^A = \frac{MU_L^A}{MU_C^A} = \frac{C}{L}] = [\frac{10,000₩}{1₩} = \frac{W}{1₩}]$$
$$\hookrightarrow \frac{10,000(168-L)}{L} = \frac{10,000₩}{1₩} \qquad \therefore L = 84(h = 84)$$

(2) Graph 도해

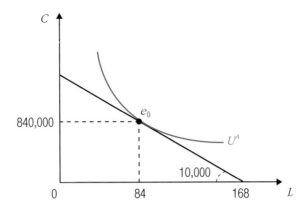

A는 e_0점에서 84(=168−84)만큼 노동을 공급하여 840,000의 소득으로 1원의 기타재 840,000개를 소비하여 효용을 극대화(U^A)한다.

3. 산업재해 이후

(1) A의 효용극대화

$$\text{Max } U^A = L \cdot C$$
$$s.t. \ C^A = \frac{10,000}{1\text{₩}}(168-L) \ (단, L<168)$$
$$C^A = \frac{840,000}{1\text{₩}} \qquad (단, L=168)$$

건강을 회복한 A는 업무에 복귀하면 산업재해 이전과 동일한 e_0점에서 U_0^A의 효용을 획득하지만, 업무에 복귀하지 않고 동일한 840,000 소득수준을 보장하는 휴업수당 100%를 지급받기 위하여 노동시장 외부(E_1)에서 경제활동에 참여하지 않으면 U_1^A의 효용을 얻는다.

(2) Graph 도해

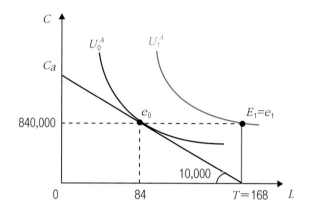

산업재해 이후 A의 예산제약선은 e_1-T-C_a가 되며, e_1에서 효용극대화를 달성한다.

(3) A의 유보임금

1) 100% 취업급여를 수급할 때의 유보임금: $MRS_{LC}^{E1} = \dfrac{MU_L}{MU_C} = \dfrac{C}{L} = \dfrac{840,000}{168} = 5,000$

2) 휴직 중인 A의 유보임금(=5,000원)은 시장의 시간당 임금률(10,000원)보다 낮지만 업무에 복귀하는 즉시 휴업급여의 지급은 중단되어 소비의 기회집합이 축소되고 효용이 하락하므로 경제활동에 참여하지 않는다.

Ⅱ. 물음 2)의 해결

1. 적정 휴업급여 수준

A가 경제활동에 다시 참여하기 위해서는 산업재해 이전 소득의 100% 수준을 비근로소득으로 지급하지 않고, A가 업무에 복귀하여 획득하는 효용수준보다 휴업 상태에서의 효용수준이 낮도록 적정 휴업급여 수준을 산정해야 한다.

2. 종전과 동일한 효용을 달성하는 휴업급여 계산

$U_0 = L_0 \cdot C_0 = 84 \times 840,000$ 이다.

이는 초기부존점에서도 동일하므로,

$U_0 = L^E \cdot C^E = 84 \times 840,000$ 이며, $L^E = 168$ 이고,

$C^E = 84 \times 840,000 / 168 = 420,000$ 이다.

즉, 휴업급여가 420,000(소득의 50%)일 때 건강을 회복하여 업무에 복귀할 때와 휴직상태의 효용 수준이 무차별하다. 따라서 휴업급여는 최초 근로소득의 50% 미만인 420,000보다 적게 지급하여야 한다.

3. Graph 도해

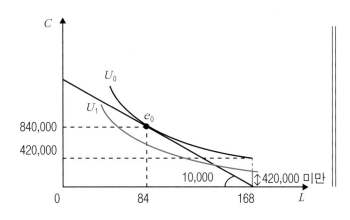

U_0 =업무 복귀할 때 효용
U_1 =휴직 상태의 효용

산재를 경험한 A에게 420,000 미만의 휴업급여를 지급하면 A는 건강을 회복하는 즉시 업무에 복귀하여 e_0 에서 효용을 제고($U_0 > U_1$)할 수 있으므로 최초 임금의 50% 미만 휴업급여는 건강을 회복한 근로자는 신속히 업무에 복귀하도록 유인하는 적정 휴업급여 수준이다.

 Topic 8-3

· ·

소득-여가 선택모형을 이용하여 개인의 노동공급 결정에 관한 다음의 물음에 답하시오.

물음 1) 여가(L)와 소비(C)에 의해 결정되는 A의 효용함수는 $U(L,C) = L^2 C$이고, B의 효용함수는 $U(L,C) = LC^2$이다. 이때 A와 B가 참여하는 시장의 시간당 임금률(W)은 40,000이고, 일을 하거나 여가로만 사용할 수 있는 주당 총 가용시간(T)은 60시간이다. 두 근로자의 노동공급 결정을 그래프로 설명하시오. (단, 비근로소득은 존재하지 않으며 계산 단위는 만원)

Ⅰ. 한계대체율(Marginal Rate of Substitution in Leisure & Cunsumption : MRS_{LC})

1. 의 의

한계대체율은 여가 소비 한 단위를 늘릴 때 동일한 효용수준을 유지하기 위해 포기해야 하는 기타재 간의 대체비율($-\frac{\Delta C}{\Delta L}$)로서 개인의 선호를 반영하는 여가에 대한 기타재 소비의 주관적 교환비율이다.

2. 측 정

$$[\Delta U = \Delta L \cdot MU_L] = [-\Delta C \cdot MU_C = \Delta U]$$

$$\Rightarrow -\frac{\Delta C}{\Delta L} = \frac{MU_L}{MU_C}$$

$$[MRS_{LC} = -\frac{\Delta C}{\Delta L} = \frac{MU_L}{MU_C}]$$

개인의 소비조합이 달라질 때 동일한 효용수준을 유지하기 위해서는 늘어난 여가 소비로 인한 효용의 증가분[$\Delta L \cdot MU_L = \Delta U$]과 포기하는 기타재 소비로 인한 효용의 감소분[$-\Delta C \cdot MU_C = \Delta U$]이 일치해야 하므로 여가(L)와 기타재(C) 간의 주관적 교환비율인 한계대체율[$MRS_{LC} = -\frac{\Delta C}{\Delta L}$]은 무차별곡선의 접선의 기울기인 기타재의 한계효용에 대한 여가의 한계효용 간의 상대적 비율[$MRS_{LC} = -\frac{\Delta C}{\Delta L} = \frac{MU_L}{MU_C}$]로 측정한다.

3. 여가의 기회비용

여가에 대한 기타재 소비의 한계대체율은 여가 소비 한 단위를 늘릴 때 동일한 효용수준을 유지하기 위해 포기해야 하는 기타재($-\frac{\Delta C}{\Delta L}$)이므로 여가의 기회비용을 의미하고, 한계대체율이 클수록 기타재 1단위로부터 얻는 효용보다 여가 1단위로부터 얻는 효용의 증가분이 큰 여가선호자이다. 그러므로 여가선호자의 한계대체율은 근로선호자보다 크므로 동일 소비조합에서 무차별곡선은 가파른 형태로 도출된다.

Ⅱ. 한계대체율 측정

1. 여가선호자 A

$$MRS_{LC}^A = \frac{MU_L^A}{MU_C^A} = \frac{2LC}{L^2} = 2\frac{C}{L}$$

2. 근로선호자 B

$$MRS_{LC}^B = \frac{MU_L^B}{MU_C^B} = \frac{C^2}{2LC} = \frac{1}{2}\frac{C}{L}$$

3. 소 결

B에 비해 여가에 대한 기타재의 한계대체율이 큰 A는 여가를 선호하여 동일 소비조합에서 보다 가파른 무차별곡선으로 대변된다.

Ⅲ. 효용극대화 행동원리

1. A의 최적 노동공급

효용극대화를 추구하는 A와 B는 여가와 기타재에 대한 개인의 주관적 교환비율인 한계대체율(MRS_{LC})과 시장의 객관적 교환비율인 상대가격($\frac{W}{1\text{₩}}$)이 일치하는 소비조합인 무차별곡선과 예산제약선의 접점[(MRS_{LC} $= -\frac{\Delta C}{\Delta L} = \frac{MU_L}{MU_C}) = (\frac{W}{1\text{₩}})$]에서 최적의 소비조합을 선택한다.

$$\begin{bmatrix} \text{Max } U^A = L^2 C \\ s.t. \ C = 4 \cdot (60-L) \end{bmatrix}$$

효용극대화 균형조건

$[MRS_{LC}^A = 2 \cdot \frac{C}{L}] = [4 = \frac{W_0}{1\text{₩}}]$

$\therefore C = 2L \quad \cdots ①$

①의 효용극대화 균형조건을 예산제약식에 대입하면

$2L = 4 \cdot (60-L)$

$\therefore L = 40$

$\quad L^S(=h) = 60-40 = 20$

$\quad C = 4 \cdot (60-40) = 80$

2. B의 최적 노동공급

$$\begin{bmatrix} \text{Max } U^B = L \cdot C^2 \\ s.t. \ C = 4 \cdot (60-L) \end{bmatrix}$$

A와 동일한 효용극대화 행동원리에 의해

$\therefore L^B = 20, \ C^B = 4 \cdot (60-20) = 160$

3. 그래프의 도해

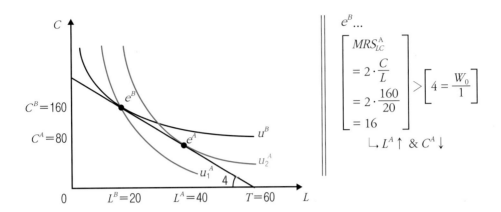

e^B점에서 노동공급을 통해 기타재 소비를 선호하는 B는 여가와 기타재의 1원당 한계효용이 균등[$\frac{MU_L}{W_0}$ = $\frac{MU_C}{1ₘ}$]하여 효용극대화를 달성하지만, 여가를 선호하는 A는 여가의 1원당 한계효용이 기타재의 1원당 한계효용보다 크므로 [$MRS_{LC}^A > \frac{W_0}{1ₘ}$], 지출 대비 한계효용이 균등해지도록 e^A까지 여가를 늘리고 기타재 소비를 줄인다.

Ⅳ. 소 결

여가의 기회비용이 높은 여가를 선호자는 여가 소비를 늘리고 노동 공급을 감소시키는 방향으로 효용극대화를 추구하므로 동일한 예산 제약하에서 근로선호자에 비해 경제활동 참여율이 낮다.

물음 2) 동일 작업장에서 함께 근무하던 A와 B는 산업재해를 당하여 정상적인 업무를 수행할 수 없어 휴업급여 지급받게 되었다. 산업재해를 입은 A와 B에게 60만원의 휴업급여가 각각 동일하게 지급되고, 직장에 복귀하여 근로할 경우에는 휴업급여 지급이 중지된다. A와 B 중에서 업무 복귀 시기가 빠른 근로자는 누구인지 그래프를 통해 설명하시오. (단, A와 B의 산업재해 정도 및 건강회복 속도는 동일하고 계산 단위는 만원)

Ⅰ. 산재근로자의 효용극대화 행동원리

산재를 경험한 근로자는 건강을 회복하더라도 노동시장의 외부에 머무르며 지급받는 휴업급여 및 만끽하는 여가로부터 발생하는 효용수준과 업무에 복귀하였을 때의 효용수준을 비교하여 업무복귀 여부를 결정한다.

$$\text{목적식 } Max\ U = f(L,\ C)$$
$$\text{제약식 } S.t.\ C_0 = W_0(T{-}L) \qquad (\text{단},\ T{-}L \geq 0)$$
$$\Rightarrow C_1 = W_0(T{-}L) + V \qquad (\text{단},\ T{-}L = 0)$$
$$= W_0(T{-}L) \qquad (\text{단},\ T{-}L > 0)$$

산업재해를 입은 근로자가 지급받은 일정수준의 휴업급여는 근로와 단절되어 발생하는 비근로소득(V)이다. 따라서 업무에 복귀하는 즉시 휴업급여의 지급이 중단되는 새로운 예산선(C_1)은 노동시장 외부에서만 복지급여가 지급되는 전통적인 공적부조와 동일한 맥락에서 근로유인을 낮춘다.

따라서 기업이 지급하는 휴업급여는 산재근로자의 건강 회복에 대한 정보를 비대칭적으로 보유한 상태에서 산재를 경험한 근로자가 건강을 회복하는 즉시 업무에 복귀할 수 있도록 유도하는 적정 수준에서 설정되어야 한다.

Ⅱ. 설문의 해결

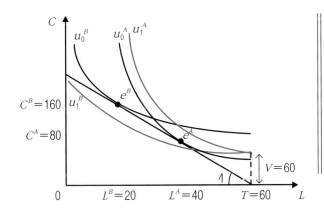

$e^B,\ [u_0^B = L \cdot C^2 = 20 \cdot 160^2]$
 ↳ 휴업급여 $V = C = 60$ 지급
  $[u_1^B = 60 \cdot 60^2] < [u_0^B = 20 \cdot 160^2]$

$e^A,\ [u_0^A = L^2 \cdot C = 40^2 \cdot 80$
 ↳ 휴업급여 $V = C = 60$ 지급
  $[u_1^A = 60^2 \cdot 60] > [u_0^A = 40^2 \cdot 80]$

A는 산재상태에서 휴업급여를 지급받을 때의 효용수준이 업무에 복귀할 때의 효용수준보다 높으므로 건강을 회복하더라도 최대한 복귀 시기를 늦춘다. 그러나 B는 산재상태에서 휴업급여를 수령할 때 효용수준이 대폭 하락하므로 건강을 회복하는 즉시 업무에 복귀할 유인이 존재한다.

Ⅲ. 적정 휴업급여 수준의 설정

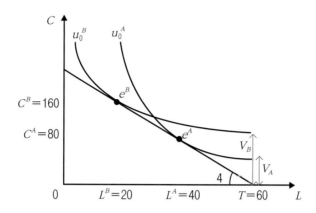

A와 B는 산재상태인 노동시장 외부에서 휴업급여를 지급받을 때와 업무에 복귀할 때의 효용수준을 무차별하게 만드는 V_A와 V_B 미만의 휴업급여를 지급해야 건강을 회복한 근로자가 즉시 업무에 복귀하도록 유인할 수 있다.

이를 통해 동일한 예산 제약선에 직면한 근로자이더라도 여가에 대한 기타재의 한계대체율이 클수록, 즉 여가를 선호할수록 기업이 보다 적은 휴업급여를 지급해야 정보의 비대칭성을 해소할 수 있음을 확인할 수 있다.

TOPIC 09

노동시장의 유연화

Topic 9-1

경제활동참가결정이론에 대한 다음의 질문에 답하시오.   [2011년 2-1)문]

물음 1) 시간제 근로의 기회가 늘어날수록 청년층과 기혼여성의 경제활동참가율이 증가하는 이유를 무
차별곡선과 예산선을 이용하여 설명하시오. (10점)

I. 소득−여가 선택모형

개인은 예산제약에 직면하여 정상재인 여가(L)와 기타재(C) 소비를 통하여 효용 극대화를 추구한다.

목적식 : Max $U = F(L, C)$

제약식 : $s.t.$ C_0 $= 0$ $[0 \leq T-L < 40]$ ⋯ [경직된 노동시장]

$= W_0(T-L)$ $[T-L \geq 40]$

$s.t.$ C_1 $= W_0 \cdot (T-L)$ (단, $T-L \geq 0$)   ⋯ [유연한 노동시장]

경직직 노동시장에서 유연한 노동시상으로 선환이 이루어지면 소비의 기회집합이 확대되어 학생, 가정
주부, 고령자와 같이 학업, 가사노동, 체력저하로 주 40시간 이상의 풀타임 근로를 제공할 수 없었던 여가
선호적 개인은 경제활동에 참여하여 파트타임의 노동을 공급함으로써 효용을 제고할 수 있다.

II. 효용극대화 조건

개인의 주관적 교환비율(MRS_{LC})과 객관적 교환비율($\frac{W_0}{1w}$)이 일치할 때 효용극대화를 달성한다.

III. Graph 도해

경직적 노동시장에서의 예산제약($C_0-e_0-L_1-E$)에서 여가 선호적 개인은 e_0점에서 효용극대화를 달성
할 수 없다.

1원당 한계효용이 높은 여가 소비는 늘리고 1원당 한계효용이 낮은 기타재 소비는 줄임으로써, 초기부존점(E)에서 보다 높은 효용($U_0 < U_1$)을 획득할 수 있다.

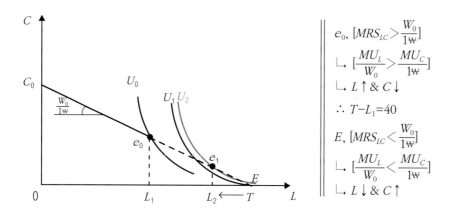

노동시장이 유연화 되면 예산제약($C_0 - e_0 - E$)이 확대되어 초기부존점(E)에서 경제활동 참여 유인이 발생한다. 1원당 한계효용이 하락한 여가를 줄이고 1원당 한계효용이 상승한 기타재 소비를 늘릴 유인이 발생하여 e_1에서 효용극대화를 달성한다(L_2의 여가를 소비하고 $T - L_2$만큼 노동을 공급).

Ⅳ. 소 결

주 40시간 이상의 풀타임 근로가 아닌 주 40시간 미만의 파트타임 근로를 공급할 수 밖에 없어 여가를 선호하는 학생, 가정주부, 고령자는 노동시장이 유연화 되면 소비의 기회집합이 확대되므로 경제활동에 참여하여 효용을 제고할 수 있다.

📖 Topic 9-2

....

소득-여가 선택모형을 이용하여 노동시장의 유연화에 관한 다음 물음에 답하시오.

물음 1) 시간제근로자를 위한 고용시장이 발달하면 경제활동참가율이 상승한다. 이 상황을 무차별곡선과 예산선을 이용하여 설명하시오.

물음 2) 기존 풀타임근로자를 기간제근로자로 전환하는 정책이 근로자의 효용에 미치는 영향을 소득-여가 선택모형을 통해 설명하시오.

물음 1)

Ⅰ. 소득-여가 선택모형

$$
\begin{cases}
\text{Max } U = F(L,\, C) \\
s.t.\ C_0 = 0 \qquad (0 \leq T{-}L < 40)
\end{cases}
$$

$$\doteq \frac{W_0}{1\text{\textwon}}(T{-}L) \quad (T{-}L \geq 40)$$

$$C_1 = \frac{W_0}{1\text{\textwon}}(T{-}L) \quad (T{-}L \geq 0)$$

Ⅱ. Graph 도해

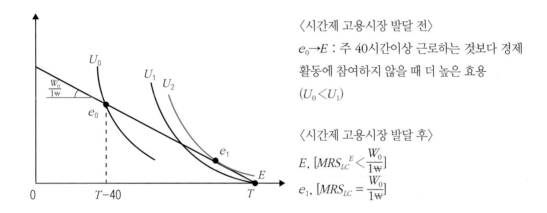

〈시간제 고용시장 발달 전〉

$e_0 \to E$: 주 40시간이상 근로하는 것보다 경제

활동에 참여하지 않을 때 더 높은 효용

($U_0 < U_1$)

〈시간제 고용시장 발달 후〉

$E,\ [MRS_{LC}{}^{E} < \dfrac{W_0}{1\text{\textwon}}]$

$e_1,\ [MRS_{LC} = \dfrac{W_0}{1\text{\textwon}}]$

  소비의 기회집합 확대로 e_1에서 효용극대화를 달성한다.

물음 2)

Ⅰ. 낮은 한계대체율

  풀타임 근로자는 기타재 소비를 통해 효용극대화를 추구하는 선호가 강한 근로 선호자이므로 여가에 대한 기타재 소비의 한계대체율(MRS_{LC})이 낮아 여가보다 기타재 소비를 위한 노동 공급을 선호한다.

Ⅱ. Graph 도해

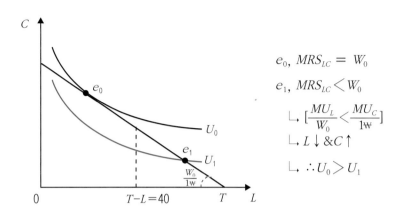

$$e_0, MRS_{LC} = W_0$$
$$e_1, MRS_{LC} < W_0$$
$$\quad \llcorner \; [\frac{MU_L}{W_0} < \frac{MU_C}{1 ₩}]$$
$$\quad \llcorner \; L \downarrow \& C \uparrow$$
$$\quad \llcorner \; \therefore U_0 > U_1$$

40시간 이상 근로를 제공하는 근로자의 노동선호 성향이 강하다면, 시간제 근로자로 전환될 경우 효용이 U_1 수준으로 낮아진다.

Ⅲ. 함 의

풀타임 경제활동 참가에 부담을 느끼는 학생, 기혼여성, 고령의 근로자 등은 여가를 선호하여 한계대체율이 높으므로 시간제 근로제를 활용하면 경제활동에 참여시킬 유인이 존재한다.

그러나 여가의 기회비용이 낮아 근로를 선호하여 풀타임 근로를 통해 효용극대화를 달성했던 기존의 노동자를 시간제 근로자로 전환하여 노동공급 시간을 강제로 축소시킨다면 기타재 소비 축소로 인한 효용의 감소분이 여가 소비 증가로 인한 효용의 증가분을 압도하여 총효용은 감소하는 결과를 초래한다.

📖 Topic 9-3

풀타임근로제만 존재하는 경직적인 노동시장과 파트타임근로제가 허용되는 신축적인 노동시장에서의 노동공급에 대한 선택을 소득-여가모형을 이용하여 비교·설명하시오.

[2013년 1-3), 20점]

Ⅰ. 소득-여가 선택모형

1. 부분적인 노동만을 제공할 수 있는 파트타임 근로자는 노동시장의 경직성에 제약되어 정상재인 여가(L)와 기타재를 소비(C)함으로써 효용극대화를 추구한다.

$$\text{목적식 } Max \ U = f(L, C)$$

$$\text{제약식 } s.t. \ C_0 = 0 \qquad\qquad [0 \leq T-L < 40]$$

$$= W_0(T-L) \qquad [T-L \geq 40]$$

$$s.t. \ C_1 = W_0(T-L) \qquad [T-L \geq 0]$$

2. 주당 40시간 이상의 풀타임 근무만을 허용하는 경직적인 노동시장에 제약($s.t.$ C_0)된 파트타임 노동자는 주당 40시간 미만의 노동을 공급할 수 없지만, 임의의 범위에서 노동 공급을 선택할 수 있는 신축적인 노동시장에 제약($s.t.$ C_1)된 노동자는 주 근로시간에 관계없이 자유롭게 노동공급을 선택할 수 있으므로 노동시장이 유연화되면 파트타임 근로자에게 소비의 기회집합이 확대된다.

3. 따라서 소비의 기회집합이 확대되면 학업, 가사노동, 체력저하 등의 이유로 부분적인 노동을 공급할 수 밖에 없었던 학생, 기혼여성, 고령의 여가 선호적 개인에게 경제활동참여 기회가 제공되므로 노동을 공급하여 효용극대화를 추구한다.

Ⅱ. 개인의 효용극대화 조건

개인은 여가에 대한 기타재 소비의 주관적 교환비율인 한계대체율(MRS_{LC})과 객관적 교환비율인 상대가격($\frac{W_0}{1 \text{₩}}$)이 일치하는 소비조합을 선택하는데 이 소비조합은 여가와 기타재의 1원당 한계효용이 균등[$\frac{MU_L}{W_0} = \frac{MU_C}{1 \text{₩}}$]하여 효용극대화를 달성할 수 있다.

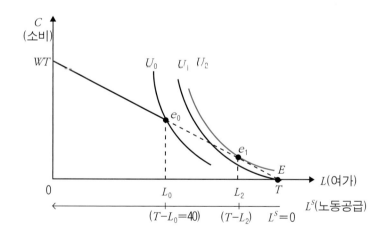

1. 경직적 노동시장에서의 선택 : E

학업, 가사노동, 체력의 부담으로 여가의 기회비용이 높은 파트타임 근로자는 여가에 대한 기타재 소비의 한계대체율(MRS_{LC})이 높아 가파른 무차별곡선으로 대변되므로, e_0점에서 주 40시간 노동공급을 선택하는 효용(U_0)수준보다 초기부존점(E)에서 총가용시간을 여가로 소비할 때의 효용수준(U_1)이 보다 높다.

이는 파트타임 근로자가 경직적인 노동시장 외부인 초기부존점(E)에서 주관적 유보임금이 시장의 객관적 임금률보다 낮음[$MRS_{LC} < \frac{W_0}{1\text{₩}}$]에도 불구하고 주 40시간 미만의 부분적인 노동을 공급할 수 없으므로 경제활동에 참여하지 못 하고 U_1의 효용수준에 머무른다.

2. 신축적 노동시장에서의 선택 : e_1

파트타임 근무자도 임의로 주 40시간 미만의 노동공급을 선택할 수 있는 신축적인 노동시장에서는 여가와 기타재 소비를 선택할 수 있는 소비의 기회집합이 확대됨에 따라 여가 선호적인 파트타임 근로자는 경제활동에 참여하여 부분적인 노동을 공급($T-L_2$)하고 e_2에서 효용극대화[$MRS_{LC} = \frac{W_0}{1\text{₩}}$]를 달성한다.

Ⅲ. 소 결

노동시장이 유연화되면 신축적 노동시장에서는 임의의 수준에서 노동을 선택할 수 있으므로 여가 선호적인 파트타임 근로자는 경제활동 참가로 근로소득을 확보하여 실질 소득이 증가하므로 효용이 상승한다.

Topic 9-2 & 9-3 연계 Graph

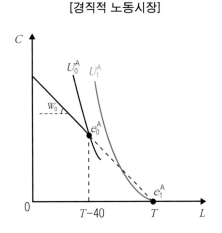

[경직적 노동시장]　　　　　　[신축적 노동시장]

① 경직적 노동시장에서의 고령·청년·기혼여성과 같은 파트타임 근로를 선호하는 개인A는 주 40시간의 노동을 공급할 때보다 경제활동에 참여하지 않을 때의 효용수준이 더 높다($U_1^A > U_0^A$).
② 그런데 신축적인 노동시장으로 전환되면 개인 A는 U_2^A만큼 효용극대화 한다. 다만, 노동을 통한 기타재 소비를 선호하는 주 40시간 이상 근로하는 풀타임 근로자 B의 근로시간을 주 40시간 미만으로 축소하면 e_1^B점에서 낮은 수준의 효용($=U_1^B$)을 갖는다.

생애주기에 걸친 노동공급

[생애주기에 걸친 노동공급] – 기간 간 대체가설

└, 1기(현재)와 2기(미래) 간의 동태적 노동공급 선택모형

Topic 10-1

물음 1) 생애에 걸쳐 임금이 상승하는 연령대에서는 노동공급이 증가하고 임금이 하락하는 연령대에서는 노동공급이 감소하는 이유를 노동의 기간 간 대체가설을 통해 합리적으로 설명하시오.

물음 2) 모든 연령에서 조의 임금이 잭의 임금보다 높은 경우 연령에 따른 조와 잭의 근로시간을 비교하시오.

물음 1)의 해결

Ⅰ. 기간 간 대체가설(intertemporal substitution hypothesis)

한 기간(1기-현재)내에서 효용극대화를 위한 최적 근로시간을 결정하는 정태적 노동공급 모형은 근로자가 전 생애에 걸쳐 최적 근로시간을 연속적으로 선택하는 사실을 간과하였다. 실제로는 소비와 여가에 대한 선택이 생애 전체 근로기간에 걸쳐 발생하므로 개인은 연령에 따른 임금률의 변화에 반응하여 오늘(1기)과 내일(2기)의 근로시간과 여가 소비를 동태적으로 결정한다. 이렇게 개인의 생애주기에 따른 임금률(여가가격)의 점진적 변화에 동태적으로 반응하여 1기와 2기의 노동공급을 이론적으로 예측하는 모형이 기간 간 대체가설이다.

생애 효용극대화를 추구하는 개인은 연령에 따른 임금률의 변화에 대한 완전정보를 보유하고 있으므로 연령에 따른 임금률의 점진적인 변화는 평생의 실질소득에 영향을 미치지 못 하므로 소득효과는 발생하지 않는다. 동일 개인의 연령에 따른 임금률의 변화는 여가의 기간 간 상대가격에 영향을 미쳐 노동의 기간 간 대체효과에 의해서만 생애 노동공급을 동태적으로 배분한다.

그리고 동일 기간 내에서 여가와 기타재의 1원당 한계효용을 비교하여 최적 노동공급을 결정하는 정태적 분석과 달리 생애에 걸친 노동공급은 1기와 2기에서 여가의 1원당 한계효용을 비교하여 동태적 효용극대화를 추구한다.

Ⅱ. 생애에 걸친 노동공급탄력성(임금률과 근로시간의 상관관계)

1. 연령-임금(소득) 곡선

임금률(여가가격)은 젊은 시절에는 낮지만 나이가 들어감에 따라 점차 상승하여 50세에 정점을 찍고 이후 조금씩 감소한다. 이러한 근로자의 생애에 걸친 연령-임금 곡선은 예측 가능한 사실이고 근로자는 이에 대한 완전정보를 보유하고 있다. 따라서 청년과 고령 근로자의 여가가격이 상대적으로 저렴하지만 경제활동이 왕성한 연령대에서는 높은 수준으로 상승한다.

2. 생애주기에 걸친 소득효과

연령에 따른 점진적인 임금변화는 근로자의 전 생애소득에는 영향을 미치지 못 한다. 근로자의 예측된 연령-임금 곡선은 젊은 시절에 경제활동에 참여하는 단계에서 계산하는 평생소득에 이미 반영되어 있기 때문에 연령에 따른 임금률의 변화는 생애의 실질소득을 변화시키지 못 하므로 생애에 걸친 소득효과는 발생하지 않는다.

3. 생애주기에 걸친 대체효과

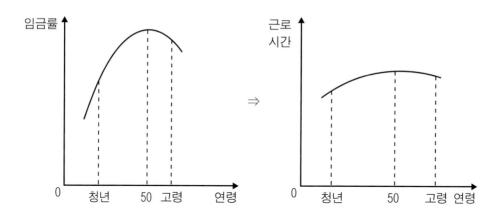

합리적 개인은 1기와 2기의 여가 소비를 통해 효용극대화를 추구한다. 1기의 임금률은 현재 여가 소비의 기회비용이므로 1기의 여가가격이고, 2기의 임금률은 미래 여가 소비의 기회비용이므로 2기의 여가가격이다.

그리고 1기 여가에 대한 2기 여가의 한계대체율($MRS_{L_1 C_2}$)과 2기 여가에 대한 1기 여가의 상대가격 $[\dfrac{W_1}{\dfrac{W_2}{(1+r)}} = \dfrac{(1+r)W_1}{W_2} = \dfrac{W_1}{W_2}, \because r(\text{시간할인율}) = 0]$이 일치하도록 여가를 배분하면 각 기간 별 여가의 1원당 한계효용이 균등하여$[\dfrac{MU_L^1}{W_1} = \dfrac{MU_L^2}{W_2}]$ 동태적 효용극대화를 달성한다.

이때 청년기(1기)에서 중장년기(2기)로 갈수록 임금률이 상승하므로($W_1 < W_2$) 1원당 한계효용이 높은 1기의 여가로 낮은 2기의 여가를 대체하여[$\frac{MU_L^1}{W_1} > \frac{MU_L^2}{W_2}$] 효용극대화를 추구하므로 1기의 노동공급은 감소하고 2기의 노동공급은 증가하는 기간 간 대체효과 발생한다.

Ⅲ. 소 결

연령에 따른 임금률의 점진적인 변화는 평생의 실질소득에 영향을 미치지 못 하므로 소득효과는 발생하지 않고 오로지 생애에 걸친 대체효과에 의해 근로시간이 결정된다. 임금률이 낮은 청년과 고령 노동자는 근로시간을 줄이고, 임금률이 높은 연령대에서 왕성하게 경제활동에 참여함으로써 생애에 걸친 임금률과 근로시간 사이에는 양(+)의 상관관계가 성립한다.

물음 2)의 해결

Ⅰ. 상대적 임금률 격차

1. 설문의 정리

모든 연령대에서 조는 잭보다 많은 인적자본을 축적하였으므로 전 연령대에서 높은 소득(임금률)을 획득한다. 이러한 조와 잭의 연령에 따른 상대적 임금률 차이는 대체효과와 소득효과를 유발하여 생애의 상대적 근로시간 결정에 영향을 미친다.

2. 상대적 대체효과

조는 잭보다 전 연령대에서 임금률이 높으므로 생애에 걸친 조의 여가가격은 잭의 여가가격보다 높다. 따라서 조의 여가 1원당 한계효용은 잭의 여가 1원당 한계효용보다 낮으므로 조는 잭에 비해 여가소비를 줄이고 근로시간을 늘리는 대체효과가 발생한다.

3. 상대적 소득효과

조의 임금률은 잭보다 높으므로 잭과의 동일 노동공급에 대하여 보다 많은 실질소득을 축적한다. 따라서 예측하지 못한 조와 잭의 생애 임금률 격차는 물음 1)과 달리 조의 최초 평생소득의 계산에 반영되지 못 하였으므로 조의 실질소득을 증가시키고 정상재인 여가소비를 늘려 생애에 걸친 근로시간을 줄이는 소득효과가 발생한다.

Ⅱ. 상대적 근로시간 결정

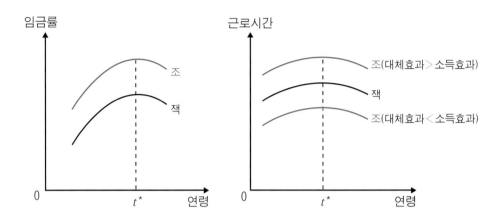

　상대적으로 임금률이 높은 조의 대체효과가 소득효과보다 우세하다면 조는 잭에 비해 많은 근로시간을 투입하고, 소득효과가 대체효과보다 우세하다면 적은 근로시간을 투입하여 생애에 걸친 효용극대화를 추구한다. 다만, 본 논의에서는 연령에 따른 조와 잭의 임금률 격차가 고정되어 있다고 전제하였으므로 정태적 분석과 같은 후방굴절하는 노동공급곡선은 관찰되지 않는다. 그러나 조와 잭의 임금격차가 학력의 차이에서 발생했다면 임금－학력 곡선의 관찰된 사실에 입각하여 연령이 증가할수록 조와 잭의 소득격차는 확대되므로 소득격차가 적은 젊은 시절에는 대체효과가 소득효과를 압도하여 조의 근로시간이 잭보다 많지만, 소득격차가 많은 연령대에 진입하면 조의 소득효과가 대체효과를 압도하여 조의 근로시간은 잭보다 감소함을 예측할 수 있다. 이는 저소득자에 비해 고소득자는 연령이 증가함에 따라 근로시간을 점차 줄이는 방향으로 생애의 노동공급을 기간 간 대체하는 노동시장의 관찰된 사실과 부합한다.

Topic 10-2

소득-여가 선택모형을 이용하여 개인의 노동공급 결정에 관한 다음의 물음에 답하시오.

물음 1) 개인의 노동공급에 대한 정태적 분석을 통해 저임금 구간에서는 임금률과 노동공급 간에 양(+)의 상관관계가 관찰되지만 고임금 구간에서는 음(-)의 상관관계가 목격되는 노동시장을 그래프를 통해 설명하시오.

Ⅰ. 소득-여가 선택모형

효용극대화를 추구하는 개인은 여가에 대한 기타재 소비의 주관적 교환비율인 한계대체율(MRS_{LC})과 시장의 객관적 교환비율인 상대가격($\frac{W}{1\text{₩}}$)이 일치[($MRS_{LC} = \frac{MU_L}{MU_C}$) $= (\frac{W}{1\text{₩}})$]하도록 최적의 소비조합을 선택한다. 무차별곡선과 예산선의 접점에서는 여가와 기타재의 1원당 한계효용이 균등[($MRS_{LC} = \frac{MU_L}{MU_C}$) $= (\frac{W_0}{1\text{₩}})$] $=$ [$\frac{MU_L}{W_0} = \frac{MU_C}{1\text{₩}}$]하여 다른 소비조합으로 이동하면 한계효용체감의 법칙에 의해 효용이 감소하기 때문이다.

$$\begin{bmatrix} \text{목적식} \quad \text{Max } U = F(L, C) \\ \text{제약조건} \quad s.t. \ C = \frac{W_0}{1\text{₩}}(T-L) \ (T = \text{가용시간}) \end{bmatrix}$$

Ⅱ. 가격효과

시간당 임금률이 상승하면 여가의 가격이 상승하여 기타재에 대한 여가의 상대가격이 상승하고 소비의 기회집합이 확대되어 노동공급에 영향을 미치는 가격효과가 발생한다.

1. 대체효과

시간당 임금률이 상승하면 기타재에 대한 여가의 상대가격이 상승하므로 실질소득이 불변일 때 동일한 효용 수준을 유지하기 위해 1원당 한계효용이 하락한 여가를 1원당 한계효용이 상승한 기타재로 대체하기 위해 노동공급은 증가한다.

2. 소득효과

시간당 임금률이 상승하면 여가의 상대가격이 불변일 때 동일 노동 공급에 대한 실질소득이 증가하여 여가와 기타재 소비의 기회집합이 확대되므로 정상재인 여가는 증가하여 노동공급이 감소하고, 열등재인 여가는 감소하여 노동공급이 증가하는 소득 효과가 발생한다.

Ⅲ. 후방굴절 노동공급곡선 도출

1. 여가가 열등재인 경우

여가가 열등재이면 실질소득이 증가할 때 여가 소비는 감소하므로 노동공급은 증가한다.

이 경우 소득효과와 대체효과 모두 임금상승 시 노동공급을 증가시키므로 임금률과 노동공급 간의 음(−)의 상관관계를 관찰할 수 없다.

2. 여가가 정상재인 경우

실질소득이 증가하면 정상재인 여가 소비는 감소하므로 대체효과와 소득효과의 대소관계에 따라 후방굴절하는 노동공급 곡선이 도출될 수 있다.

(1) 저임금 구간 : 대체효과가 소득효과를 압도

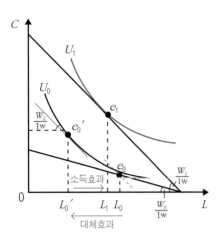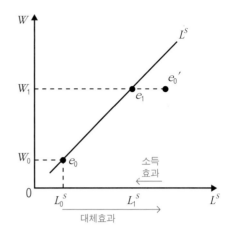

1) e_0점에서 여가의 상대가격이 상승($\frac{W_0}{1\text{₩}} < \frac{W_1}{1\text{₩}}$)함에 따라 동일효용수준($U_0$)에서 여가를 노동공급으로 대체($L_0 \rightarrow L_0'$)하는 대체효과가 발생한다.

1원당 한계효용균등의 법칙에 따라,

$$[\frac{MU_L}{MU_C} < \frac{W_1}{1\text{₩}}] \Rightarrow [\frac{MU_L}{W_1} < \frac{MU_C}{1\text{₩}}]$$이므로,

지출 대비(1원당) 한계효용이 균등해질 때까지 기타재 소비 유인이 증가하므로(여가감소) e_0'점에서 $[MRS_{LC} = \frac{W_1}{1\text{₩}}]$을 달성한다.

2) 시간당 임금률이 상승($W_0 < W_1$)하면 동일 노동공급에 따른 실질소득이 증가하여 근로자는 효용수준을 제고하기 위해 정상재인 여가와 기타재 소비를 늘린다.($L_0' < L_1$) 그리고 새로운 예산선과 무차별곡선이 접하는 e_1에서 개인은 효용극대화(U_1)를 달성한다.

3) [W-L^s]평면에서 우상향하는 노동공급곡선이 도출된다.(대체효과 > 소득효과)

(2) 고임금 구간 : 소득효과가 대체효과를 압도

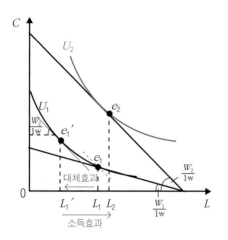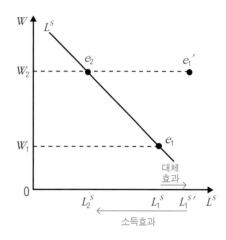

1) 시간당 임금률이 상승$(W_1 \rightarrow W_2)$하면 e_1에서 무차별곡선의 기울기보다 예산선이 가파르므로 $[MRS_{LC} < \frac{W_2}{1 \text{₩}}]$ 1원당 한계효용이 하락한 여가 소비를 줄이고 기타재 소비(노동공급)을 늘리는 대체효과 $(e_1 \rightarrow e_1{}')$에 의해 여가 소비는 감소$(L_1 \rightarrow L_1{}')$하고, $e_1{}'$점에서 e_2점까지 실질소득 증가에 따른 여가와 기타재 소비를 증가시켜 U_2까지 효용을 늘리는 소득효과가 발생한다.

2) $[W-L^S]$평면에서 좌상향하는 노동공급곡선이 도출된다.(소득효과 > 대체효과)

(3) 후방굴절 노동공급곡선 도출

저임금 구간과 고임금 구간의 그래프를 연결하면 후방굴절하는 노동공급곡선이 도출된다.

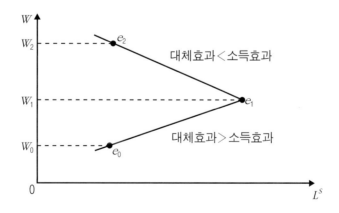

노동공급곡선은 여가가 정상재일 때 저임금 구간에서 대체효과가 소득효과를 압도하면 우상향하고, 고임금 구간에서는 소득효과가 대체효과를 압도하면 좌상향하므로 후방에서 굴절되는 노동공급곡선이 도출된다.

IV. 소 결

시간당 임금률이 상승할 때 노동공급을 늘려 기타재를 소비를 통해 효용극대화를 추구하는 저소득 근로자와 달리, 고소득 근로자는 여가 소비를 늘려 효용극대화를 추구한다.

물음 2) 개인의 노동공급에 대한 동태적 분석을 통해 청장년기에는 임금률과 노동공급 간에 양(+)의 상관관계가 관찰되지만 중년에서 노년으로 갈수록 음(-)의 상관관계가 존재하는 노동시장을 그래프를 통해 설명하시오.

I. 기간 간 대체가설(intertemporal substitution hypothesis)

한 기간(1기-현재)내에서 효용극대화를 위한 최적 근로시간을 결정하는 정태적 노동공급 모형은 근로자가 전 생애에 걸쳐 최적 근로시간을 연속적으로 선택하는 사실을 간과하였다. 실제로는 소비와 여가에 대한 선택이 생애 전체 근로기간에 걸쳐 발생하므로 개인은 연령에 따른 임금률의 변화에 반응하여 오늘(1기)과 내일(2기)의 근로시간과 여가 소비를 동태적으로 결정한다. 이렇게 개인이 생애주기에 따라 임금률(여가가격)이 점진적으로 변화하는 것에 동태적으로 반응하여 1기와 2기의 근로시간을 이론적으로 예측하는 모형이 기간 간 대체가설이다.

이때 노동시장에서 한 개인의 생애에 걸친 동태적 노동공급을 분석하면 근로자는 생애에 걸친 연령-임금 곡선에 대한 완전한 정보를 보유하여 소득효과는 발생하지 않고 오로지 대체효과에 의해 임금률과 노동공급 간에 양(+)의 상관관계만이 관찰된다.

그러나 생애에 걸친 임금률이 저학력 근로자보다 높은 고학력 근로자는 예측하지 못한 평생소득의 증가로 정상재인 여가를 늘리는 소득효과가 발생하여 노동공급을 늘리는 기간 간 대체효과를 압도하면 정태적 분석과 동일하게 임금률과 노동공급 간에 음(-)의 상관관계를 경험할 수 있다.

II. 상대적 임금률 격차

1. 학력 간 임금 격차

모든 연령대에서 조는 잭보다 많은 인적자본을 축적하였으므로 전 연령대에서 높은 소득(임금률)을 획득한다. 이러한 조와 잭의 연령에 따른 상대적 임금률 차이는 대체효과와 소득효과를 유발하여 생애의 상대적 근로시간 결정에 영향을 미친다.

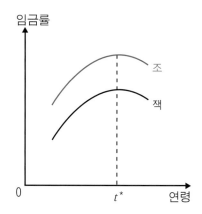

2. 상대적 대체효과

인적자본을 많이 축적한 조는 잭보다 전 연령대에서 임금률이 높으므로 생애에 걸친 조의 여가가격은 잭의 여가가격보다 높다. 따라서 조의 여가 1원당 한계효용은 잭의 여가 1원당 한계효용보다 낮으므로 조는 잭에 비해 여가를 줄이고 근로시간을 늘리는 대체효과가 발생한다.

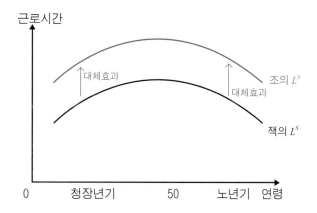

3. 상대적 소득효과

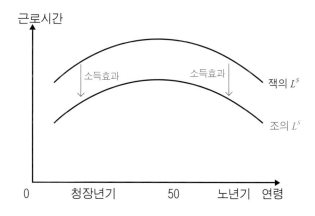

조의 임금률은 잭보다 높으므로 잭과의 동일 노동공급에 대하여 보다 많은 실질소득을 축적한다. 따라서 조와 잭의 예측하지 못한 생애 임금률 격차는 조의 최초 평생소득의 계산에 반영되지 않았으므로 실질소득을 증가시키고 정상재인 여가를 늘려 생애에 걸친 근로시간을 줄이는 소득효과가 발생한다.

III. 생애에 걸친 노동공급 배분

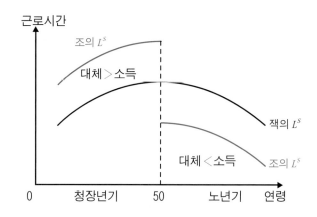

인적자본을 많이 축적하여 임금률이 높은 조의 대체효과가 소득효과보다 우세하다면 조는 잭에 비해 많은 근로시간을 투입하고, 소득효과가 대체효과보다 우세하다면 적은 근로시간을 투입하여 생애에 걸친 효용극대화를 추구한다.

이때 조와 잭의 임금격차가 학력의 차이에서 발생했다면 임금—학력 곡선의 관찰된 사실에 입각하여 연령이 많아질수록 조와 잭의 임금격차는 확대된다.

소득격차가 적은 청장년기의 조는 시간당 임금률이 상승할 때 노동공급을 늘려 기타재를 많이 소비하는 방향으로 효용극대화를 추구하므로 상대적 임금률과 근로시간 간에 양(+)의 상관관계가 도출된다.

이후 노년기를 향할수록 조의 시간당 임금률이 하락하지만 소득격차가 확대되므로 조는 여가를 늘리는 방향으로 효용극대화를 추구하여 상대적 임금률과 근로시간 간에 음(−)의 상관관계를 경험할 수 있다.

따라서 연령이 많아질수록 소득효과가 대체효과를 압도하면 조의 근로시간은 잭보다 감소함을 예측할 수 있다. 이는 저소득자에 비해 고소득자는 연령이 증가함에 따라 여가를 늘리기 위해 근로시간을 점차 줄이는 방향으로 생애의 노동공급을 배분하는 노동시장의 관찰된 사실을 설명한다.

경기 순환과 노동공급

Topic 11-1

실망노동자 효과를 소득-여가 선택모형으로 분석하시오.

Ⅰ. 실망노동자 효과

경기가 침체되어 불황이 발생하면 소득이 감소한 가계의 소비지출이 감소함에 따라 기업의 투자지출도 축소된다. 기업의 생산규모가 축소되면 구직자의 취업확률(P)이 하락하여 시장의 불확실한 기대 임금률도 낮아진다. 하락한 시장의 기대 임금률이 구직자의 유보임금을 하회하면 구직자는 일자리 탐색(구직활동)을 중단(단념)하여 실망노동자가 되고 비경제활동인구로 전환하여 노동시장 외부에서 효용극대화를 추구하므로 경제활동 참여율이 하락한다.

Ⅱ. 소득-여가 선택모형 : 기대 임금률 $= P \cdot W_0$

$$\begin{bmatrix} \text{Max } U = F(L, C) \\ s.t. \ C \ = W_0(T-L) \end{bmatrix}$$
$$\Rightarrow C' = P \cdot W_0(T-L)(단, \ 0 < P < 1이므로 \ P \cdot W_0 < W_0)$$

경기 불황이 발생하면 개인은 불경기로 인하여 기존의 시간당 임금률($=W_0$)를 지급하는 직장을 탐색하는 비용은 증가하고 구직의 확률(P)은 낮아진다.

이에 따라 경기 불황에서 예산제약선의 기울기인 기대임금률[$P \cdot W_0$]이 하락하여 소비의 기회집합이 축소되므로 시간당 임금률이 하락한 것과 동일한 효과가 발생한다.

Ⅲ. Graph 도해

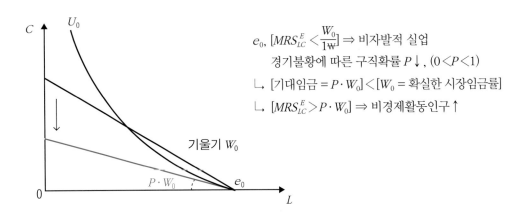

e_0, $[MRS_{LC}^{E} < \dfrac{W_0}{1\text{₩}}]$ ⇒ 비자발적 실업

경기불황에 따른 구직확률 $P\downarrow$, $(0 < P < 1)$

└, [기대임금 $= P \cdot W_0$] < [$W_0 =$ 확실한 시장임금률]

└, [$MRS_{LC}^{E} > P \cdot W_0$] ⇒ 비경제활동인구 ↑

기울기 W_0

$P \cdot W_0$ e_0

Ⅳ. 소 결

경기불황이 발생하여 기대임금률이 하락하고 구직자(비자발적 실업자)의 유보임금 수준을 하회하면 구직자는 증가하는 직장탐색 비용을 고려하여 구직활동을 단념하고 경제활동에 참여하지 않음으로써 효용극대화를 추구한다.

📖 Topic 11-2
....

소득−여가 선택모형을 이용하여 개인의 노동공급 결정에 관한 다음의 물음에 답하시오.

물음 1) 경기불황으로 가계의 주된 근로자인 A의 근로소득이 대폭 감소하였다. 이때 주된 근로자에게 부가된 B가 경제활동에 참여하는 과정을 소득−여가 선택모형으로 설명하시오.

Ⅰ. 부가근로자 효과(added worker effct)

부가근로자 효과는 경기침체로 가구의 주된 근로자(생계부양자)가 실직을 하거나 근로소득이 감소되어 비경제활동인구로서 주된 근로자에 부가된 가구원이 경제활동에 참여하여 일자리를 탐색함으로써 이차적인 근로자의 경제활동 참가율이 경기순환(경기변동)과 음(−)의 상관관계를 갖은 현상이다.

이는 경기침체로 주된 근로자의 근로소득이 감소하면 노동시장 외부에 존재하는 부가근로자의 비근로소득이 감소하여 유보임금 수준이 하락하고 낮아진 유보임금 수준이 시장 임금률을 하회하면 경제활동에 참여하여 효용극대화를 추구하기 때문이다.

[or 경기침체 시 가구주 등 가계의 주된 생계부양자는 근로시간 감축과 실업을 경험하여 주된 근로자에 부가되었던 가족 구성원들의 비근로소득이 감소한다. 따라서 부가노동자는 소비의 기회집합이 축소되어 구직의사가 발생하고 구직활동을 시작하여 경제활동인구로 전환되는 부가노동자효과가 발생한다. 이런 부가노동자효과에 의해 경기불황에 경제활동참가율이 높아지므로 경기 변동과 경제활동참가율 사이 존재하는 음(-)의 상관관계를 확인할 수 있다.]

Ⅱ. 설문의 해결

1. 부가근로자의 소득-여가 선택모형

$$\begin{cases} \text{Max } U = F(L, C) \\ s.t. \ C_0 = W_0(T-L)+V \quad \text{(단, } T-L=0, \ V = \text{주된 가구주에 의한 비근로소득)} \\ \quad C_1 = W_0(T-L) \quad \text{(단, } T-L>0) \end{cases}$$

경기가 호황일 때 주된 근로자의 소득에 부가된 근로자의 예산제약 조건(C_0)에는 비근로소득(V)이 존재하였으나, 경기 불황기에는 주된 근로자의 실업으로 인해 비근로소득이 상실되어 축소된 예산제약 조건(C_1)에 직면한다.

2. Graph 도해

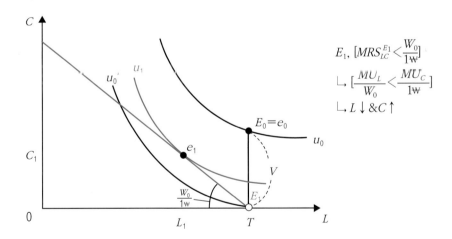

(1) 소득효과

주된 남성근로자에 부가된 여성은 비근로소득의 감소로 시간당 임금률의 변화없이 예산집합이 축소된다. 따라서 초기부존점에서 동일 노동공급(=0)에 대한 실질소득의 감소로 정상재인 여가 소비가 감소하는 오직 소득효과만이 발생하여 노동을 공급한다.

(2) 유보임금

경기침체로 인한 주된 근로자의 실업은 부가된 근로자의 비근로소득 상실을 수반하므로 이차적인 근로자의 유보임금 수준이 하락한다. 하락한 유보임금이 시장의 시간당 임금률 수준을 하회하면 부가된 여성은 경제활동에 참여함으로써 효용 극대화를 추구할 유인이 존재한다.

따라서 경기 호황기의 효용극대화 선택인 e_0로부터 경기불황이 발생하면 부가근로자의 낮아진 유보임금으로 인해 경제활동에 참가하여 e_1에서 효용극대화를 추구한다.

Ⅲ. 소 결

경기불황으로 부가근로자의 비근로소득이 감소하면 시간당 임금률은 일정하므로 대체효과는 발생하지 않고 오직 소득효과만이 발생하여 실질소득이 감소하여 정상재인 여가 소비가 감소하고 노동공급이 증가한다. 결국 감소한 비근로소득이 여성의 유보임금 수준을 하락시켜 경제활동에 참여하도록 유인하는 부가노동자효과를 소득-여가 선택모형으로 확인할 수 있다.

Topic 11-3

코로나 시대의 급격한 유동성 증가, 중국의 코로나 봉쇄와 러시아의 우크라이나 침공 등 비우호적인 공급충격으로 상당기간 경기침체가 예상된다. 이때 실망노동자 효과가 부가노동자 효과를 압도한다면 실업률과 경제활동참가율의 변동 방향성을 설명하시오.

Ⅰ. 경제활동참가율과 실업률

| 비경제
활동
인구
(N) | 취업자
(E) |
| | 실업자
(U) |

1. 경제활동인구 $= [E+U=L]$
2. 경제활동참가율 $= [\dfrac{L}{(L+N)} \times 100\%]$
3. 실업자(U): 구직의사를 가지고 일자리를 탐색하지만 취업하지 못한 경제활동인구
4. 실업률 $= [\dfrac{U}{E+U=L} \times 100\%]$

Ⅱ. 부가노동자 효과

1. 의 의

부가노동자 효과에 의하면 경기침체로 가구의 생계를 책임지는 주된 가구주가 실직하거나 근로소득이 감소하면 주된 가구주에 부가되어 있던 비경제활동인구의 가구원이 경제활동에 참여하여 일자리를 탐색한다.

2. 경제활동참가율 및 실업률

(1) 부가된 가구원들이 비경제활동인구에서 경제활동인구로 전환됨에 따라 경제활동참가율이 상승한다. 따라서 경기변동($Y\downarrow$)과 경제활동참가율($\uparrow$)은 음($-$)의 상관관계가 성립한다.

$$경제활동참가율 : [\frac{L\uparrow}{(L\uparrow+N\downarrow)}\times100\%]$$

(2) 부가된 가구원이 경제활동에 참여하여 일자리 탐색할 때 구직에 성공하면 실업률은 감소하지만 구직에 실패하면 실업률은 증가하므로 부가노동자 효과에 의한 실업률의 증감은 단정할 수 없다.

$$취업한 부가노동자 : 실업률 = [\frac{U}{E\uparrow+U=L\uparrow}\times100\%]$$

$$취업하지 못 한 부가노동자 : 실업률 = [\frac{U\uparrow}{E+U\uparrow=L\uparrow}\times100\%]$$

Ⅲ. 실망노동자 효과

1. 의 의

실업 상태에서 구직활동을 하던 개인이 경기침체에 직면하면 직장탐색의 한계비용이 상승하므로 실망한 노동자는 구직활동을 단념하므로 비경제활동인구는 증가하고 경제활동인구는 감소하므로 경제활동참가율은 하락한다. (by 직장탐색모형)

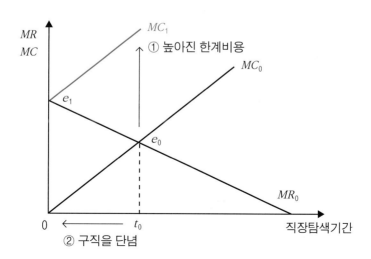

2. 경제활동참가율 및 실업률

(1) 실업자가 비경제활동인구로 전환됨에 따라 경제활동참가율은 하락하므로 경기변동($Y\downarrow$)과 경제활동참가율($\downarrow$) 사이에 양(+)의 상관관계를 확인할 수 있다.

$$경제활동참가율 : [\frac{L\downarrow}{(L\downarrow + N\uparrow)} \times 100\%]$$

(2) 실업상태에 있던 구직자가 비경제활동인구로 전환되므로 실업률은 하락한다.

$$실업률 = [\frac{U\downarrow}{E+U\downarrow = L\downarrow} \times 100\%]$$

Ⅳ. 실망노동자효과가 압도하는 경우

1. 경제활동참가율

경기 침체로 실망노동자효과가 부가노동자효과보다 우세할 때, 경기변동과 경제활동참가율이 양(+)의 상관관계를 유지할 것이므로, 경제활동참가율은 감소하고 비경제활동인구가 증가한다.

2. 실업률

마찬가지로 실망노동자효과가 압도하여 실업률이 감소한다. 표면적으로 실업률이 감소하는 것으로 보이지만, 비경제활동인구 증가로 실업률이 감소하는 것이다. 이는 실업률을 과소평가해서 발생하는 문제이다.
따라서 고용률[$E/(L+N)$]은 변화가 없으므로, 통계적 지표로서 실업률만 낮아질 뿐이다.

📖 Topic 11-4

경기순환 과정에서 발생하는 실망근로자 효과는 체감 실업률을 과소평가하므로 실망 노동자를 경제활동인구에 포함시켜야 한다는 주장을 평가하시오.

Ⅰ. 실망노동자 효과와 통계적 실업률의 하락

총수요를 감소시키는 비우호적 경기변동이 발생하면 재화에 대한 수요가 위축되어 생산규모가 축소되므로 기업은 노동수요를 줄인다. 따라서 일자리 탐색의 거래비용은 증가하고 구직확률은 낮아지므로 일자리를 탐색하던 구직자는 낙담하여 구직 활동을 단념한다. 구직자가 노동시장에서 이탈하여 비경제활동인구로 전환됨에 따라 경제활동인구는 감소하는 실망노동자 효과가 발생하고 경제활동인구에서 실업자가 차지하는 비중인 실업률은 하락한다.

II. 소득-여가 선택모형 – [기대임금률 $= P \cdot W_0$]

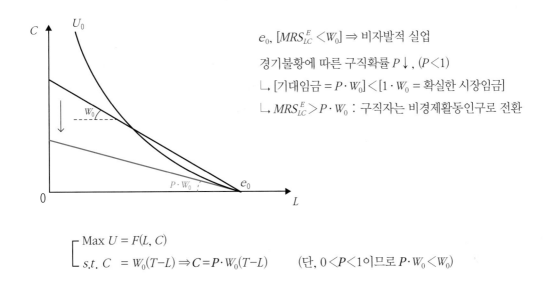

e_0, $[MRS_{LC}^E < W_0] \Rightarrow$ 비자발적 실업

경기불황에 따른 구직확률 $P \downarrow$, $(P < 1)$

└ [기대임금 $= P \cdot W_0$] $<$ [$1 \cdot W_0 =$ 확실한 시장임금]

└ $MRS_{LC}^E > P \cdot W_0$: 구직자는 비경제활동인구로 전환

$$\begin{cases} \text{Max } U = F(L, C) \\ s.t. \ C = W_0(T-L) \Rightarrow C = P \cdot W_0(T-L) \end{cases} \qquad (단, 0 < P < 1이므로 P \cdot W_0 < W_0)$$

경기불황이 발생하면 구직자는 기업의 생산 규모가 축소되는 과정에서 기존의 시간당 임금률($=W_0$)를 지급하는 직장을 탐색하는 비용은 증가하고 구직확률(P)이 하락한다. 그러므로 불황기에서는 예산제약선의 기울기인 기대임금률[$P \cdot W_0$]이 하락하여 구직자의 유보임금 수준을 하회하면 구직자는 증가하는 직장탐색 비용을 고려하여 구직활동을 단념하고 경제활동에 참여하지 않음으로써 노동시장 외부에서 효용극대화를 추구한다.

III. 노동의 기간 간 대체로서 실망노동자 효과

실망노동자 효과가 발생하면 구직자의 노동시장 이탈로 고용률은 변함이 없지만 통계적 실업률이 하락한다. 이는 비경제활동인구의 증가에 의한 착시현상이므로 통계적 실업률이 체감 실업률을 과소평가하는 문제(bias)를 교정하기 위해 실망근로자를 경제활동인구에 포함시켜야 함을 주장하는 견해가 있다.

그러나 이러한 견해는 합리적 개인이 동태적 노동공급 과정에서 불황기에는 노동시장을 이탈하고 호황기에는 노동시장에 복귀하는 효용극대화 선택과정을 간과하였다. 호황기와 달리 경기가 침체되면 가계 소비와 민간 투자가 위축되어 최종 재화에 대한 수요가 감소하므로 가격이 하락하고 생산규모가 축소된다. 그리고 기업의 노동수요가 감소하여 시장임금이 하락하므로 불황기의 여가가격도 하락한다. 따라서 1원당 한계효용이 상승한 불황기의 여가로 1원당 한계효용이 하락한 호황기의 여가를 대체하기 위해 구직자는 자발적으로 노동시장을 이탈하여 효용극대화를 추구한다.

그러므로 불황기의 여가로 호황기의 여가를 대체하는 기간 간 대체가설은 경기변동에 순응하는 노동공급의 정형화된 사실과 온전히 부합하므로 경기 침체 국면에서 구직활동을 단념한 실망노동자를 경제활동인구에 포함시키려는 주장은 개인의 합리적 선택과정을 외면하는 편의(bias)를 유발한다.

TOPIC 12

가구분업화 - 가구생산함수

Topic 12-1

전통적인 노동-여가 선택모형은 근로자가 본인의 총가용시간을 노동시장에서 일을 하거나 여가활동에만 배분할 수 있다고 가정한다. 그러나 우리는 많은 시간을 노동시장 밖에서 여가 활동 이외에 자녀양육, 요리, 청소 등의 가정재를 생산하기 위해 가사노동에 시간을 할애한다. 철수와 영희 부부를 통해 어떤 가구원은 기타재 구매를 위해 노동시장에 전문화하고 다른 가구원은 가정재 생산에 전문화되는지 물음에 답하시오.

물음 1) 철수와 영희의 총가용시간은 각자 모두 10시간이다. 철수는 1시간을 노동시장에 투입하면 1원의 기타재를 20개 생산할 수 있고, 가사노동에 투입하면 1원의 가정재를 10개 생산할 수 있다. 영희는 1시간을 노동시장에 투입하면 1원의 기타재를 15개 생산하고 가사노동에 투입하면 1원의 가정재를 25개 생산한다.

	기타재	가정재
철수	20개	10개
영희	15개	25개

철수의 예산선을 도해하고 가정재의 기회비용을 계산하시오. 그리고 영희의 예산선을 도해하고 기타재의 기회비용을 계산하시오.

Ⅰ. 기회비용(opportunity cost)

1. 의 의

기회비용은 합리적 경제주체가 여러 대안 중에서 하나의 선택을 함에 따라 포기해야 하는 다른 대안 중에서 가장 큰 가치를 지닌 대안으로서 포기한 대안 중에서 최고의 가치로 측정한다.

2. 기회비용의 계산

	기타재	가정재
철수	20개 $\Rightarrow \dfrac{\Delta 가정재}{\Delta 기타재} = \dfrac{\Delta 10}{\Delta 20}$	10개 $\Rightarrow \dfrac{\Delta 기타재}{\Delta 가정재} = \dfrac{\Delta 20}{\Delta 10}$
영희	15개 $\Rightarrow \dfrac{\Delta 가정재}{\Delta 기타재} = \dfrac{\Delta 25}{\Delta 15}$	25개 $\Rightarrow \dfrac{\Delta 기타재}{\Delta 가정재} = \dfrac{\Delta 15}{\Delta 25}$

(1) 철수의 기회비용

철수는 1시간을 노동시장에 투입할 때 기타재 20개를 생산하고 가사노동에 투입하면 가정재 10개를 생산할 수 있다. 따라서 철수는 기타재 1 단위를 생산하기 위해서는 가정재 0.5 단위를 포기해야 하므로 가정재로 측정하는 기타재의 기회비용 $[= \dfrac{\Delta 가정재}{\Delta 기타재} = \dfrac{\Delta 10}{\Delta 20}]$은 0.5이다.

이는 곧 가정재 1 단위를 생산하기 위해서는 기타재 2 단위를 포기해야 함을 의미하므로 기타재로 측정하는 가정재의 기회비용 $[= \dfrac{\Delta 기타재}{\Delta 가정재} = \dfrac{\Delta 20}{\Delta 10}]$은 2이다.

(2) 영희의 기회비용

영희는 1시간을 노동시장에 투입할 때 기타재 15개를 생산하고 가사노동에 투입하면 가정재 25개를 생산할 수 있다. 따라서 영희는 기타재 1 단위를 생산하기 위해서는 가정재 $\dfrac{5}{3}$ 단위를 포기해야 하므로 가정재로 측정하는 기타재의 기회비용 $[= \dfrac{\Delta 가정재}{\Delta 기타재} = \dfrac{\Delta 25}{\Delta 15}]$은 $\dfrac{5}{3}$이다.

이는 곧 가정재 1 단위를 생산하기 위해서는 기타재 0.6 단위를 포기해야 함을 의미하므로 기타재로 측정하는 가정재의 기회비용 $[= \dfrac{\Delta 기타재}{\Delta 가정재} = \dfrac{\Delta 15}{\Delta 25}]$은 0.6이다.

Ⅱ. 예산선의 도해

1. 생산가능곡선(production possibility curve: PPC)

경제 내에 존재하는 모든 자원을 효율적으로 사용하였을 때 최대로 생산 가능한 x재와 y재의 조합을 연결한 궤적으로서 생산가능곡선의 접선의 기울기인 한계변환율$(MRT_{XY} = -\dfrac{\Delta Y}{\Delta X})$은 y재로 측정하는 x재의 기회비용을 의미한다.

2. 예산선(budget line)

예산선은 개인이 보유한 소득으로 최대로 구매 가능한 소비의 기회집합을 연결한 궤적이다. 따라서 철수와 영희는 보유한 유일한 생산 요소인 노동 10시간을 효율적으로 사용하여 최대로 생산 가능한 가정재와 기타재의 조합인 생산가능곡선에 각 재화의 단위 가격을 곱하면 화폐로 표현되는 예산선을 도해할 수 있다.

(1) 철수의 예산선

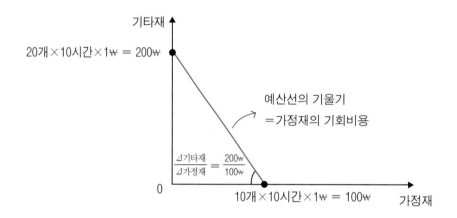

(2) 영희의 예산선

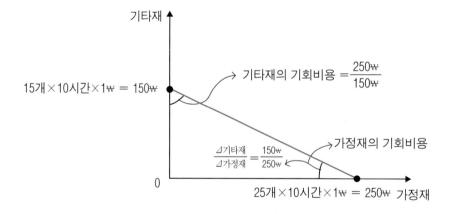

물음 2) 철수는 기타재와 가정재 중에서 어느 재화에 비교우위를 갖고 있는지 설명하시오.

Ⅰ. 비교우위

고전학파 경제학자인 리카르도(D.Ricardo)의 노동가치설에 의하면 동일 재화 생산의 기회비용이 낮은 경제주체가 비교우위를 확보하고, 각 경제주체는 비교우위 재화를 전문적으로 생산하여 시장을 통해 거래 한다면 교환(무역)의 이득을 얻을 수 있다.

Ⅱ. Graph 도해

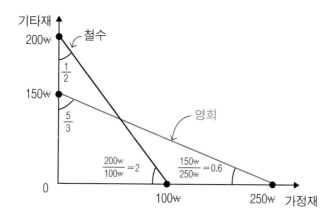

영희의 가정재 기회비용(0.6)은 철수의 가정재 기회비용(2)보다 작으므로 영희는 철수보다 가정재 생산에 비교우위를 확보한다.

철수의 기타재 기회비용($\frac{1}{2}$)은 영희의 기타재 기회비용($\frac{5}{3}$)보다 작으므로 철수는 기타재 생산에 비교우위를 지닌다.

물음 3) 철수와 영희 부부 가구의 예산선은 원점에 대하여 오목한지 아니면 볼록한지 그래프를 통해 설명하시오.

Ⅰ. 가구생산함수(household production function)

1. 의 의

미혼 남녀인 경제주체가 결혼을 통해 단일 가구를 구성한다면 각자 생산한 기타재와 가정재를 교환하여 소비의 기회집합을 확장시키고 효용수준을 제고할 수 있다.

2. 비교우위를 통한 전문화

단일 가구를 구성한 남편과 부인은 각자 비교우위를 보유한 재화만을 전문적으로 생산한다면 분업화가 이루어지기 전보다 생산능력이 확대되므로 소비의 기회집합은 확장되어 예산선은 원점에 대하여 오목하게 도해된다. 반대로 비교열위의 전문화가 이루어지면 가구의 생산능력은 위축되므로 예산선은 원점에 대하여 볼록하게 도해된다.

II. 가구의 예산선과 기회집합

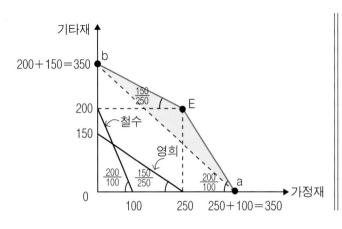

a ... 가구 모두 가정재 생산

a → E : 가구원 중에서 기타재 생산에 비교우위를 지닌 철수부터 노동시장에 진입

E ... 분업화 상태

  : 철수 = 기타재 전문화

    영희 = 가정재 전문화

b ... 가구 모두 기타재 생산

b → E : 가구원 중에서 가정재 생산에 비교우위를 지닌 영희부터 가사노동에 투입

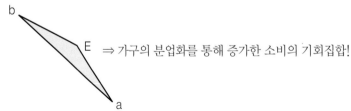

⇒ 가구의 분업화를 통해 증가한 소비의 기회집합!

물음 4) 철수와 영희 가구의 노동 분담 형태 3가지를 그래프를 통해 설명하시오.

I. 가구의 노동분담

효용극대화를 추구하는 가구는 주어진 가구생산함수의 제약 하에서 가정재에 대한 기타재의 한계대체율에 따라 가구의 노동 분담, 즉 분업화 수준이 결정된다.

Ⅱ. 비교우위의 전문화

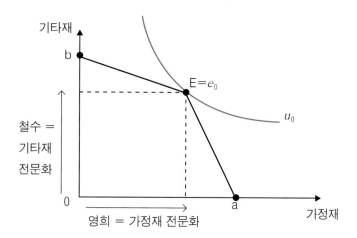

가구는 가정재와 기타재에 대한 균형적인 소비를 선호한다면 E에서 각 배우자는 비교우위에 있는 재화를 전문적으로 생산함으로써 효용극대화를 달성한다.

Ⅲ. 가정재 선호

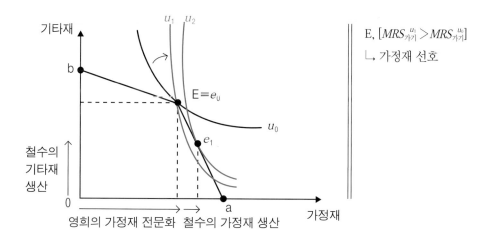

가구원이 기타재보다 가정재를 선호한다면 기타재 생산에 전문화된 철수를 일정부분 가정재 생산에 투입함으로써 효용극대화를 달성할 수 있다. 이는 기타재 소비의 감소로 인한 효용의 하락분보다 추가적인 가정재 소비로 발생한 효용의 증가분이 더 크기 때문이다.

Ⅳ. 기타재 선호

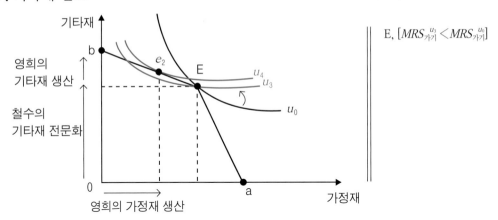

가구원이 가정재보다 기타재를 선호한다면 가정재 생산에 전문화된 영희를 일정 부분 기타재 생산에 투입함으로써 효용극대화를 달성할 수 있다. 이는 가정재 소비의 감소로 인한 효용의 하락분보다 추가적인 기타재 소비로 발생한 효용의 증가분이 더 크기 때문이다.

물음 5) 철수의 시간당 임금률의 상승이 각 배우자의 전문화를 유도할 수 있음을 그래프를 통해 설명하시오.

Ⅰ. 시간당 임금률의 상승

철수의 시간당 임금률이 상승하면 철수의 기타재의 생산능력이 향상되어 가구의 소비집합이 기타재 소비량을 대폭 늘리는 방향으로 확대된다.

Ⅱ. 전문화 달성

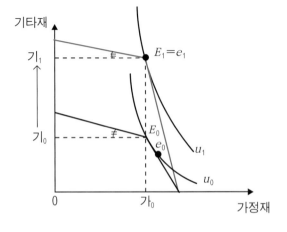

최초 가구는 가정재에 대한 기타재의 한계대체율이 높아 가정재를 선호하므로 기타재 생산에 비교우위를 지닌 철수라도 가정재 생산에 투입되어 비교우위에 따른 전문화에 실패하고 e_0에서 생산이 이루어지고 있었다.

이때 철수의 시간당 임금률 상승으로 기타재 생산능력이 대폭 확대된다면 가정재를 선호하는 가구조차도 대량의 기타재 소비를 통해 효용을 제고할 수 있으므로 E_1에서 철수와 영희는 모두 비교우위에 있는 재화를 전문적으로 생산하여 효용극대화를 달성할 수 있다.

물음 6) 영희의 가정재 생산성 향상이 각 배우자의 전문화를 유도할 수 있음을 그래프를 통해 설명하시오.

Ⅰ. 가정재 생산성의 상승

영희의 가정재 생산능력이 향상되면 가구의 소비집합이 가정재 소비량을 대폭 늘리는 방향으로 확대된다.

Ⅱ. 전문화 달성

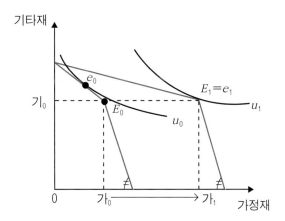

최초 가구는 가정재에 대한 기타재의 한계대체율이 낮아 기타재를 선호하므로 가정재 생산에 비교우위를 지닌 영희라도 기타재 생산에 투입되어 비교우위에 따른 전문화에 실패하고 e_0에서 생산이 이루어지고 있었다.

이때 영희의 가정재 생산능력이 대폭 확대된다면 기타재를 선호하는 가구조차도 대량의 가정재 소비를 통해 효용을 제고할 수 있으므로 E_1에서 철수와 영희는 모두 비교우위에 있는 재화를 전문적으로 생산하여 효용극대화를 달성할 수 있다.

Topic 12-2

다음 물음에 답하시오.

물음 1) 칼리토와 이가의 총가용시간은 각자 모두 20시간이다. 칼리토의 시간당 임금률은 10원이고, 가구생산에 1시간을 투입하면 30원 가치의 가정재를 생산할 수 있다. 또한 이가의 시간당 임금률은 20원이고, 가구생산에 1시간을 투입하면 40원 가치의 가정재를 생산한다. 칼리토와 이가로 구성된 부부 가구의 예산선을 도출하시오. 그리고 부부 가구의 3가지 노동 분담 현상을 그래프로 설명하시오.

Ⅰ. 비교우위에 의한 노동 분담

1. 가구생산함수

고전학파 경제학자인 리카르도(D.Ricardo)의 노동가치설에 따르면 동일 재화 생산의 기회비용이 낮은 경제주체가 비교우위를 확보하고, 각 경제주체는 비교우위 재화를 전문적으로 생산하여 시장을 통해 거래한다면 교환(무역)의 이득을 얻을 수 있다.

따라서 미혼의 이가와 칼리토가 가구로 결합되면 시장을 형성하면 각자 비교우위에 있는 재화를 전문적으로 생산하고 교환의 이득인 확장된 예산선(소비의 기회집합)을 통해 효용극대화를 달성한다.

2. 기회비용(opportunity cost)

기회비용은 합리적 경제주체가 여러 대안 중에서 하나의 선택을 함에 따라 포기해야 하는 다른 대안 중에서 가장 큰 가치를 지닌 대안으로서 포기한 대안 중에서 최고의 가치로 측정한다.

칼리토와 이가의 예산선의 기울기는 가정재 1원을 소비해야 하기 위해 포기해야 하는 기타재(시장재화)의 금액으로써 가정재의 기회비용을 의미한다.

Ⅱ. 예산선의 도해

1. 생산가능곡선(production possibility curve: PPC)

가구생산함수로부터 도출되는 생산가능곡선은 경제 내에 존재하는 모든 자원을 효율적으로 사용하였을 때 최대로 생산 가능한 x재와 y재의 조합을 연결한 궤적으로서 생산가능곡선의 접선의 기울기인 한계변환율$(MRT_{XY} = -\dfrac{\Delta Y}{\Delta X})$은 y재로 측정하는 x재의 기회비용을 의미한다.

2. 예산선(budget line)

예산선은 개인이 보유한 소득으로 최대로 구매 가능한 소비의 기회집합을 연결한 궤적이다. 따라서 칼리토와 이가는 보유한 유일한 생산 요소인 노동 20시간을 효율적으로 사용하여 최대로 생산 가능한 가정재와 기타재(시장재화)의 조합인 생산가능곡선에 각 재화의 단위 가격을 곱하면 화폐로 표현되는 예산선을 도해할 수 있다.

3. 칼리토의 예산선

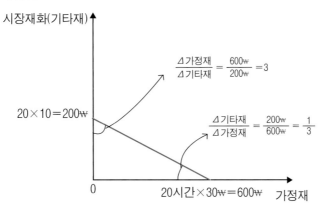

$$\frac{\Delta 가정재}{\Delta 기타재} = \frac{600 ₩}{200 ₩} = 3$$

$$\frac{\Delta 기타재}{\Delta 가정재} = \frac{200 ₩}{600 ₩} = \frac{1}{3}$$

$20 \times 10 = 200 ₩$

$20시간 \times 30 ₩ = 600 ₩$

4. 이가의 예산선

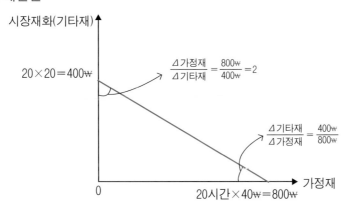

$$\frac{\Delta 가정재}{\Delta 기타재} = \frac{800 ₩}{400 ₩} = 2$$

$$\frac{\Delta 기타재}{\Delta 가정재} = \frac{400 ₩}{800 ₩}$$

$20 \times 20 = 400 ₩$

$20시간 \times 40 ₩ = 800 ₩$

5. 기회비용의 계산

	기타재	가정재
칼리토	$\frac{\Delta 가정재}{\Delta 기타재} = \frac{\Delta 600}{\Delta 200} = \frac{3}{1}$	$\frac{\Delta 기타재}{\Delta 가정재} = \frac{\Delta 200}{\Delta 600} = \frac{1}{3}$
이가	$\frac{\Delta 가정재}{\Delta 기타재} = \frac{\Delta 800}{\Delta 400} = \frac{2}{1}$	$\frac{\Delta 기타재}{\Delta 가정재} = \frac{\Delta 400}{\Delta 800} = \frac{1}{2}$

칼리토의 가정재 생산의 기회비용($\frac{1}{3}$)은 이가의 가정재 기회비용($\frac{1}{2}$)보다 작으므로 칼리토는 가정재 생산에 비교우위를 확보한다.

이가의 기타재 생산의 기회비용(2)은 칼리토의 기타재 생산의 기회비용(3)보다 작으므로 이가는 기타재 생산에 비교우위를 지닌다.

Ⅲ. 노동 분담 형태

1. 가구의 예산선

(1) 의 의

미혼 남녀인 칼리토와 이가가 결혼을 통해 단일 가구를 구성한다면 각자 생산한 기타재와 가정재를 교환하여 소비의 기회집합을 확장시키고 효용수준을 제고할 수 있다.

(2) 비교우위를 통한 전문화

단일 가구를 구성한 칼리토와 이가는 각자 비교우위를 보유한 재화만을 전문적으로 생산한다면 분업화가 이루어지기 전보다 생산능력이 확대되므로 소비의 기회집합은 확장되어 예산선은 원점에 대하여 오목하게 도해된다. 반대로 비교열위의 전문화가 이루어지면 가구의 생산능력은 위축되므로 예산선은 원점에 대하여 볼록하게 도해된다.

(3) 그래프의 도해

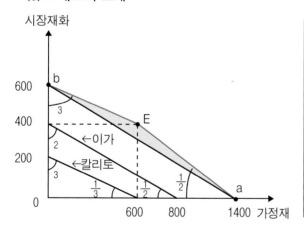

a, 가구 모두 가정재 생산

a → E : 가구원 중에서 시장재화 생산에 비교우위를 지닌 이가부터 노동시장에 진입

E, 전문화 상태
　　ㄴ ┌ 이가 : 시장재 전문화
　　　 └ 칼리토 : 가정재 전문화

b, 가구 모두 시장재 생산

b → E : 가구원 중에서 가정재 생산에 비교우위를 지닌 칼리토부터 가사노동에 투입

⇒ 가구의 분업화(노동분담)를 통해 확대된 소비의 기회집합!

2. 가구의 노동분담

효용극대화를 추구하는 가구는 주어진 예산선의 제약 하에서 가정재에 대한 기타재의 한계대체율에 따라 가구의 노동 분담 형태인 분업화 수준이 결정된다.

(1) 비교우위의 전문화 형태

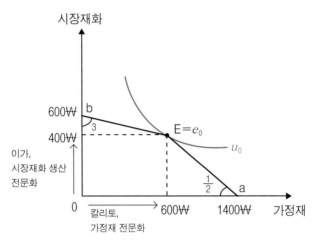

칼리토와 이가로 결합된 가구가 가정재와 기타재에 대한 균형적인 소비를 선호한다면 E에서 각 배우자는 비교우위에 있는 재화를 전문적으로 생산함으로써 효용극대화를 달성한다.

(2) 가정재 선호

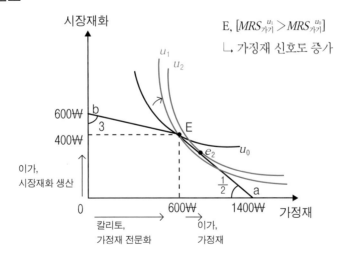

가구원이 기타재보다 가정재를 선호한다면 시장재 생산에 비교우위를 지닌 이가조차도 일정부분 가사노동에 투입함으로써 가정재 소비를 늘려 효용극대화를 달성할 수 있다. 이는 기타재 소비의 감소로 인한 효용의 하락분보다 추가적인 가정재 소비로 발생한 효용의 증가분이 더 크기 때문이다.

(3) 시장재화 선호

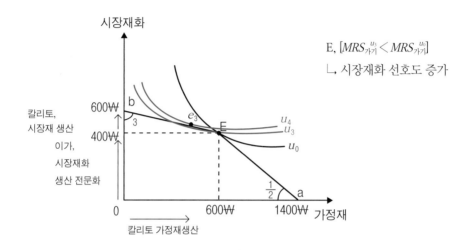

가구원이 가정재보다 시장재화를 선호한다면 가정재 생산에 비교우위를 지닌 칼리토조차도 일정부분 경제활동에 참여함으로써 시장재화 소비를 늘려 효용극대화를 달성할 수 있다. 이는 가정재 소비의 감소로 인한 효용의 하락분보다 추가적인 시장재화 소비로 발생한 효용의 증가분이 더 크기 때문이다.

물음 2) 시간당 임금률의 상승 또는 가구생산성의 향상이 가구의 효용극대화를 추구하는 과정에서 각 배우자의 전문화를 유도하는 노동 분담을 그래프로 설명하시오.

I. 이가의 시간당 임금률 상승

이가의 시간당 임금률이 상승하면 이가의 기타재 생산능력이 향상되어 가구의 소비집합이 기타재 생산량을 대폭 늘리는 방향으로 확대된다.

Ⅱ. 전문화 달성

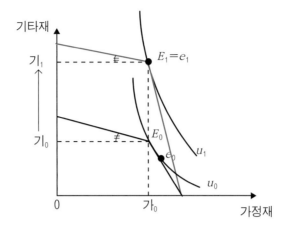

최초에 가구는 가정재에 대한 기타재의 한계대체율이 높아 가정재를 선호하므로 기타재 생산에 비교우위를 지닌 이가도 가정재 생산에 투입되어 비교우위에 따른 전문화에 실패하고 e_0에서 생산이 이루어지고 있었다.

이때 이가의 시간당 임금률 상승으로 기타재 생산능력이 대폭 확대된다면 가정재를 선호하는 가구조차도 대량의 기타재 소비를 통해 효용을 제고할 수 있으므로 E_1에서 이가와 칼리토는 모두 비교우위에 있는 재화를 전문적으로 생산하여 효용극대화를 달성할 수 있다.

Ⅲ. 칼리토의 가정재 생산성 상승

칼리토의 가정재 생산능력이 향상되면 가구의 소비집합이 가정재 생산량을 대폭 늘리는 방향으로 확대된다.

Ⅳ. 전문화 달성

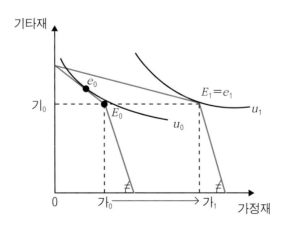

최초 가구는 가정재에 대한 기타재의 한계대체율이 낮아 기타재를 선호하므로 가정재 생산에 비교우위를 지닌 칼리토라도 기타재 생산에 투입되어 비교우위에 따른 전문화에 실패하고 e_0에서 분업화 수준이 결정되었다.

이때 칼리토의 가정재 생산능력이 대폭 확대된다면 기타재를 선호하는 가구조차도 대량의 가정재 소비를 통해 효용을 제고할 수 있으므로 E_1에서 칼리토와 이가는 모두 비교우위에 있는 재화를 전문적으로 생산하여 효용극대화를 달성할 수 있다.

 Topic 12-3

철수와 영희의 총가용시간은 각자 모두 10시간이다. 철수는 1시간을 노동시장에 투입하면 1원의 기타재를 30개 생산할 수 있고, 가사노동에 투입하면 1원의 가정재를 15개 생산할 수 있다. 영희는 1시간을 노동시장에 투입하면 1원의 기타재를 10개 생산하고 가사노동에 투입하면 1원의 가정재를 20개 생산한다.

	기타재	가정재
철수	30개	15개
영희	10개	20개

철수와 영희가 단일 가구를 구성하고, 기타재에 대한 선호가 강한 경우에 철수와 영희 가구의 분업화 형태를 그래프로 도해하시오. 그리고 철수와 영희 중에서 누구의 가정재 생산능력이 향상되어야 분업화가 극대화 된 전문화가 될 수 있는지 그래프로 설명하시오.

Ⅰ. 기회비용(opportunity cost)

1. 의 의

기회비용은 합리적 경제주체가 여러 대안 중에서 하나의 선택을 함에 따라 포기해야 하는 다른 대안 중에서 가장 큰 가치를 지닌 대안으로서 포기한 대안 중에서 최고의 가치로 측정한다.

2. 기회비용의 계산

	기타재	가정재
철수	$30개 \Rightarrow \dfrac{\Delta 가정재}{\Delta 기타재} = \dfrac{\Delta 15}{\Delta 30}$	$15개 \Rightarrow \dfrac{\Delta 기타재}{\Delta 가정재} = \dfrac{\Delta 30}{\Delta 15}$
영희	$10개 \Rightarrow \dfrac{\Delta 가정재}{\Delta 기타재} = \dfrac{\Delta 20}{\Delta 10}$	$20개 \Rightarrow \dfrac{\Delta 기타재}{\Delta 가정재} = \dfrac{\Delta 10}{\Delta 20}$

(1) 철수의 기회비용

철수는 1시간을 노동시장에 투입할 때 기타재 30개를 생산하고 가사노동에 투입하면 가정재 15개를 생산할 수 있다. 따라서 철수는 기타재 1 단위를 생산하기 위해서는 가정재 0.5 단위를 포기해야 하므로 가정재로 측정하는 기타재의 기회비용 $[= \dfrac{\Delta 가정재}{\Delta 기타재} = \dfrac{\Delta 15}{\Delta 30}]$는 0.5이다.

이는 곧 가정재 1 단위를 생산하기 위해서는 기타재 2 단위를 포기해야 함을 의미하므로 기타재로 측정하는 가정재의 기회비용 $[= \dfrac{\Delta 기타재}{\Delta 가정재} = \dfrac{\Delta 30}{\Delta 15}]$은 2이다.

(2) 영희의 기회비용

영희는 1시간을 노동시장에 투입할 때 기타재 10개를 생산하고 가사노동에 투입하면 가정재 20개를 생산할 수 있다. 따라서 영희는 기타재 1 단위를 생산하기 위해서는 가정재 2 단위를 포기해야 하므로 가정재로 측정하는 기타재의 기회비용 $[= \dfrac{\Delta 가정재}{\Delta 기타재} = \dfrac{\Delta 20}{\Delta 10}]$은 2이다.

이는 곧 가정재 1 단위를 생산하기 위해서는 기타재 0.5 단위를 포기해야 함을 의미하므로 기타재로 측정하는 가정재의 기회비용 $[= \dfrac{\Delta 기타재}{\Delta 가정재} - \dfrac{\Delta 10}{\Delta 20}]$은 0.5이다.

Ⅱ. 예산선의 도해

1. 생산가능곡선(production possibility curve: PPC)

경제 내에 존재하는 모든 자원을 효율적으로 사용하였을 때 최대로 생산 가능한 x재와 y재의 조합을 연결한 궤적으로서 생산가능곡선의 접선의 기울기인 한계변환율($MRT_{XY} = -\dfrac{\Delta Y}{\Delta X}$)은 y재로 측정하는 x재의 기회비용을 의미한다.

2. 예산선(budget line)

예산선은 개인이 보유한 소득으로 최대로 구매 가능한 소비의 기회집합을 연결한 궤적이다. 따라서 철수와 영희는 보유한 유일한 생산 요소인 노동 10시간을 효율적으로 사용하여 최대로 생산 가능한 가정재와 기타재의 조합인 생산가능곡선에 각 재화의 단위 가격을 곱하면 화폐로 표현되는 예산선을 도해할 수 있다.

(1) 철수의 예산선

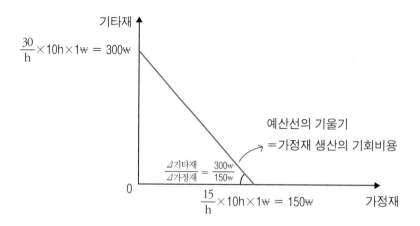

(2) 영희의 예산선

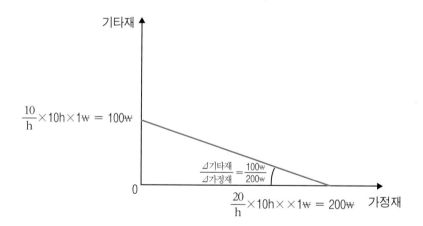

Ⅲ. 가구생산함수(가구 예산선)

1. 비교우위

고전학파 경제학자인 리카르도(D.Ricardo)에 따르면 노동가치설에 입각하여 동일 재화 생산의 기회비용이 낮은 경제주체가 비교우위를 확보하고, 각 경제주체는 비교우위 재화를 전문적으로 생산하여 시장을 통해 거래한다면 교환(무역)의 이득을 얻을 수 있다.

영희의 가정재 생산의 기회비용(0.5)은 철수의 가정재 생산의 기회비용(2)보다 작으므로 영희는 철수보다 가정재 생산에 비교우위를 확보한다. 철수의 기타재 생산의 기회비용($\frac{1}{2}$)은 영희의 기타재 생산의 기회비용(2)보다 작으므로 철수는 기타재 생산에 비교우위를 지닌다.

2. 가구생산함수(household production function)

(1) 의 의

미혼 남녀인 경제주체가 결혼을 통해 단일 가구를 구성한다면 각자 생산한 기타재와 가정재를 교환하여 소비의 기회집합을 확장시키고 효용수준을 제고할 수 있다.

(2) 비교우위를 통한 전문화

단일 가구를 구성한 남편과 부인은 각자 비교우위를 보유한 재화를 전문적으로 생산한다면 분업화가 이루어지기 전보다 생산능력이 확대되므로 소비의 기회집합은 확장되어 예산선은 원점에 대하여 오목하게 도해된다. 반대로 비교열위의 전문화가 이루어지면 가구의 생산능력은 위축되므로 예산선은 원점에 대하여 볼록하게 도해된다.

3. 가구의 예산선과 기회집합

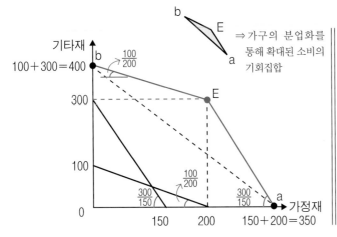

⇒ 가구의 분업화를 통해 확대된 소비의 기회집합

a, 가구 모두 가정재 생산

a → E : 가구원 중에서 기타재 생산에 비교우위를 지닌 철수부터 노동시장에 진입

E, 분업화가 극대화된 전문화
: 철수 = 기타재 전문화
영희 = 가정재 전문화

b, 가구원 모두 기타재 생산

b → E : 가구원 중에서 가정재 생산에 비교우위를 지닌 영희부터 가사노동에 투입

Ⅳ. 가구의 노동 분담 형태

1. 가구의 노동분담

효용극대화를 추구하는 가구는 주어진 가구생산함수의 제약 하에서 가정재에 대한 기타재의 한계대체율에 따라 가구의 노동 분담, 즉 분업화 수준이 결정된다.

2. 기타재 선호

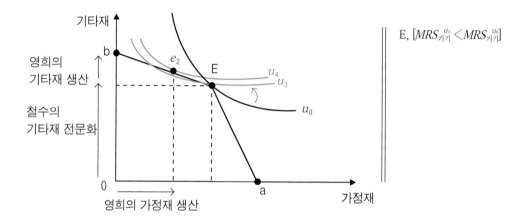

가구원이 가정재보다 기타재를 선호한다면 기타재 소비의 기회비용이 상승하여 가정재에 대한 기타재의 한계대체율이 하락하여 가구의 무차별곡선은 전문화 소비지점(E)을 중심으로 반시계 방향으로 회전 이동한다. 따라서 1원당 한계효용이 하락한 가정재를 1원당 한계효용이 상승한 기타재로 대체하기 위해 기타재 소비를 늘려 효용극대화를 추구한다. 따라서 가정재 생산에 전문화된 영희를 일정 시간 경제활동에 참여시켜 기타재 생산에 투입함으로써 기타재 생산을 늘린다. 이는 가정재 소비의 감소로 인한 효용의 하락분보다 추가적인 기타재 소비로 발생한 효용의 증가분이 더 크기 때문이다.

Ⅴ. 영희의 가정재 생산성 향상과 전문화 유도

1. 가정재 생산성의 상승

영희의 가정재 생산능력이 향상되면 가구의 소비집합이 가정재 소비량을 대폭 늘리는 방향으로 확대된다.

2. 전문화 달성

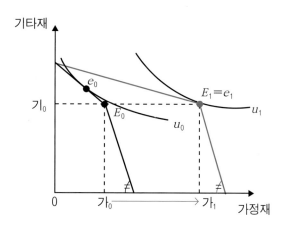

　최초 가구는 가정재에 대한 기타재의 한계대체율이 낮아 기타재를 선호하므로 가정재 생산에 비교우위를 지닌 영희라도 기타재 생산에 투입되어 비교우위에 따른 전문화에 실패하고 e_0에서 생산이 이루어지고 있었다.

　이때 영희의 가정재 생산능력이 대폭 확대된다면 기타재를 선호하는 가구조차도 대량의 가정재 소비를 통해 효용을 제고할 수 있으므로 E_1에서 철수와 영희는 모두 비교우위에 있는 재화를 전문적으로 생산하여 효용극대화를 달성할 수 있다.

TOPIC 13

여성의 경제활동 참가율 상승
- 가계생산이론

 ## Topic 13-1

주당 100시간의 총가용시간(T)이 가사노동(h), 시장노동(L^s), 여가(L)로 구성되는 기혼여성은 총가용시간을 우선 가사노동시간(h)에 배분하여 가정재(H)를 생산한다. 기혼여성의 노동공급 결정 과정을 가계생산이론을 통해 답하시오.

물음 1) 노동시장에 참여하지 않는 전업주부의 경제활동을 그래프를 통해 분석하시오.

I. 물음 1)의 해결 : 가계생산이론

기혼여성은 주어진 총가용시간 중 우선 가사노동 시간을 투입하여 생산하는 가정재(H), 노동시장에 진입하여 획득하는 근로소득(으로 소비하는 기타재 = C) 및 여가(L) 소비를 통해 효용극대화를 달성하는 최적의 가사노동시간(h)과 노동공급(L^s) 및 여가(L)를 탐색한다.

$$\begin{bmatrix} Max\ U = f(H, L, C) \\ S.t.\ M\ = W_0[T-(L+h)]+H \qquad [T(=100) = h+L+L^s] \end{bmatrix}$$

기혼여성은 소득(=근로소득+가정재)과 여가의 주관적 교환비율과 시장의 객관적 교환비율이 일치하는 $[MRS_{LM} = W_0]$ 무차별곡선과 예산제약선의 접점에서 효용극대화를 달성한다.

II. Graph 도해

1. 가정재의 생산함수

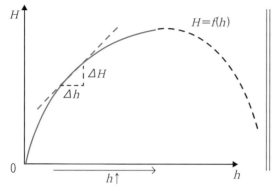

가사노동의 한계생산성

$\llcorner, MP_h = \dfrac{\varDelta H}{\varDelta h}$

가사노동(h) 투입이 증가할수록 기혼여성이 생산하는 가정재(H)의 증가분은 점차 감소하므로 가정재의 생산함수는 수평축에 대하여 오목한 형태이고 가정재 생산함수의 접선의 기울기는 가사노동의 한계생산성을 의미한다.

2. 기혼여성의 예산선

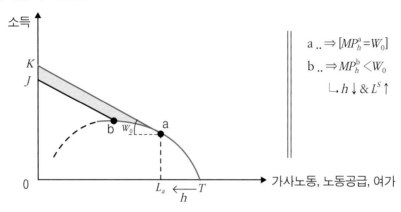

기혼여성은 추가적으로 1 단위의 가용시간을 가사노동에 투입할 때의 수입(가정재 생산) 증가분(MP_h)과 경제활동에 참여할 때의 수입 증가분(W_0)을 비교하여 소비의 기회집합(예산선)을 극대화한다.

b에서는 시장의 임금률이 가사노동의 한계생산성보다 크므로 가사노동시간을 줄이고 경제활동 참여지점을 확대하면 소비의 기회집합을 늘릴 수 있다. 그리고 a에서는 가사노동의 한계생산성과 시간당 임금률이 일치하여 T에서 L_a까지는 가사노동에 투입하고 이후부터는 경제활동에 참여하여 근로소득을 획득하면 $\overline{KaT}$의 극대화된 예산제약선을 얻는다.

3. 전업주부의 효용극대화

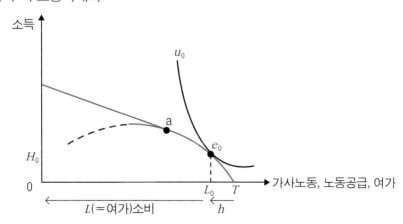

전업주부는 주어진 예산제약 조건에서 여가와 소득의 한계대체율과 예산선이 접하는[$MRS_{LM} = MP_h$] e_0에서 $T-L_0$만큼의 가사노동(h)을 투입하고 남은 시간은 모두 여가에 소비함으로써 경제활동에 참여하지 않고 효용극대화를 달성한다.

물음 2) 기혼여성이 노동시장에 참여하여 효용극대화를 추구하는 행위를 그래프를 통해 설명하시오.

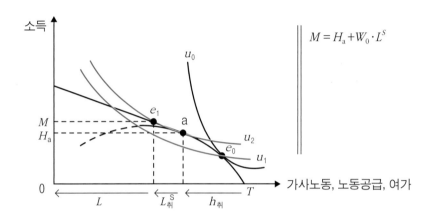

전업주부보다 여가에 대한 소득의 한계대체율이 낮은 취업 기혼여성은 총가용시간에서 우선 $h_{취}$만큼의 가사노동을 투입하여 H_a의 가정재를 생산하고 $L_{취}^S$만큼의 노동을 공급하고 나머지 시간은 모두 여가에 소비함으로써 e_1에서 효용극대화를 달성한다.

물음 3) 여성의 고학력화로 기혼여성의 시장 임금률이 상승하고 가사노동의 한계생산성이 향상될 때 기혼여성의 노동공급 증감을 그래프로 분석하시오.

Ⅰ. 기혼여성의 경제활동참가율 상승

성평등 인식의 확산, 의무교육의 확대, 여성의 사회적 지위 상승 등으로 여성의 인적자본축적이 증가하여 생산성이 향상되었다. 따라서 생산성 향상분에 비례적으로 상승한 여성의 임금률은 여가와 가사노동의 기회비용을 높여 기혼여성의 경제활동 참가유인을 높였다. 또한 냉장고, 세탁기 등의 가전제품 발전을 이끈 기술개발은 여성의 가정재 생산성을 향상시켜 출산과 육아 등 가정재 생산의 부담을 낮추고 경제활동 참가를 유도하였다.

Ⅱ. 가사노동의 한계생산성 향상

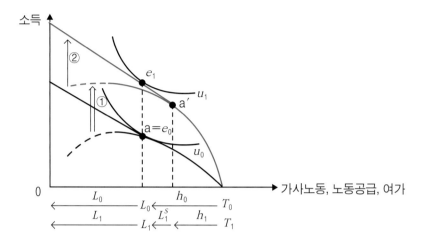

　가사노동의 한계생산성이 향상되면 가정재 생산함수가 상방으로 이동하여 기혼여성의 가사노동시간은 감소하고 경제활동에 참여함으로써 효용수준이 상승한다.

Ⅲ. 기혼여성의 시장 임금률 상승

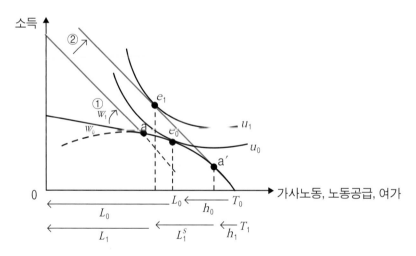

　기혼여성의 시장 임금률이 상승하면 1단위 시간을 가사노동에 투입할 때보다 경제활동에 참여하면 실질소득의 증가분이 크므로 확대된 예산제약선의 이점을 활용해 가사노동을 줄이고 경제활동에 참여함으로써 효용수준을 높일 수 있다.

남성의 노동공급탄력성은 - 0.1이고, 여성의 노동공급탄력성은 +0.2로 추정된다. 남성과 여성의 노동공급탄력성을 그래프로 비교하여 설명하시오.　　　　　　　　　　[2023년 3기]

Ⅰ. 소득효과의 발생 유무

　남성과 여성의 임금률은 시간이 흐를수록 상승하는 추세이다. 이때 경제활동에 참여하여 노동을 공급하여 효용극대화를 추구하는 남성 근로자(혹은 취업 여성)는 시간당 임금률이 상승하면 동일 노동공급에 대한 실질소득이 증가하여 정상재인 여가 소비를 늘리고자 노동공급을 감소시키는 소득효과가 발생한다. 그러나 출산과 육아의 부담으로 유보임금이 시장의 객관적 임금률보다 높아 노동시장 외부인 초기부존점에서 경제활동에 참여하지 않고 효용극대화를 달성하던 여성(전업주부)는 시간당 임금률이 상승하여도 소득효과는 발생하지 않는다.

　따라서 내부 노동시장에서 효용극대화를 달성하는 남성 근로자는 시간당 임금률이 상승하면 노동공급을 감소시키는 소득효과가 노동공급을 증가시키는 대체효과를 압도하여 노동공급의 임금 탄력성은 음수(-)이고 소득효과가 대체효과를 제약하므로 전업주부보다 비탄력적이다.

　초기부존점에서 효용극대화를 달성하는 전업주부는 시간당 임금률이 상승하여도 소득효과는 발생하지 않으므로 노동공급의 임금 탄력성은 양수(+)이다. 또한 상승한 임금률이 유보임금을 상회하는 즉시 대체효과에 경제활동에 참여하므로 전업주부의 노동공급은 남성보다 탄력적이다.

　이를 통해 여성의 경제활동참여가 급격하게 상승하는 경험적 사실은 전업주부의 경제활동 참여율 상승에 기인하고 있음을 확인할 수 있다.

Ⅱ. 남성 - 내부 근로자의 노동공급 선택

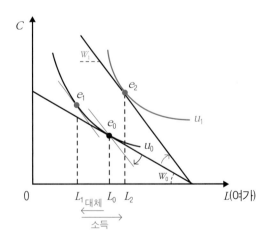

Ⅲ. 여성 - 초기 부존점에서 경제활동참여 선택

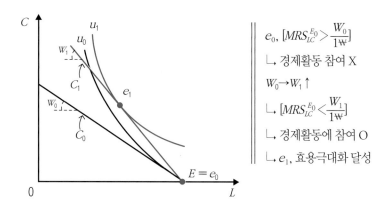

오른쪽 설명:

e_0, $[MRS_{LC}^{E_0} > \frac{W_0}{1\text{₩}}]$

└, 경제활동 참여 X

$W_0 \to W_1 \uparrow$

└, $[MRS_{LC}^{E_0} < \frac{W_1}{1\text{₩}}]$

└, 경제활동에 참여 O

└, e_1, 효용극대화 달성

그래프 라벨: C, u_1, u_0, W_1, C_1, e_1, W_0, C_0, $E = e_0$, 0, L

 Topic 13-3

노동시장에서 남성과 여성의 임금률은 꾸준하게 상승하는 추세이다. 이때 남성의 경제활동참여율은 하락하지만 여성의 경제활동참여율은 상승하는 상반된 추세이다. 이를 그래프로 설명하시오.

Ⅰ. 기혼여성의 경제활동참여율 상승

내부 노동시장에 존재하는 남성 근로자는 여가 소비를 늘려 효용극대화를 추구하므로 임금률과 노동공급 간에 음(−)이 관계가 관찰된다. 이는 시간당 임금률이 상승하면 노동공급을 증가시키는 대체효과보다 정상재인 여가 소비를 늘려 노동공급을 감소시키는 소득효과가 크기 때문이다. 그리고 여가가 정상재이면 소득효과는 대체효과의 영향을 상쇄시키므로 기혼여성보다 임금에 비탄력적이다.

외부 노동시장에 존재하는 기혼 여성은 임금률이 상승하면 소득효과는 없고 대체효과만이 발생한다. 따라서 임금률과 노동공급 간에 양(+)의 관계가 성립한다. 또한 시장의 객관적 임금률과 주관적 유보임금을 비교하여 노동시장 참여 여부를 결정하므로 노동시장에 진입한 남성 근로자보다 임금률의 변화에 탄력적으로 반응한다.

이런 기혼여성의 경제활동참여율이 대폭 상승한 원인은 학교교육 등 인적자본투자의 확대로 여성 근로자의 임금률이 상승하였기 때문이다. 또한 기술이 진보하여 가정재 생산성이 향상되어 전업주부의 가사노동부담이 완화되었다. 완화된 가사노동부담은 여가의 기회비용을 낮춤으로서 기혼여성의 노동시장 참여를 촉진하였다.

Ⅱ. 고임금 남성 근로자의 노동공급탄력성

대체＜소득 : 음(−)의 관계

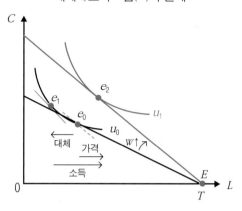

내부 노동시장에서 노동을 공급하는 남성 근로자는 시간당 임금률이 상승하면 대체효과와 동시에 소득효과가 발생하여 임금에 비탄력적으로 반응한다. 그리고 일정 수준의 기타재를 소비하고 있으므로 정상재인 여가 소비를 늘리는 방향으로 효용극대화를 추구하므로 노동공급을 감소시키는 소득효과가 노동공급을 증가시키는 대체효과보다 커서 임금률과 노동공급 간에 음(−)의 관계가 관찰된다.

Ⅲ. 전업주부의 경제활동참가율 상승

1. 교육의 확대

〈여성의 임금률 상승〉

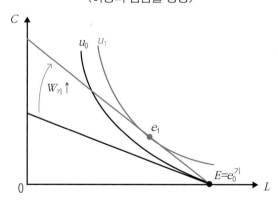

2. 가정재 생산성의 향상

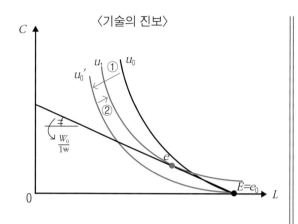

〈기술의 진보〉

e_0, 기술의 진보

 ∟ 가정재 생산성 향상

 ∟ 기혼 여성의 가사노동부담완화

 ∟ 기혼 여성의 여가의 기회비용$(=-\dfrac{\Delta C}{\Delta L})\downarrow$

 ∟ 기혼 여성의 한계대체율 하락

  $(=-\dfrac{\Delta C}{\Delta L}=MRS_{LC})\downarrow$

 ∟ $u_0 \rightarrow u_0{}'$

 ∟ $MRS_{LC}^{E}<\dfrac{W_0}{1\text{₩}}$

 ∟ 기혼 여성의 노동시장 참여

※ 〈교육의 확대와 기술의 진보〉

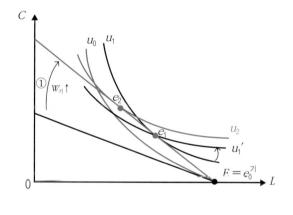

e_0, 교육의 확대

 ∟ $W_{71}\uparrow$

 ∟ $MRS_{LC}^{E}<W_{71}\uparrow$

 ∟ $e_0 \rightarrow e_1$

 ∟ e_1, 기술의 진보

 ∟ $MRS_{LC}^{e_1}\downarrow : u_1 \rightarrow u_1{}'$

 ∟ $MRS_{LC}<W_{71}$

 ∟ $L\downarrow$ & $C\uparrow$

 ∟ $e_1 \rightarrow e_2$

제3장

노동수요

TOPIC
01

기업의 단기 노동수요곡선 도출

Topic 1-1

노동수요와 관련하여 다음 물음에 답하시오.

총생산함수를 이용하여 기업의 단기 노동수요곡선을 도출하고, 단기의 어떤 고용수준에서도 이전보다 생산량을 200단위씩 증가시키는 기술혁신을 경험한 A 기업의 고용변화를 그래프를 통해 설명하시오.

Ⅰ. 우하향하는 단기 노동수요곡선 – 한계생산체감의 법칙

노동수요곡선은 완전경쟁노동시장에서 주어진 임금에 순응하여 기업의 이윤극대화를 달성하는 최적 고용량 조합을 연결한 궤적이다.

경쟁기업은 시장임금(W)과 노동자의 한계생산물가치(VMP_L)가 일치하도록 최적고용량을 결정하여 이윤극대화를 달성한다. 그리고 임금이 하락할수록 고용의 부담이 완화된 기업은 고용량을 확대한다. 이때 자본이 고정된 단기에서는 고용량을 늘릴수록 노동자 당 가용 자본량이 감소하여 노동의 한계생산물이 체감하고 생산규모의 크기를 제한하므로 노동수요곡선은 우하향한다. 따라서 노동수요곡선의 높이는 기업이 한계근로자를 고용할 때 획득하는 한계생산물가치(VMP_L)만큼 기업이 한계근로자에게 최대로 지불할 용의가 있는 임금수준이다.

임의의 고용수준에서 생산량이 동일하게 200단위 증가하면 총생산곡선은 수직 상방으로 이동한다. 따라서 노동의 한계생산성(물)은 기술혁신 전과 동일하여 노동자의 한계생산물가치(VMP_L)도 불변이므로 노동수요곡선은 이동하지 않아 주어진 시장임금에서 고용은 불변이다.

Ⅱ. 단기의 이윤극대화 행동원리

모든 생산요소가 가변적인 장기와는 달리 고정 생산요소가 존재하는 단기 노동시장에서 개별 기업의 이윤극대화 행동원리[$MFC_L = MRP_L$]는 재화시장의 이윤극대화 행동원리[$MC = MR$]과 일치한다.

단기 노동시장에서 개별 기업은 한계근로자를 고용할 때 발생하는 비용의 증가분인 한계요소비용[$MFC_L = \frac{\Delta TC}{\Delta L} = \frac{\Delta TC}{\Delta Q} \cdot \frac{\Delta Q}{\Delta L} = MC \cdot MP_L$]과 고용된 한계근로자로부터 얻는 수입의 증가분인 한계수입생산[$MRP_L = \frac{\Delta TR}{\Delta L} = \frac{\Delta TR}{\Delta Q} \cdot \frac{\Delta Q}{\Delta L} = MR \cdot MP_L$]이 일치[$MFC_L = MRP_L$]하도록 노동을 고용하면 이윤극대화를 달성한다.

한계근로자의 한계요소비용[MFC_L]은 근로자의 임금[W]을 의미하고[$MFC_L = \dfrac{\Delta TFC_L}{\Delta L} = \dfrac{\Delta(W \cdot L)}{\Delta L} = \dfrac{W \cdot \Delta L}{\Delta L} = W$] 완전경쟁시장의 개별 기업은 가격순응자(Price taker)로 행동하므로 기업의 한계수입[MR]은 최종 재화의 시장가격[P]과 일치한다[$MR = \dfrac{\Delta TR}{\Delta Q} = \dfrac{\Delta(P \cdot Q)}{\Delta Q} = \dfrac{P \cdot \Delta Q}{\Delta Q} = P$].

$$[MFC_L = \frac{\Delta TFC_L}{\Delta L} = \frac{\Delta(W \cdot L)}{\Delta L} = \frac{W \cdot \Delta L}{\Delta L} = W]$$
$$= [MRP_L = \frac{\Delta TR}{\Delta L} = \frac{\Delta TR}{\Delta Q} \cdot \frac{\Delta Q}{\Delta L} = MR \cdot MP_L = P \cdot MP_L = VMP_L]$$
$$[W = P \cdot MP_L = VMP_L]$$

따라서 단기 노동시장에서 기업은 이윤극대화를 달성하기 위해 마지막으로 고용하는 한계근로자의 임금(W)과 한계생산물가치(VMP_L)가 동일하도록 최적고용량을 결정한다.

Ⅲ. 단기 노동수요곡선의 도출

1. 수확체감의 법칙(Law of diminishing returns)

자본이 고정된 단기에서 기업이 고용량(L)을 증가시킬수록 단위 노동자당 가용 자본량($\frac{K}{L}$)이 감소하므로 증가하는 노동의 한계생산물이 점차 감소하는 수확체감의 법칙이 성립한다.

2. 그래프의 도해

(1) 단기 총생산함수

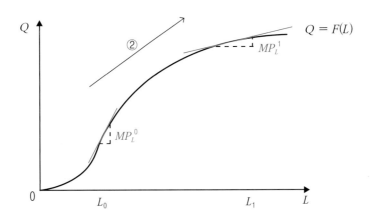

(2) 단기의 노동수요곡선

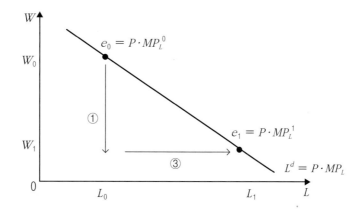

기업은 주어진 임금(W_0) 수준에서 마지막으로 고용하는 한계근로자의 한계생산물가치[$P \cdot MP_L^0 =$ VMP_L^0]와 일치하도록 최적 고용량(L_0)을 결정하여 이윤극대화를 달성한다. 이때 시장의 균형임금이 하락 (W_1)하면 임금보다 한계생산물가치가 높으므로 고용의 부담이 완화되어 고용을 늘릴 여력이 확대된다. 그리고 총생산함수 접선의 기울기로 측정하는 노동의 한계생산물과 하락한 임금이 일치하는 지점까지 고용을 증가시키면(L_1) 새로운 임금(W_1)수준에서도 이윤극대화에 도달할 수 있다. 따라서 각각의 주어진 임금수준에서 이윤극대화를 달성하는 최적 고용량 조합을 연결하면 우하향하는 기업의 단기 노동수요곡선이 도출된다.

Ⅳ. 설문의 해결 - 한계생산 불변

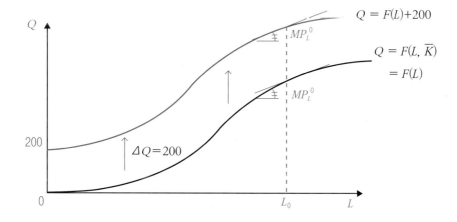

기술혁신으로 모든 노동 단위에서 생산량이 200씩 증가하면 총생산곡선은 수직 상방으로 이동하므로 단위 노동자의 한계생산성은 기술혁신 이전과 동일하다. 따라서 기업의 한계생산물가치도 기술혁신 이전과 동일하여 노동수요곡선은 수직 상하방으로 이동하지 않고 기업의 고용규모도 변함이 없다.

어느 개별 기업의 생산함수가 $Q = 20L - 2.5L^2$이고 임금은 10이며 생산물 가격이 1로 주어졌을 때, 이 기업의 이윤을 극대화시키는 적정 고용량을 계산하시오. 그리고 다른 조건들이 불변인 상태에서 임금이 5로 하락했을 때 적정 고용량을 계산하여 이 기업의 단기 노동수요곡선을 그래프로 나타내시오. (단, Q = 생산량, L = 고용량)　　　　　　　　[2017년 1-물음 1), 10점]

I. 우하향하는 단기 노동수요곡선 - 한계생산체감의 법칙

　노동수요곡선은 완전경쟁노동시장에서 주어진 임금에 순응하여 기업의 이윤극대화를 달성하는 최적 고용량 조합을 연결한 궤적이다.

　경쟁기업은 시장임금(W)과 노동자의 한계생산물가치(VMP_L)가 일치하도록 최적고용량을 결정하여 이윤극대화를 달성한다. 그리고 임금이 하락할수록 고용의 부담이 완화된 기업은 고용량을 확대한다. 이때 자본이 고정된 단기에서는 고용량을 늘릴수록 노동자 당 가용 자본량이 감소하여 노동의 한계생산물이 체감하고 생산규모의 크기를 제한하므로 노동수요곡선은 우하향한다. 따라서 노동수요곡선의 높이는 기업이 한계근로자를 고용할 때 획득하는 한계생산물가치(VMP_L)만큼 기업이 한계근로자에게 최대로 지불할 용의가 있는 임금수준이다.

II. 단기의 이윤극대화 행동원리

　모든 생산요소가 가변적인 장기와는 달리 고정 생산요소가 존재하는 단기 노동시장에서 개별 기업의 이윤극대화 행동원리 [$MFC_L = MRP_L$]는 재화시장의 이윤극대화 행동원리 [$MC = MR$]과 일치한다.

　따라서 단기 노동시장에서 개별 기업은 한계근로자를 고용할 때 발생하는 비용의 증가분인 한계요소비용[$MFC_L = \frac{\Delta TC}{\Delta L} = \frac{\Delta TC}{\Delta Q} \cdot \frac{\Delta Q}{\Delta L} = MC \cdot MP_L$]과 고용된 한계근로자로부터 얻는 수입의 증가분인 한계수입생산[$MRP_L = \frac{\Delta TR}{\Delta L} = \frac{\Delta TR}{\Delta Q} \cdot \frac{\Delta Q}{\Delta L} = MR \cdot MP_L$]이 일치하는 지점에서 이윤극대화를 달성하는 최적 고용량을 결정한다.

　한계근로자의 한계요소비용[MFC_L]은 근로자의 임금[W]을 의미하고[$MFC_L = \frac{\Delta TC}{\Delta L} = \frac{\Delta(W \cdot L)}{\Delta L} = \frac{W \cdot \Delta L}{\Delta L} = W$] 완전경쟁시장의 개별 기업은 가격순응자(Price taker)로 행동하므로 기업의 한계수입[MR]은 최종 재화의 시장가격[P]과 일치한다[$MR = \frac{\Delta TR}{\Delta Q} = \frac{\Delta(P \cdot Q)}{\Delta Q} = \frac{P \cdot \Delta Q}{\Delta Q} = P$].

$$[MFC_L = \frac{\Delta TFC_L}{\Delta L} = \frac{\Delta(W \cdot L)}{\Delta L} = \frac{W \cdot \Delta L}{\Delta L} = W]$$
$$= [MRP_L = \frac{\Delta TR}{\Delta L} = \frac{\Delta TR}{\Delta Q} \cdot \frac{\Delta Q}{\Delta L} = MR \cdot MP_L = P \cdot MP_L = VMP_L]$$
$$[MFC_L = W] = [VMP_L = P \cdot MP_L = MR \cdot MP_L = MRP_L]$$

따라서 단기 노동시장에서 기업은 이윤극대화를 달성하기 위해 마지막으로 고용되는 한계근로자의 임금(W)과 한계생산물가치(VMP_L)가 동일하도록 최적고용량을 결정한다.

Ⅲ. 최초의 이윤극대화 고용량 : (L=2)

단기의 이윤극대화 행동원리에 근거하여

$$[VMP_L = P \cdot MP_L]$$이고 $P = 1$이므로,

$$[VMP_L = 1 \cdot MP_L]$$ 이고

$$[MP_L = \frac{dQ}{dL} = 20-5L]$$ 이어서

$$[P \cdot MP_L = 1 \cdot (20-5L)] = [10 = W]$$ 이다.

시장 임금(=10)과 일치하는 수준에서 최적 고용량을 결정하므로

$$[20-5L = 10]$$

$$\therefore L = 2 \quad (W=10)$$

Ⅳ. 임금하락과 이윤극대화 고용량의 증가 : (L=3)

임금이 5로 하락할 경우에도 이상의 동일한 이윤극대화 원리에 따라 행동하는 기업은 고용부담의 감소로 고용량을 늘려 이윤극대화를 추구하므로,

$$[P \cdot MP_L = 1 \cdot (20-5L)] = [5=W]$$

$$[20-5L = 5]$$

$$\therefore L = 3 \quad (W=5)$$

Ⅴ. Graph 도해

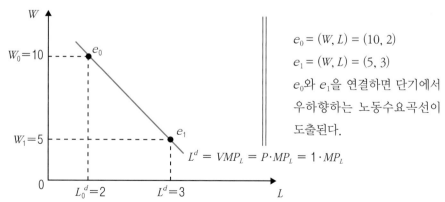

$e_0 = (W, L) = (10, 2)$

$e_1 = (W, L) = (5, 3)$

e_0와 e_1을 연결하면 단기에서 우하향하는 노동수요곡선이 도출된다.

임금이 하락하면 고용의 부담이 완화된 기업은 노동을 추가적으로 고용할 수 있는 여력이 확대되므로 우하향하는 단기 노동수요곡선이 도출된다. 자본이 고정된 단기에서 기업이 완화된 고용부담으로 생산량을 확대하기 위해 노동수요를 늘릴수록 한계근로자의 한계생산물이 점차 감소하는 수확체감의 법칙이 존재한다. 따라서 자본이 고정된 단기의 다양한 임금 수준에 순응하여 기업의 이윤극대화를 달성하는 최적 고용량의 조합을 연결한 궤적인 단기 노동수요곡선은 한계생산체감의 법칙에 근거하여 우하향한다.

 Topic 1-3

노동시장균형에 대한 다음 물음에 답하시오.   [2016년 2문, 25점]

물음 1) 제품시장과 노동시장이 완전경쟁이고 노동 이외의 생산비용은 존재하지 않으며, 노동만이 유일한 생산요소라고 가정하자. 어떤 기업의 단기 노동수요곡선이 $L^d = -\frac{1}{3}W+3$ 일 때, 임금(W)이 3일 경우 균형 고용량과 이윤을 구하고, 그래프를 그려서 설명하시오. (10점)

– 노동시장 균형고용량

단기의 노동시장에서 개별 기업은 노동수요곡선($L^d = VMP_L$)과 노동공급곡선($L^s = W$)이 일치하는 지점에서 균형 임금과 균형 고용량을 결정하여 이윤극대화를 달성한다.

1. 노동수요곡선

설문에서 주어진 노동수요곡선은 [$L^d = -\frac{1}{3}W+3$]이므로, 역노동수요곡선은 [$W = -3L^d+9$]이다. 기울기가 −3인 우하향의 역노동수요곡선이 도출된다.

2. 노동공급곡선

설문에서 [$W = 3$]이므로 한계근로자의 한계요소비용(MFC_L)은 3이다. 따라서 수평의 노동공급곡선 [$L^s = W = 3$]이 도출된다.

3. 균형 고용량과 이윤 : ($L = 2$, $\pi = 6$)

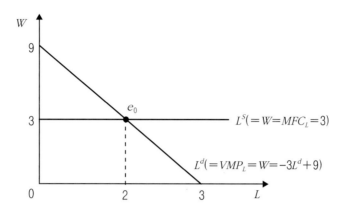

$[L^d = L^s]$인 e_0에서 균형 고용량이 결정된다. $[W = -3L^d + 9]$의 노동수요곡선을 노동공급곡선 $[W = 3]$에 대입하면 $[3 = -3L + 9]$ 균형 교용량은 2이다.

그리고 단기에서 기업의 총수입은 $[6 \times 2 + 2 \times 3 = 12]$이고, 총비용(=근로자의 총근로소득)은 $[2 \times 3 = 6]$이 므로 기업의 이윤은 $[\pi = 12 - 6 = 6]$이다.

물음2) A 기업은 경쟁 노동시장에서 근로자를 고용하여 생산한 최종 재화를 경쟁시장에서 판매하고 노 동수요의 임금 탄력성은 -1.2이다. 임금이 5% 올랐다면 기업이 고용하는 근로자의 수와 이 기업이 마지막으로 고용한 근로자의 한계생산성에 미치는 영향을 설명하시오.

Ⅰ. 노동의 한계생산(물)가치

노동수요곡선(의 높이)는 한계근로자의 한계생산물가치$[P \cdot MP_L = VMP_L]$만큼 기업이 근로자에게 최대 로 지불할 용의가 있는 임금수준$[P \cdot MP_L = VMP_L = W]$을 연결한 궤적이다.

따라서 최종 재화의 가격이 불변일 때 임금이 5% 인상되면 고용의 부담이 가중된 기업은 노동수요곡선 상에서 고용량을 줄이고 한계생산(수확) 체감의 법칙에 의해 고용량이 감소할 때 한계근로자의 생산성은 상승한다.

Ⅱ. 노동수요의 임금탄력성

1. 의 의

노동수요의 임금탄력성은 임금이 1% 변화할 때 노동수요의 변화율을 측정하는 지표이다.

2. 노동수요 임금 탄력성 측정

$$[\varepsilon = -\frac{\frac{\Delta L^d}{L^d}100\%}{\frac{\Delta W}{W}100\%} = -\frac{\dot{L}^d}{\dot{W}}]$$

$\varepsilon < 1$ 이면 비탄력적(단, $\varepsilon = 0$은 완전 비탄력적),

$\varepsilon = 1$ 이면 단위탄력적,

$\varepsilon > 1$ 이면 탄력적이다(단, $\varepsilon = \infty$는 완전 탄력적).

3. 설문의 해결

$$[\varepsilon = \frac{\dot{L}^d}{\dot{W}}] \ \text{☞} \ [-1.2 = \frac{\dot{L}^d}{5\%}]$$

따라서 노동수요의 임금탄력성이 -1.2일 때, 임금이 5% 상승하면 고용량(L^d)은 6% 감소한다.

Ⅲ. 한계생산성의 상승

1. 기업의 이윤극대화 행동원리

$[W = P \cdot MP_L = VMP_L]$

☞ $[\dot{W} = \dot{P} + \dot{MP_L}]$ (변화율을 측정하기 위해 시간에 대해 미분하면)

☞ $[5\% = 0\% + \dot{MP_L}]$

∴ $\dot{MP_L} = + 5\%$

2. 그래프 도해

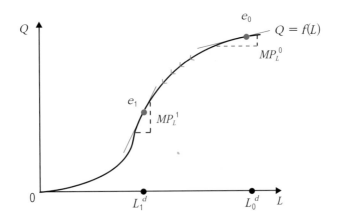

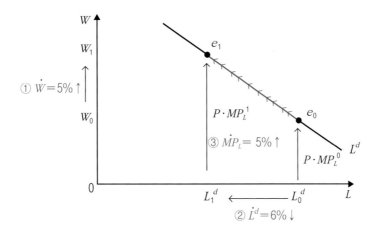

TOPIC
02

산업의 단기 노동수요곡선 도출

 Topic 2-1

· ·

단기에서 개별 기업의 노동수요곡선과 산업 전체의 노동수요곡선을 비교하시오.

Ⅰ. 의 의 – 비탄력적인 산업의 단기 노동수요곡선

완전경쟁 재화시장에서 가격에 순응하는 개별 기업과 달리 산업은 이윤극대화를 위한 노동수요를 결정할 때 재화의 가격에 영향을 미치므로 개별 기업의 노동 수요곡선을 단순 수평합하여 산업의 단기 노동수요곡선을 도출할 수 없다. 따라서 단기에서 임금이 하락하면 개별 기업의 생산량이 증가하여 산업 전체의 공급이 확대되므로 재화가격이 하락하고 개별 기업보다 비탄력적인 산업의 단기 노동수요곡선이 도출된다.

Ⅱ. 기업의 단기 노동수요곡선

모든 생산요소가 가변적인 장기와는 달리 고정 생산요소가 존재하는 단기의 노동시장에서 개별 기업은 한계근로자를 고용할 때 발생하는 비용의 증가분인 한계요소비용[$MFC_L = \frac{\Delta TFC_L}{\Delta L} = \frac{\Delta(W \cdot L)}{\Delta L} = \frac{W \cdot \Delta L}{\Delta L} = W$]과 고용하는 한계근로자로부터 얻는 수입의 증가분인 한계수입생산[$MRP_L = \frac{\Delta TR}{\Delta L} = \frac{\Delta TR}{\Delta Q} \cdot \frac{\Delta Q}{\Delta L} = MR \cdot MP_L = P \cdot MP_L = VMP_L$] 이 일치하도록 이윤극대화를 달성하는 최적 고용량을 결정한다.

따라서 단기 노동시장에서 기업은 주어진 임금(W)에 순응하여 이윤극대화를 달성하기 위해 마지막으로 고용하는 한계근로자의 한계생산물가치(VMP_L)가 동일[$W = P \cdot MP_L = VMP_L$]하도록 최적 고용량을 결정한다.

임금이 하락하면 고용의 부담이 완화된 기업은 노동을 추가적으로 고용할 수 있는 여력이 발생하여 우하향하는 단기 노동수요곡선이 도출된다. 자본이 고정된 단기에서 기업이 완화된 고용부담으로 생산량을 확대하기 위해 노동수요를 늘릴수록 한계근로자의 한계생산물이 점차 감소하는 수확체감의 법칙이 존재한다. 따라서 자본이 고정된 단기의 다양한 임금 수준에 순응하여 이윤극대화를 달성하는 최적 고용량의 조합을 연결한 궤적인 단기 노동수요곡선은 한계생산체감의 법칙에 근거하여 우하향한다.

Ⅲ. 산업의 단기 노동수요곡선

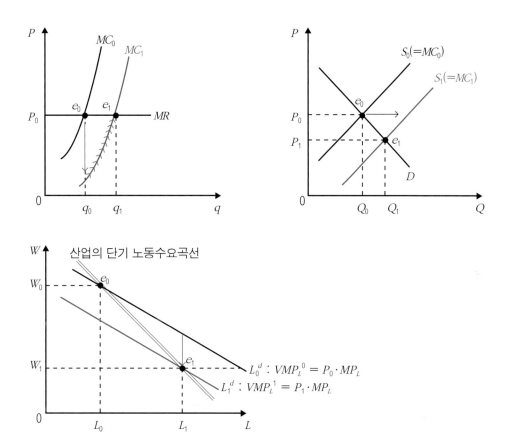

임금이 하락하면($W_0 > W_1$) 개별 기업의 한계 생산비용도 하락하여($MC_0 > MC_1$) e_0에서 한계비용곡선이 수직 하방으로 이동한다. 그러므로 개별 기업은 생산량을 늘릴 유인이 발생하므로 개별 기업의 생산량을 합친 산업 전체의 공급도 증가하여 시장 공급곡선이 우측($S_0 \rightarrow S_1$)으로 이동한다. 따라서 재화시장의 새로운 균형인 e_1에서 가격은 하락하고($P_0 > P_1$) 개별 노동자의 한계생산물가치도 감소하므로 ($P_0 \cdot MP_L > P_1 \cdot MP_L$) 개별 기업의 노동수요곡선은 수직 하방으로 이동하여 기업의 노동수요곡선보다 비탄력적인 산업의 노동수요곡선이 도출된다.

Ⅳ. 소 결

단기에서 산업의 노동수요 결정과정은 시장의 생산량 변화가 재화가격에 영향을 미치므로 산업의 노동수요곡선은 기업의 노동수요곡선보다 비탄력적으로 도출된다. 즉 가격순응자인 경쟁기업의 단기 노동수요곡선을 수평으로 더하는 단순한 방식은 산업 전체의 생산량 변동이 재화가격에 미치는 영향을 간과하여 산업의 노동수요 결정과정을 온전히 설명할 수 없다.

TOPIC 03 장기 노동수요곡선의 도출

 Topic 3-1

장기 노동수요곡선을 도출하시오.

Ⅰ. 기업의 비용극소화 조건

기업은 재화시장에서 결정된 목표 산출량을 최소 비용으로 생산하여 이윤극대화를 달성하기 위해 노동과 자본의 최적 고용량을 결정한다.

$$\text{목적식 Min } C = WL + rK$$
$$\text{제약식 } s.t. \quad q = F(L, K)$$

기업의 비용극소화 균형 조건 : $[MRTS_{LK} = -\dfrac{\Delta K}{\Delta L} = \dfrac{MP_L}{MP_K}] = [\dfrac{W}{r}]$

기업은 생산의 기술적 효율성인 한계기술대체율($MRTS_{LK}$)과 생산의 경제적 효율성인 상대가격($\dfrac{W}{r}$)이 일치하도록 노동(L)과 자본(K)을 고용하면 비용극소화를 달성한다.

투입 비용 대비 한계생산성 : $[\dfrac{MP_L}{W} = \dfrac{MP_K}{r}$: 1원당 한계생산물균등의 법칙]

등량곡선과 등비용선이 접하는 고용조합은 기업이 노동(L) 고용에 1원을 지출할 때 획득하는 총생산의 증가분($\dfrac{MP_L}{W}$)과 자본(K) 고용에 1원을 지출할 때 획득하는 총생산의 증가분($\dfrac{MP_K}{r}$), 즉 노동과 자본의 1원당 한계생산물이 균등하여 총생산비용을 더 이상 낮출 수 없는 비용극소화 고용조합이기 때문이다. (노동과 자본의 1원당 한계생산물이 균등한 지점에서 다른 고용조합으로 이동하면 한계생산체감의 법칙에 의해 목표 산출량을 생산하기 위한 총비용이 증가한다.)

[or 기업은 재화시장에서 결정된 목표 산출량을 최소 비용으로 생산하여 이윤극대화를 달성하기 위해 노동과 자본의 최적 고용량을 결정한다.

$$\begin{bmatrix} \text{Min } C = WL + rK \\ s.t.\ Q = f(L,\ K) \end{bmatrix} \qquad \text{(단, L과 K는 정상투입요소)}$$

기업은 생산의 기술적 효율성인 한계기술대체율($MRTS_{LK}$)과 경제적 효율성인 상대가격($\frac{W}{r}$)이 일치하는 $[MRTS_{LK} = -\frac{\Delta K}{\Delta L} = \frac{MP_L}{MP_K}] = [\frac{W}{r}]$ 고용조합에서 최적 고용량(L)을 결정한다. 등량곡선과 등비용선이 접하는 고용조합은 노동과 자본의 1원당 한계생산물이 균등하여 $[\frac{MP_L}{W} = \frac{MP_K}{r}]$ 다른 고용조합으로 이동하면 수확체감의 법칙에 의해 목표 산출량을 생산하기 위한 비용이 증가하므로 총생산비용을 더 이상 낮출 수 없는 비용극소화 고용조합이기 때문이다.]

Ⅱ. Graph 도해

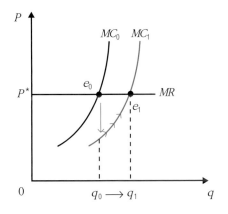

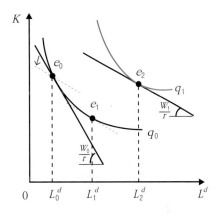

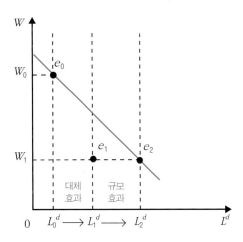

① $W_0 \rightarrow W_1$: 하락

② $\frac{W_0}{r} \rightarrow \frac{W_1}{r}$: 노동의 상대가격 ↓

⇒ 대체효과로 노동수요 증가

　└ 동일 목표 산출량을 생산하기 위해 고용

　　부담이 가중된 자본(K)을 노동(L)으로 대체

③ 임금 하락으로 $MFC_L \downarrow = MC \downarrow (MC_0 > MC_1)$

④ q 증가($q_0 < q_1$)로 규모효과로 정상투입요소 고용증가

　⇒ $L \uparrow$ & $K \uparrow$

1. 대체효과

임금이 하락하면 자본에 대한 노동의 상대가격이 하락하여 기업은 주어진 최초 목표 산출량(q_0)을 최소의 비용으로 생산하기 위해 1원당 한계생산성이 하락한 자본을 1원당 한계 생산성이 상승한 노동으로 대체$(L_0^d \rightarrow L_1^d)$하므로 노동수요는 증가한다.

2. 규모효과

임금이 하락하면 상대가격이 불변일 때 노동의 한계요소비용(MFC_L)이 하락하여 생산의 한계비용(MC)도 감소하고 생산규모를 증설하는 과정에서 정상투입요소인 노동과 자본의 고용이 증가하므로$(L_1^d \rightarrow L_2^d)$ 노동수요는 증가한다.

Ⅲ. 소 결

임금이 하락하면 대체효과와 규모효과 모두 노동수요를 증가시키므로 우하향하는 장기 노동수요곡선이 도출된다. 그리고 비용극소화를 위해 노동을 임의의 자본과 대체하고 보완적으로 결합할 수 있으므로 장기의 노동수요곡선은 단기보다 탄력적이다.

 Topic 3-2

이윤극대화 경쟁 기업은 노동시장에서 임금이 한계생산가치와 일치하는 점까지 근로자를 고용한다. 그 이유가 무엇인가? 그리고 이 조건이 이윤극대화 기업이 재화시장에서 한계비용과 제품의 가격이 같아지는 수준에서 생산량을 결정하는 원리와 동일함을 설명하시오.

Ⅰ. 의의

기업의 이윤극대화 행동원리$[MFC_L = MC \cdot MP_L = MR \cdot MP_L = MRP_L]$는 재화시장의 이윤극대화 행동원리$[MC = MR]$과 일치한다.

Ⅱ. 노동시장의 이윤극대화 행동원리

경쟁기업은 한계근로자를 고용할 때 발생하는 비용의 증가분인 한계요소비용$[MFC_L = \dfrac{\Delta TC}{\Delta L} = \dfrac{\Delta TC}{\Delta Q} \cdot \dfrac{\Delta Q}{\Delta L} = MC \cdot MP_L]$과 고용하는 한계근로자로부터 얻는 수입의 증가분인 한계수입생산$[MRP_L = \dfrac{\Delta TR}{\Delta L} = \dfrac{\Delta TR}{\Delta Q} \cdot \dfrac{\Delta Q}{\Delta L} = MR \cdot MP_L]$이 일치하도록 이윤극대화를 달성하는 최적 고용량을 결정한다.

한계근로자의 한계요소비용$[MFC_L]$은 근로자의 임금$[W]$을 의미하고$[MFC_L = \frac{\Delta TC}{\Delta L} = \frac{\Delta(W \cdot L)}{\Delta L} = \frac{W \cdot \Delta L}{\Delta L} = W]$ 완전경쟁시장의 개별 기업은 가격순응자(Price taker)로 행동하므로 기업의 한계수입$[MR]$은 최종 재화의 시장가격$[P]$과 일치한다.$[MR = \frac{\Delta TR}{\Delta Q} = \frac{\Delta(P \cdot Q)}{\Delta Q} = \frac{P \cdot \Delta Q}{\Delta Q} = P]$

$$[MFC_L = \frac{\Delta TC}{\Delta L} = \frac{\Delta(W \cdot L)}{\Delta L} = \frac{W \cdot \Delta L}{\Delta L} = W]$$

$$[MRP_L = \frac{\Delta TR}{\Delta L} = \frac{\Delta TR}{\Delta Q} \cdot \frac{\Delta Q}{\Delta L} = MR \cdot MP_L = P \cdot MP_L = VMP_L]$$

$$[W = P \cdot MP_L = VMP_L] \ ☞ \ [P = \frac{W}{MP_L}]$$

따라서 단기 노동시장에서 기업은 이윤극대화를 달성하기 위해 마지막으로 고용되는 한계근로자의 임금(W)과 한계생산물가치(VMP_L)가 동일하도록 최적고용량을 결정한다.

Ⅲ. 재화시장의 이윤극대화 행동원리

경쟁기업은 추가적으로 생산하는 최종산출물의 한계비용$[MC]$과 한계수입$[MR]$이 일치$[MR = MC]$하는 지점에서 이윤극대화를 달성하는 최적 산출물을 생산한다.

$$TC = wL + r\overline{K}$$

$$\frac{\Delta TC}{\Delta Q} = \frac{\Delta(WL)}{\Delta Q} + \frac{\Delta(r\overline{K})}{\Delta Q}$$

$$MC = \frac{\frac{\Delta(WL)}{\Delta L}}{\frac{\Delta(Q)}{\Delta L}} + \frac{\frac{\Delta(r\overline{K})}{\Delta L}}{\frac{\Delta(Q)}{\Delta L}}$$

$$= \frac{W}{MP_L} + \frac{0}{MP_L}$$

$$= \frac{W}{MP_L}$$

완전경쟁 재화시장에서 $[P = MR] = [MC]$ 이므로

$$[MC = \frac{W}{MP_L}] \ ☞ \ [P = \frac{W}{MP_L}]$$

Topic 3-3

기업의 장기 이윤극대화 조건이 비용극소화 조건임을 그래프로 설명하시오.

Ⅰ. 기업의 장기 이윤극대화 조건

경쟁기업은 한계근로자를 고용할 때 발생하는 비용의 증가분인 한계요소비용$[MFC_L = \dfrac{\Delta TC}{\Delta L} = \dfrac{\Delta TC}{\Delta Q}$ $\cdot \dfrac{\Delta Q}{\Delta L} = MC \cdot MP_L = W]$과 고용된 한계근로자로부터 얻는 수입의 증가분인 한계수입생산$[MRP_L = \dfrac{\Delta TR}{\Delta L}$ $= \dfrac{\Delta TR}{\Delta Q} \cdot \dfrac{\Delta Q}{\Delta L} = MR \cdot MP_L]$이 일치하는 지점에서 이윤극대화를 달성하는 최적 고용량을 결정한다.

$$[W = P \cdot MP_L]$$

또한 자본이 가변적인 장기에서는 노동의 고용원리와 동일하게 이윤극대화를 달성하는 최적 자본량을 고용한다. 경쟁기업은 한계자본 고용할 때 발생하는 비용의 증가분인 한계요소비용$[MFC_K = \dfrac{\Delta TC}{\Delta K} =$ $\dfrac{\Delta TC}{\Delta Q} \cdot \dfrac{\Delta Q}{\Delta K} = MC \cdot MP_K = r]$과 고용된 한계자본으로부터 얻는 수입의 증가분인 한계수입생산$[MRP_L =$ $\dfrac{\Delta TR}{\Delta K} = \dfrac{\Delta TR}{\Delta Q} \cdot \dfrac{\Delta Q}{\Delta K} = MR \cdot MP_K]$이 일치하도록 이윤극대화를 달성하는 최적 자본량을 결정한다.

$$[r = P \cdot MP_K]$$

$$[W = P \cdot MP_L] \ \text{☞} \ [P = \frac{W}{MP_L}]$$
$$[r = P \cdot MP_K] \ \text{☞} \ [P = \frac{r}{MP_K}]$$
$$\therefore \ [\frac{W}{MP_L} = \frac{r}{MP_K}] \ \text{☞} \ [\frac{MP_L}{W} = \frac{MP_K}{r}]$$

Ⅱ. 기업의 비용극소화 행동원리

기업은 재화시장에서 결정된 목표 산출량을 최소 비용으로 생산하여 이윤극대화를 달성하기 위해 노동과 자본의 최적 고용량을 결정한다.

목적식 Min $C = WL + rK$
제약식 $s.t. \quad q = F(L, K)$

기업의 비용극소화 균형 조건

$$[MRTS_{LK} = -\frac{\Delta K}{\Delta L} = \frac{MP_L}{MP_K}] = [\frac{W}{r}]$$

기업은 생산의 기술적 효율성인 한계기술대체율($MRTS_{LK}$)과 경제적 효율성인 상대가격($\frac{W}{r}$)이 일치하는 고용조합에서 노동(L)과 자본(K)를 고용하여 비용극소화를 달성한다.

$$\frac{MP_L}{W} = \frac{MP_K}{r} : 1원당 한계생산물 균등의 법칙$$

투입 비용 대비 한계생산물

등량곡선과 등비용선이 접하는 고용수준은 기업이 노동(L) 고용에 1원을 지출할 때 획득하는 총생산의 증가분($\frac{MP_L}{W}$)과 생산되는 자본(K) 고용에 1원을 지출할 때 획득하는 총생산의 증가분($\frac{MP_K}{r}$), 즉 노동과 자본의 1원당 한계생산물이 균등하여 총생산비용을 더 이상 낮출 수 없는 비용극소화 고용조합이기 때문이다. (노동과 자본의 1원당 한계생산물이 균등한 지점에서 다른 고용조합으로 이동하면 한계생산체감의 법칙에 목표 산출량을 생산하기 위한 총비용이 증가한다.)

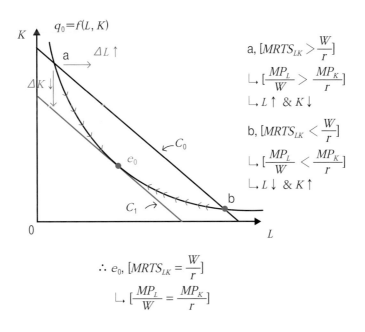

Topic 3-4

노동(L)과 자본(K)의 생산요소를 고용하는 개별 기업의 장기노동수요곡선을 등량곡선과 등비용선을 이용하여 도출하시오(단, 노동과 자본은 조보완요소이고 노동시장과 재화시장은 완전경쟁이다. 또한 임금이 하락하는 상황을 가정한다).

I. 기업의 이윤극대화 조건

기업은 재화시장에서 결정된 목표 산출량을 최소 비용으로 생산하여 이윤극대화를 달성하기 위해 노동과 자본의 최적 고용량을 결정한다.

$$\begin{cases} \text{Min } C = WL + rK \\ s.t. \ q = f(L, K) \ (\text{단}, L\text{과 } K\text{는 정상투입요소}) \end{cases}$$

기업은 생산의 기술적 효율성인 한계기술대체율($MRTS_{LK}$)과 경제적 효율성인 상대가격($\frac{W}{r}$)이 일치하는 $[(MRTS_{LK} = -\frac{\Delta K}{\Delta L} = \frac{MP_L}{MP_K}) = (\frac{W}{r})]$ 고용조합에서 최적 고용량(L, K)을 결정한다. 등량곡선과 등비용선이 접하는 고용조합은 노동과 자본의 1원당 한계생산물이 균등하여 $[\frac{MP_L}{W} = \frac{MP_K}{r}]$ 다른 고용조합으로 이동하면 한계생산체감의 법칙에 의해 목표 산출량을 생산하기 위한 총비용이 증가하므로 총생산비용을 더 이상 낮출 수 없는 비용극소화 고용조합이기 때문이다.

II. Graph 도해

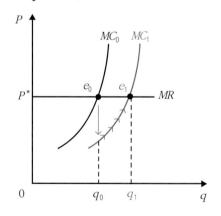
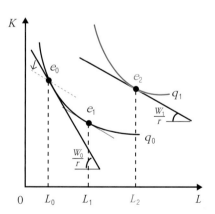

① $W_0 \rightarrow W_1$: 하락

② $\dfrac{W_0}{r} \rightarrow \dfrac{W_1}{r}$: 노동의 상대가격 ↓

⇒ 대체효과로 노동수요 증가

ㄴ, 동일 목표 산출량을 생산하기 위해 고용

부담이 가중된 자본(K)을 노동(L)으로 대체

③ 임금 하락으로 $MFC_L \downarrow\ = MC \downarrow (MC_0 > MC_1)$

④ q 증가($q_0 < q_1$)로 규모효과로 정상투입요소 고용증가

⇒ $L \uparrow$ & $K \uparrow$

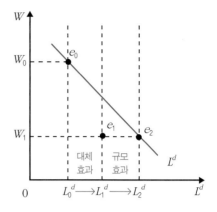

1. 대체효과

임금이 하락하면 자본에 대한 노동의 상대가격이 하락하여 기업은 주어진 최초 목표 산출량(q_0)을 최소의 비용으로 생산하기 위해 1원당 한계생산성이 하락한 자본을 1원당 한계 생산성이 상승한 노동으로 대체($L_0^d \rightarrow L_1^d$)하므로 노동수요는 증가한다.

2. 규모효과

임금이 하락하면 상대가격이 불변일 때 노동의 한계요소비용(MFC_L)이 하락하여 생산의 한계비용(MC)도 감소하고 생산규모를 증설하는 과정에서 정상투입요소인 노동과 자본의 고용이 증가하므로($L_1^d \rightarrow L_2^d$) 노동수요는 증가한다.

Ⅲ. 소 결

임금이 하락하면 대체효과와 규모효과 모두 노동수요를 증가시키므로 우하향하는 장기의 노동수요곡선이 도출된다. 그리고 비용극소화를 위해 노동을 임의의 자본과 대체하고 보완적으로 결합할 수 있으므로 장기의 노동수요곡선은 단기보다 탄력적이다.

Topic 3-5

노동수요 등과 관련하여 다음 물음에 답하시오.

물음 1) 기업 A는 자본과 노동을 고용하여 이윤극대화를 추구하는 기업이다. 현재 고용조합에서의 한계기술대체율은 3, 임금이 24원, 자본임대료는 12원이다. A 기업이 이윤극대화를 달성하기 위한 최적 고용량의 조정과정을 그래프를 통해 설명하시오.

물음 2) 기업 B의 생산함수는 $Q = 2K+L$이고 단위당 노동의 가격이 1이고 자본의 가격은 3이다. 10개를 생산하기 위한 총비용(TC)은 얼마인지 계산하고 이를 그래프로 설명하시오.

물음 3) 기업 C의 생산함수는 $Q= \text{Min}[2K, L]$이고 단위당 노동의 가격이 1이고 자본의 가격은 3이다. 10개의 재화를 생산하기 위한 총비용(TC)은 얼마인지 계산하고 이를 그래프로 설명하시오.

물음 1)

Ⅰ. A의 이윤극대화 조건

가격 순응자인 A는 재화시장에서 결정된 목표 산출량을 생산하여 이윤을 극대화하기 위해 비용극소화의 최적 고용조합을 탐색한다.

$$\begin{bmatrix} 목적식 \ \text{Min} \ C = WL+rK = 24L+12K \\ 제약식 \ s.t. \quad q = f(L, K) \ (L, K는 \ 정상투입요소) \end{bmatrix}$$

비용극소화 조건을 적용하면,

$$[MRTS_{LK} = -\frac{\varDelta K}{\varDelta L} = \frac{MP_L}{MP_K} = 3] > [\frac{24}{12} = \frac{W}{r}]$$

생산의 기술적 효율성인 한계기술대체율($MRTS_{LK}$)과 경제적 효율성인 상대가격($\frac{W}{r}$)이 일치할 때 비용극소화를 통해 이윤극대화를 달성하므로 A 기업은 한계기술대체율($MRTS_{LK}$=3)이 노동의 상대가격($\frac{W}{r}$=2)보다 커서 다른 고용조합으로 이동해야 비용극소화를 달성할 수 있다.

Ⅱ. 고용조정

$$[(MRTS_{LK} = 3) > (2 = \frac{W}{r})]$$이고

$$[(\frac{MP_L}{MP_K} > \frac{W}{r}) \Rightarrow (\frac{MP_L}{W} > \frac{MP_k}{r})]$$이므로

1원당 한계생산성이 낮은 자본을 1원당 한계생산성이 높은 노동으로 대체하면 목표 산출량을 낮은 비용으로 생산할 수 있으므로 노동집약적인 생산공정 수준으로 고용조합을 변경할 유인이 존재한다.

Ⅲ. Graph 도해

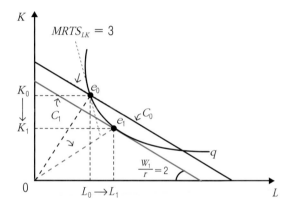

e_0에서 한계기술대체율이 자본에 대한 노동의 상대가격보다 크므로 자본을 노동으로 대체하여 e_1의 노동집약적인 생산공정으로 조정하면 비용극소화를 달성할 수 있다.

물음 2)

Ⅰ. 기업 B의 비용극소화

$$\begin{bmatrix} \text{Min } C = WL + rK = L + 3K \\ s.t. \ \ q = 10 = 2K + L \end{bmatrix}$$

노동과 자본의 완전대체적 생산기술을 보유한 B 기업은 노동과 자본의 1원당 한계생산성을 비교하여 비용극소화 고용조합을 선택한다. 노동의 1원당 한계생산성이 자본의 1원당 한계생산성보다 크므로 $[(MRTS_{LK} = \frac{MP_L}{MP_K} = \frac{1}{2}) > (\frac{1}{3} = \frac{W}{r})]$ 자본을 노동으로 완전히 대체하면 비용극소화를 달성한다.

Ⅱ. 생산함수가 선형함수인 경우 고용조정

1. B의 생산함수$[q = 2K+L]$처럼 노동과 자본이 완전대체적인 생산함수는 한계기술대체율의 기울기가 고정된 직선의 등량곡선으로 도출된다.

2. $[(MRTS_{LK} = \frac{1}{2}) > (\frac{1}{3} = \frac{W}{r})]$ 이므로 노동의 1원당 한계생산성이 자본의 1원당 한계생산성을 압도하여 $[\frac{MP_L}{W} > \frac{MP_K}{r}]$ 모든 자본을 노동으로 완전(100%) 대체해야 비용극소화를 달성할 수 있다.

Ⅲ. Graph 도해

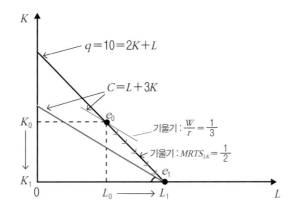

e_0에서 $[MRTS_{LK} > \frac{W}{r}]$이므로 완전 대체요소관계인 노동으로 자본을 완전히 대체하면 e_1에서 비용극소화를 달성한다(모서리해).

Ⅳ. 목표 생산량($q=10$)의 비용극소화

1. 고용량 : $L=10$

$$q = 2K+L = 10 = (2 \cdot 0)+(1 \cdot 10)$$
$$\therefore L=10 \quad (K=0)$$

2. 비용 : $C = 10$

$$C = L+3K = (1 \cdot 10)+(3 \cdot 0)$$
$$\therefore C = 10$$

물음 3)

Ⅰ. 기업 C의 비용극소화

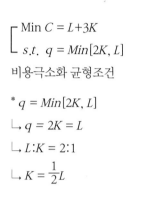

$\begin{cases} \text{Min } C = L + 3K \\ s.t. \ \ q = Min[2K, L] \end{cases}$

비용극소화 균형조건

* $q = Min[2K, L]$

$\hookrightarrow q = 2K = L$

$\hookrightarrow L{:}K = 2{:}1$

$\hookrightarrow K = \dfrac{1}{2}L$

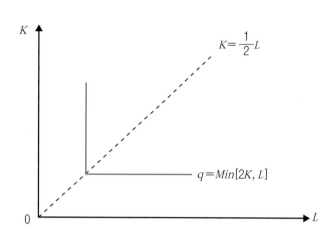

Ⅱ. 적정고용량 결정

1. 레온티에프 생산함수 – 완전 보완적 생산함수

C의 생산함수($q = Min[2K, L]$)와 같은 완전보완적인 생산요소 간의 대체탄력성(σ)은 0이다.

$$\sigma\,(\text{대체탄력성}) = \dfrac{\dfrac{\varDelta(\frac{K}{L})}{(\frac{K}{L})}100\%}{\dfrac{\varDelta MRTS_{LK}}{MRTS_{LK}}100\%}$$

한계기술대체율($MRTS_{LK}$)의 값이 0에서 ∞까지 변하더라도 $Q = Min[2K, L]$ 에서 요소집약도($\frac{K}{L}$)는 $\frac{1}{2}$ 로 고정되어 있으므로 노동과 자본은 완전보완요소관계이다.

2. 비용극소화를 위한 적정고용량

$$Q = 2K = L$$
$$\therefore 2K = L \Rightarrow K{:}L = 1{:}2$$

따라서 주어진 조건에서 기업 C는 자본–노동비율($\frac{K}{L}$)이 $\frac{1}{2}$인 고용조합에서 최적 고용량을 결정한다.

Ⅲ. Graph 도해

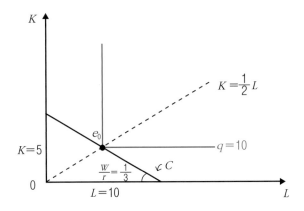

e_0에서 노동(10)과 자본(5)을 2:1의 비율로 고용하여 비용극소화[$C = (1 \cdot 10)+(3 \cdot 5) = 25$]를 달성한다.

📖 Topic 3-6

. . . .

다음 물음에 답하시오.

물음 1) 기업 A는 노동(L)과 자본(K)을 고용하여 핸드폰을 생산한다. A의 생산함수는 $Q = 10L^{0.5}K^{0.5}$ 이며 근로자들의 최초 임금(W)과 자본 설비 사용료(r)는 모두 4만원이다. A 기업의 목표 생산량이 120대일 때 이윤극대화를 위한 노동과 자본의 최적 고용량과 총비용을 계산하고 그래프를 통해 설명하시오.

물음 2) 임금이 1만원으로 하락하고 목표생산량이 160대로 상승할 경우에 대체효과와 규모효과를 반영하여 비용극소화를 위한 노동과 자본의 최적 고용량을 도출하고 그래프를 통해 분석하시오. 그리고 A 기업의 장기 노동수요곡선을 도해하시오.

물음 3) 물음 1)과 2)를 통해 노동과 자본의 대체탄력성을 계산하고 노동과 자본은 상호 조대체관계인지 아니면 조보완관계인지를 판단하시오. (단, 규모효과는 반영하지 마시오.)

Ⅰ. 기업의 이윤극대화

경쟁기업은 시장에서 결정된 가격을 받아들이는 가격순응자(Price taker)로서 비용극소화를 통해 이윤극대화를 추구한다.

$$\begin{cases} \text{Min } C = WL + rK = 4L + 4K \\ s.t. \ q = f(L, K) = 10L^{0.5}K^{0.5} \end{cases}$$

A기업은 비용극소화를 통한 이윤극대화를 달성하기 위해 동일한 목표 산출량을 생산하는 노동과 자본의 조합을 연결한 궤적인 등량곡선과 등비용선이 접하는 고용조합을 선택한다.

$$[MRTS_{LK} = -\frac{\Delta K}{\Delta L} = \frac{MP_L}{MP_K}] = [\frac{W}{r}]$$

($\Delta L \cdot MP_L + \Delta K \cdot MP_K = 0$ ☞ 한계근로자를 고용하여 증가하는 생산량과 자본투입량이 줄어서 감소하는 생산량이 일치)

왜냐하면 노동과 자본의 고용에 투입된 비용의 투자 대비 효과가 균등$[\frac{MP_L}{W} = \frac{MP_K}{r}]$해야 비용극소화를 달성할 수 있기 때문이다.

Ⅱ. 물음 1)의 해결

1. 비용극소화 고용결정

(1) 기업 A의 ① $MP_L = \frac{\Delta Q}{\Delta L} = 5(\frac{K}{L})^{0.5}$ 이며,

② $MP_K = \frac{\Delta Q}{\Delta K} = 5(\frac{L}{K})^{0.5}$ 이다.

따라서 A기업의 한계기술대체율은 $MRTS_{LK} = \frac{MP_L}{MP_K} = \frac{K}{L}$이다.

(2) 비용극소화 균형조건

$$[MRTS_{LK} = \frac{K}{L}] = [\frac{4}{4} = \frac{W}{r}]$$
$$\therefore L = K$$

(3) A기업의 목표생산량(q)는 120이므로, $120 = 10 \cdot L^{0.5}K^{0.5}$이고 $[L = K]$이어서, $[(L, K) = (12, 12)]$를 고용한다.

2. Graph 도해

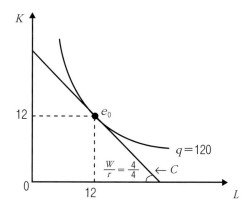

A기업은 목표생산량($q=120$)을 자본과 노동을 각각 12만큼 투입하여 비용극소화를 달성한다.

III. 물음 2)의 해결

1. 비용극소화 고용결정

$$\begin{bmatrix} \text{Min } C = 1 \cdot L + 4 \cdot K \\ s.t. \quad q = 10 \cdot L^{0.5} \cdot K^{0.5} \end{bmatrix}$$

(1) 대체효과

1) 임금이 하락하면 자본에 대한 노동의 상대가격이 하락하므로 기업은 주어진 목표 산출량이 불변일 때 최소의 비용으로 생산하기 위해 1원당 한계생산성이 하락한 자본을 1원당 한계 생산성이 상승한 노동으로 대체하는 효과에 의해 노동수요는 증가한다.

2) 대체효과 측정

$$[MRTS_{LK} = \frac{MP_L}{MP_K} = \frac{K}{L}] = [\frac{1}{4} = \frac{W}{r}]$$

$\llcorner$, $L = 4K$이므로 동일한 목표생산량 하에서 제약조건인 생산함수에 대입하면,

$\quad [120 = 20K] \Rightarrow [K = 6, L = 24]$이다.

(2) 규모효과

1) 임금이 하락하면 상대가격이 불변일 때 노동의 한계요소비용이 하락하여 생산의 한계비용도 감소하므로 생산규모를 증설하는 과정에서 정상투입요소인 노동과 자본의 고용이 증가하는 규모효과에 의해 노동수요는 증가한다.

2) 규모효과 측정

$$[MRTS_{LK} = \frac{MP_L}{MP_K} = \frac{K}{L}] = [\frac{1}{4} = \frac{W}{r}]$$

↳ $L = 4K$의 비용극소화 균형조건을 제약조건인 생산함수에 대입하면,
   $[160 = 10 \cdot (4K)^{0.5} \cdot K^{-0.5}] \Rightarrow [K = 8, L = 32]$이다.

2. Graph 도해

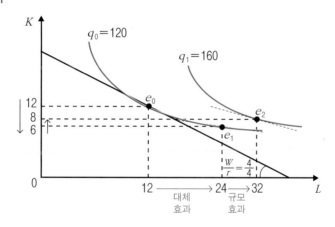

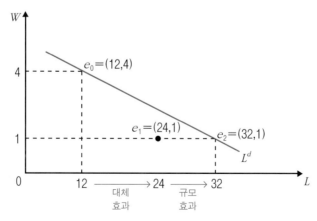

임금이 1만원으로 하락하여 생산규모가 160으로 증가하는 과정에서 대체효과와 규모효과 모두 고용을 늘리므로 우하향하는 장기의 노동수요곡선이 도출된다.

Ⅳ. 물음 3)의 해결

1. 대체탄력성(elasticity of substitution)

대체탄력성은 생산과정에서 한 생산요소(노동)이 다른 생산요소(자본)으로 얼마나 쉽게 대체될 수 있는지를 측정하는 지표이다. 따라서 대체탄력성은 생산량을 일정수준으로 유지할 때 (즉, 동일한 등량곡선 상에서) 노동과 자본 사이의 대체용이성 정도를 나타내는 지표로서 생산함수의 특성을 반영하는 등량곡선의 형태와 밀접한 관련이 있다.

2. 측 정

$$\sigma = \frac{\text{요소집약도의 변화율}}{\text{한계대체율의 변화율}} = \frac{\dfrac{\varDelta(\frac{K}{L})}{(\frac{K}{L})} \times 100\%}{\dfrac{\varDelta MRTS_{LK}}{MRTS_{LK}} \times 100\%}$$

$$= \frac{\text{요소집약도의 변화율}}{\text{요소상대가격의 변화율}} = \frac{\dfrac{\varDelta(\frac{K}{L})}{(\frac{K}{L})} \times 100\%}{\dfrac{\varDelta(\frac{W}{r})}{(\frac{W}{r})} \times 100\%}$$

대체탄력성($= \sigma$)은 생산량을 일정수준으로 유지하면서 한계대체율($MRTS_{LK}$)이 1% 변화할 때 요소집약도($\frac{K}{L}$)의 변화율을 측정하는 지표로서, 비용극소화 균형에서 $[MRTS_{LK} = \frac{W}{r}]$이므로 자본에 대한 노동의 상대가격($\frac{W}{r}$)의 1% 변화에 대한 요소집약도($\frac{K}{L}$)의 변화율로 측정할 수 있다.

3. 대체탄력성(σ) 계산

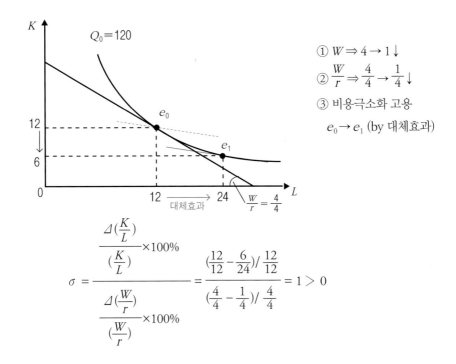

① $W \Rightarrow 4 \rightarrow 1 \downarrow$

② $\dfrac{W}{r} \Rightarrow \dfrac{4}{4} \rightarrow \dfrac{1}{4} \downarrow$

③ 비용극소화 고용

$\quad e_0 \rightarrow e_1$ (by 대체효과)

$$\sigma = \dfrac{\dfrac{\Delta(\frac{K}{L})}{(\frac{K}{L})} \times 100\%}{\dfrac{\Delta(\frac{W}{r})}{(\frac{W}{r})} \times 100\%} = \dfrac{(\frac{12}{12} - \frac{6}{24})/\frac{12}{12}}{(\frac{4}{4} - \frac{1}{4})/\frac{4}{4}} = 1 > 0$$

4. L과 K는 조대체관계

자본에 대한 노동의 상대가격($\frac{W}{r}$)과 요소집약도($\frac{K}{L}$)의 변화 방향이 동일하여 대체탄력성이 양수이면 노동(L)과 자본(K)는 조대체요소관계이고, 이와 달리 대체탄력성이 음수이면 노동(L)과 자본(K)는 조보완요소관계이다. 따라서 기업은 120단위의 생산량을 유지하기 위하여 임금의 하락(4→1)으로 고용부담이 증가한 자본 6단위를 노동 12단위로 내체하여 비용극소화를 추구하므로 노동(L)과 자본(K)는 조대체요소관계임을 확인할 수 있다.

5. 소 결

콥-더글라스 생산함수($Q = A \cdot L^{\alpha} \cdot K^{\beta} = 10 \cdot L^{0.5}K^{0.5}$)의 대체탄력성은 항상 1로 일정하고 양수이므로 노동과 자본은 대체가능한 생산요소이다.

....

A는 반도체를 생산하는 기업이며 노동(L)과 자본(K)만을 고용하여 반도체를 생산한다. A의 생산함수는 $Q = 20L^{0.5}K^{0.5}$이며 근로자들의 최초 임금(W)은 8만원이고 자본설비임대료(r)은 8만원이다. 노동수요와 관련하여 다음 물음에 답하시오.

물음 1) A의 이윤극대화 조건을 제시하고 목표 생산량이 80 단위일 때 적정 노동수요량과 자본수요량을 계산한 후 이를 L–K 평면에서 도해하시오. 또한 반도체 80단위를 생산하는 총비용이 얼마인지 계산하시오.

물음 2) 임금이 2만원으로 하락하고 목표생산량이 200 단위로 조정될 경우 적정 노동수요량과 자본수요량을 계산한 후 이를 그래프로 설명하시오. 그리고 A의 장기 노동수요곡선을 도출하시오.

Ⅰ. A의 이윤극대화 모형

완전경쟁 재화시장에서의 개별기업 A는 가격순응자로서 총생산비용의 극소화를 통한 이윤극대화를 추구한다.

$$\begin{bmatrix} \text{Min } C = WL + rK = 8 \cdot L + 8 \cdot K \text{ (단, 단위는 만 원)} \\ s.t. \ q = f(L, K) = 80 = 20L^{0.5}K^{0.5} \end{bmatrix}$$

생산의 기술적 효율성인 한계기술대체율($MRTS$)과 경제적 효율성인 상대가격($\frac{W}{r}$)이 일치할 때 비용극소화를 통해 이윤극대화를 달성하며 이는 노동과 자본의 1원당 한계생산물이 균등하기 때문이다.

$$[MRTS_{LK} = -\frac{\varDelta K}{\varDelta L} = \frac{MP_L}{MP_K}] = [\frac{W}{r}] \Rightarrow [\frac{MP_L}{W} = \frac{MP_K}{r}]$$

투자대비 산출량이 일치할 때 1원당 한계생산물균등의 법칙이 성립한다.

Ⅱ. 적정고용량 : $(L, K) = (4, 4)$

비용극소화 조건에 따라 적정고용량을 계산한다.

$$[(MRTS_{LK} = \frac{MP_L}{MP_K} = \frac{20K^{0.5}(0.5)L^{0.5-1}}{20L^{0.5}(0.5)K^{0.5-1}} = \frac{K}{L}) = (\frac{8만}{8만} = \frac{W}{r})] \Rightarrow [\frac{K}{L} = \frac{8만}{8만}]$$
$$\therefore L = K 이다.$$

이를 제약식인 생산함수에 대입하면 적정 고용조합은 $(L = 4, K = 4)$이다.

Ⅲ. Graph 도해

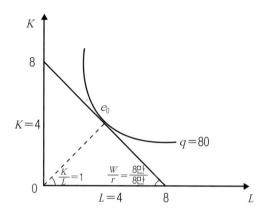

A기업은 $L=4$, $K=4$를 투입하여 80을 생산하는 기술적 효율성을 갖추고, 시장에서 결정된 노동의 상대가격과 일치시켜 비용극소화를 통해 이윤극대화를 달성한다.

Ⅳ. 총생산비용 : 64만원

$$C = WL+rK = (8 \cdot 4) + (8 \cdot 4) = 64$$
$$\therefore 총생산비용은 64만원이다.$$

물음 2)

Ⅰ. 임금하락과 비용극소화 균형조건

$$\begin{bmatrix} \text{Min } C = 2L+8K \text{ (단, 단위는 만 원)} \\ s.t. \ q = 200 = 20L^{0.5}K^{0.5} \end{bmatrix}$$

비용극소화 조건은 $[(MRTS_{LK} = \frac{MP_L}{MP_K}) = (\frac{W}{r})]$ 이다.

Ⅱ. 적정고용량 : $(L, K) = (20, 5)$

$[MRTS_{LK} = \dfrac{MP_L}{MP_K} = \dfrac{K}{L}] = [\dfrac{2만}{8만} = \dfrac{W}{r}]$ 이므로

∴ $L = 4K$이며, 이를 제약식에 대입하면, $200 = 20(4K)^{0.5}K^{0.5} = 40K$

∴ $K = 5$, $L = 20$이다.

따라서 총생산비용 $[C = (2 \cdot 20) \times (8 \cdot 5)]$는 80만 원이다.

Ⅲ. Graph 도해

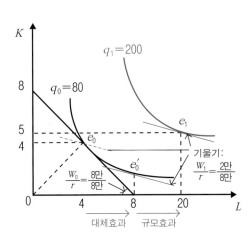

$W_0 = 8만 \rightarrow W_1 = 2만$

$\llcorner [\dfrac{W_0}{r} = \dfrac{8만}{8만}] \rightarrow [\dfrac{W_1}{r} = \dfrac{2만}{8만}]$

$e_0, [MRTS_{LK} > \dfrac{W_1}{r} (= \dfrac{2만}{8만})]$

$\llcorner [\dfrac{MP_L}{MP_K} > \dfrac{W}{r}] \rightarrow [\dfrac{MP_L}{W} > \dfrac{MP_K}{r}]$

∴ $L \uparrow \& K \downarrow$

$e_0', [MRTS_{LK} = \dfrac{W_1}{r} (= \dfrac{2만}{8만})]$

$[Q_0 = 80] < [200 = Q_1]$

$e_1, [MRTS_{LK} = \dfrac{W_1}{r} (= \dfrac{2만}{8만})]$

$e_0 \rightarrow e_0'$: 대체효과

$e_0' \rightarrow e_1$: 규모효과

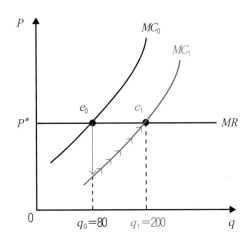

임금이 하락할 때

① 노동의 상대가격의 하락$[(W_0=8만) \rightarrow (W_1=2만)]$으로 노동의 고용 부담이 완화되어 1원당 한계생산성

이 하락한 자본 2단위를 노동 4단위로 대체하고($e_0 \rightarrow e_0'$),

② 한계비용이 하락($MC_0 \rightarrow MC_1$)함에 따른 생산규모를 증설($q_1 = 200$)하는 과정에서 정상투입요소인 노동과 자본의 고용이 각각 모두 증가하는 규모효과가 발생한다.($e_0' \rightarrow e_1$)

Ⅳ. 장기 노동수요곡선 도출

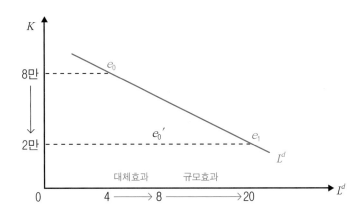

대체효과와 규모효과에 의해 단기보다 탄력적인 장기 노동수요곡선이 도출된다.

 Topic 3-8

B 기업은 재화를 생산하는데 노동과 자본만을 사용한다. 그리고 노동과 자본은 완전대체요소 관계이다. 현재의 생산기술로는 하나의 기계장치가 세 명의 근로자 몫을 한다. 기업의 이윤극 대화 목표산출량은 100단위이다. 기계장치 한 대를 일주일간 시용하는 비용은 750달러이다. 만약 근로자의 주당 봉급이 300달러라면 기업은 어떤 생산요소결합을 사용할 것인가? 근로 자의 주당 봉급이 225달러라면 기업은 어떤 생산요소결합을 사용할 것인가? 또한 임금이 300 달러에서 225달러로 하락할 때 노동수요의 탄력성은 얼마인가? 그리고 노동수요가 임금에 대해 완전탄력적인 구간은 존재하는가?

Ⅰ. 완전대체적(선형) 생산함수

노동과 자본의 1원당 한계생산성을 비교하여 지출 단위 당 한계생산성이 높은 생산요소로 다른 생산요 소를 완전히 대체하는 생산 공정을 보유하고 있는 B의 생산함수는 다음과 같다.

$$Q = aL+bK$$

한 대의 기계장치(K)가 세 명의 근로자(L) 몫을 하고 있으므로 자본의 한계생산성(MP_K)은 노동의 한계생산성(MP_L)보다 3배 높다.

$$MP_K = 3M \, , \, MP_L = 1M$$
$$MP_K = 3MP_L$$
$$\frac{MP_L}{MP_K} = \frac{1}{3}$$
$$MRTS_{LK} = -\frac{\Delta K}{\Delta L} = \frac{MP_L}{MP_K} = \frac{a}{b} = \frac{1}{3}$$
$$\therefore a = 1, b = 3$$

$$Q = 1L+3K$$

II. B 기업의 비용극소화 균형조건

$$\begin{bmatrix} \text{Min } C = WL+rK = 300L+750K \\ s.t. \ q = 100 = 1L+3K \end{bmatrix}$$

주어진 목표산출량($Q = 100$)을 최소 비용으로 생산하여 이윤극대화를 달성하려는 B는 노동과 자본의 한계기술대체율[$MRTS_{LK}$]과 자본에 대한 노동의 상대가격[$\frac{W}{r}$]을 비교하여 1원당 한계생산성이 높은 생산요소로 낮은 생산요소를 완전히 대체한다.

1. $W = 300$: $[MRTS_{LK} = \frac{1}{3}] < [\frac{300}{750} = \frac{W}{r}]$

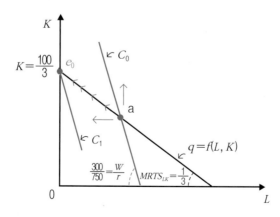

242 제3장 노동수요

임금이 300이면 등비용선의 기울기인 자본에 대한 노동의 상대가격이 등량곡선의 접선의 기울기인 한계기술대체율보다 커서 자본의 1원당 한계생산성($\frac{MP_K}{r}$)이 노동의 1원당 한계생산성($\frac{MP_L}{W}$)보다 높다. 따라서 1원당 한계생산성이 높은 자본으로 낮은 노동을 완전히 대체하면(L=0) 목표산출량 100을 자본[$Q = L+3K= 0+3K = 100, (K = \frac{100}{3})$]만을 고용하여 최소 비용($C = 300L+750K = 750×\frac{100}{3} = 25,000$)으로 생산한다.

2. $W = 225$: $[MRTS_{LK} = \frac{1}{3}] > [\frac{3}{10} = \frac{225}{750} = \frac{W}{r}]$

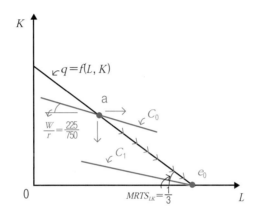

임금이 225로 하락하면 등비용선의 기울기인 자본에 대한 노동의 상대가격이 등량곡선의 접선의 기울기인 한계기술대체율보다 작아서 자본의 1원당 한계생산성($\frac{MP_K}{r}$)이 노동의 1원당 한계생산성($\frac{MP_L}{W}$)보다 작다. 따라서 1원당 한계생산성이 높은 노동으로 낮은 자본을 완전히 대체하면($K=0$), 목표산출량 100을 노동[$Q = L+3K= L+0 = 100, L=100$]만을 고용하여 최소 비용($C = 225L+750K = 225×100 = 22,500$)으로 생산한다.

Ⅲ. 노동수요의 임금탄력성

1. 정 의

노동수요의 임금탄력성은 임금이 1% 변화할 때 노동수요의 변화율을 측정하는 지표이다.

2. 노동수요 임금 탄력성 측정 (점 탄력성)

$$\left[\, \varepsilon \;=\; -\frac{\dfrac{\Delta L^{\mathrm{d}}}{L^{\mathrm{d}}} \times 100\%}{\dfrac{\Delta W}{W} \times 100\%} \;=\; -\frac{\Delta L^{d}}{\Delta W} \times \frac{W}{L^{\mathrm{d}}}\,\right]$$

$\varepsilon < 1$ 이면 비탄력적(단, $\varepsilon = 0$은 완전 비탄력적),

$\varepsilon = 1$ 이면 단위탄력적,

$\varepsilon > 1$ 이면 탄력적이다(단, $\varepsilon = \infty$ 은 완전 탄력적).

3. 설문의 해결

(1) 풀이 1 : $\varepsilon = \infty$

임금이 하락할 때(300 ☞ 225) 1원당 한계생산성이 상승한 노동으로 자본을 완전히 대체하였으므로(0 ☞ 100) 노동수요는 임금에 대해 완전 탄력적($\varepsilon = \infty$)이다.

(2) 풀이 2 : 호 탄력성

최초 300의 임금수준에서 노동수요는 0이다. 따라서 점탄력성을 이용하면 분모에 들어가는 노동수요가 0이되므로($L^{\mathrm{d}} = 0$) 측정이 불가능하다. 따라서 구간의 탄력성을 계산하는 호탄력성을 이용하여 측정한다.

$$\left[\, \varepsilon \;=\; -\frac{\dfrac{\Delta L^{\mathrm{d}}(L_{2}-L_{1})}{\dfrac{L_{1}+L_{2}}{2}} \times 100\%}{\dfrac{\Delta W(=W_{2}-W_{1})}{\dfrac{W_{1}+W_{2}}{2}} \times 100\%} \;=\; -\frac{\dfrac{100(100-0)}{\dfrac{0+100}{2}} \times 100\%}{\dfrac{-75(=225-300)}{\dfrac{300+225}{2}} \times 100\%} \;\fallingdotseq\; 7\,\right]$$

Ⅳ. 노동수요곡선의 도출

1. $W < 250$: $[MRTS_{LK} = \frac{1}{3}] > [\frac{W}{750} = \frac{W}{r}]$

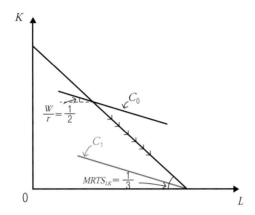

임금이 250보다 작으면 자본보다 노동의 1원당 한계생산성이 높아 노동 100단위로 자본을 완전 대체하여 비용극소화를 달성한다.

2. $W = 250$: $[MRTS_{LK} = \frac{1}{3}] = [\frac{1}{3} = \frac{250}{750} = \frac{W}{r}]$

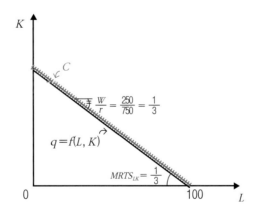

임금이 250이면 등량곡선과 등비용선이 일치하여 노동과 자본의 1원당 한계생산성이 균등하므로 등량곡선의 모든 고용조합에서 비용극소화를 달성할 수 있다. 따라서 250의 임금수준에서 노동수요는 0부터 100까지 존재하므로 노동수요곡선은 수평선이다.

3. $W > 250$: $[MRTS_{LK} = \frac{1}{3}] < [\frac{W}{750} = \frac{W}{r}]$

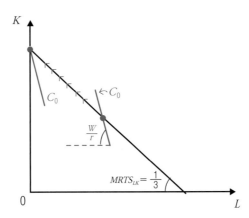

임금이 250보다 크면 노동보다 자본의 1원당 한계생산성이 높아 자본 $\frac{100}{3}$ 단위로 노동을 완전 대체($L = 0$)하여 비용극소화를 달성한다.

4. 노동수요곡선의 도해

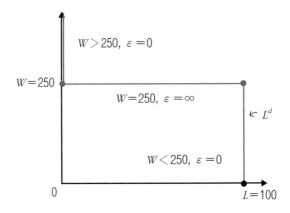

임금이 250일 때 노동수요는 임금에 대하여 완전 탄력적이다.

TOPIC 04

단기와 장기 노동수요곡선의 탄력성 비교

Topic 4-1

장기 노동수요곡선이 단기노동수요곡선에 비해 상대적으로 탄력적인 이유를 그래프를 이용하여 설명하시오. (10점)
[2017년 1문-물음3)]

Ⅰ. 장기 노동수요곡선

장기 노동수요곡선은 기업의 이윤극대화를 달성하는 단기와 단기의 임금-고용조합을 연결하여 도출된다. 자본이 고정된 단기와는 달리 모든 생산요소가 가변적인 장기에서는 자본량 확대를 통한 생산규모의 증설과정에서 고용이 증가하므로 단기보다 탄력적인 노동수요곡선이 도출된다. 이는 임금이 하락하면 기업은 절감된 인건비를 자본재 구매에 투입할 유인이 발생하므로 증가한 자본에 비례적으로 노동자의 한계생산성이 상승한다. 따라서 임의의(모든) 노동자 수준에서 상승한 한계생산성만큼 기업은 고용을 추가적으로 늘려 이윤을 제고할 수 있으므로 자본이 고정된 단기보다 탄력적인 장기 노동수요곡선이 도출된다.

Ⅱ. 조보완관계에서 일반화된 장기 노동수요곡선의 도출

1. 조보완요소인 자본량 증가와 한계생산성 증가

임금이 하락하여 감소한 노동비용을 자본구매에 투사하고 자본 고용이 증가하면 단위 노동자당 가용자본량($\frac{K}{L}$)이 증가하므로 노동의 한계생산성이 상승한다.

2. 탄력적인 장기 노동수요곡선

노동의 한계생산물이 상승($MP_L^0 < MP_L^1$)하여 노동의 한계생산물가치도 증가($P \cdot MP_L^0 < P \cdot MP_L^1$)하므로 노동수요곡선($L^d = VMP_L = P \cdot MP_L$)은 수직 상방으로 이동하고 장기의 노동수요곡선은 단기보다 임금에 대하여 탄력적이다.

3. Graph 도해

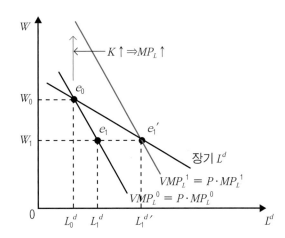

$W_0 > W_1$ (임금 하락)

〈단기 노동수요〉

$e_0 \to e_1$: 한계생산체감의 법칙에 따라
L_1^d까지 노동수요 증가($L_0^d \to L_1^d$)

〈장기 노동수요〉

$e_0 \to e_1{}'$

$W \downarrow \Rightarrow K \uparrow \Rightarrow (\dfrac{K}{L}) \uparrow \Rightarrow MP_L \uparrow$
$\Rightarrow L^d \uparrow (L_1^d \to L_1^{d\,\prime})$

임금이 하락($W_0 \to W_1$)하면 기업은 노동 고용량이 확대되는 과정에서 조보완요소관계인 자본의 고용이 증가하면 단위노동자당 가용 자본량이 증가하여 노동자의 한계생산성이 상승한다. 따라서 단기 노동수요 곡선이 수직 상방으로 이동하여 단기와 단기의 이윤극대화 임금-고용 패키지($e_0 \to e_1{}'$)을 연결하면 단기보다 탄력적인 장기 노동수요곡선이 도출된다.

TOPIC 05 장기 노동수요곡선의 응용

Topic 5-1

다음 물음에 대하여 서술하시오.

물음 1) A 기업의 생산함수는 $q = K + 2L$이고 단위당 노동의 가격이 18이고 자본의 가격은 6이다. 20개의 최종 재화를 생산하기 위한 비용을 계산하시오.

물음 2) B 기업은 자본 2단위와 노동 3단위의 비율로 고용하여 최종 재화를 생산한다. 노동의 가격이 5이며 자본의 가격이 10인 경우에 30개의 재화를 생산하기 위한 총비용을 계산하시오.

물음 1)

I. 기업의 비용극소화 조건

$$\begin{cases} \text{목적식} \quad \text{Min } C = WL + rK = 18L + 6K \\ \text{제약조건 } s.t. \quad q = 20 = K + 2L \end{cases}$$

총생산비용은 $[MRTS_{LK} = -\dfrac{\Delta K}{\Delta L} = \dfrac{MP_L}{MP_K}] = [\dfrac{W}{r}]$ 인 고용조합에서 극소화되는데,

이 고용조합은 노동과 자본의 1원당 한계생산성이 균등 $[\dfrac{MP_L}{W} = \dfrac{MP_K}{r}]$하기 때문이다.

II. 적정고용량

주어진 조건에 따라 비용극소화를 달성하는 최적 고용량은 다음과 같다.

$$[MRTS_{LK} = \dfrac{MP_L}{MP_K} = \dfrac{2}{1}] < [\dfrac{3}{1} = \dfrac{W}{r}]$$

TOPIC 05. 장기 노동수요곡선의 응용 249

생산의 기술적 효율성인 한계기술대체율($MRTS$)이 경제적 효율성인 상대가격($\frac{W}{r}$)보다 작아서 자본의 1원 당 한계생산성이 노동보다 크므로[$\frac{MP_L}{W} < \frac{MP_K}{r}$] 노동을 자본으로 대체할 유인이 존재한다.

Ⅲ. Graph 도해

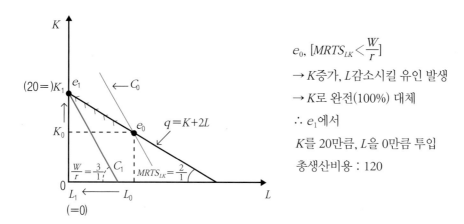

e_0, [$MRTS_{LK} < \frac{W}{r}$]

→ K증가, L감소시킬 유인 발생

→ K로 완전(100%) 대체

∴ e_1에서

K를 20만큼, L을 0만큼 투입

총생산비용 : 120

Ⅳ. 소 결

완전대체요소관계를 반영하여 선형 생산함수를 보유한 A기업은 1원당 한계생산성이 높은 자본으로 노동을 완전히 대체하면 등비용선이 좌하방으로 이동하여 비용이 하락한다. 따라서 비용극소화를 추구하는 기업은 노동을 자본으로 완전히(100%) 대체하여 e_1에서 자본만을 고용한다.

물음 2)

Ⅰ. 기업의 비용극소화 조건

$$\begin{cases} \text{Min } C = 5L + 10K \\ s.t. \ q = 30 = Min[2L, 3K] \end{cases}$$

Ⅱ. 적정고용량

레온티에프 생산함수에서 완전 보완적인 노동(L)과 자본(K)의 결합 비율[$L:K$ = 3:2]을 도출할 수 있으므로 [$q = 2L = 3K$]가 성립한다. 따라서 비용극소화를 추구하는 B기업이 노동과 자본의 결합 비율을 벗어나 추가적으로 노동이나 자본을 고용하면 생산량을 증가시킬수 없는 비효율성이 초래되므로 $K = \frac{2}{3}L$ 상의 노동-자본 고용 조합에서 최적 고용을 결정한다.

Ⅲ. Graph 도해

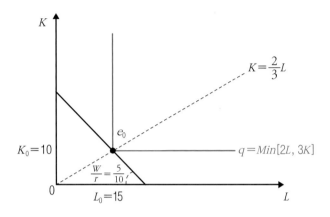

e_0에서 노동(L=15)과 자본(K=10)의 최적 고용을 통해 비용극소화[$C = 15 \cdot 5 + 10 \cdot 10 = 175$]를 달성한다.

📖 Topic 5-2

다음 물음에 답하시오.
노동(L)과 자본(K)을 고용하여 가죽제품을 생산하는 A 기업의 생산함수는 다음과 같다.

$$Q = 40L^{0.75}K^{0.25}$$

또한, 노동의 임금률(W)은 12, 자본의 사용자 비용(r)은 40이다.

물음 1) 1600개의 가죽제품을 생산하기 위한 노동과 자본의 고용량을 그래프를 통해 설명하시오.

물음 2) 경제의 불확실성이 증대되어 노동의 임금이 12에서 0.75로 하락함에 따라 A기업은 가죽제품의 생산량을 1600개에서 3200개로 늘리기로 결정하였다. 3200개의 재화를 생산하기 위한 자본과 노동의 고용량을 도출하고 대체효과와 규모효과의 크기를 각각 계산하시오. 그리고 장기 노동수요곡선을 도해하시오.

물음 3) 노동과 자본의 대체탄력성을 도출하고 노동과 자본은 조대체관계인지 아니면 조보완관계인지 판단하시오. 또한 가죽제품의 시장가격이 1일 때 노동소득분배율과 자본소득분배율을 계산하시오.

물음 1)

Ⅰ. 기업의 이윤극대화 행동원리
1. 기업의 비용극소화 행동원리

기업은 산업전체의 재화시장에서 결정된 가격을 받아들이는 가격순응자(Price-taker)이므로 이윤극대화를 위하여 재화가격을 설정할 수 없고 노동시장에서는 이윤극대화를 달성하기 위한 최적 생산량을 결정할 수 없으므로 주어진 목표생산량을 최소 비용으로 생산하여 이윤극대화를 추구한다.

그리고 고정 생산요소가 존재하는 단기와 달리 장기에서는 정상투입요소인 노동과 자본을 가변적으로 고용하여 재화를 생산하므로 동일한 목표 산출량을 생산하는 노동(L)과 자본(K)의 조합인 등량곡선 상에서 최적 투입량을 결정한다.

$$\begin{bmatrix} \text{Min } C = WL + rK = 12L + 4K \\ s.t. \quad q = 1600 = 40L^{0.75}K^{0.25} \end{bmatrix}$$

2. 비용극소화 고용결정

$$[MRTS_{LK} = -\frac{\Delta K}{\Delta L} = \frac{MP_L}{MP_K}] = [\frac{W}{r}]$$

기업은 생산의 기술적 효율성인 한계기술대체율($MRTS_{LK}$)과 경제적 효율성인 상대가격($\frac{W}{r}$)이 일치하는 등량곡선과 등비용선의 접점에서 최적 고용량을 결정한다. 이 고용조합은 노동과 자본의 1원당 한계생산성이 균등[$\frac{MP_L}{W} = \frac{MP_K}{r}$]하여 다른 고용조합으로 이동하면 수확체감의 법칙에 의해 총생산비용이 증가하기 때문이다.

Ⅱ. 물음 1)의 해결
1. A기업의 노동의 한계생산성

$$MP_L = \frac{\Delta Q}{\Delta L} = 30L^{-0.25}K^{0.25}$$

2. A기업의 자본의 한계생산성

$$MP_K = \frac{\Delta Q}{\Delta L} = 10L^{0.75}K^{-0.75}$$

3. A기업의 한계기술대체율

$$MRTS_{LK} = \frac{MP_L}{MP_K} = \frac{30L^{-0.25}K^{0.25}}{10L^{0.75}K^{-0.75}} = 3\frac{K}{L}$$

4. 비용극소화

등비용곡선의 기울기는 $[K = -\frac{W}{r} \cdot L + \frac{C}{r}]$에서 $\frac{W}{r}$이다.

비용극소화 조건에 의해 $[MRTS_{LK} = 3 \cdot \frac{K}{L}] = [\frac{12}{4} = \frac{W}{r}]$ 이다.

따라서 비용극소화 조건은 $[L=K]$이고, 이를 제약조건인 생산함수에 대입하면 $Q = 1600 = 40 \cdot L^{0.75} \cdot L^{0.25} = 40L$이므로 최적 고용량은 $(L, K)=(40, 40)$이다.

5. Graph 도해

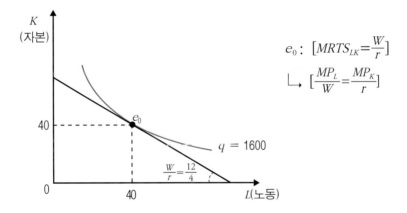

등량곡선과 등비용선이 일치하는 e_0지점에서 A기업의 비용극소화를 통한 이윤극대화 목적이 달성되며 이때 노동과 자본의 고용량은 각각 40이다.

물음 2)

Ⅰ. 비용극소화 고용

임금이 하락하면 자본에 대한 노동의 상대가격이 하락하므로 자본을 노동으로 대체하고 생산의 한계비용이 감소하여 생산규모를 증설하는 과정에서 정상투입요소인 노동과 자본의 고용량이 동시에 증가한다.

1. 대체효과

(1) 의 의

임금이 하락하면 자본에 대한 노동의 상대가격이 하락하므로 동일 목표 산출량을 낮은 비용으로 생산하기 위해 1원당 한계생산성이 하락하여 고용의 부담이 가중된 자본을 노동으로 대체하므로 노동수요가 증가한다.

(2) 대체효과 분석 : $(L: 40 \rightarrow 80, K: 40 \rightarrow 5)$

$$\begin{cases} \text{Min } C = 0.75L + 4K \\ s.t. \ q = 1600 = 40L^{0.75}K^{0.25} \end{cases}$$

$$MRTS_{LK} = \frac{MP_L}{MP_K} = 3\frac{K}{L} \qquad \cdots ①$$

$$\frac{W}{r} = \frac{12}{r} \rightarrow \frac{0.75}{4} \qquad \cdots ②$$

지출 대비 한계생산물 균등의 법칙에 따라 $[MRTS_{LK} = \frac{3K}{L}] = [\frac{0.75}{4} = \frac{W}{r}]$

ㄴ, $[L = 16K]$이고 이를 제약조건인 생산함수에 대입하면 $(L, K) = (80, 5)$이다.

2. 규모효과

(1) 의 의

임금이 하락하면 자본에 대한 노동의 상대가격이 불변일 때 생산의 한계비용이 하락하므로 생산규모를 증설하는 과정에서 정상투입요소인 노동과 자본의 수요가 증가한다.

(2) 규모효과 분석 : $(L: 80 \rightarrow 160, K: 5 \rightarrow 10)$

$$\begin{cases} \text{Min } C = 0.75L + 4K \\ s.t. \ q = 3200 = 40L^{0.75}K^{0.25} \end{cases}$$

$$MRTS_{LK} = \frac{MP_L}{MP_K} = 3\frac{K}{L} \qquad \cdots ①$$

$$\frac{W}{r} = \frac{12}{r} \to \frac{0.75}{4} \qquad \cdots ②$$

지출 대비 한계생산물 균등의 법칙에 따라

$$L = 16K, \; Q = 3200 = 40(16K)^{0.75}K^{0.25}$$
$$\therefore (L, K) = (160, 10)$$

Ⅱ. Graph 도해

임금이 하락하면(W_0=12 → W_1=0.75)

대체효과에 의해 $e_0 \to e_0{}'$ 으로 최적 고용조합이 이동하여 노동수요가 증가하고(40→80),

규모효과에 의해 한계비용곡선(MC)이 하방으로 이동하여 생산량을 1600에서 3200으로 늘리기 위해 생산규모를 증설하므로 $e_0{}' \to e_1$로 고용이 확대되어 노동수요도 증가한다(80→160).

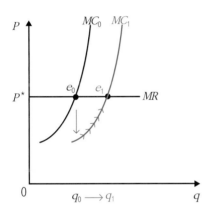

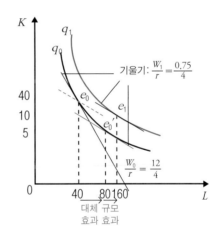

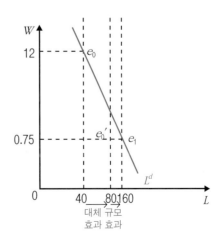

Ⅲ. 소 결

A 기업의 장기 노동수요곡선은 자본이 고정된 단기보다 대체효과와 규모효과에 의해 탄력적이다.

물음 3)

Ⅰ. 대체탄력성

1. 의 의

대체탄력성은 생산과정에서 생산공정인 기술수준이 변화될 때 특정 생산요소(L)가 다른 생산요소(K)로 대체되는 정도를 측정하는 지표이다. 생산량을 일정수준으로 유지할 때 즉, 최초등량곡선 상에서 노동과 자본 사이에 대체용이성을 측정하는 지표로서 대체탄력성은 생산함수에 의해 결정되고 생산함수의 특성을 반영하는 등량곡선의 형태로 대체탄력성을 가늠할 수 있다.

$$\sigma = \frac{\text{요소집약도 변화율}}{\text{한계대체율 변화율}} = \frac{\dfrac{\varDelta(\frac{K}{L})}{(\frac{K}{L})} \times 100\%}{\dfrac{\varDelta MRTS_{LK}}{MRTS_{LK}} \times 100\%}$$

$$= \frac{\text{요소집약도 변화율}}{\text{요소상대가격 변화율}} = \frac{\dfrac{\varDelta(\frac{K}{L})}{(\frac{K}{L})} \times 100\%}{\dfrac{\varDelta(\frac{W}{r})}{(\frac{W}{r})} \times 100\%}$$

2. 측 정

기업은 생산의 기술적 효율성인 한계기술대체율($MRTS_{LK}$)과 경제적 효율성인 상대가격($\frac{W}{r}$)이 일치할 때

비용극소화를 통해 이윤극대화 목적을 달성하므로 $\dfrac{\dfrac{\varDelta(\frac{K}{L})}{(\frac{K}{L})} \times 100\%}{\dfrac{\varDelta(\frac{W}{r})}{(\frac{W}{r})} \times 100\%}$ 로 대체탄력성을 측정할 수 있다.

$$\sigma = \frac{(\frac{40}{40} - \frac{5}{80})/(\frac{40}{40})100\%}{(\frac{12}{4} - \frac{0.75}{4})/(\frac{12}{4})100\%} = 1$$

Ⅱ. 노동소득 분배율과 자본소득 분배율

1. 노동소득 분배율

노동소득 분배율은 총수입에서 노동소득이 차지하는 비율을 의미한다.

$$\frac{WL}{PQ} = \frac{0.75 \times 160}{1 \times 3200} = 0.0375$$

2. 자본소득 분배율

자본소득 분배율은 총수입에서 자본소득이 차지하는 비율을 의미한다.

$$\frac{rK}{PQ} = \frac{4 \times 10}{1 \times 3200} = 0.0125$$

3. 소 결

A 기업의 가죽제품 생산 시 노동소득 분배율과 자본소득 분배율의 비는 3:1이다.

노동수요의 임금탄력성과
마셜의 파생수요법칙

 Topic 6-1
· ·

노동수요와 공급에 관련된 다음의 질문에 답하시오.　　　　　　　　　　　　　[2013년 1-1), 2)문]

물음 1) 노동수요탄력성에 영향을 미치는 요인 중 4가지를 설명하시오. (12점)

물음 2) 대체생산요소가격의 상승, 최종생산물에 대한 수요상승, 기술진보가 노동수요에 미치는 영향
을 각각 설명하시오. (18점)

물음 1) − 노동수요곡선의 기울기 변화

Ⅰ. 노동수요의 임금 탄력성

1. 의 의

임금이 1% 변화할 때 노동수요의 변화율을 측정하는 지표이다.

2. 노동수요 임금 탄력성 측정

$$[\ \varepsilon\ =\ -\frac{\dfrac{\Delta L^d}{L}100\%}{\dfrac{\Delta W}{W}100\%}\ ]$$

$\varepsilon < 1$ 이면 노동수요는 임금에 비탄력적 (단 $\varepsilon = 0$은 완전 비탄력적)이고,

$\varepsilon = 1$ 이면 노동수요는 임금에 단위탄력적이고,

$\varepsilon > 1$ 이면 노동수요는 임금에 탄력적이다(단, $\varepsilon = \infty$는 완전 탄력적).

Ⅱ. 마셜(Marshall)의 파생수요법칙

마셜의 파생수요법칙은 우하향하는 노동수요곡선의 기울인인 노동수요의 임금 탄력성에 영향을 미치는
4가지 요소를 대체효과와 규모효과의 관점에서 분석한다.

1. 다른 생산요소(K)와의 대체용이성 – 대체효과

대체탄력성은 한계기술대체율($MRTS_{LK}$)이 1% 변화할때 자본–노동 비율인 요소집약도($\frac{K}{L}$)의 변화율을 측정하는 지표인데, 대체탄력성이 클수록 임금이 상승할 때 1원당 한계생산성이 하락한 노동을 자본으로 대체하는 정도가 큰 폭으로 증가한다.

$$\left[\sigma = \frac{\dfrac{\varDelta(\frac{K}{L})}{(\frac{K}{L})}\times100\%}{\dfrac{\varDelta MRTS_{LK}}{MRTS_{LK}}\times100\%} = \frac{\dfrac{\varDelta(\frac{K}{L})}{(\frac{K}{L})}\times100\%}{\dfrac{\varDelta(\frac{W}{r})}{(\frac{W}{r})}\times100\%} \right]$$

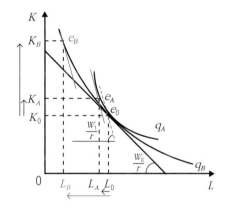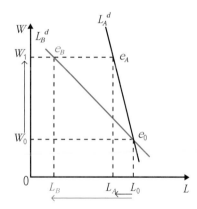

생산함수의 득성을 반영하는 능량곡선은 대체탄력성이 클수록 선형 생산함수에 다가서므로 보다 완만한 형태(q_B)로 도해된다. 따라서 임금이 상승($W_0 < W_1$)하여 자본에 대한 노동의 고용부담이 가중되면 1원당 한계생산성이 하락한 노동을 자본으로 큰 폭으로 대체하므로[$(L_0-L_B) > (L_0-L_A)$] 보다 탄력적인 노동수요곡선(L_B^d)이 도출된다.

2. 다른 생산요소(K)의 공급탄력성 – 대체효과

임금이 상승하면 1원당 한계생산성이 하락한 노동을 대체하는 자본의 공급탄력성이 클수록 즉각적인 자본의 공급을 통해 노동이 자본으로 대폭 대체되므로 노동수요의 탄력성이 커진다.

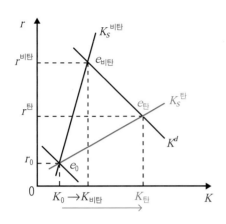
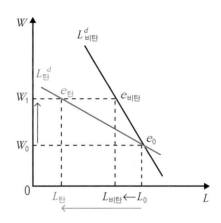

이는 자본의 공급이 탄력적일수록 기업은 노동을 자본으로 대체하려는 의지를 보다 낮은 가격으로 신속하게 실현할 수 있기 때문이다.

3. 총생산비용 중 노동비용의 차지 비중 − 규모효과

총생산비용(TC)중에서 노동비용(WL)이 차지하는 비중이 클수록 임금이 하락하면 노동비용이 감소하여 생산의 한계비용의 감소폭이 확대된다. 이에 따라 규모효과가 크게 반영되어 노동수요가 큰 폭으로 증가하므로 노동수요가 임금에 탄력적으로 반응한다.

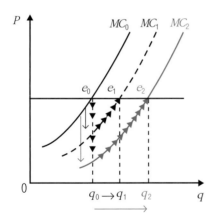
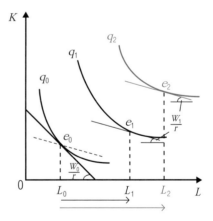

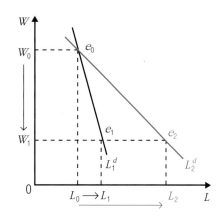

임금이 하락($W^0 > W^1$)할 때
노동비용의 비중이 클수록
한계비용의 하락폭이 커지고
규모효과가 크게 발생하여
노동수요가 대폭 증가한다($L_0 \to L_2$).

4. 최종생산물의 수요탄력성 – 규모효과

임금이 상승하면 생산의 한계비용이 상승($MC_1 = MC_0 + \Delta W$) 하므로 이때 비용극소화를 추구하는 기업은 재화가격의 상승을 통해 임금인상을 소비자에게 전가하려 한다. 최종재화가 가격에 탄력적(D_2)일수록 규모효과가 크게 반영되어 생산규모가 대폭 감소한다. 따라서 재화시장에서 파생되는 노동수요 역시 큰 폭으로 감소하므로 보다 탄력적인 노동수요곡선이 도출된다.

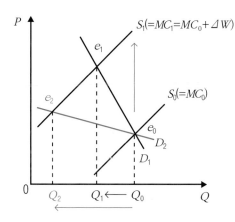

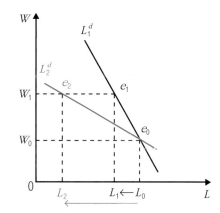

Ⅲ. 소 결

마셜(Marshall)의 파생수요법칙은 노동수요의 임금 탄력성에 영향을 주는 요인을 대체효과와 규모효과의 관점에서 분석하여 기업과 노동자 간의 협력적 관계를 통해 효용과 이윤을 제고할 수 있는 소통의 통로를 확보한다.

최종생산물에 대한 수요의 탄력성이 낮을수록 기업의 경쟁력은 상승하고 시장지배력은 높아진다. 독점적 노동조합은 노동수요곡선이 비탄력적일수록 임금인상을 통한 노조원의 효용극대화 목표를 수월하게 쟁취할 수 있다. 따라서 기업의 노동수요가 임금이 비탄력적일수록 독점적 노조의 임금인상 요구를 기업은 재화가격 상승으로 수용할 여력이 커지므로 대화를 통한 상생의 기업문화가 조성된다. 따라서 재화의 가격탄력성을 낮추기 위해 노동자를 대변하는 독점적 노조는 제품의 불량률을 낮추는 등 시장 경쟁력을 높이기 위한 기업의 경영 합리성 제고 노력에 최대 생산성으로 화답한다. 마셜의 파생수요법칙에 의해 선순환 구조가 확립되면 기업은 독점적 노조의 임금인상 요구를 효율 임금에 근거하여 수용하고 파레토 개선적인 협상의 장이 마련될 수 있다.

물음 2) - 노동수요곡선 자체의 이동

Ⅰ. 대체생산요소 가격(r)의 상승

대체생산요소인 자본(K)의 가격(r)이 상승하면 자본에 대한 노동의 상대가격($\frac{W}{r}$)이 하락하여 고용부담이 가중된(=1원 당 한계생산성이 하락한) 자본을 노동으로 대체한다.

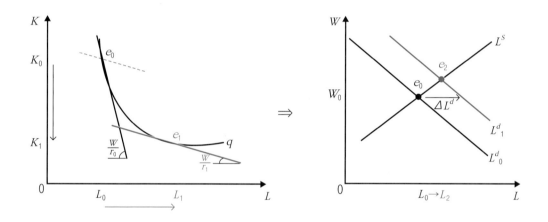

r의 상승($r_0 < r_1$)으로 노동의 상대가격이 낮아짐($\frac{W}{r_0} > \frac{W}{r_1}$)에 따라 e_0에서 생산의 기술적 효율성인 한계기술대체율($MRTS_{LK}$)보다 경제적 효율성인 상대가격($\frac{W}{r_1}$)이 낮다. 따라서 1원당 한계생산성이 하락한 자본을 노동으로 대체하여($K_0 > K_1$, $L_0 < L_1$) e_1에서 노동과 자본의 한계생산물이 균등하므로 비용극소화를 달성하고 자본-노동 비율[$\frac{K}{L}$]이 낮아지는 노동집약적 생산공정으로 전환된다.

Ⅱ. 최종생산물 가격 상승

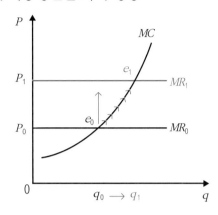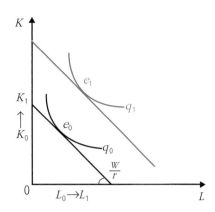

최종생산물의 가격이 상승($P^0 < P^1$)하면 가격순응자인 기업의 한계수익곡선이 상방으로 이동 ($MR^0 \rightarrow MR^1$)함에 따라 규모효과로 생산량이 증가($q_0 < q_1$)한다. 따라서 생산규모를 증설하는 과정에서 [$L-K$]의 등량곡선은 우상방으로 확대되고 정상투입요소인 노동과 자본의 고용이 증가하므로 ($K^0 < K^1$, $L^0 < L^1$) 최종생산물의 가격이 상승하면 노동수요가 증가한다.

Ⅲ. 기술진보

기술진보는 고용된 자본 1단위의 한계생산성(MP_K)의 향상을 의미하고, 이는 생산의 기술적 효율성인 한계기술대체율($MRTS_{LK}$)의 하락을 야기한다.

$$[MP_K \uparrow \Rightarrow (\frac{MP_L}{MP_K \uparrow}) \downarrow \Rightarrow MRTS_{LK} \downarrow]$$

이에 따라 동일한 복표 산출량을 생산하는 등량곡선의 기울기는 e_0을 중심으로 반시계방향으로 회전이동하여 자본 집약적인 생산공정으로 변화한다.

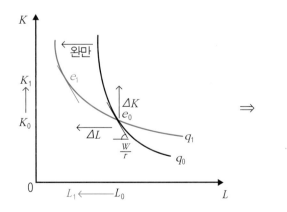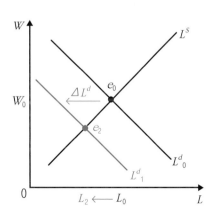

한계기술대체율($MRTS_{LK}$)이 하락하면 기업은 노동과 자본의 1원당 한계생산성을 비교하여 지출(=비용) 대비 산출량이 높은 ($\frac{MP_L}{W} < \frac{MP_K}{r}$) 자본고용을 늘리고 노동고용을 줄일 유인이 발생한다. 그 결과, e_1에서 노동을 자본으로 대체함으로써 비용극소화(이윤극대화)를 달성한다. ($L_0 > L_1$, $K_0 < K_1$) 따라서 자본집약적인 기술진보가 발생하면 노동수요가 감소한다.

 Topic 6-2

가죽제품을 생산하는 A기업에 고용된 근로자의 임금이 12에서 0.75로 하락함에 따라 고용량은 40에서 160으로 증가하였다. 자본의 사용자비용은 4이고 현재 10단위의 자본을 고용하고 있다. 가죽제품을 생산하는 A기업의 임금탄력성을 계산하고 마셜의 파생수요법칙에 근거하여 A기업의 노동수요가 임금에 대해 탄력적인 이유를 그래프로 설명하시오.

Ⅰ. 가죽제품의 노동수요탄력성 : [$\varepsilon = 3.2$] > 1

1. 노동수요의 임금탄력성
노동수요의 임금탄력성은 임금이 1% 변화할 때 노동수요의 변화율을 측정하는 지표이다.

$$\varepsilon = -\frac{\frac{\Delta L^d}{L^d}100\%}{\frac{\Delta W}{W}100\%} \qquad \begin{array}{l} \varepsilon > 1 : \text{탄력적 노동수요} \\ \varepsilon < 1 : \text{비탄력적 노동수요} \end{array}$$

2. 가죽제품의 노동수요탄력성

$(W, L) = (12, 40) \rightarrow (0.75, 160)$ 으로 변화했으므로,

$$\varepsilon = -\frac{\frac{(40-160)}{40} \times 100\%}{\frac{(12-0.75)}{12} \times 100\%} = -\frac{-3}{11.25/12} = 3.2 > 1$$

탄력성이 3.2로 1보다 크므로 노동수요는 임금에 대하여 탄력적이다.

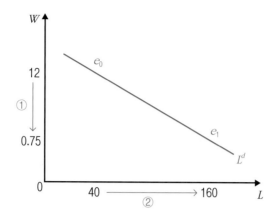

Ⅱ. 마셜의 파생수요법칙

1. 의 의

(1) 대체효과

임금이 하락하면

1) 노동에 대한 자본의 대체가 용이할수록 임금이 하락할 때 고용부담이 가중된 자본을 노동으로 대체하는 비율이 커지고,

2) 자본의 공급탄력성이 클수록 기업의 대체의지를 즉각적으로 실현할 수 있으므로, 노동수요가 큰 폭으로 증가하여 자본을 대체하므로 노동수요는 임금에 탄력적으로 반응한다.

(2) 규모효과

임금이 하락하면

1) 총생산 비용에서 노동비용이 차지하는 비중이 클수록 생산의 한계비용이 큰 폭으로 하락하여 생산규모를 대폭 증설하는 과정에서 정상투입요소인 노동의 수요가 크게 증가하고

2) 최종재화의 가격탄력성이 클수록, B기업은 생산의 한계비용 하락분을 소비자에게 돌려주므로 재화가격이 하락할 때 재화 수요가 대폭 증가하여 노동수요는 임금에 탄력적으로 반응한다.

2. 총생산비용에서 노동비용이 차지하는 비중(가죽제품)

$$\frac{WL}{TC} = \frac{0.75 \times 160}{0.75 \times 160 + 4 \times 10} \quad \cdots ①$$

$$\frac{rK}{TC} = \frac{4 \times 10}{0.75 \times 160 + 4 \times 10} \quad \cdots ②$$

$$① , ② \text{ 비교} \rightarrow \frac{WL}{TC} > \frac{rK}{TC}$$

3. Graph 도해

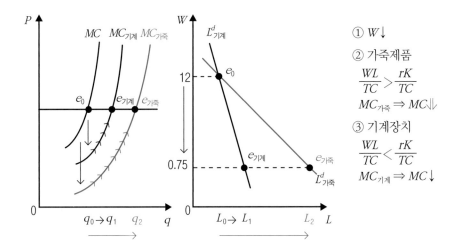

임금하락으로 $MC_{기계}$, $MC_{가죽}$ 모두 하락하지만 총비용에서 노동비용이 차지하는 비중이 클수록 한계비용의 하락폭이 확대되어 규모효과는 커지고$(q_2 > q_1)$ 재화시장에서 파생되는 노동수요 또한 증가$(L_2 > L_1)$하여 보다 탄력적인 노동수요곡선이 도출된다.

📖 Topic 6-3
....

마셜의 파생수요법칙에 근거하여 기계장치산업의 노동수요 탄력성이 낮은 이유를 그래프로 설명하시오.

Ⅰ. 노동수요의 임금탄력성

노동수요의 임금탄력성은 임금 변화율에 대한 노동수요의 변화율을 측정하는 지표이다.

$$\varepsilon = -\frac{\dfrac{\Delta L^{d}}{L^{d}} \times 100\%}{\dfrac{\Delta W}{W} \times 100\%}$$

Ⅱ. 마셜의 파상수요법칙

1. 대체탄력성이 클수록 : 대체효과 ↑

다른 생산요소와의 대체탄력성이 클수록 임금변화에 대한 대체효과가 커지므로 노동수요의 임금탄력성도 커진다.

2. 다른 생산요소의 공급탄력성이 클수록 : 대체효과 ↑

임금이 변화할 때 대체 생산요소의 공급이 탄력적일수록 노동이 신속하게 대체될 수 있으므로 노동수요는 임금에 탄력적이다.

3. 총생산비용 중 노동비용이 차지하는 비중이 클수록 : 규모효과 ↑

총생산비용에서 노동비용이 차지하는 비율이 클수록($\frac{WL}{TC=WL+rK}$) 임금변화에 따른 생산규모도 대폭 증감하므로 노동고용량도 크게 변화한다.

4. 최종생산물의 수요탄력성이 클수록 : 규모효과 ↑

임금이 상승할 때 기업은 재화가격의 인상을 통해 소비자에게 완전(100%)히 전가시키려하므로 생산물 시장에서 공급곡선($S=MC$)이 상승하여 수요가 탄력적인 경우 규모효과로 인한 생산량 감소폭이 확대되므로 노동수요의 탄력성이 커진다.

Ⅲ. 기계장치 산업의 노동수요탄력성이 낮은 이유

기계장치 산업은 자본집약적인 생산함수를 보유하고 있으므로 총비용 중 자본비용이 차지하는 비중이 높고 노동비용이 차지하는 비중이 낮으므로 임금 하락에 따른 규모효과가 작게 발생하여 노동수요는 임금에 대해 비탄력적이다.

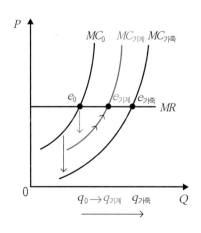
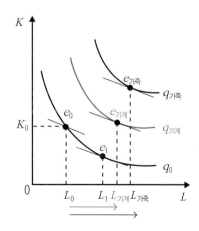

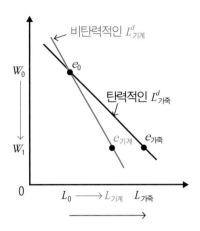

Topic 6-4

인공지능, 로봇기술, 드론, 자율주행차, 가상현실(VR) 등이 주도하는 4차 산업혁명 시대에서 노동수요의 임금탄력성 변화를 그래프로 설명하시오.

Ⅰ. 노동수요의 임금탄력성

1. 의 의

노동수요의 임금탄력성은 임금이 1% 변화할 때 노동수요의 변화율을 측정하는 지표이다.

2. 노동수요 임금 탄력성 측정

$$[\ \varepsilon = -\frac{\frac{\Delta L^{\mathrm{d}}}{L^{\mathrm{d}}}100\%}{\frac{\Delta W}{W}100\%}\ ]$$

$\varepsilon < 1$ 이면 비탄력적(단 $\varepsilon = 0$은 완전 비탄력적),

$\varepsilon = 1$ 이면 단위탄력적,

$\varepsilon > 1$ 이면 탄력적이다(단, $\varepsilon = \infty$는 완전 탄력석).

Ⅱ. 마셜(Marshall)의 파생수요법칙

마셜은 대체효과와 규모효과에 의해 도출되는 우하향의 장기 노동수요곡선이 임금 변화에 대하여 얼마나 탄력적으로 반응하는지를 대체효과와 규모효과의 관점에서 분석한다.

1. 의 의

(1) 대체효과

임금이 하락할 때

1) 노동과 자본의 대체성이 클수록 1원 당 한계생산성이 하락한 자본을 노동으로 대폭 대체하고,

2) 자본의 공급탄력성이 클수록 기업의 대체의지를 수월하게 실현할 수 있으므로,

높은 대체효과로 노동수요가 대폭 증가하므로 탄력적인 노동수요곡선이 도출된다.

(2) 규모효과

임금이 하락할 때

1) 총생산비용에서 노동비용이 차지하는 비중이 크고,

2) 최종재화의 수요탄력성이 클수록,

생산의 한계비용이 큰 폭으로 하락하여 생산규모를 증설하기 위해 정상투입요소인 노동의 수요가 대폭 증가하므로 노동수요는 임금에 탄력적으로 반응한다.

Ⅲ. 기술진보와 노동수요의 임금탄력성

1. 자본집약적 기술진보

4차 산업혁명과 같은 자본집약적 기술진보가 발생하면

(1) 노동과 자본의 대체가 용이해지고,

(2) 자본의 공급이 탄력적으로 전환되므로,

대체효과가 크게 발생하여 임금에 탄력적인 노동수요곡선이 도출된다.

그러나

(3) 총생산비용에서 자본이 차지하는 비중이 커지고,

(4) 특허 기술의 보유로 제품차별화를 통해(즉, 애플, 테슬라처럼 생산자의 시장지배력이 높아져) 최종재화는 가격에 비탄력적으로 반응하므로

규모효과는 작게 발생하여 임금에 비탄력적인 노동수요곡선이 도출된다.

따라서, 노동수요의 임금탄력성은 대체효과와 규모효과의 대소관계에 의해 결정된다.

2. 다른 생산요소(K)와의 대체용이성 – 대체효과

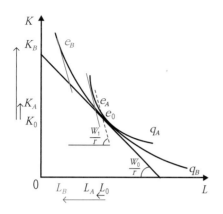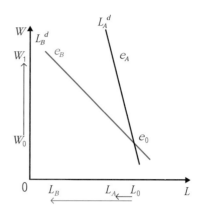

생산함수의 특성을 반영하는 등량곡선은 대체탄력성이 클수록(q_B) 선형 생산함수에 가까워지므로 4차 산업혁명으로 인해 노동과 자본의 대체가 용이해지면 등량곡선은 보다 완만한 형태로 전환된다. 따라서 임금이 상승($W_0 < W_1$)하여 자본에 대한 노동의 고용부담이 가중되면 1원당 한계생산성이 하락한 노동을 1원당 한계생산성이 상승한 자본으로 대폭 대체하므로 보다 탄력적인 노동수요곡선(L_B^d)이 도출된다.

3. 다른 생산요소(K)의 공급탄력성 – 대체효과

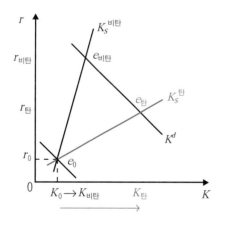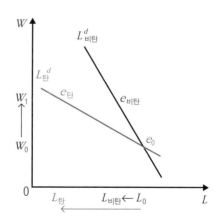

4차 산업혁명으로 생산공정의 자동화, 무인화가 가속화되면 자본의 공급탄력성이 상승하여 자본의 공급이 확대된다. 이때 임금이 인상되어 1원당 생산성이 하락한 노동을 자본으로 대체하기 위해 자본수요가 증가할 때 자본의 공급탄력성이 클수록 자본 공급량이 확대되어 노동을 자본으로 대폭 대체할 수 있으므로 노동수요가 크게 감소하여 노동수요의 임금탄력성이 커진다. 이는 자본의 공급이 탄력적일수록 기업은 노동을 자본으로 대체하려는 의지를 보다 낮은 가격으로 신속하게 실현할 수 있기 때문이다.

4. 총생산비용에 대한 노동비중 – 규모효과

4차 산업혁명으로 자본집약적 기술진보가 발생하면 기업은 자본구매비중이 상승하여 총생산비용에서 자본비용이 차지하는 비중이 상승한다. 총생산비용(TC) 중에서 노동비용(WL)이 차지하는 비중이 작을수록 임금이 하락할 때 생산의 한계비용의 하락분이 축소된다. 이에 따라 규모효과가 작게 발생하여 노동수요가 소폭으로 증가하므로 노동수요는 임금에 비탄력적으로 반응한다.

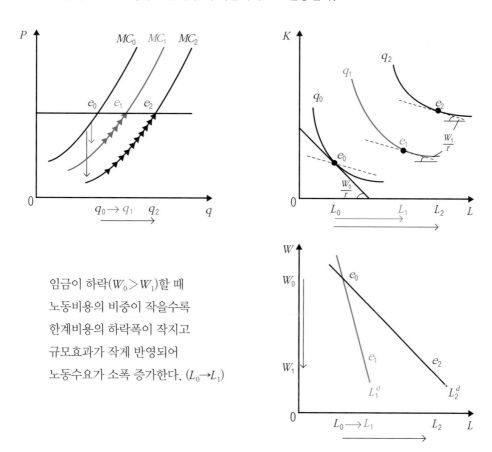

임금이 하락($W_0 > W_1$)할 때
노동비용의 비중이 작을수록
한계비용의 하락폭이 작지고
규모효과가 작게 반영되어
노동수요가 소폭 증가한다. ($L_0 \rightarrow L_1$)

5. 최종재화의 가격 탄력성 – 규모효과

4차 산업혁명으로 각 기업이 특화된 기술력을 보유하면 기업은 특허 기술을 바탕으로 경쟁 기업과 제품 차별화를 통해 소비자에 대한 시장지배력을 높일 수 있다. 따라서 기업이 재화가격을 인상하더라도 이탈하는 소비자가 적으므로 재화는 가격에 비탄력적으로 반응한다.

이때 임금이 상승하면 기업은 증가한 생산비용을 소비자에게 완전히 전가시키기 위해 최종재화의 가격을 인상시키므로 재화의 공급곡선이 수직 상방으로 이동한다. 그리고 재화의 가격탄력성이 작을수록 규모효과가 작게 발생하여 생산규모가 소폭($Q_0 \rightarrow Q_1$) 감소한다. 따라서 재화시장에서 파생되는 노동수요 역시 소폭($L_0 \rightarrow L_1$)으로 감소하므로 보다 비탄력적인 노동수요곡선이 도출된다.

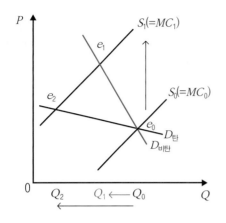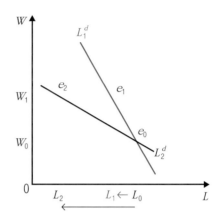

IV. 소 결

이상의 논의를 통해 4차 산업혁명 시대에서 노동수요의 임금탄력성은 대체효과와 규모효과의 관계에 의해 결정됨을 확인하였다. 나아가 마셜(Marshall)의 파생수요법칙은 노동수요의 임금탄력성에 영향을 주는 요인을 대체효과와 소득효과의 관점에서 분석하여 기업과 노동자 간의 협력적 관계를 통해 효용과 이윤을 제고할 수 있는 통로를 제시한다.

4차 산업혁명이 도래하여 대체효과가 커질수록 노동수요곡선은 탄력적으로 도출되므로 노동자를 대변하는 독점적 노조의 효용수준은 하락하지만 규모효과가 작아질수록 노동수요곡선은 비탄력적으로 도출되므로 효용수준은 상승할 수 있다.

따라서 4차 산업혁명 시대의 노동자는 자본이 구비할 수 없는 특화된 기술을 보유하여 자본과의 대체성을 낮춤으로써 고용없는 성장에 대비하여야 할 것이다.

Topic 6-5

공립학교 선생님과 간호사에 대한 노동수요의 임금탄력성이 다른 직종에 비해 비탄력적인 이유는 무엇인가? 그리고 공립학교 선생님의 노동수요가 간호사에 비해 탄력적인 현상을 그래프로 설명하시오.

I. 마셜의 파생수요법칙

마셜의 파생수요법칙에 의하면 노동수요의 임금탄력성에 미치는 변수를 대체효과와 규모효과의 4가지 관점에서 분석한다.

공립학교 선생님과 병원의 간호사는 교육과 건강 서비스를 제공하는데 다양한 현장 경험 학습이 요구되므로 대체 노동자 혹은 AI와 같은 자본으로 대체하기가 어렵고, 교육과 의료 지식정보를 축적하는데 오랜 시간이 소요되므로 대체되는 생산요소의 공급이 비탄력적이다. 따라서 임금이 변활될 때 대체효과는 작게 발생하여 비탄력적인 노동수요곡선이 도출된다.

또한 교육과 의료는 자아실현, 소득, 건강, 생명과 높은 인과성을 지닌 서비스 재화로서 교육과 의료가 거래되는 시장에서 소비자는 가격에 비탄력적이다. 그러므로 임금 인상으로 교육과 의료 서비스 가격이 상승할 때 규모효과는 작게 발생하여 비탄력적인 노동수요곡선이 도출된다.

선생님을 고용하는 공립학교는 전체 교육비(학교 운영 예산) 중에서 인건비가 차지하는 비중이 높다. 그러나 간호사를 고용하는 병원은 전체 운영비에서 의료기기와 의사 등 다른 생산요소의 비용이 차지하는 비중이 높아 간호사의 인건비가 차지하는 비중은 상대적으로 낮다. 따라서 간호사를 고용하는 병원보다 선생님을 고용하는 공립학교는 선생님의 임금변화에 생산비용이 민감하게 반응하므로 규모효과가 크게 발생하여 선생님의 노동수요는 간호사보다 탄력적이다.

II. 비탄력적인 선생님과 간호사의 노동수요

1. 다른 생산요소(K)와의 낮은 대체성 - 대체효과

공립학교 선생님과 병원의 간호사와 같은 숙련노동자는 교육과 건강 서비스를 제공하는데 다양한 현장 경험 학습이 요구되므로 대체 노동자 혹은 AI와 같은 자본으로 대체가 어렵다.

대체탄력성은 한계기술대체율($MRTS_{LK}$)의 변화율에 대한 노동(L)과 자본(K)의 요소집약도($\frac{K}{L}$) 변화율로 정의되는데, 대체탄력성이 낮을수록 임금이 상승할 때 1원당 한계생산성이 하락한 노동을 자본으로 대체하는 정도가 작게 증가한다. 생산함수의 특성을 반영하는 등량곡선은 대체탄력성이 낮을수록(Q^B) 한계대체율($MRTS_{LK}$)이 하락하여 보다 ㄴ에 가까운 형태로 도출된다. 따라서 임금이 상승($W_0 < W_1$)하여 자본에 대한 노동의 고용부담이 가중되면 노동을 자본으로 대체하기가 어려우므로 보다 비탄력적인 노동수요곡선($L_B{}^d$)이 도출된다.

2. 대체 생산요소(K)의 공급탄력성 - 대체효과

대체되는 자본 혹은 선생님과 간호사를 양성하는데 오랜 시간이 소요되므로 대체되는 생산요소의 공급탄력성은 낮다.

대체되는 생산요소가 즉각적으로 공급되지 않아 비탄력적이면 임금인상에 대하여 대체효과는 작게 발생하고 노동이 다른 생산요소로 대체될 수 없으므로 노동수요의 탄력성이 낮아진다. 이는 자본(혹은 다른 선생님과 간호사)의 공급이 비탄력적일수록 고용주는 노동을 자본으로 대체하려는 의지를 신속하게 실현할 수 없기 때문이다.

3. 비탄력적인 교육과 의료 서비스 – 규모효과

교육과 의료서비스는 대체재가 적고 가치재이므로 소비자는 가격에 비탄력적이다.

선생님과 간호사의 임금이 상승하면 생산의 한계비용이 상승한다. 따라서 고용주는 임금인상으로 인한 비용의 증가분을 교육과 의료 서비스 가격 인상을 통해 소비자에게 완전히(100%) 전가시키려 하므로 교육과 의료서비스의 공급곡선(MC)은 수직 상방으로 이동한다. 따라서 규모효과가 작게 발생하여 생산규모가 소폭 감소한다. 그러므로 교육과 의료시장에서 파생되는 선생님과 간호사에 대한 노동수요 역시 소폭으로 감소하므로 보다 비탄력적인 노동수요곡선이 도출된다.

Ⅲ. 탄력적인 선생님의 노동수요

선생님을 고용하는 공립학교는 전체 교육비(학교 운영 예산) 중에서 인건비가 차지하는 비중이 높다. 그러나 간호사를 고용하는 병원은 전체 운영비에서 의료기기와 의사 등 다른 생산요소의 비용이 차지하는 비중이 높아 간호사의 인건비가 차지하는 비중은 상대적으로 낮다.

총생산비용(TC)중에서 노동비용(WL)이 차지하는 비중이 클수록 임금이 하락하면 노동비용이 감소하여 생산의 한계비용이 대폭 하락한다. 이에 따라 규모효과가 크게 반영되어 노동수요가 큰 폭으로 증가하므로 선생님의 노동수요는 임금에 탄력적으로 반응한다.

Topic 6-6 유효한 도구변수- 노동수요의 임금탄력성 측정 (리벳공 로지)

리벳공 로지(Rosie the Riveter)는 제2차 세계대전 기간에 거의 1,600만 명의 남성 근로자가 군대에 동원되어 해외로 파병되자 많은 여성이 민간 노동시장에 참여했는데 이 때 남성의 일을 수행하여 전쟁을 도운 여성을 의미한다. 2차 세계대전 중인 1940년과 1945년 사이에 18~44세에 해당하는 징집 대상 등록 남성 중에 실제로 군복무를 경험한 남성의 비율로 정의한 동원율은 각 주의 여성노동공급곡선을 다른 비율로 이동시키는 도구변수로서 작동한다. 따라서 로지는 징집위원회가 많은 남성을 전쟁터에 보낸 주에서 리벳공이 될 확률이 높다.

1939년부터 1949년까지 주별 동원율과 여성 고용변화율 사이에는 뚜렷한 양의 상관관계가 관찰된다.

$$여성\ 고용변화율 = -94.56 + 2.62 \times 동원율$$

또한 주별 동원율이 여성 근로자가 경험한 임금 상승과 강한 음의 상관관계가 존재한다는 사실도 밝혀졌다.

$$여성\ 임금변화율 = 171.69 - 2.58 \times 동원율$$

물음 1-1) 여성근로자의 노동수요 탄력성을 계산하시오.

Ⅰ. 노동수요의 임금탄력성

1. 의 의

노동수요의 탄력성은 임금이 1% 변화할 때 노동수요의 변화율을 측정하는 지표이다.

2. 노동수요 임금 탄력성 측정

$$[\varepsilon = -\frac{\frac{\Delta L^d}{L^d}\%}{\frac{\Delta W}{W}\%} = -\frac{\dot{L}^d}{\dot{W}} = -\frac{\text{고용 변화율}}{\text{임금 변화율}}]$$

Ⅱ. 여성근로자의 노동수요 탄력성

여성 고용변화율 $= -94.56 + 2.62 \times$ 동원율 ☞ $[\frac{\text{여성 고용 변화율}}{\text{동원율}} = 2.62]$

여성 임금변화율 $= 171.69 - 2.58 \times$ 동원율 ☞ $[\frac{\text{여성 임금 변화율}}{\text{동원율}} = -2.58]$

$$[\varepsilon = -\frac{\dot{L}^d}{\dot{W}} = -\frac{\text{여성 고용 변화율}}{\text{여성 임금 변화율}} = -\frac{\frac{\text{여성 고용 변화율}}{\text{동원율}}}{\frac{\text{여성 임금 변화율}}{\text{동원율}}} = -\frac{2.62}{-2.58} \doteqdot 1]$$

물음 1-2) 동원율이 여성근로자의 노동수요탄력성을 측정하기 위한 도구변수로서 유효한 조건을 제시하고 이를 그래프로 설명하시오.

Ⅰ. 노동수요의 임금탄력성 측정

노동수요의 임금탄력성은 동일 노동수요곡선 상에서 임금 변화율에 대한 고용량의 변화율로 측정된다. 따라서 여성 근로자의 노동수요탄력성을 온전하게 측정하기 위해서는 여성의 임금과 고용량이 아닌 제 3의 도구변수(남성근로자에 대한 주별 동원율)이 여성근로자의 노동공급곡선만을 이동시키고 노동수요곡선에는 어떠한 영향을 미치지 않아야 한다.

Ⅱ. 노동수요곡선의 해석

노동수요곡선은 주어진 임금 수준에서 기업의 이윤극대화를 달성하는 최적 고용량 조합을 연결한 궤적으로서 여성근로자를 고용하는 기업은 한계여성근로자의 한계생산물가치[$P \cdot MP_L = VMP_L$] 만큼의 임금을 고용된 여성근로자에게 최대로 지불하려 한다. 따라서 여성근로자가 생산한 최종재화의 가격(P)이 상승하거나 여성근로자의 생산성(MP_L)이 상승하면 한계생산물가치가 상승하여 노동수요곡선은 수직 상방으로 이동한다.

Ⅲ. 유효한 도구변수 조건

동원율이 여성근로자의 노동수요탄력성을 측정하기 위한 유효한 도구변수로서 작용하기 위해서는 동원율은 여성근로자가 생산한 최종재화의 가격과 여성근로자의 생산성에 영향을 미치지 않고 오로지 여성의 노동공급곡선만을 이동시켜야만 한다. 이렇게 노동수요곡선을 이동시키지지 않는 도구변수를 통해 고정된 (보이지 않는) 노동수요곡선 상에서 관찰되는 임금과 고용량의 조합을 통해 노동수요의 임금 탄력성을 측정할 수 있다.

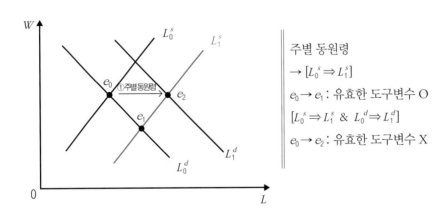

TOPIC
07
교차탄력성과 대체탄력성

대체탄력성 정리

Ⅰ. 의 의

생산과정에서 한 요소가 다른 요소로 대체되는 정도를 측정하는 지표이다.

즉, 생산량을 일정수준으로 유지할 때 (즉, 동일한 등량곡선 상에서) 노동과 자본 간의 대체용이성을 평가하는 지표이다.

Ⅱ. Graph

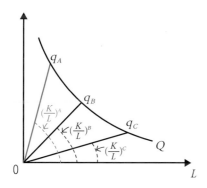 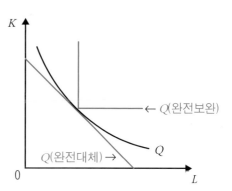

$$\ominus \begin{bmatrix} q_A = f(L^A, K^A) \\ \wedge \quad \vee \\ q_B = f(L^B, K^B) \end{bmatrix}$$
$$\ominus \begin{bmatrix} \\ \wedge \quad \vee \\ q_C = f(L^C, K^C) \end{bmatrix}$$

동일한 생산량 하에서 노동에 대한 자본의 고용비율($=\frac{K}{L}$)이 다름

$(\frac{K}{L})$ = 요소집약도 (단, L과 K는 정상투입요소)

$\therefore (\frac{K}{L})^A > (\frac{K}{L})^B > (\frac{K}{L})^C$

Ⅲ. 측 정

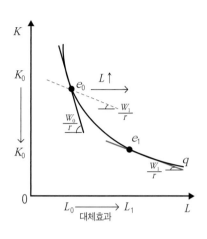

$$\begin{bmatrix} \text{Min } C = 4L+4K \\ s.t. \quad q = L^{0.5} \cdot K^{0.5} \end{bmatrix} \rightarrow \text{최초 } e_0\text{에서 비용극소화 달성}$$

$r = 4, [W_0 = 4 \rightarrow W_1 = 1]$일 때

① $W_0 = 4$일 때는 e_0에서

$[MRTS_{LK} = \dfrac{MP_L}{MP_K}] = [\dfrac{W_0}{r}]$ 이므로,

생산공정을 변동시킬 유인이 없고,

② $W_1 = 1$으로 하락하면

$[MRTS_{LK} = \dfrac{MP_L}{MP_K}] > [\dfrac{W_1}{r}]$ 이므로,

요소가격 대비 한계생산성으로 나타내면

$\dfrac{MP_L}{W} > \dfrac{MP_K}{r}$이며, $L\uparrow$ & $K\downarrow$ 유인 존재

③ 새로운 균형점(e_1)까지 자본을 노동으로 대체하는

대체효과 발생.

$$[\text{대체탄력성} = \sigma] = \left[\frac{\dfrac{\varDelta(\frac{K}{L})}{(\frac{K}{L})} \times 100\%}{\dfrac{\varDelta MRTS_{LK}}{MRTS_{LK}} \times 100\%} \right] \text{으로 정의되고}, \left[\frac{\dfrac{\varDelta(\frac{K}{L})}{(\frac{K}{L})} \times 100\%}{\dfrac{\varDelta(\frac{W}{r})}{(\frac{W}{r})} \times 100\%} \right] \text{ 으로 측정 가능}$$

$(\because MRTS_{LK} = \dfrac{W}{r})$

Ⅳ. 대체탄력성의 심층적 이해

← 등량곡선 : 등량곡선의 접선의 기울기인 한계기술대체율은 생산의 기술적 효율성을 의미
　　　　　　(생산공정 기술수준의 변화)

$\dfrac{W}{r}$

← 등비용선 : 자본에 대한 노동의 상대가격인 등비용선의 기울기($\dfrac{W}{r}$)는
　　　　　　생산의 경제적 효율성을 의미

└→ [$MRTS_{LK}$(생산의 기술적 효율성)] = [(생산의 경제적 효율성)$\frac{W}{r}$] 에서 이윤극대화를 위한 비용극소화를 달성하므로,

└→ 대체탄력성은 $\dfrac{\varDelta(K/L)/(K/L)}{\varDelta MRTS_{LK}/MRTS_{LK}} = \dfrac{\varDelta(K/L)/(K/L)}{\varDelta(W/r)/(W/r)}$ 이다.

cf. 콥–더글라스 생산함수 (또는 효용함수)

$Q = AL^{\alpha}K^{\beta}$ (A : 총 요소생산성, $\alpha, \beta > 0$)

ex) $Q = 10 \cdot L^{0.5}K^{0.5} \Rightarrow \sigma = 1$

콥–더글라스 동차 생산함수의 대체탄력성은 항상 1이다.

 Topic 7-1

자본 가격이 상승하여 노동의 수요가 감소할 경우에 자본과 노동의 생산 요소 간의 대체 관계를 판단하고 그래프를 통해 설명하시오.

Ⅰ. 대체탄력성

1. 의 의

대체탄력성은 자본 가격(r)의 변화에 따른 노동(L^d)의 고용 변화를 측정하는 지표이다.

2. 측 정

$$\sigma = \dfrac{\dfrac{\varDelta L^d}{L^d}100\%}{\dfrac{\varDelta r}{r}100\%}$$

$\sigma > 0$ 일 경우, 노동(L)과 자본(K)은 조대체요소관계이고,

$\sigma < 0$ 일 경우, 노동(L)과 자본(K)은 조보완요소관계이다.

3. 자본가격 상승과 노동수요 감소 : 조보완요소관계

자본가격 상승에 따른 자본수요량 감소와 함께 노동수요도 함께 감소한다면 자본가격 변화율에 대한 노동수요 변화율이 음수($\sigma < 0$)이므로 노동과 자본은 규모효과가 대체효과를 압도하는 조보완요소관계이다.

Ⅱ. 장기에서의 적정고용량

1. 대체효과

자본가격(r)이 상승하면 자본에 대한 노동의 상대가격($\frac{W}{r}$)이 하락하여 동일한 목표 생산량을 경제적으로 생산하기 위하여 1원당 한계생산성이 하락한 자본을 1원당 한계생산성이 상승한 노동으로 대체하는 효과가 발생한다.

2. 규모효과

자본가격(r)이 상승하면 자본의 한계요소비용(MFC_K)이 상승하여 재화시장에서 생산의 한계비용이 증가하므로 생산량이 감소한다. 상대가격이 불변일 때 생산규모를 축소하는 과정에서 정상투입요소인 노동과 자본의 수요가 감소하는 규모효과가 발생한다.

3. 기업의 적정고용량

기업은 가격순응자로서 가격에 영향을 미칠 수 없으므로 비용극소화를 통해 이윤극대화를 달성하기 위하여 $[MRTS_{LK} = -\frac{\Delta K}{\Delta L} = \frac{MP_L}{MP_K}] = [\frac{W}{r}]$ 조건, 즉, 생산의 기술적 효율성인 한계기술대체율($MRTS_{LK}$)과 경제적 효율성인 자본에 대한 노동의 상대가격($\frac{W}{r}$)이 일치하도록 최적고용량을 결정한다.

Ⅲ. Graph 도해

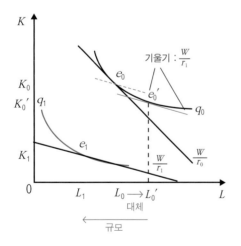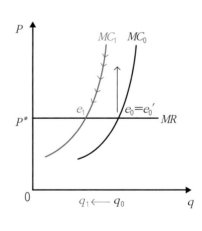

1. e_0에서 자본가격이 상승($r_0 \to r_1$)하면 $[MRTS_{LK} = \frac{MP_L}{MP_K}] > [\frac{W}{r_1}]$ 이 되어 노동수요 증가와 자본수요 감소의 유인이 존재하므로 e_0'까지 1원당 한계생산성이 하락한 자본을 노동으로 대체한다.

2. e_0'에서 자본의 한계요소비용(MFC_K)이 상승하여 생산의 한계비용이 증가한다. 따라서 한계비용곡선이 수직상방으로 이동($MC_0 \rightarrow MC_1$)하여 생산량이 감소($q_0 \rightarrow q_1$)한다. 이에 따라 생산규모가 하락하여 e_1에서 최적 노동(L_1)과 자본(K_1)이 결정된다.

3. 자본가격이 상승할 때 노동수요는 감소하므로 노동과 자본은 대체탄력성이 음수인 조보완요소관계이다.

📖 Topic 7-2

생산요소의 교차탄력성에 대하여 아래 물음에 답하시오.

물음 1) 생산요소의 교차탄력성을 정의하고 수식으로 표현하시오.

물음 2) 자본과 숙련근로자가 조보완요소관계라고 할 때 자본가격 하락이 숙련근로자의 수요에 미치는 효과를 등비용선과 등량곡선을 이용하여 설명하시오.

물음 1)

I. 생산요소의 교차탄력성
1. 의 의
다른 생산요소의 가격(r) 변화율에 대한 특정 생산요소의 수요(L^d) 변화율을 측정하는 지표이다.

2. 측 정

$$\sigma = \frac{\dfrac{\Delta L^d}{L^d} 100\%}{\dfrac{\Delta r}{r} 100\%}$$

(1) $\sigma > 0$ 일 때, 조대체요소관계 (대체효과 > 규모효과)
(2) $\sigma < 0$ 일 때, 조보완요소관계 (대체효과 < 규모효과)

Ⅱ. 함 의

자본가격의 하락에 따른 노동수요 상승이 수반되면 기술혁신 등으로 자본가격이 하락할 때 숙련근로자의 수요가 증가하므로 노동과 자본 간에는 보완적인 관계가 존재한다.

물음 2)

Ⅰ. 기업의 비용극소화 조건

$$\begin{cases} \text{Min } C = WL + rK \ (L : 숙련근로자, K : 자본) \\ s.t. \ q = f(L, K) \ (L, K : 정상투입요소) \end{cases}$$

$[MRTS_{LK} = \dfrac{W}{r}]$ 지점에서 기업은 비용극소화를 달성한다.

Ⅱ. 자본가격의 하락

교차탄력성 개념을 이용하면 다음과 같다.

$$[\ \sigma = \dfrac{\dfrac{\Delta L^d}{L^d}}{\dfrac{\Delta r}{r}} < 0 : 조보완요소]$$

자본가격의 하락으로 증가하는 자본과 보완적으로 결합하여 숙련 근로자의 수요도 함께 증가하면 자본과 숙련 근로자는 규모효과가 대체효과를 압도하는 조보완요소관계이다.

Ⅲ. Graph 도해

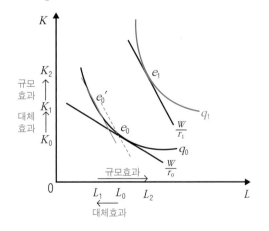
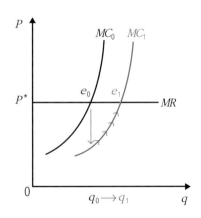

1. e_0에서 자본가격이 하락하면 노동의 상대가격이 상승($\frac{W}{r_0} < \frac{W}{r_1}$)하면 1원당 한계생산성이 하락한 노동의 고용부담이 가중되어 e_0'으로 1원당 한계생산성이 상승한 자본이 노동을 대체하는 효과가 발생한다.

2. 자본가격의 하락은 자본의 한계요소비용(MFC_K)을 감소시키고 나아가 재화시장에서 생산의 한계비용이 하락하여 생산량의 증대 유인이 발생한다($q_0 \rightarrow q_1$). 따라서 정상투입요소인 노동과 자본 고용을 확대하는 규모효과에 의해 노동수요가 증가한다($e_0' \rightarrow e_1$).

📖 Topic 7-3

기존 노동력의 정년연장이 청년층 노동력의 고용을 창출하기 위한 두 노동력간의 관계(대체·보완관계)를 설명하시오(단, 다른 조건은 일정하다).

Ⅰ. 교차탄력성

1. 의 의

교차탄력성은 다른 생산요소의 가격 변화율에 대한 특정 생산요소의 고용 변화율을 측정하는 지표이다.

2. 측 정

$$[\sigma = \frac{\frac{\Delta L^d_{청년}}{L^d_{청년}} \times 100\%}{\frac{\Delta W_{기존}}{W_{기존}} \times 100\%}] \quad \begin{array}{l} [\sigma > 0 : 조대체요소관계] \\ [\sigma < 0 : 조보완요소관계] \end{array}$$

Ⅱ. 기존 노동력과 청년층 노동력 관계 : 조보완관계($\sigma < 0$)

기존 노동력에 대한 임금이 하락할 때 노동수요가 증가하면 조보완요소관계인 청년의 노동수요도 보완적으로 증가한다.

Ⅲ. 함의 : 임금피크제

기존 근로자의 임금 하락을 통해 정년연장을 추진하는 임금피크제를 운영할 때 중장년 근로자와 청년 근로자가 조보완요소관계를 형성하면 청년층 근로자의 노동수요를 증대시켜 고용률을 높일 수 있다.

다음 물음에 대하여 서술하시오.

물음 1) 완전경쟁시장에서 A기업의 생산함수가 $Q = L^{0.3}K^{0.7}$일 경우에 노동소득분배율과 자본소득분배율을 계산하시오. (단, 재화의 가격(P)은 1이다.)

물음 2) A기업의 대체탄력성을 도출하시오.

물음 3) A기업의 독점적 노동조합은 노조원들의 효용극대화를 위해 임금인상을 강력하게 주장하고 있다. 독점적 노조의 임금인상 요구가 관철될 경우 자본소득에 대한 노동소득의 상대적 몫의 변화를 계산하시오. 또한 A기업의 생산함수가 변화되어 노동과 자본의 대체탄력성이 3으로 상승하였다. 독점적 노조의 임금인상 요구가 관철될 경우 자본소득에 대한 노동소득의 상대적 몫의 변화를 계산하고, 물음 2)의 대체탄력성을 보유한 생산함수와 비교하여 상대적 몫의 변화를 그래프를 통해 설명하시오.

물음 1)

Ⅰ. 노동소득분배율

1. 노동소득분배율($\frac{WL}{P \cdot Q}$)은 재화시장에서 기업의 총수입액에 대해 노동소득이 차지하는 비율을 의미한다.

2. 완전경쟁시장에서 이윤극대화 조건은 $[W = P \cdot MP_L]$이므로 노동소득분배율 수식에 대입하여 A기업의 생산함수 하에서 노동소득분배율을 계산할 수 있다.

$$\text{노동소득분배율} = \frac{WL}{PQ} = \frac{[P \cdot MP_L] \cdot L}{PQ} = \frac{[0.3 \cdot L^{0.3-1} \cdot K^{0.7}]L^1}{L^{0.3} \cdot K^{0.7}} = 0.3$$

A 기업의 노동소득분배율은 0.3이다.

Ⅱ. 자본소득분배율

1. 자본소득분배율($\frac{rK}{P \cdot Q}$)은 재화시장에서 기업의 총수입액에 대해 자본소득이 차지하는 비율이다.

2. 완전경쟁시장에서 이윤극대화조건은 $[r = P \cdot MP_K]$이므로 노동소득분배율과 마찬가지로 자본소득분배율을 계산하면 다음과 같다.

$$\text{자본소득분배율} = \frac{rK}{PQ} = \frac{[P \cdot MP_K] \cdot K}{PQ} = \frac{(0.7 \cdot L^{0.3} \cdot K^{0.7-1})K}{L^{0.3} \cdot K^{0.7}} = 0.7$$

A 기업의 자본소득분배율은 0.7이다.

물음 2)

Ⅰ. 대체탄력성

1. 의 의

대체탄력성은 생산량을 일정수준으로 유지하면서 노동과 자본의 한계기술대체율이 변화할 때 노동과 자본 사이의 대체성을 측정하는 지표이다.

2. 측 정

$$\sigma = \frac{\text{요소집약도 변화율}}{\text{한계기술대체율 변화율}} = \frac{\dfrac{\Delta(\dfrac{K}{L})}{(\dfrac{K}{L})} \times 100\%}{\dfrac{\Delta MRTS_{LK}}{MRTS_{LK}} \times 100\%} = \frac{\dfrac{\Delta(\dfrac{K}{L})}{(\dfrac{K}{L})} \times 100\%}{\dfrac{\Delta(\dfrac{W}{r})}{(\dfrac{W}{r})} \times 100\%}$$

3. 기업의 비용극소화 조건

기업은 생산의 기술적 효율성인 한계기술대체율($MRTS_{LK}$)과 경제적 효율성인 상대가격($\frac{W}{r}$)이 일치할 때 비용극소화조건을 달성한다.

$$[MRTS_{LK} = -\frac{\Delta K}{\Delta L} = \frac{MP_L}{MP_K}] = [\frac{W}{r}]$$

Ⅱ. A 기업의 대체탄력성

$$[\frac{MP_L}{MP_K} = \frac{0.3 \cdot L^{0.3-1} \cdot K^{0.7}}{0.7 \cdot L^{0.3} \cdot K^{0.7-1}} = \frac{3K}{7L}] = [\frac{W}{r}]$$ 이므로,

이를 대체탄력성 수식에 대입하면 다음과 같다.[1]

$$\sigma = \frac{\varDelta(K/L)/(K/L)}{\varDelta(W/r)/(W/r)} = \frac{\varDelta(K/L) \cdot (W/r)}{\varDelta(W/r) \cdot (K/L)} = \frac{\varDelta(K/L)}{\varDelta(W/r)} \times \frac{W/r}{K/L}$$

$$\hookrightarrow [\frac{\varDelta(K/L)}{\varDelta(W/r)} = \frac{d(K/L)}{d(W/r)}] = (K/L)'$$ 이므로,

$$[\frac{3K}{7L} = \frac{W}{r}] \Rightarrow [\frac{K}{L} = \frac{7W}{3r}] \Rightarrow [(\frac{K}{L})' = \frac{\varDelta(K/L)}{\varDelta(W/r)} = \frac{7}{3}] \quad \cdots ①$$

$$\hookrightarrow [\frac{W/r}{K/L}] = \frac{\frac{3}{7} \cdot \frac{K}{L}}{\frac{K}{L}} = \frac{3}{7} \quad \cdots ②$$

따라서 ①식과 ②식을 곱하면 1이다.

∴ A 회사의 대체탄력성은 1이다.

즉, A 회사의 노동의 상대가격 변화율에 따른 요소 집약도의 변화율이 동일하며, 이는 A기업의 생산함수인 콥-더글러스 동차 생산함수의 특성에 기인한다.

물음 3)

Ⅰ. 상대적 몫 : 불변

자본소득(=rK)에 대한 노동소득(=WL)의 상대적 몫은 $[\frac{WL}{rK}]$이다.

이에 대한 변화율을 측정하기 위해 시간(t)에 대하여 미분하면 다음과 같다.

---

[1] $[\frac{\varDelta(K/L)}{\varDelta(W/r)} = \frac{\varDelta y}{\varDelta x} = \frac{dy}{dx}]$ $\quad\quad$ $[\frac{7}{3}y = x] \Rightarrow [y = \frac{7}{3}x] \Rightarrow [y' = \frac{dy}{dx} = \frac{7}{3} = \frac{\varDelta(K/L)}{\varDelta(W/r)}]$

$\frac{K}{L} = y, (\frac{W}{r}) = x$로 치환 $\quad\quad\quad\quad$ $(\hookrightarrow \frac{3K}{7L} = \frac{W}{r})$

$$\left[\frac{d(WL/rk)}{dt} = \left(\frac{\dot{W}}{r}\right) - \left(\frac{\dot{K}}{L}\right) = 1\% - 1\% = 0\%\right]^{2)}$$

대체 탄력성은 1이므로 (W/r)의 변화율과 (K/L)의 변화율은 동일하다.

따라서 A 기업의 독점적 노조의 강력한 임금주장에 대하여 대체탄력성이 1일 경우 자본소득에 대한 노동소득의 상대적 몫은 변함이 없다.

Ⅱ. A기업 생산함수 변화 및 대체탄력성 변화와 상대적 몫

1. 대체탄력성의 변화

A기업의 대체탄력성이 3으로 변화한 것은 노동의 상대가격이 1% 증가할 때 노동에 대한 자본의 요소집약도가 3% 증가하는 것을 의미한다. 이는 대체탄력성이 1일때와 비교하여 임금 인상에 대하여 노동이 자본으로 보다 많이 대체됨을 의미한다.

2. Graph 도해

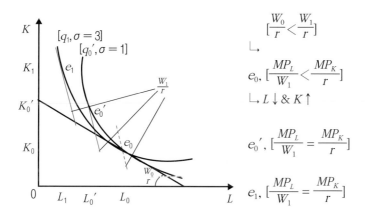

대체탄력성이 3으로 보다 큰 $q_1(\sigma=3)$에서의 균형지점 e_1이 보다 L을 K로 많이 대체하였음을 나타낸다.

3. 상대적 몫 : 2% 감소

노동소득의 상대적 몫$(\frac{WL}{rK})$의 변화를 관찰하기 위해 시간에 대하여 미분하였을 때

---

2) $\frac{d(WL/rk)}{dt} \Rightarrow \frac{W}{r} \times \frac{L}{K}$은 덧셈으로 $\Rightarrow \left(\frac{\dot{W}}{r}\right) + \left(\frac{\dot{L}}{K}\right)$

$$\left[\frac{d(WL/rk)}{dt} = \left(\frac{\dot{W}}{r}\right) - \left(\frac{\dot{K}}{L}\right) = 1\% - 3\%\right]$$

대체탄력성은 3이므로 노동의 상대가격 1% 변화할 때 노동에 대한 자본의 요소집약도가 3% 변화하므로, 임금상승 시 노동의 상대적 몫은 2% 감소하게 된다.

Ⅲ. 소 결

대체탄력성이 1인 경우에 비하여 3인 경우 즉, A기업의 한계기술대체율 변화율에 따른 노동에 대한 자본의 요소집약도의 변화율이 보다 높아질 때, 독점적 노조의 강력한 임금인상 요구가 관철될 경우 자본소득에 대한 노동소득의 상대적 몫($\frac{WL}{rK}$)이 감소하여 노동을 자본으로 더 많이 대체함을 의미한다. 이에 따라 합리적 경제주체인 A의 독점적 노조는 대체탄력성을 낮추기 위해 재화시장의 수요곡선을 비탄력적으로 변모시켜 노동수요곡선을 비탄력적으로 전환시킬 수 있도록 기업과 협력의 손을 맞잡을 것이다.

📖 Topic 7-5
· ·

기능별 소득분배와 관련하여 다음 물음에 답하시오.

물음 1) 완전경쟁시장에서 어떤 기업의 생산함수가 $Q = L^{0.4}K^{0.6}$이라고 할 때 노동소득분배율과 자본소득분배율을 구하시오. (단, 재화의 가격(P)은 1이다.)

물음 2) 물음 1)과 관련하여 대체탄력성을 산정한 후 노동조합의 격렬한 투쟁으로 임금이 인상될 경우 자본소득에 대한 노동소득의 상대적 몫에 어떠한 영향을 미치는지 설명하시오.

물음 1)

Ⅰ. 노동소득 분배율 : 0.4

$[P \cdot MP_L = W]$이므로 (이윤극대화를 위한 고용조건)

$$\text{노동소득분배율} = \frac{WL}{PQ} = \frac{[P \cdot MP_L] \cdot L}{P \cdot Q} = \frac{0.4L^{0.4-1}K^{0.6}L}{L^{0.4}K^{0.6}} = 0.4$$

Ⅱ. 자본소득 분배율 : 0.6

$$[P \cdot MP_k = r]$$ 이므로 (이윤극대화를 자본투입조건)

$$자본소득분배율 = \frac{rK}{PQ} = \frac{P \cdot MP_K \cdot K}{PQ} = \frac{0.6 L^{0.4} K^{0.6-1} K}{L^{0.4} K^{0.6}} = 0.6$$

물음 2)

Ⅰ. 대체탄력성

1. 대체탄력성$(\sigma) = \dfrac{\varDelta (K/L)/(K/L)}{\varDelta MRTS_{LK}/MRTS_{LK}} \Rightarrow [MRTS_{LK} = \dfrac{MP_L}{MP_K}] = [\dfrac{W}{r}]$ 이므로

$$\Rightarrow \frac{\varDelta (K/L)/(K/L)}{\varDelta (W/r)/(W/r)}$$

2. 대체탄력성 측정 : 1

장기에서 기업의 이윤극대화를 위한 비용극소화 조건으로,

$[MRTS_{LK} = \dfrac{MP_L}{MP_K}] = [\dfrac{W}{r}]$ 이므로, 설문의 기업생산함수에 대입한다.

$$[\frac{0.4 L^{0.4-1} K^{0.6}}{0.6 L^{0.4} K^{0.6-1}} = [\frac{2}{3} \times \frac{K}{L}] = [\frac{W}{r}]$$

$$\sigma = \frac{\varDelta (K/L)/(K/L)}{\varDelta (W/r)/(W/r)} = \frac{\varDelta (K/L) \cdot (W/r)}{\varDelta (W/r) \cdot (K/L)} \text{ 일 때,}$$

$$\llcorner (K/L)' = \frac{\varDelta (K/L)}{\varDelta (W/r)} = \frac{(K/L)}{(2/3)(K/L)} = \frac{3}{2} \qquad \cdots ①$$

$$\llcorner \frac{(W/r))}{(K/L)} = \frac{(2/3)(K/L)}{(K/L)} = \frac{2}{3} \qquad \cdots ②$$

σ은 ①과 ②의 곱이므로 $\dfrac{3}{2} \times \dfrac{2}{3} = 1$

∴ 대체탄력성(σ)은 1이다.

Ⅱ. 임금인상과 상대적 몫 : 불변

자본소득(rK)에 대한 노동소득(WL)의 상대적 몫은 $[\dfrac{WL}{rK}]$로 정의된다. 자본소득에 대한 노동소득의 상대적 몫의 변화율 측정하기 위하여 시간에 대하여 미분하면 다음과 같다.

$$\left[\frac{d\left(\frac{WL}{rk}\right)}{dt} = \left(\frac{\dot{W}}{r}\right) - \left(\frac{\dot{K}}{L}\right) = 1\% - 1\% = 0\%\right]$$

대체탄력성이 1이므로 임금인상에 따라 노동의 상대가격 1% 상승에 대하여 노동에 대한 자본집약도 변화율이 1% 상승하므로 위의 미분값은 0으로 불변이다. 즉, 노동에 대한 자본의 상대적 몫은 불변이다.

📖 Topic 7-6

A국의 총생산함수(aggregate production function)에서 노동과 자본사이의 대체탄력성은 2의 값을 갖는다고 한다. A국에서 격렬한 노동조합 활동이 발생하여 임금이 대폭 상승할 때 근로자가 차지하는 상대적 몫에 미치는 영향을 설명하시오.

Ⅰ. 대체탄력성(σ)

1. $\sigma = \dfrac{\varDelta(K/L)/(K/L)}{\varDelta MRTS_{LK}/MRTS_{LK}} = \dfrac{\varDelta(K/L)/(K/L)}{\varDelta(W/r)/(W/r)}$

2. 대체탄력성 '2'의 의미는 임금인상에 따라 노동의 상대가격이 1% 변화할 때 노동에 대한 자본의 집약도 변화율이 2% 변화함을 의미하고 이러한 대체탄력성 크기가 클수록 임금인상에 따른 노동을 자본으로 대체하는 대체효과가 커짐을 의미한다.

Ⅱ. 임금인상과 상대적 몫 : −1% 감소

노동소득의 상대적 몫(WL/rK)을 측정하기 위하여 시간(t)에 대하여 미분하면 다음과 같다.

$$\frac{d(WL/rk)}{dt} = \left(\frac{\dot{W}}{r}\right) - \left(\frac{\dot{K}}{L}\right) = 1\% - 2\% = -1\%$$

대체탄력성은 2이므로 노동의 상대가격 변화율(1%)에 대하여 노동에 대한 자본의 요소집약도 변화율(2%)이 1% 더 높으므로 노동소득의 상대적 몫은 1% 하락한다.

Topic 7-7

생산요소 노동(L)과 자본(K) 사이의 대체탄력성(σ)이 0.5인 경우 노동의 상대가격($\frac{W}{r}$)이 상승할 때 자본소득에 대한 노동소득의 상대적 비율 변화를 설명하시오.

[2023년 공인노무사 1차 경제학원론 기출문제]

Ⅰ. 대체탄력성

1. 대체탄력성(elasticity of substitution)

대체탄력성은 생산과정에서 한 생산요소가 다른 생산요소로 얼마나 쉽게 대체될 수 있는지를 측정하는 지표이다. 따라서 대체탄력성은 생산량을 일정수준으로 유지할 때 (즉, 동일한 등량곡선 상에서) 노동과 자본 사이의 대체용이성 정도를 나타내는 지표로서 생산함수의 특성을 반영하는 등량곡선의 형태와 밀접한 관련이 있다.

2. 측 정

$$\sigma = \frac{\text{요소집약도의 변화율}}{\text{한계대체율의 변화율}} = \frac{\Delta(K/L)/(K/L)\times100\%}{\Delta MRTS_{LK}/MRTS_{LK}\times100\%}$$
$$= \frac{\text{요소집약도의 변화율}}{\text{요소상대가격의 변화율}} = \frac{\Delta(K/L)/(K/L)\times100\%}{\Delta(W/r)/(W/r)\times100\%}$$

대체탄력성($=\sigma$)은 생산량을 일정수준으로 유지하면서 한계대체율($MRTS_{LK}$)이 1% 변화할 때 요소집약도(K/L)가 얼마나 변화하는지를 의미하고,

비용극소화 균형에서 [$MRTS_{LK} = W/r$]이므로 요소상대가격(W/r)이 1% 변화할 때 요소집약도(K/L)의 변화율로 측정할 수 있다.

$$\sigma = \frac{(\frac{\dot{K}}{L})}{(\frac{\dot{W}}{r})} \Rightarrow 0.5 = \frac{(\frac{\dot{K}}{L})}{(\frac{\dot{W}}{r})} \Rightarrow (\frac{\dot{K}}{L}) = 0.5(\frac{\dot{W}}{r})$$

Ⅱ. 자본소득에 대한 노동소득의 비율 상승

자본소득(rK)에 대한 노동소득(WL)의 상대적 비율($\frac{WL}{rK}$)의 변화율은 다음과 같다.

$$\frac{WL}{rK} = \left(\frac{W}{r}\right) \times \left(\frac{K}{L}\right) = \left(\frac{W}{r}\right) \times \left(\frac{K}{L}\right)^{-1} \quad (\because \frac{1}{x} = x^{-1})$$
$$\quad\hookrightarrow \left(\frac{\dot{WL}}{rK}\right) = \left(\frac{\dot{W}}{r}\right) + (-1) \cdot \left(\frac{\dot{K}}{L}\right)$$
$$= \left(\frac{\dot{W}}{r}\right) + (-1) \cdot (0.5)\left(\frac{\dot{W}}{r}\right)$$
$$= 0.5 \frac{\dot{W}}{r}$$

따라서 대체탄력성이 0.5일 때 자본에 대한 노동의 상대가격($\frac{W}{r}$)이 1% 상승하면 자본에 대한 노동의 상대가격($\frac{WL}{rK}$)은 0.5% 상승한다.

Topic 7-8

내국인 근로자로만 구성되어 있던 국내 노동시장에 외국인 근로자 도입이 가능해졌다고 가정하자. 생산에 있어서 내국인 근로자와 외국인 근로자 간의 관계가 대체관계일 경우와 보완관계일 경우로 나누어 외국인 근로자 도입이 단기적 측면에서 내국인 근로자의 임금과 고용에 미치는 영향을 그래프를 그리고, 비교·분석하시오.   [2016년 2-물음2), 15점]

Ⅰ. 교차탄력성

1. 의 의

교차탄력성은 특정 생산요소(외국인 근로자 $= L_{외}^d$)의 임금($W^{외}$)이 1% 변하였을 경우 해당 생산요소의 고용량(내국인 근로자 $= L_{내}^d$) 변화율을 측정하는 지표이다.

2. 측 정

$$\sigma = \frac{\dfrac{\Delta L_{내}^d}{L_{내}^d} \times 100\%}{\dfrac{\Delta W^{외}}{W^{외}} \times 100\%}$$

[$\sigma > 0$] 일 경우, 내국인 노동자($L^{내}$)와 외국인 노동자($L^{외}$)는 조대체요소관계이고,
[$\sigma < 0$] 일 경우, 내국인 노동자($L^{내}$)와 외국인 노동자($L^{외}$)는 조보완요소관계이다.

Ⅱ. 이민의 단기 영향

1. 조대체요소관계 - 임금 하락과 내국인 노동자 고용 감소

(1) 경쟁관계 : 노동공급의 증가

국내 노동자와 똑같은 유형의 기술을 보유하여 동일한 노동시장 안에서 일자리를 놓고 경쟁하는 외국인 노동자의 이주로 국내 노동시장에서 노동공급이 확대되어 임금은 하락하고 내국인 근로자의 고용은 감소한다.

(2) Graph 도해

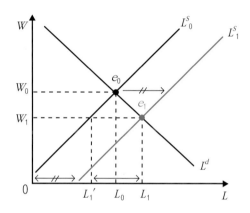

내국인 균형 임금·고용량(W_0, L_0)인 e_0에서 경쟁관계인 외국인 근로자가 국내로 이주하면 국내 노동시장의 공급이 확대되어 노동공급곡선이 우측으로 이동한다($L_S^0 \rightarrow L_S^1$). 임금수준이 W_1로 하락함에 따라 W_1의 유보임금수준에서 노동을 공급하려는 내국인 노동자는 L_1'뿐이므로 내국인 근로자의 고용량은 L_0에서 L_1'수준으로 감소한다. 따라서 e_1의 최적 고용량 L_1에서 내국인 근로자를 제한 $[L_1-L_1']$만큼이 이주한 외국인 노동자로 완전(100%) 대체되므로 경쟁관계인 국내 근로자의 총소득은 절대 감소한다.

이때 낮은 임금의 외국인 근로자가 유입되어 내국인 근로자의 임금이 하락하고 내국인 근로자의 고용량이 감소하여 교차탄력성이 양수[$\sigma > 0$]이므로 국내 근로자와 외국인 근로자는 조대체요소관계임을 확인할 수 있다.

2. 조보완관계 - 임금 상승과 내국인 근로자 고용 증가

(1) 보완관계 - 노동수요 증가

로이모형에 따르면 국가 간 능률(=숙련)에 대한 보상수준 차이가 이주의 발생원인이므로 이주 노동자와 내국인 노동자는 숙련도의 차이가 존재한다. 그러므로 이주 노동자는 내국인 근로자와 동일한 노동시장에서 경쟁하지 않는다. 기업이 국내 근로자와 보완요소관계에 있는 낮은 임금의 이주 노동자를 고용함으로써 국내 근로자는 단위당 가용 자본량이 증가한 것과 동일한 효과를 얻으므로 국내 근로자의 생산성이 향상되어 노동수요가 증가한다.

(2) Graph 도해

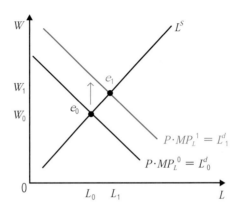

노동집약적인 숙련을 보유한 이주 노동자가 자본집약적인 고숙련의 내국인 노동자와 보완적으로 결합된다면 내국인 근로자는 가용한 자본 사용량이 증가하므로 한계생산성(MP_L)이 향상된다. 따라서 내국인 노동자에 대한 수요곡선이 수직 상방으로 상승하여 e_1점에서 임금 인상($W_0 < W_1$)과 고용량 증가($L_0 < L_1$)를 통해 내국인 노동자의 총소득은 증가한다.

그리고 낮은 임금의 외국인 근로자의 유입으로 내국 노동시장의 임금은 상승하고 내국인 근로자의 고용량이 최초 임금 수준의 고용량보다 증가하여 교차탄력성이 음수[$\sigma < 0$]이므로 국내 근로자와 외국인 근로자는 조보완요소관계임을 확인할 수 있다.

3. 소 결 – 단기, 대체관계 > 보완관계

개별 기업이 낮은 임금의 이주 노동자를 고용하여 생산의 한계비용이 하락하고 이윤극대화를 위해 생산규모를 증설하는 과정은 오랜 시간이 소요된다. 따라서 자본이 고정된 단기에서 규모효과를 통해 이주 노동자의 경제적 효과를 분석하는 접근은 현실 설명력이 낮다. 또한 생산규모를 증설하지 않더라도 가용 자본량이 증가하여 한계생산성이 상승한 숙련 노동자에 대한 수요의 증가는 수요와 공급의 상대적 크기를 간과하였다. 이는 국내의 숙련 노동자 한명 당 결합되는 이주 노동자가 훨씬 많으므로 자본의 확충이 전제되지 않는다면 국내 노동시장에서 수요의 증가보다 공급의 증가 폭이 크기 때문이다. 따라서 단기에서는 상대적으로 보완관계보다 대체관계가 우세하므로 내국인 노동자는 임금과 고용 하락을 경험하게 될 것이다.

III. 이민의 장기 영향

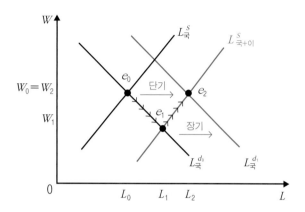

이민 근로자와 국내 근로자가 완전대체요소관계이기 때문에 각 근로자는 동일한 노동시장에서 경쟁한다. 따라서 이민자가 유입되면 국내 노동공급곡선이 우측으로 이동하여 시간당 임금률이 W_0에서 W_1으로 하락한다.

장기에서 기업은 저렴해진 노동력의 이점을 활용하여 생산규모를 증설할 때 정상투입요소인 국내 노동자에 대한 수요도 증가하여 노동수요곡선이 우측으로 이동한다. 국내기업의 총생산함수가 규모수익불변의 특성을 보유한다면 자본의 조정이 끝난 이후에는 최초의 임금수준과 국내 근로자의 고용수준을 회복하므로 장기에서 국내 근로자의 임금과 고용 수준은 단기와는 달리 최초의 균형임금과 고용수준이 일치한다.

TOPIC
08

준고정적 비용

📖 Topic 8-1

준고정적 비용이 존재하는 경우 노동수요에 미치는 효과와 관련하여 아래 물음에 답하시오.
준고정적 비용의 의의와 유형에 대해 설명하고, 준고정적 비용이 증가할 때 기존 근로자의 연
장근로시간에 미치는 영향에 대하여 분석하시오.

Ⅰ. 준고정적 비용(Quasi-fixed Cost) 의의

기업이 노동자를 고용할 때 근로소득과 같이 노동시간에 비례적으로 지출하는 가변비용과 달리 노동시
간(근로시간)에는 고정적이나 채용되는 근로자 수에 비례하여 증가하는 비용을 준고정적 비용(=QFC_L)이
라 한다.

Ⅱ. 준고정적 비용 유형

1. 채용비용

기업은 개인을 내부 노동시장으로 유인하여 채용하기 위해 모집 및 선발절차를 진행한다. 이때 근로자
의 생산성에 대한 정보가 비대칭적이므로 생산성에 관한 정보의 불완전성을 극복하기 위해 근로자를 선별
(screening)하는 과정에서 거래비용이 발생한다. 따라서 채용하는 근로자 수에 비례하여 준고정적 채용비
용이 증가한다.

2. 교육훈련 비용

내부 노동시장에서 2기에 노동의 한계생산가치(VMP_L)를 높여 기업은 이윤극대화를 달성하기 위하여
1기에 근로자 1인당 교육훈련비용을 지출한다. 그리고 기업 특화(Firm specific) 훈련에 대하여 근로자와
기업이 공동으로 비용을 분담하므로 고용된 근로자에 비례하여 준고정적 교육훈련 비용이 발생한다.

3. 부가급여

임금 이외의 보상으로 기업에서 근로자에게 제공하는 복지후생을 의미한다. 모든 근로자에 대하여 차별
없이 복지후생이 제공되어야 하므로 근로자 수에 비례하여 준고정적 부가급여비용이 발생한다.

4. 해고비용

저생산성 근로자를 차별하지 않는 기업은 저생산성 근로자에게 생산성보다 높은 임금을 지급하면 이윤이 감소하므로 합리적 경제주체로서 내부노동시장에서 저생산성 근로자를 퇴출한다. 이 때 저생산근로자 1인당 해고에 필요한 해고예고비용, 부당해고 대응 비용, 공석에 대한 기회비용 등이 발생한다.

Ⅲ. 신규채용과 기존근로자의 한계지출비용(ME : Marginal Expenditure)

1. 신규채용(L)에 따른 한계지출비용 : $W + QFC_L$

기업이 신규근로자를 채용하면 근로자에게 지급하는 임금에 더하여 준고정적비용(QFC_L)을 추가적으로 지출한다.

$$[ME_L = W + QFC_L]$$

2. 연장근로(H)에 따른 한계지출 비용 : $W + 0.5W$

기존근로자의 연장근로는 근로자 수는 고정된 상태에서 근로시간이 연장되므로 준고정적 비용은 발생하지 않고 50%의 초과근무 할증 가산임금이 지출된다.

$$[ME_H = W + 0.5W]$$

Ⅳ. 최적 균형조건과 준고정적 비용의 증가

1. 최적 균형조건

이윤극대화를 달성하기 위해 기업은 대체가능한 두 노동생산요소(L, H)를 비용 대비 산출량 관점에서 신규 노동자를 채용하는데 투입한 1인당 한계생산성($\frac{MP_L^L}{ME_L}$)과 기존 근로자의 연장근로를 위해 지출한 1원당 한계생산성($\frac{MP_L^H}{ME_H}$)을 비교하여 양 투입요소를 비교하여 최적 신규채용 근로자와 연장근로 수준을 결정할 것이다.

$$[\frac{MP_L^L}{ME_L} = \frac{MP_L^H}{ME_H}]$$

(1) ($\frac{MP_L^L}{ME_L}$)이 보다 크다면 신규채용 유인이 증가하여 신규채용 수를 늘릴 것이고,

(2) ($\frac{MP_L^H}{ME_H}$)이 보다 크다면 기존 근로자의 연장근로를 통해 비용극소화를 달성할 것이다.

2. 준고정적 비용의 증가

준고정적 비용이 증가하면 신규채용에 대한 한계지출이 증가하고 신규채용 한계지출 대비 한계생산성이 감소하므로, 신규채용은 줄이고 연장근로를 늘릴 유인이 발생한다.

$$[\frac{MP_L^L}{ME_L} < \frac{MP_L^H}{ME_H}]$$

이는 다시 균형이 이루어질 때까지 신규채용은 중단하고 기존근로자의 연장근로를 늘릴 것을 의미한다.

3. Graph 도해

상대적 한계지출과 연장근로 평면에 Graph를 도해하면 다음과 같다.

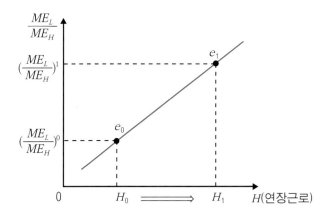

준고정적비용 증가로 신규채용의 한계지출이 증가하면, 상대적 한계지출($\frac{ME_L}{ME_H}$)이 증가하고, 연장근로(H)에 대한 유인이 증가하여 연장근로를 늘린다($H_0 \Rightarrow H_1$).

그 결과, H_1의 연장근로에서 신규채용 한계지출 대비 한계생산성($\frac{MP_L^L}{ME_L}$)과 연장근로 한계지출 대비 한계생산성($\frac{MP_L^H}{ME_H}$)이 동일하다면 최적의 연장근로 및 신규채용 규모가 결정된다.

4. 소 결

준고정적비용 증가로 신규채용의 한계지출이 증가함에 따라 한계지출 대비 한계생산성을 비교하여 신규채용을 줄이고 연장근로를 늘림으로써 기업의 최적 신규채용 및 연장근로 수준을 결정한다. 따라서 전체 노동자의 1인당 근로시간은 증가한다.

cf) 준고정적 비용의 감소와 노동자 1인당 근로시간의 변화

준고정적 비용 감소와 노동시간 변화

1. 한계지출비용(Marginal Expenditure : ME)
2. 균형조건

신규채용과 초과근로의 한계지출대비 한계생산성이 동일할 때 균형조건을 달성한다.

$$[\frac{MP_L}{ME_L} = \frac{MP_H}{ME_H}]$$

3. 준고정적 비용 감소

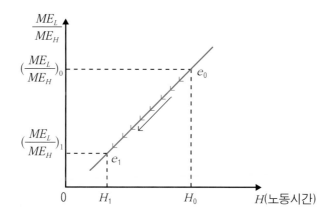

준고정적 비용이 감소하면, 신규채용의 한계지출(ME_L)이 하락한다. 근로자 신규채용 시 1원당 한계생산성이 기존근로자 1원당 한계생산성을 초과하여 $[\frac{MP_L^L}{ME_L} > \frac{MP_L^H}{ME_H}]$ 신규채용은 늘리고 추가노동시간을 줄일 유인이 발생한다. 위 Graph에서 신규채용의 상대지출($\frac{ME_L}{MP_H}$)과 노동시간(H) 평면으로 나타낼 때, 신규채용의 상대지출이 하락함에 따라 추가적인 노동시간이 감소($H_0 > H_1$)하므로 균형점이 e_0점에서 e_1점으로 이동한다. 그 결과 e_1점에서 $[\frac{MP_L^L}{ME_L} = \frac{MP_L^H}{ME_H}]$이 달성된다.

4. 소 결

준고정적 비용의 감소는 기업의 신규채용의 부담을 감소시켜 기존근로자의 노동시간 수요를 줄이고, 신규채용 근로자 수를 늘린다. 따라서 전체 노동자 1인 당 근로시간은 감소한다.

Topic 8-2

최근 비우호적인 경기 충격으로 실업자가 대폭 증가하자 정부는 경기 불황에 대한 완충 장치로써 고용보험을 확대하고 강화하기 위한 의견을 수렴하고 있다. 고용보험과 같은 준고정적 노동비용이 증가하면 노동자 일인당 근로시간이 증가할지 아니면 감소할지 설명하시오.

I. 준고정적 비용

 1. 근로자의 근로시간에는 고정된 비용이나,

 2. 채용하는 근로자 수에 비례하여 발생하는 비용이다.

따라서 근로시간과는 무관하고 신규 채용되는 근로자에 비례하여 발생하는 비용이다.

II. 고용보험확대 : 준고정적 비용 증가

 ### 1. 비용극소화 고용결정

신규채용 시 한계지출에 대한 한계생산성과 기존 근로자의 연장근무 시 한계지출에 대한 한계생산성을 비교하여 신규채용과 기존근로자의 연장근로를 결정하며 신규채용과 연장근로의 1원당 한계생산성이 균등할 때 최적 고용규모가 선택된다.

$$\frac{MP_L^L}{ME_L} = \frac{MP_L^H}{ME_H}$$

 ### 2. 고용보험확대

고용보험의 확대는 근로자 수에 비례하여 비용증가를 수반하므로 준고정적 비용이 증가하여 신규채용에 대한 한계지출이 증가한다.

$$\frac{MP_L^L}{ME_L} < \frac{MP_L^H}{ME_H}$$

기존근로자의 한계지출대비 한계생산성이 신규채용 보다 높으므로 기존근로자의 연장근로유인이 증가하고 신규채용이 감소한다.

III. Graph 도해

신규채용 한계지출(ME_L)이 연장근로(ME_H)에 비해 증가함에 따라 근로자 1인당 근로시간이 증가한다.

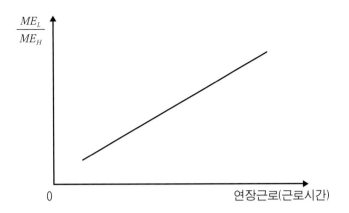

$\dfrac{ME_L}{ME_H}$

0 연장근로(근로시간)

Ⅳ. 소 결

고용보험확대(준고정적 비용↑)로 기존 노동자의 근로시간(연장근로)이 확대되어 총근로시간은 증가하지만 총근로자수의 변화는 없고 고용자 대비 근로시간만이 증가한다. 따라서 실업급여 수급자가 대폭 증가함에도 불구하고 신규채용은 없으므로 고용보험확대로는 고용율의 제고를 기대할 수 없다.

TOPIC 09 고임금경제

📖 Topic 9-1

고임금경제가 존재할 때의 노동수요곡선이 그렇지 않은 경우와 비교해 상대적으로 비탄력적인 이유를 그래프를 이용하여 설명하시오.

Ⅰ. 고임금경제 의의

가격순응자로서 개별기업은 이윤극대화를 달성하기 위해 시장 임금에 순응하여 비용극소화 행동원리에 따라 최적 고용량을 결정한다. 그러나 기업 내부로 한정한다면 개별기업은 내부노동시장에서 산업 전체에서의 독점기업과 같이 유일한 고용주체이다. 따라서 내부노동시장에서 이윤극대화를 달성하기 위해 외부노동시장의 균형 임금보다 높은 효율 임금을 설정하여 태만의 기회비용을 높이고 낮은 이직률과 채용 과정에서 역선택을 방지하여 내부 노동자의 생산성을 제고할 수 있다.

그리고 고임금경제가 존재하지 않을 때에는 임금이 상승될 때 기업의 고용부담이 가중되어 대량의 해고를 경험하지만 고임금 경제 하에서는 외부 시장 임금 보다 높은 수준의 효율성 임금을 설정하더라도 노동자의 생산성 향상이 기업의 고용 부담을 경감시키므로 보다 비탄력적인 노동수요곡선이 도출된다.

Ⅱ. 고임금경제와 노동수요곡선

노동수요(L^d)는 한계생산물가치(VMP_L)로서 완전경쟁시장에서의 $[P \cdot MP_L]$과 동일하다.

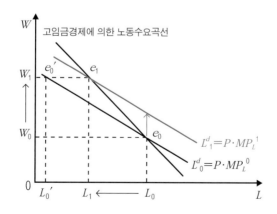

① $W_0 \rightarrow W_1$

② $MP_L^0 \rightarrow MP_L^1$

③ $L_0^d \rightarrow L_1^d$

④ $e_0 \rightarrow e_1$

고임금경제가 존재하지 않는다면 임금이 상승($W_0 < W_1$)할 경우, 기업은 고용부담이 가중되어 L_0' 수준으로 고용을 대폭 감소시킨다. 이에 반해 고임금경제가 존재하면 효율임금으로 근로자의 한계생산성이 향상($MP_L^0 < MP_L^1$)되어 한계생산물가치가 증가하므로 노동수요곡선은 수직으로 상방 이동($P \cdot MP_L^0 \rightarrow P \cdot MP_L^1$)하여 고용의 감소폭이 줄어들어 e_1점에서 고용(L_1)을 결정한다.

따라서 고임금 경제효과가 존재하지 않을 때의 노동수요곡선보다 고임금 경제효과가 반영된 노동수요곡선은 임금에 대해 비탄력적이다.

📖 Topic 9-2
. . . .

효율적 임금이론의 노동수요에 관한 다음 문제를 약술하시오.　　　　　[2009년 2문, 25점]

물음 1) 효율적 임금이론에 따르면 임금상승이 생산성에 영향을 미친다. 이 경우 노동수요곡선을 유도하고 설명하시오. (15점)

물음 2) 근로소득세 인하에 따른 사회후생효과를 임금상승에 따른 생산성효과가 반영된 노동수요와 그렇지 않은 경우로 나누어 비교-설명하시오. (10점)

물음 1)

Ⅰ. 고임금경제와 노동수요곡선

1. 단기노동수요곡선

자본이 고정된 상태에서 노동만을 가변투입요소로 고려하는 기업은 단기에 있어서 시장에서 결정된 임금이 근로자를 투입함으로써 얻는 한계생산물가치($VMP_L = P \cdot MP_L$)와 일치할 때까지 근로자를 고용한다. 즉, [$W = VMP_L = P \cdot MP_L$]이 성립할 때까지 노동고용량을 수요하며, 우하향하는 노동수요곡선이 도출되는 이유는 투입량이 증가할수록 한계생산물이 체감하는 수확체감의 법칙에 따르기 때문이다.

2. 고임금경제효과

임금이 상승하면 기업의 고용부담 증가로 노동투입이 감소하는 논의에서 임금인상에 따른 고용된 근로자의 한계생산성(MP_L)이 상승하는 효과를 추가한 것이다. 이에 따르면 임금인상에 대한 고임금 경제효과로써 한계생산성(MP_L) 상승으로 노동수요곡선이 수직상방으로 이동한다.

Ⅱ. Graph 도해

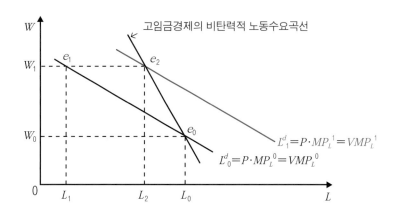

고임금경제의 비탄력적 노동수요곡선

$L^d_1 = P \cdot MP_L^1 = VMP_L^1$

$L^d_0 = P \cdot MP_L^0 = VMP_L^0$

기존의 논의대로 임금이 상승하면($W_0 < W_1$) 고용부담이 증가한 기업이 e_1까지 이동하여 고용량을 대폭 감소($L_0 - L_1$)시킬 것이지만, 고임금 경제효과에 따라 한계생산성 상승($MP_L^0 < MP_L^1$)으로 노동수요곡선이 수직 상방이동($L_0^d \to L_1^d = VMP_L^1$)한다. 근로자의 생산성 향상으로 고용부담이 감소한 기업은 L_1이 아니라 L_2수준까지 적은 해고로 노동고용을 감소시킨다($L_0 \to L_2$).

Ⅲ. 소 결

1. 고임금경제가 논의되지 않을 때보다 고임금경제효과에 따른 노동수요곡선이 보다 비탄력적으로 도출된다. 이는 임금이 인상되면 근로자의 생산성 또는 숙련도가 향상되어 기업의 고용부담이 완화되므로 고용안정성이 확대됨을 의미한다.
2. 나아가 고임금경제효과로 근로자의 숙련도를 향상시킨다면 마셜의 파생수요 법칙에서 언급되는 고생산 근로자와 저생산 근로자(다른 생산요소) 간 대체가 용이하지 않으므로 보다 비탄력적인 노동수요곡선이 도출되는 견해와 동일한 결론에 도달한다.

물음 2)

Ⅰ. 근로소득세 인하의 의미

임금에 비례하여 근로소득세를 부과하면 고용주체인 기업의 고용부담을 가중시키지만, 근로소득세를 인하하면 기업의 고용부담을 완화시켜 노동수요를 증가시키므로 노동수요곡선이 상방으로 이동한다. 그 결과 임금이 상승한 것과 같은 효과가 발생한다.

Ⅱ. 물음 2)의 해결

1. Graph 도해

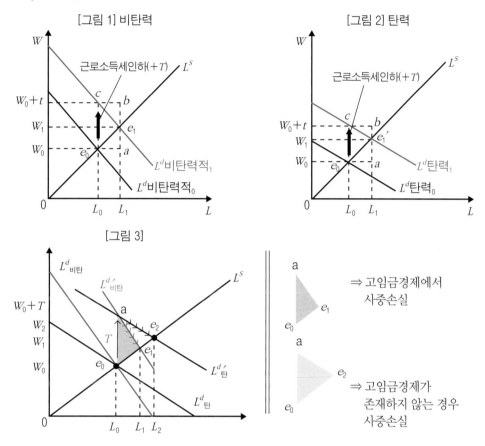

[그림 1] 비탄력

[그림 2] 탄력

[그림 3]

⇒ 고임금경제에서 사중손실

⇒ 고임금경제가 존재하지 않는 경우 사중손실

(1) [그림1]에서 근로소득세가 인하됨에 따라 균형이 e_0에서 e_1으로 이동하고 근로자의 총수입이 확대되었다($W_0 \cdot L_0 < W_1 \cdot L_1$). 이러한 정부의 재정지출로 고용창출은 확대되었으나, $\varSigma e_0 a e_1 b c e_1 e_0$만큼의 사중손실이 발생한다.

(2) [그림2]에서 마찬가지로 e_0에서 e_1'으로 이동하고 근로자 총수입이 증가($W_0 \cdot L_0 < W_1 \cdot L_1$)하였으나, 정부의 재정지출로 $\varSigma e_0 a e_1' b c e_1' e_0$ 만큼 사중손실이 발생한다.

(3) 노동수요곡선이 탄력적일수록 고용이 대폭 증가하여 사중손실은 확대된다.

2. 소 결

[그림 3]에서 고임금경제 효과로 비탄력적인 노동수요곡선이 도출된다. 정부의 소득세 인하정책으로 기업의 고용 부담이 완화되어 노동수요곡선이 상방으로 이동하면 고임금경제 효과에 따른 비탄력적 노동수요곡선 하에서는 임금의 상승에 따른 고용의 증가 폭이 작으므로 정부의 조세수입 감소(재정지출 확대)로 인한 사중손실이 보다 작게 발생한다.

최저임금제

 Topic 10-1

최저임금과 관련한 다음 물음에 답하시오.   [2014년 2문, 25점]

물음 1) 최저임금을 결정하는데 고려되어야 할 사항들이 무엇인지 설명하시오. (8점)

물음 2) 최저임금제가 실업을 증가시킬 수 있음을 그림을 그려 설명하시오. (7점)

물음 3) "최저임금을 업종별로 다르게 책정해야 한다"는 주장의 이론적 타당성을 노동수요의 임금탄력성 개념을 활용하여 설명하시오. (10점)

물음 1)

Ⅰ. 최저임금의 의의

정부는 온정적 간섭주의에 입각하여 저숙련 근로자의 총소득($M = W_{Min} \times L^d$) 극대화를 위해 시장균형 임금보다 높은 수준에서 임금하한제로서의 최저임금제를 설정한다. 균형 임금보다 높은 수준에서 설정하는 최저임금의 하방경직성은 노동의 초과공급을 유발하므로 비자발적 실업을 초래하고 노동수요가 임금 변화에 탄력적일수록 비자발적 실업의 규모도 확대된다.

Ⅱ. 최저임금 설정 시 고려사항

1. 업종간 노동수요의 임금탄력성 고려

업종간 노동수요의 임금탄력성이 상이하므로 임금탄력성이 큰 업종일수록 최저임금 설정에 노동수요의 변동이 커져서 비자발적 실업을 초래할 수 있다. 노동수요의 임금탄력성이 큰 업종은 편의점업, 숙박·여객업 등을 예로들 수 있으며, 이러한 업종은 마샬의 파생수요법칙에 따라 총생산비용 중 노동비용이 차지하는 비중이 크므로 노동수요 임금탄력성이 크게 나타난다.

2. 숙련도별 노동수요의 임금탄력성 고려

전문지식을 축적하는데 오랜 시간이 소요되는 공인노무사와 같은 고숙련 근로자는 다른 노동자나 자본으로의 대체가 어렵다. 그러나 단순 서비스직에 고용되는 저숙련 근로자는 다른 노동자나 무인 주문기계(키오스크)와 같은 자본으로 대체가 용이하다.

마셜의 파생수요법칙에 따르면 다른 노동자나 자본으로 대체가 용이할수록 대체효과가 확대되어 노동수요의 임금탄력성이 크다. 따라서 고숙련 근로자는 고소득 계층으로 임금에 비탄력적이고, 저숙련 근로자는 저소득 계층으로서 임금에 대해 탄력적이다. 그러므로 저숙련 근로자의 소득제고를 목적으로 하는 최저임금제는 정책대상 집단인 저숙련 근로자의 높은 수요탄력성으로 최저임금의 상승폭보다 고용의 감소폭이 커서 저소득 계층의 소득이 오히려 감소하는 문제를 고려해야 한다.

3. 기업 규모별 노동수요의 임금탄력성 고려

대기업과 같이 기업규모가 클수록 노동수요는 임금에 대해 상대적으로 비탄력적이고, 중소기업이나 자영업처럼 기업규모가 작을수록 노동수요는 임금에 탄력적이다. 마셜의 파생수요 법칙에 따르면 최종생산물의 가격탄력성이 클수록 노동수요는 임금에 대해 탄력적이다. 대기업의 생산물은 자본집약적이고 시장지배력이 높으므로 최종재화가 가격에 비탄력적이어서 노동수요 역시 비탄력적이지만, 노동집약적이고 가격경쟁이 치열한 중소기업의 최종재화는 시장가격에 탄력적이므로 노동수요도 임금에 대해 탄력적이다.

물음 2)

Ⅰ. 최저임금과 실업증가

시장임금보다 높은 수준으로 최서임금이 설정되면 ① 기업의 노동비용을 감소시키기 위해 근로자를 해고할 수 있으며, ② 최저임금 수혜를 받으려는 개인들의 대기실업이 발생한다.

Ⅱ. Graph 도해

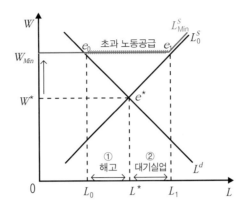

1. 최저임금(W_{Min})은 법적으로 인하할 수 없는 하방경직성을 가지므로 시장청산이 이루어질 수 없어 노동의 초과공급만큼 비자발적 실업이 발생한다.

2. 최저임금이 설정된 노동시장에서 ① $[L^*-L_0]$만큼 근로자의 해고가 발생한다. 또한, ② $[L_1-L^*]$만큼 노동공급 의사가 확대되는데 이는 최저임금(W_{Min})을 수혜하기 위한 대기실업이다.

물음 3)

Ⅰ. 노동수요의 임금탄력성

임금 변화율에 대한 노동수요 변화율을 나타낸 측정지표이다.

$$[\varepsilon = -\frac{\frac{\Delta L^d}{L^d}\times 100\%}{\frac{\Delta W}{W}\times 100\%}]$$

$\varepsilon > 1$인 경우 노동수요는 임금에 탄력적이고,
$\varepsilon < 1$인 경우 노동수요는 임금에 비탄력적이다.

Ⅱ. 업종별 상이한 탄력성

업종별로 다양한 노동수요 탄력성을 보유하고 있다. 이에 따라 모든 업종에 동일한 최저임금을 적용한다면 특정 업종에는 비자발적 실업이 대량으로 발생하고, 다른 업종에는 비자발적 실업이 적게 발생한다. 노동수요 임금탄력성이 큰 음식점업과 노동수요 임금탄력성이 비탄력적인 병원업은 다음과 같은 그래프로 도해된다.

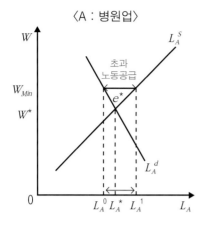

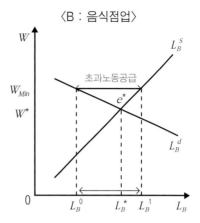

〈A : 병원업〉　　　　　　　　〈B : 음식점업〉

병원업(A)의 노동수요곡선이 음식점업(B)보다 비탄력적인 경우 ① 최초 균형고용량과 임금(L^*, W^*)에서 실업이 없을 때 ② 최저임금 설정(W_{Min})으로 두 업종의 초과노동공급이 발생한다면 상대적인 비자발적 실업의 규모가 음식점업이 더 크게 나타난다[$(L_A^1 - L_A^0) < (L_B^1 - L_B^0)$].

Ⅲ. 소 결

정부의 최저임금은 업종별로 다르게 설정하는 것이 비자발적 실업의 규모를 낮출 것이다. 왜냐하면 병원업·음식점업과 같이 상이한 업종 간에는 근로자의 한계생산성(MP_L)이 다르고, 업종별로 최저임금을 달리 설정하더라도 업종 간 대체성이 낮아서 부문 간 근로자의 노동이동인 이탈과 유입이 자유롭지 못하기 때문이다.

Topic 10-2

최저임금위원회는 업종과 지역에 따라 최저임금을 차등 적용하는 개선안을 부결하였다. 업종과 지역에 따라 최저임금을 차등 적용하고자 하는 견해의 이론적 타당성을 설명하시오.

Ⅰ. 의 의

정부는 온정적 간섭주의에 입각하여 저숙련 근로자의 총소득($M = W_{Min} \times L^d$) 극대화를 위해 시장균형 임금보다 높은 수준에서 임금하한제로서의 최저임금제를 설정한다. 균형 임금보다 높은 수준에서 설정하는 최저임금의 하방경직성은 노동의 초과공급을 유발하므로 비자발적 실업을 초래하고 노동수요가 임금 변화에 탄력적일수록 비자발적 실업의 규모도 확대된다.

Ⅱ. Graph 도해

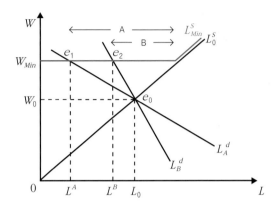

최저임금은 W_{Min} 수준이며, A업종은 저숙련 근로자가 많은 업종으로 대체가능성이 높아 탄력적인 노동수요곡선이 도출되고, B업종은 고숙련 근로자가 많아 대체가능성이 낮으므로 비탄력적 노동수요곡선이 도출된다.

Ⅲ. 분 석

① A업종은 총근로소득이 $0L_0 e_0 W_0$ 에서 $0L^A e_1 W_{Min}$ 으로 감소하였고,

② B업종은 총근로소득이 $0L_0 e_0 W_0$ 에서 $0L^B e_2 W_{Min}$ 으로 감소하여 B업종에 비하여 A업종의 총근로소득이 크게 감소했는데 이는 노동수요의 탄력성이 다르기 때문이다.

Ⅳ. 소 결

최저임금의 시행으로 근로자 총소득이 감소함을 파악하여 정부는 노동수요가 탄력적인 A업종에는 점진적으로 최저임금을 소폭 인상하고, B업종은 급진적으로 최저임금을 한번에 대폭 인상한다. (⇒ 목적달성 可)

Topic 10-3

최저임금제와 관련된 다음 물음에 답하시오. [2017년 3문, 25점]

물음 1) 빈곤퇴치에 대한 최저임금제의 정책적 효과가 제한적일 수 있는 이유를 설명하시오. (10점)

물음 2) 최저임금제로 인한 고용감소의 효과가 크지 않거나, 오히려 고용이 증가될 수도 있는 세 가지를 구체적으로 설명하시오. (15점)

물음 1)

Ⅰ. 최저임금 의의

정부는 온정적 간섭주의에 입각하여 저숙련 근로자의 총소득($M = W_{Min} \times L^d$) 극대화를 위해 시장균형 임금보다 높은 수준에서 임금하한제로서의 최저임금제를 설정한다. 균형 임금보다 높은 수준에서 설정하는 최저임금의 하방경직성은 노동의 초과공급을 유발하므로 비자발적 실업을 초래하고 노동수요가 임금 변화에 탄력적일수록 비자발적 실업의 규모도 확대된다.

Ⅱ. 제한적 효과

1. 최저임금과 실업 증가

시장의 균형임금보다 높은 수준에서 설정되는 최저임금은 노동의 초과공급을 발생시켜 (1)기업은 가중된 고용부담으로 근로자를 해고하고, (2)최저임금의 수혜를 받기 위해 구직자가 진입하는 대기실업이 발생한다.

2. Graph 도해

(1) 시장임금은 정부가 규제한 최저임금(W_{Min})보다 낮을 수 없는 하방경직적 특징을 가지므로 e^*점에서 시장청산이 이루어질 수 없으므로 최저임금($\overline{W}$) 수준에서 초과노동공급($L_1 - L_0$)이 존재하므로 비자발적 실업이 발생한다.

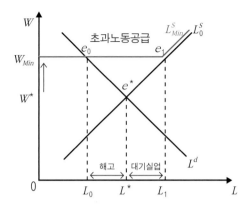

(2) 최저임금이 설정된 노동시장에서 ① $[L_0 - L^*]$만큼 근로자의 해고가 발생한다. 또한, ②$[L_1 - L^*]$만큼의 노동시장 진입을 대기하는 대기실업이 발생한다.

3. 빈곤층의 경우

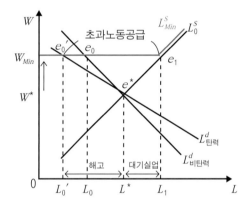

빈곤층은 저숙련 근로자의 수가 많아 노동시장에서의 노동수요가 상대적으로 탄력적이다. 따라서 최저임금의 도입으로 인하여 $[L_1 - L_0']$수준으로 비자발적 실업이 양산될 때 해고의 비중이 높으므로 소득이 감소한다($0L^* e^* W^*$에서 $0L_0' e_0' W_{min}$으로 총근로소득이 감소).

물음 2)

Ⅰ. 최저임금설정과 비자발적 실업 완화

1. 수혜근로자의 유효수요 창출

최저임금을 수혜하는 근로자의 유효수요가 창출되어 재화시장에서 해당 노동자가 생산하는 최종재화의 수요가 증가한다. 재화가격이 상승하여 기업의 한계수입(MR)곡선이 상방으로 이동함에 따라 생산량이 증가하고 장기적으로 규모효과를 반영한 노동수요가 증가한다. 그 결과 노동수요곡선이 우측으로 이동하므로 노동의 초과공급이 감소한다.

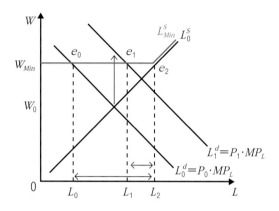

2. 고임금경제효과

최저임금의 도입으로 노동자의 근로의욕을 고취시켜 한계생산성(MP_L)이 상승하면 노동수요곡선이 비탄력적으로 도출된다. 그 결과 최저임금의 도입으로 우려되는 초과노동공급은 감소한다.

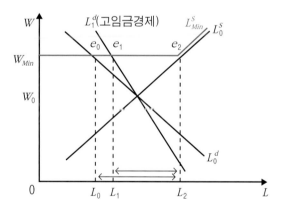

3. 수요독점시장에서의 최저임금 설정

기업의 수요독점적 지위로 낮아진 임금수준(W_0)에서 최저임금(W_{Min})설정 시 임금과 고용량이 증가한다($W_0 < W_{Min}$, $L_0 < L_1$). 최저임금 제도의 목적인 총근로소득 증가를 달성한다. 만약 최저임금을 완전경쟁시장에서의 경쟁임금 수준으로 맞춘다면 완전고용량 수준으로 고용이 더 늘어날 것이다.

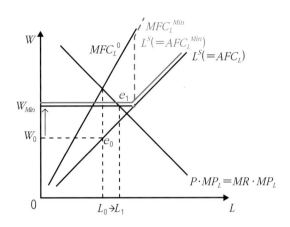

II. 함 의 : 업종별·숙련도별·지역별 임금탄력성 고려

업종별·숙련도별·지역별 노동시장에서의 노동수요 임금탄력성은 다르게 도출되므로, 업종별·숙련도별·지역별 최저임금 수준을 차등적용한다면 초과노동공급으로 인한 실업문제를 개선할 수 있다.

Topic 10-4

최저임금의 인상이 자연실업률에 미치는 영향을 설명하시오.

I. 자연실업률의 상승

최저임금제는 정부가 저소득 근로자의 소득제고($M = W_{Min} \times L^d$)를 목적으로 시장 균형임금보다 높은 수준에서 설정하는 임금하한제이다. 시장 균형임금보다 높은 수준에서 결정되는 최저임금은 근로자와 고용주를 모두 구속하므로 노동의 초과공급이 발생하여도 최저임금의 하방경직성이 비자발적 실업을 초래한다. 그리고 기업의 노동수요가 임금에 대해 탄력적일수록 비자발적 실업의 크기는 확대된다.

자연실업률은 경기변동과 무관하게 발생하는 실업으로서 평생소득의 극대화를 위해 자발적 일자리 탐색과정에서 발생하는 마찰적 실업과 산업구조의 변화, 최저임금제와 효율임금제의 하방경직성으로 발생하는 구조적 실업의 합으로 측정된다.

저숙련 근로자는 자본이나 다른 노동자로 대체가 용이하고, 대체되는 생산요소의 공급이 탄력적이다. 또한 요식업, 숙박업, 단순 가공업 등 저숙련 근로자를 고용하는 기업은 생산비용에서 인건비가 차지하는 비중이 높고 저숙련 근로자가 생산하는 최종 재화는 대체상품이 많아 가격 경쟁이 치열하다. 따라서 마셜의 파생수요법칙에 의해 저숙련 근로자를 고용하는 기업의 노동수요는 임금에 탄력적이다.

최저임금제의 주요 대상집단인 저숙련 근로자는 노동수요가 탄력적인 기업에 고용되어 있으므로 저숙련 근로자에 대한 최저임금의 인상은 구조적 실업을 확대시켜 시장의 자연실업률이 상승한다.

Ⅱ. 최저임금제와 비자발적 실업의 발생

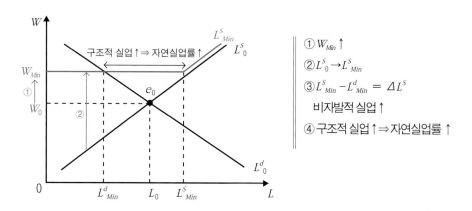

 Topic 10-5

경제에 최저임금 적용분야와 비적용분야가 존재할 때 최저임금제의 경제적 효과를 그래프로 분석하시오.

Ⅰ. 동일노동 동일임금의 원칙

근로자는 소득(효용)극대화를 위해 최저임금이 적용되는 분야의 불확실한 기대임금과 비적용분야의 확실한 임금을 비교하여 노동의 공급분야를 결정하며 적용분야의 기대임금과 비적용분야의 확실임금이 대등할 때 이동을 멈추고 적용분야와 비적용분야에서 동일노동에 대한 동일임금을 달성한다.

Ⅱ. 근로자의 행동원리

1. 모형의 설정

최저임금이 적용되는 분야와 적용되지 않는 분야에 노동을 공급하는 근로자의 생산성은 동일하므로 양자는 완전대체요소관계이다. 또한 근로자의 노동이동 비용은 0이다.

2. 적용분야의 불확실한 기대임금

최저임금이 적용되는 분야에 노동을 공급하는 근로자는 노동의 초과공급으로 임의의 근로자는 비자발적 실업을 경험할 수 있으므로 고용될 때의 임금(W_{Min})과 해고를 경험할 때의 임금($W=0$)을 고려하여 불확실한 소득을 기대한다.

최저임금 적용분야의 기대임금 = $\pi \times (W_{Min}) + (1-\pi) \times 0 = \pi W_{Min}$

(단, π = 비자발적 실업의 확률)

3. 비적용분야의 확실한 임금

최저임금이 적용되지 않는 분야에 노동을 공급하는 근로자는 비적용분야의 균형임금에 해당하는 W_u의 확실한 임금을 얻는다.

Ⅲ. 일반 경쟁균형 달성

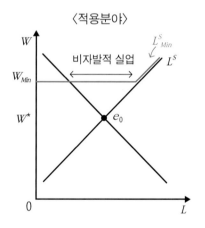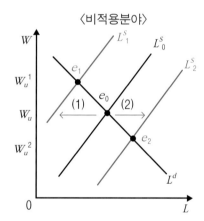

(1) $W_{Min} > W_u$: 비적용분야에서 적용분야로 노동이동

최저임금 적용분야의 불확실한 기대소득이 비적용분야의 확실한 소득보다 크므로 비적용분야의 노동자들이 적용분야로 이동하여 비적용분야의 노동공급은 감소하여 비적용분야의 임금($W_u < W_u^1$)은 상승한다. 또한 적용분야로의 노동공급 증가는 최적임금수준에서 비자발적 실업을 증가시키므로 고용확률(π)은 하락하여 적용분야의 불확실한 기대임금도 하락한다. 그리고 적용분야의 불확실한 기대소득과 비적용분야의 확실한 소득이 일치할 때까지 노동이 이동하여 일반 경쟁균형을 달성한다.

(2) $W_{Min} < W_u$: 적용분야에서 비적용분야로 노동이동

최저임금 적용분야의 불확실한 기대소득이 비적용분야의 확실한 소득보다 작으므로 적용분야의 해고 노동자들이 비적용분야로 이동하여 비적용분야의 노동공급은 증가하여 비적용분야의 임금($W_u < W_u^2$)은 하락한다. 또한 비적용분야로의 노동공급 증가는 최적임금수준에서 비자발적 실업을 감소시키므로 고용확률(π)은 상승하여 적용분야의 불확실한 기대임금도 상승한다. 그리고 적용분야의 불확실한 기대소득과 비적용분야의 확실한 소득이 동등할 때 부문 간 노동이동은 멈추고 일반 경쟁균형에 도달한다.

제4장

노동시장의 균형

[재화시장]

수요곡선의 정의

– 주어진 가격에 순응하여 소비자의 효용극대화를 달성하는 최적 소비량 조합을 연결한 궤적

수요곡선의 해석

– 소비자의 한계소비로부터 발생하는 효용의 증가분(MU)으로서 소비자의 최대 지불용의 가격

공급곡선의 정의

– 주어진 가격에 순응하여 생산자의 이윤극대화를 달성하는 최적 생산량 조합을 연결한 궤적

공급곡선의 해석

– 생산자의 한계생산으로부터 발생하는 생산비용의 증가분(MC)으로서 생산자의 최소 요구판매 가격

[노동시장]

노동공급곡선의 정의

– 주어진 임금에 순응하여 개인의 효용극대화를 달성하는 최적 노동공급량 조합을 연결한 궤적

노동공급곡선의 해석

– 한계근로자의 유보임금으로서 최소 요구 임금

노동수요곡선의 정의

– 주어진 임금에 순응하여 기업의 이윤극대화를 달성하는 최적 노동고용량 조합을 연결한 궤적

노동수요곡선의 해석

– 한계근로자의 한계생산물가치로서 기업의 최대 지불용의 임금

근로자 잉여 = 실제 수취 임금 – 최소 요구 임금

기업 잉여 = 최대 지불용의 임금 – 실제 지급 임금

Topic 1-1

임금과 고용의 결정에 관한 다음 물음에 답하시오. (단, 노동공급곡선은 우상향한다.)

[2018년 2문, 25점]

물음 1) 임금과 고용에 미치는 급여세 부과 효과를 고용주에게 부과하는 경우와 근로자에게 부과하는 경우로 나누어 그래프를 활용하여 설명하시오. (15점)

물음 2) 정부의 기업에 대한 고용보조금이 임금과 고용에 미치는 효과를 그래프를 활용하여 설명하시오. (10점)

Ⅰ. 급여세

급여세는 정부가 노동자의 근로소득을 세원으로 설정하여 부과하는 소득세이다. 급여세가 부과되면 노동시장의 경제주체인 고용주(노동수요자)와 근로자(노동공급자)의 부담이 가중된다.

Ⅱ. 고용주에게 부과하는 경우

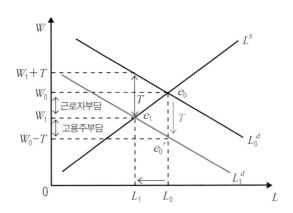

고용주에게 급여세(=T)를 부과하면 고용의 부담이 가중[$(1+T)W$]되어 근로자에게 급여세를 모두 전가시키기 위해 노동수요곡선이 수직으로 하방 이동한다($L_0^d \to L_1^d$). e_0'점에서 고용주가 고용을 L_0수준에서 [W_0-T]만큼 임금을 지급하려 한다. 이 때 근로자는 급여세(=T)를 전부 부담하려고 하지 않고 e_1점까지 노공공급이 감소($L_0>L_1$)하여 W_1수준의 임금이 결정된다.

그 결과 급여세(T) 중에서 ① 근로자는 임금의 하락분[W_0-W_1] 만큼을 부담하고, ② 고용주가 나머지 [$W_1-(W_0-T)$]만큼을 부담한다.

Ⅲ. 근로자에게 부과하는 경우

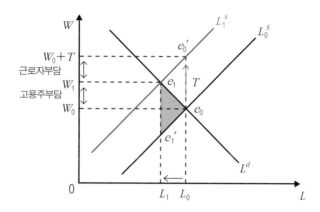

근로자에게 급여세(=T)를 부과하면 근로자는 급여세를 전액 고용주에게 전가시키고자 유보임금이 상승하여 한계요소비용(MFC_L)도 상승하므로 노동공급곡선이 수직으로 상방으로 이동($L_0^S \to L_1^S$)한다. 즉, 근로자는 e_0'에서 [W_0+T]수준의 임금을 요구한다. 이때 고용주는 급여세(T)를 전부 부담하려고 하지 않고 e_1점까지 노동수요가 감소($L_0>L_1$)하여 W_1수준에서 임금이 결정된다. 그 결과 급여세(T) 중에서 고용주가 [W_1-W_0]만큼 부담하고, 근로자의 부담분은 [$(W_0+T)-W_1$]수준이 된다.

급여세(T) 부과분에 L_1을 곱한 크기만큼 조세수입이 증가하지만, e_0에서 e_1으로 고용이 감소하여 [$\triangleright e_0\, e_1\, e_1'$]만큼의 사중손실이 발생한다.

Ⅳ. 소 결

정부가 급여세를 고용주 또는 근로자 어느 경제주체에 부과하더라도, 노동시장에서 고용주의 이윤극대화와 근로자의 효용극대화를 위한 새로운 균형점에서 임금과 고용량이 결정되며, 고용주와 근로자가 급여세를 각각 부담한다.

이는 정부가 누구에게 급여세를 부과하는 지는 중요하지 않음을 의미한다. 결국 정부가 급여세의 납부를 명하는 형식적 담세자와 관계없이 노동수요와 노동공급의 탄력성에 의해 실질적인 조세부담의 귀착이 결정된다. 보다 탄력적인 경제주체가 비탄력적인 경제주체에게 정부에 납부하는 조세부담을 전가시키기 때문이다.

물음 2)

Ⅰ. 고용보조금의 의의

정부는 기업에게 노동자 당 일정액의 고용보조금(S)을 이전 지출하여 기업의 고용부담을 공유함으로써 고용률을 제고하기 위해 노력한다. 그러나 효용극대화를 추구하는 근로자와 이윤극대화를 목표로 하는 기업이 짝짓기 하는 시장에 사회후생극대화를 추구하는 정부가 개입하면 시장의 교통신호인 균형임금이 오작동하여 사중손실이 발생한다. 이는 효율적 자원배분은 노동시장 내의 가격조정메커니즘에 의해 결정되는 원리를 정부가 간과하였기 때문이다.

Ⅱ. 고용주에게 고용보조금 지급

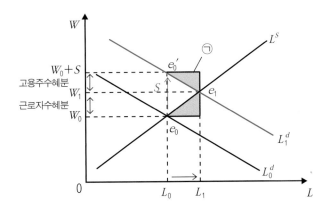

고용주에게 단위 노동자당 S의 고용보조금을 지급하면, 노동의 한계생산가치 증가분($VMP'_L = VMP^0_L + S$)만큼 기업의 고용부담이 완화되어 노동수요곡선이 수직상방으로 이동($L^d_0 \rightarrow L^d_1$)한다. e_0'에서 $[W_0 + S]$수준으로 고용주가 모두 고용보조금 S를 수혜하려 한다. 하지만, 고용을 늘릴 유인이 발생하여 e_1점으로 이동하여 고용을 L_1로 늘림으로써 W_1수준에서 임금이 결정된다.

그 결과 노동자 단위당 임금 인상분인 $[W_1 - W_0]$을 근로자가 수혜하고, 나머지 부분인 $[(W_0 + S) - W_1]$은 고용주에게 귀속된다. 급여세와 마찬가지로 고용보조금 역시 1차적인 귀속주체보다는 기업과 노동자의 임금탄력성에 의하여 실질적인 고용보조금의 수혜 비율이 결정된다.

고용보조금의 지급은 노동시장에서 고용량이 증가하여 교환의 이득인 기업의 잉여와 근로자의 잉여는 증가하였으나, 이는 정부의 고용보조금 지출에 기대어 발생한 부분으로서 증가한 기업과 근로자 잉여의 합이 지출된 고용보조금에 미치지 못하는 ㉠ 만큼의 사회적 후생손실인 사중손실이 발생한다. 따라서 고용보조금의 지급으로 노동자 1단위의 고용이 증가할 때마다 기업과 근로자의 잉여 증가분보다 정부지출이 크므로 고용량의 증가와 비례하여 사중손실은 점차 확대된다.

Ⅲ. 노동공급의 임금탄력성과 고용보조금 효과

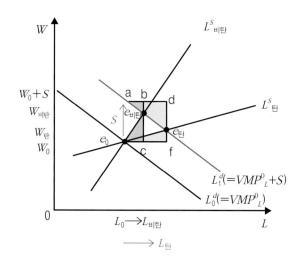

$L^S_{비탄}$
근로자 수혜분 : $W_{비탄} - W_0$
기업 수혜분 : $[S - (W_{비탄} - W_0)]$
고용량 증가 : $L_{비탄} - L_0$
사중손실 =

$L^S_{탄}$
근로자 수혜분 : $W_{탄} - W_0$
기업 수혜분 : $[S - (W_{탄} - W_0)]$
고용량 증가 : $L_{탄} - L_0$
사중손실 =

정부가 기업에게 고용하는 노동자당 일정액(S)의 고용보조금을 지급하면 고용된 노동자의 한계생산물가치가 고용보조금(S)만큼 상승하므로 기업의 노동수요곡선은 수직 상방으로 이동한다.

이때 노동공급이 임금에 비탄력적일수록 고용을 늘리기 위해서 근로자에게 더 많은 임금을 지급해야 하므로 근로자가 수혜하는 임금 상승폭이 커지고 기업의 실질 수혜분은 작아진다. 따라서 상대적으로 작게 완화된 고용의 부담분만큼 고용이 증가하므로 고용의 증가폭이 작고 정부의 고용보조금 지출 증가분도 작아 사중손질이 작게 발생한다.

그러나 노동공급이 임금에 탄력적이면 고용을 늘리기 위해서 근로자에게 지급해야 하는 임금 상승폭이 직이 기업의 실질 수혜분은 상대석으로 크다. 따라서 상대적으로 크게 완화된 고용의 부담분만큼 고용이 대폭 증가하므로 정부의 고용보조금 지출 증가분도 확대되어 사중손질이 크게 발생한다.

Ⅳ. 소 결

기업이 생산한 재화에 대한 수요 증가로 가격이 상승하거나 고용된 근로자의 한계생산성 상승한다면 기업의 노동수요곡선은 수직 상방으로 이동하여 고용이 증가하여 기업과 근로자 잉여의 합인 사회후생이 증가하는 파레토 개선이 발생한다.

그러나 재화가격이나 근로자의 한계생산성이 불변인 상태에서 정부의 고용보조금 재정지출에 의존하는 고용 확대 정책은 기업과 근로자 잉여의 증가분이 재정지출 총액에 미달하여 사중손실을 초래한다. 이때 기업은 고용을 늘려 고용보조금 혜택을 적극적으로 활용하고자 하지만 노동공급의 임금탄력성에 의해 실제 고용이 결정되므로 노동공급의 임금탄력성에 따라 사중손실의 크기가 결정된다.

일국의 잠재성장률을 끌어올리기 위해서는 숙련 근로자의 고용을 늘려야 한다. 그런데 숙련 근로자는 저숙련 근로자에 비해 더 많은 인적자본을 획득해야 하므로 양성하는데 오랜 시간이 소요되어 숙련 근로자의 노동공급은 임금에 비탄력적이다. 따라서 정부는 숙련 근로자를 고용하는 산업과 기업을 선별하여 더 많은 고용보조금을 집중적으로 지출하여 양질의 고용 증가와 사중손실을 최소화하여야 한다.

노동수요곡선이 비탄력적인 경우는 고숙련 근로자를 예로 들 수 있다. 정부의 고용보조금 지급에 노동고용량이 소폭으로 증가하여 근로자의 총소득이 적게 증가한다. 고용주의 한계생산물가치도 소폭 증가하여 사중손실의 크기도 작다. 반면, 저숙련 근로자를 고용하는 탄력적인 기업에게 고용보조금을 지급하면 노동고용량이 대폭 증가하여 근로자의 총소득이 크게 증가하고 고용주의 한계생산물가치도 크게 증가하지만 이는 정부의 재정지출을 동반하므로 사중손실의 폭도 크게 확대된다. 따라서 정부는 산업, 업종, 지역에 따라 노동수요과 노동공급의 임금탄력성을 선별하고 차등적으로 고용보조금을 지급해야 한다.

📖 Topic 1-2

다음 물음에 답하시오. A 산업의 노동공급곡선은 $L^S = 10+w$ 이고 노동수요곡선은 $L^D = 40-4w$ 이다. (단, L은 고용수준이고 w는 시간당 임금률이다.)

물음 1) 정부가 최저임금을 시간당 8달러로 정했다고 생각해보자. 얼마나 많은 근로자가 일자리를 잃게 될 것인가? 얼마나 많은 추가 근로자가 최저임금에서 일 자리를 얻기를 원할 것인가? 그리고 실업률을 계산하시오.

Ⅰ. 그래프 도해

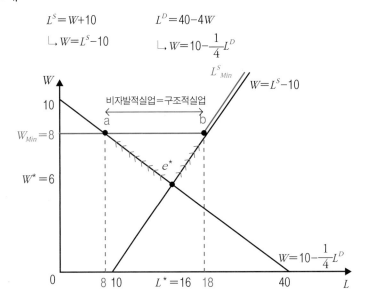

Ⅱ. 설문의 해결

1. 완전 경쟁 균형 임금, 고용량

↳ $[W+10 = L^S] = [L^D = 40-4W]$

↳ $W^* = 6, L^* = 16$

2. 최점임금제(W_{Min}=8), 기업의 해고 : $e^* \rightarrow$ a

↳ $L^D = 40-4 \cdot (W_{Min} = 8) = 8$

$\therefore 16-8 = 8$

3. 최점임금제(W_{Min}=8), 대기실업 : $e^* \rightarrow$ b

↳ $L^S = (W_{Min} = 8)+10 = 18$

$\therefore 18-16 = 2$

4. 실업률 $= \frac{\text{실업자수}}{\text{경제활동인구수}} = \frac{\text{고용량}}{\text{노동공급의사}} = \frac{(18-8)}{18} \times 100\% = 55.6\%$

물음 2) 정부는 최저임금의 도입으로 발생한 비자발적 실업을 완전히 청산하기 위해 기업에게 고용하는 노동자 당 일정액의 보조금을 지급하려고 한다. 단위 노동자 당 고용보조금을 계산하고 최저임금제가 도입되기 이전의 완전경쟁시장과 사회후생을 비교하여 사중손실을 계산하시오.

- 그래프 도해 및 설문의 해결

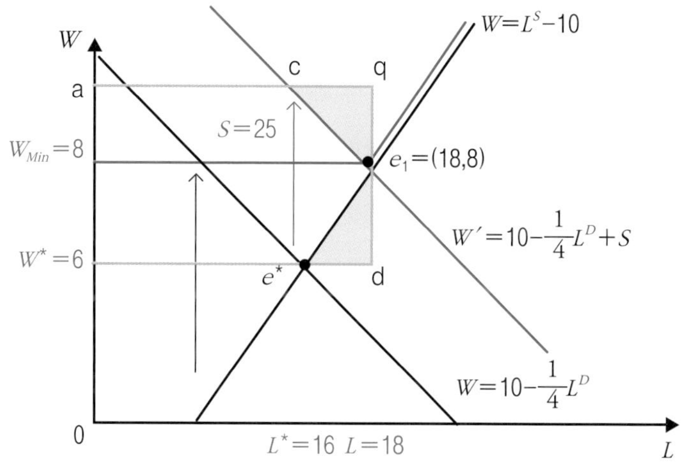

W
a
c
q
$W=L^S-10$
$S=25$
$W_{Min}=8$
$e_1=(18,8)$
$W'=10-\frac{1}{4}L^D+S$
$W^*=6$
e^*
d
$W=10-\frac{1}{4}L^D$
0
$L^*=16$ $L=18$
L

S = 단위 노동자 당 정액의 보조금

고용보조금 지급 이후의 (역) 노동수요곡선

↳ $W=10-\frac{1}{4}L^D+S$

1. 단위노동자 당 고용보조금(=S)

$\lfloor \left[W' = 10 - \dfrac{1}{4}L^D + S\right] \cdot [W = L^S - 10]$

$\lfloor e_1 = (L, W) = (18, 8)$을 대입하면

$\lfloor 8 = 10 - \dfrac{1}{4}18 + S$

$\lfloor S = 2.5$

(f) 상대적으로 비탄력적인 근로자가

$S(=2.5) \times \dfrac{4}{4+1} = 2$ 수혜

상대적으로 탄력적인 근로자가

$S(=2.5) \times \dfrac{1}{4+1} = 0.5$ 수혜

2. 사중손실

$\lfloor$ 증가한 기업 잉여 =

$\lfloor$ 증가한 근로자 잉여 =

$\lfloor$ 지출된 고용보조금 =

$\lfloor \therefore$ 사중손실 =

$2.5 = (18-16) \times 2.5 \times \dfrac{1}{2} = 2.5$

📖 Topic 1-3

다음 물음에 답하시오.

물음 1) 엔지니어의 노동 공급곡선과 노동 수요곡선은 다음과 같다.

$$W = 10 + 5L^S$$
$$W = 50 - 3L^D$$

정부는 바이오엔지니어의 고용확대를 도모하기 위하여 바이오엔지니어를 고용하는 기업에게 단위
당 5의 고용보조금을 지급하는 정책을 시행하기로 의결하였다. 고용보조금의 정책적 효과를 생산자
잉여, 근로자 잉여, 조세지출의 관점에서 사중손실을 계산하시오.

물음 2) 정부는 조세지출로 인하여 재정 건전성이 점차 악화되자 고용보조금 정책을 법정 부가혜택으로 전환하였다. 이에 바이오엔지니어를 고용하는 기업은 바이오엔지니어 1명을 고용할 때 5만큼의 사내 복지 혜택을 제공해야 한다. 그러나 바이오엔지니어 1명이 인식하는 부가혜택의 크기는 3으로 측정되었다. 근로자가 인식하는 실질 임금과 법정 부가혜택 실시 이후의 사회 후생을 그래프를 통해 평가하시오.

Ⅰ. 물음 1)의 해결

1. 고용보조금의 의의

정부가 기업에게 고용하는 노동자 당 일정액(S)의 고용보조금을 지급하면 고용된 노동자의 한계생산물 가치가 고용보조금(S)만큼 상승하므로 기업의 노동수요곡선은 수직 상방으로 이동한다. 그리고 재화가격이나 근로자의 한계생산성이 불변인 상태에서 정부의 고용보조금 재정지출에 의존하는 인위적인 고용확대 정책은 기업과 근로자 잉여의 증가분이 재정지출 총액에 미달하여 사중손실을 초래한다. 이때 기업은 고용을 늘려 고용보조금 혜택을 적극적으로 활용하고자 하지만 노동공급의 임금탄력성에 의해 실제 고용이 결정되므로 노동공급의 임금탄력성에 따라 사중손실의 크기가 결정된다.

2. Graph 도해

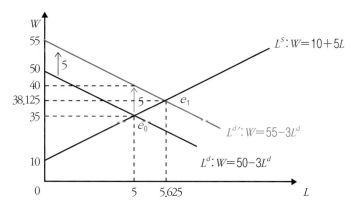

3. 사회후생 평가

	전	후
① 기업잉여	$\frac{1}{2} \times 5 \times 15 = 37.5$ (50, 35, e_0)	$\frac{1}{2} \times 5.625 \times (55 - 38.125) = 47.46$ (55, 38.125, e_1)
② 근로자잉여	$\frac{1}{2} \times 5 \times 25 = 62.5$ (35, 10, e_0)	$\frac{1}{2} \times 5.625 \times (38.125 - 10) = 79.1$ (38.125, 10, e_1)
③ 정부지출	X	$5 \times 5.625 = 28.125$ (40, 35, 5.625)
④ 사회후생 (SW)	100 (50, 10, 0, 5, e_0)	$\left[100\ e_0 - 126.5625\ e_1 - 28.125 \right]$

후 (사회후생):

$$\left[\underset{(50,10,0,5)}{100}\ e_0 - \underset{(55,10,0,5.625)}{126.5625}\ e_1 - \underset{(40,35,0,5.625)}{28.125} \right]$$

$$\Downarrow$$

$$98.4375$$

$$= \underset{\substack{(40,\ 38.125,\\ e_0=35,\ 5,\ 5.625)}}{e_1} = \frac{(5.625 - 5) \times (40 - 35)}{2} = 1.5625$$

Ⅱ. 물음 2)의 해결 : 법정부가혜택

1. 법정부가혜택

정부가 기업을 법으로 규제하여 근로자의 효용제고를 위하여 부가급여를 제공하는 것을 법으로 강제하는 법정부가혜택은 기업의 고용부담을 증가시켜 노동수요곡선은 수직 하방으로 이동시킨다.

2. Graph 도해

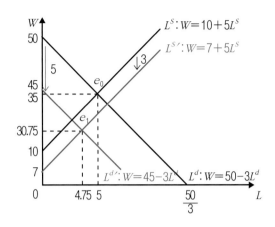

3. 분 석

정부의 법정부가혜택으로 L^d곡선은 5만큼 하방이동하고, 이는 기업부담으로 이어지는 것으로 근로자의 임금하락이 수반된다. 근로자는 이러한 법정부가혜택을 3으로 인식하므로 L^s곡선은 하방으로 3만큼 이동하여 사회후생 손실을 초래한다.

4. 사회후생 평가

	전	후
① 기업잉여	$\frac{1}{2} \times 5 \times 15$ $= 37.5$	$\frac{1}{2} \times 4.75 \times 14.25$ $= 33.8$
② 근로자잉여	$\frac{1}{2} \times 5 \times 25$ $= 62.5$	$\frac{1}{2} \times 4.75 \times 23.75$ $= 56.4$

5. 소 결

(1) 기업은 법정부가혜택 전후로 임금비용지출이 35에서 35.75로 증가하여, 단위당 근로자에 대한 고용부담이 0.75 증가하였음을 의미한다.

⑵ 근로자는 법정부가혜택 전후로 임금이 35에서 30.75로 감소하였으나, 법정부가혜택의 크기가 3이므로 단위당 실질소득이 1.25 감소하였다.

⑶ 기업의 고용부담 증가분 0.75와 근로자의 실질소득 감소분 1.25, 총 2만큼의 크기는 근로자가 법정부가혜택으로 인식하지 못하는 사회후생의 감소분이다.

⑷ 이로 인하여 기업의 고용은 5에서 4.75로 0.25만큼 감소한다.

📖 Topic 1-4 법정부가혜택

재정 건전성이 악화되어 정부는 재정지출을 줄이려 한다. 이때 정부가 법정부가혜택을 활용하여 근로자에게 편의를 제공한다면 사회후생이 어떻게 변화될지 그래프를 통해 비교 설명하시오.

Ⅰ. 의 의

정부는 기업에게 혜택과 편의를 근로자에게 부가하도록 실물 복지의 제공을 법으로 강제하는 규제정책을 실시한다. 이때 이윤극대화를 추구하는 기업은 법정부가혜택을 제공하기 위해 투입된 단위노동자 당 비용을 근로자에게 완전(100%) 전가시키려 하므로 노동수요곡선은 법정부가혜택의 비용만큼 수직 하방이동한다. 그리고 근로자가 법정부가혜택을 인식하는 크기만큼 (=비금전 소득이 증가하므로) 금전적 임금수준은 하락하여 노동공급곡선은 수직 하방 이동한다.

따라서 법정부가혜택을 제공하기 위해 증가하는 기업의 고용부담분과 근로자가 인식하는 편의(화폐가치)의 크기에 따라 실질임금과 고용량 크기가 결정된다.

Ⅱ. Graph 도해

1. 근로자의 완전(100%) 혜택 인식 - 법정부가혜택은 현금보조

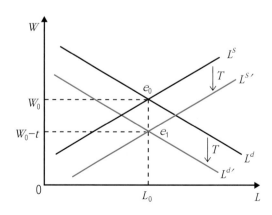

정부의 규제로 법정부가혜택이 강제되면 기업은 단위 노동자 당 고용의 부담이 가중되어 마치 급여세를 납부받은 것과 같이(=T) L^d곡선이 $L^{d'}$로 수직 하방 이동한다.

그리고 기업이 제공하는 법정부가혜택을 근로자가 온전(100%)한 편의의 증가로 인식한다면 근로자의 유보임금수준은 T만큼 하락하여 L^s곡선이 $L^{s'}$으로 수직 하방 이동하여 임금은 [W_0-T]로 하락한다. 증가한 비금전적 편의와 감소한 금전적 화폐 임금이 동일하므로 근로자의 실질임금은 변함이 없고 고용도 동일하다.

이는 기업이 법정부가혜택의 비용지출을 임금 하락으로 근로자에게 완전(100%) 전가하여 증가하는 고용부담이 없으므로 고용이 감소하지 않았기 때문이다. 그리고 고용의 변동이 없으므로 시장에서 교환의 이득으로 발생하는 사회후생도 변함없이 파레토 효율적인 자원배분이 유지된다.

2. 근로자의 부분적 혜택 인식 – 법정부가혜택은 현물보조

근로자가 법정부가혜택을 100% 선호하는 것과 달리 부분적으로만 선호할 경우에는 법정부가혜택에 대한 선호도가 하락하여 경우 Graph를 도해하면 다음과 같다.

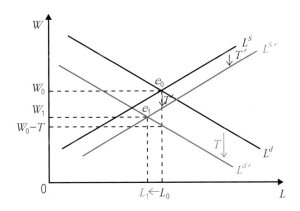

기업은 법정부가혜택을 제공하기 위해 고용 부담이 상승하므로 노동자 당 임금 지급의 여력이 T만큼 하락하여 노동수요곡선은 L^d에서 $L^{d'}$로 수직 하방 이동한다.

하지만 법정부가혜택을 온전하게 인식하지 못하는 근로자는 법정부가혜택을 T보다 작은 화폐가치로 평가하므로 L^s곡선이 T'만큼 상대적으로 소폭 하방 이동하여, 임금은 이보다 큰 W_1수준으로 대폭 하락한다.

이에 따라 기업은 법정부가혜택으로 강제된 비용지출이 노동자 당 [$W_1-(W_0-T)$]만큼 상승하여 고용의 부담이 가중되므로 노동수요를 줄이고, 근로자는 유보임금[W_0-T']에 미치지 못 하는 시장 임금률[W_1]을 지급받으므로 근로유인이 감소하여 최적 고용량은 [$L_0{\rightarrow}L_1$]으로 감소한다.

따라서 고용의 감소분만큼 사중손실이 발생한다.

3. 근로자의 0% 혜택 인식 - 법정부가혜택은 완전(100%) 급여세

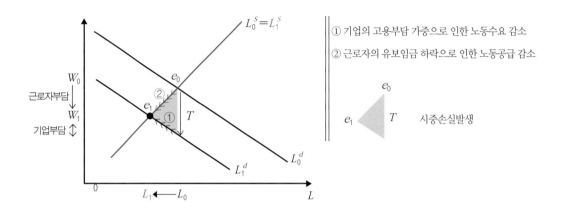

기업은 법정부가혜택을 제공하기 위해 고용 부담이 상승하므로 노동자 당 임금 지급의 여력이 T만큼 하락하여 노동수요곡선은 $L_0{}^d$에서 $L_1{}^d$로 수직 하방 이동한다.

하지만 법정부가혜택을 전혀 인식하지 못하는 근로자는 유보임금을 낮출 유인이 존재하지 않으므로 노동공급곡선은 수직 이동이 없이 전과 동일하다.

따라서 기업은 증가한 고용의 부담분만큼 노동수요는 감소(①)하고, 근로자는 하락한 임금만큼 노동공급이 감소(②)하여 고용은 대폭 감소하므로 최대의 사중손실이 발생한다.

Ⅲ. 소 결

정부의 재정건전성 제고를 위해 기업의 의사결정을 제약하는 법정부가혜택은 근로자가 인식하는 편익의 크기가 작을수록 자원배분의 비효율성이 증가하여 사중손실이 비례적으로 확대된다.

Topic 1-5

다음 물음에 답하시오.

물음 1) 우상향하는 노동공급곡선이 존재할 때 경제적 지대와 이전수입을 도해하고 근로소득이 모두 경제적 지대로 구성될 수 있는 조건을 설명하시오.

물음 2) 노동시장에서 노동수요곡선과 노동공급곡선이 다음과 같을 때 경제적 지대(economicrent)와 전용수입(transfer earnings)를 구하고 이를 그림으로 나타내시오.

$$\text{노동수요곡선} : L_d = 24-2W, \ \text{노동공급곡선} : L_S = -4+2W$$

Ⅰ. 이전수입과 경제적 지대
1. 이전수입(전용수입)의 의의

생산요소가 다른 용도로 전용되지 않고 현재의 용도로 사용되기 위한 최소 지급액으로서 생산요소의 기회비용이다.

2. 경제적 지대의 의의

실제 요소수입과 이전수입 간 차액으로 생산공급자(노동제공자)의 잉여(surplus)를 의미한다.

Ⅱ. Graph 도해

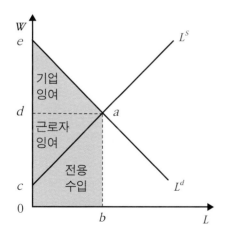
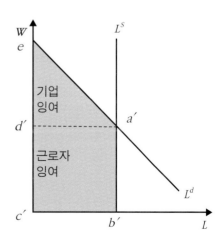

우상향의 노동공급곡선 하에서는 우하향하는 노동수요곡선과 교차하여 전용수입이 ⊿$0abc$, 근로자(생산공급자)잉여 ▽adc, 기업의 잉여 △ade이다.

하지만 노동공급곡선이 완전 비탄력적인 경우에는 이전수입이 모두 근로자 잉여로 귀속되어 근로자잉여(□$a'b'c'd'$)는 지대로 전환되고, 기업잉여(△$a'd'e$)는 변함이 없다.

Ⅲ. 함 의 – 지대추구행위

노동을 공급하는 근로자는 이전수입을 근로자 잉여로 모두 귀속시키려는 노력으로 독점적 노조를 조직하여 근로자의 노동공급곡선을 비탄력적으로 만들려고 할 것이다.

📖 Topic 1-6 거미집 모형

다음 물음에 답하시오.

물음 1) 엔지니어의 노동 공급곡선과 노동 수요곡선은 다음과 같다.

$$W = 10 + 5L^S$$
$$W = 50 - 3L^D$$

균형 상태의 임금과 고용수준을 확인하시오.

이후 엔지니어에 대한 수요가 증가하여 수요곡선이 $W = 70-3L^D$로 이동하였다. 그리고 바이오엔지니어 고용 시장은 정태적 기대를 가정한 거미집 모형을 따를 때 3기에 걸친 임금과 고용수준의 조정과정을 추적하고 청산된 균형 임금과 고용수준을 그래프로 설명하시오.

물음 2) 엔지니어 노동 시장의 청산 속도는 공급곡선의 탄력성 크기에 따라 어떻게 달라지는지 그래프를 통해 분석하시오.

물음 1)

Ⅰ. 거미집 모형

시장에 존재하는 경제주체의 합리적 기대에 의해 시장청산이 신축적으로 조정되는 경쟁 노동시장과 달리 거미집 모형에서 근로자는 정태적 기대에 근거하여 노동을 공급한다. 과거의 정보를 바탕으로 미래를 예측하는 적응적 기대는 오류를 초래하는 과거의 정보가 완전히 수정되지 않으므로 체계적인 오차가 지속적으로 발생한다. 그리고 정태적 기대는 직전 과거 경제지표가 미래에도 변함이 없음을 가정하는 극단의 적응적 기대이다. 또한 엔지니어와 같은 숙련 근로자를 육성하기 위해서는 오랜 시간이 소요되므로 숙련 근로자의 노동공급은 임금에 대해 비탄력적이다.

숙련 근로자의 노동공급이 정태적 기대에 근거하고 노동공급이 노동수요보다 임금에 대해 비탄력적이면 노동의 초과수요와 초과공급이 반복되어 시장이 청산되는데 오랜 시간이 소요된다.

II. 물음 1)의 해결

1. 설문의 정리

$$노동공급곡선\ L^S : W = 10 + 5L^S$$
$$노동수요곡선\ L^D : W = 50 - 3L^D$$
$$\Rightarrow W = 70 - 3L^D$$

2. Graph, 도해

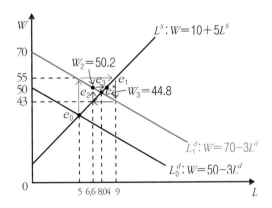

노동수요곡선이 $L_1^d : W = 70 - 3L^d$로 우측 이동함에 따라 0기에 e_0, 1기에 e_1, 2기에 e_2, 3기에 e_3 균형을 이루며, 최종적으로 e^*점에 수렴한다.

3. 분 석

(1) 0기에 노동수요곡선 우측이동에 대하여 엔지니어가 곧바로 노동공급이 이루어지지 않아 노동공급이 5수준으로 완전 비탄력적이다.

(2) 0기에 정태적 기대로써 55의 임금을 기대하고, 1기에 노동시장에 진입한 엔지니어들은 e_1에서 균형을 이루어 노동공급은 9가 되며 초과노동공급이 발생한다. 이때의 임금은 43이다.

(3) 임금이 43수준에서 1기에 엔지니어를 준비하는 개인들은 정태적 기대로써 노동시장에 진입하려하지 않는다. 이에 따라 2기에는 e_2점에서 6.6의 노동공급으로 초과수요가 발생하며, 임금은 50.2까지 상승한다.

(4) 위 과정을 한 번 더 거쳐 3기에는 e_3점에서 고용량이 8.04이고, 임금은 44.8로 하락한다. 이러한 과정을 계속 반복(조정)하여 결국 e^*점으로 수렴하여 최종적으로 고용량은 7.5, 임금은 47.5가 된다.

4. 소 결 : (L, W) = (7.5, 47.5)

시장이 청산되는 고용량은 7.5, 임금은 47.5이며, 거미집모형은 엔지니어가
① 단기에는 비탄력적인 정태적 기대로서의 노동공급곡선이 도출되고,
② 장기에는 즉각적으로 반응하는 노동수요곡선보다 비탄력적인 노동수요곡선이 도출된다.
하지만,
③ 엔지니어들이 정태적 기대만을 하도록 가정하는 점은 고숙련노동자의 미래 예측 노력을 과소평가하므로 현실 설명력이 낮다.

III. 물음 2)의 해결 : 거미집 모형 청산속도

1. 청산속도와 노동공급곡선 탄력성

노동공급이 임금에 대하여 탄력적일수록 임금 변화에 크게 반응하므로 노동공급의 증가폭과 감소폭이 더욱 확대되어 노동의 초과수요와 초과공급의 진폭이 크다. 따라서 노동공급의 임금탄력성이 클수록 시장 청산 속도는 느려지고 균형에 도달하는데 오랜 시간이 소요된다.

2. Graph 도해

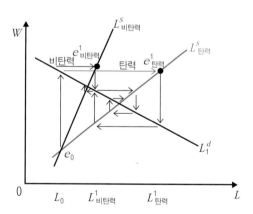

최초 균형 e_0에서 정태적 기대에 따라 1기에는 각각 $e^1_{비탄력}$, $e^1_{탄력}$에 따른 $L^1_{비탄력}$, $L^1_{탄력}$의 고용량이 결정된다.

3. 분 석

엔지니어와 같은 비탄력적인 노동공급자보다 탄력적 노동공급곡선 형태의 근로자들의 시장 청산 속도가 보다 느림을 확인할 수 있다. 이는 노동공급곡선이 탄력적일수록 정태적 기대에 따른 반응 폭이 커서 오히려 청산속도가 느려지기 때문이다.

TOPIC 02

비경쟁시장의 고용과 임금 결정

📖 Topic 2-1

수요독점(Monopoly) 노동시장에 관하여 다음 물음에 답하시오.

물음 1) 수요독점 노동시장과 완전경쟁 노동시장의 균형임금 및 균형고용량을 그래프를 이용하여 비교, 설명하시오.

물음 2) 수요독점 노동시장에서 정부가 최저임금제를 실시하는 경우 임금과 고용량의 변화를 그래프를 이용하여 분석하시오.(단, 상품시장은 완전경쟁임)

물음 3) 노동시장이 수요독점일 때 상품시장이 독점(monopoly)인 경우와 완전경쟁인 경우로 구분하여 임금 및 고용량을 그래프를 통해 비교,설명하시오.

Ⅰ. 완전차별하지 않는 수요독점시장

노동자를 완전 차별하지 않는 수요독점기업은 모든 근로자에게 개인의 유보임금 수준에 상관없이 마지막으로 고용하는 노동자의 유보임금을 기존에 고용된 노동자에도 동일하게 지급한다. 따라서 수요독점 기업은 노동공급곡선을 평균요소비용(AFC_L)으로 인식하고 노동공급곡선이 우상향하므로 고용이 증가할수록 노동의 평균요소비용(AFC_L)이 상승하므로 노동의 한계요소비용(MFC_L)곡선은 노동공급곡선의 상방에 위치함을 유추할 수 있다.

Ⅱ. Graph 도해

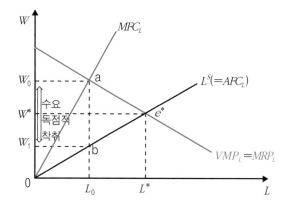

1. 완전경쟁 노동시장에서 노동시장 균형 임금과 고용량은 노동수요곡선과 노동공급곡선이 만나는 e^*에서 (W^*, L^*)로 결정된다.
2. 근로자를 완전차별하지 않는 수요독점기업은 우상향의 노동공급곡선에 직면하는데 이를 노동의 평균요소비용(AFC_L)으로 인식하므로 그 상방에 한계요소비용(MFC_L)이 위치한다.
3. 한계요소비용(MFC_L)과 한계수입생산(MRP_L)이 일치하는 a에서 기업은 이윤극대화를 달성하는 최적고용량을 결정한다.
4. 이때 고용량은 L_0로 결정되며, 근로자를 차별하지 않는 수요독점기업은 근로자에게 한계근로자의 유보임금을 대변하는 노동공급(L^s)상에서 최소 임금을 지급하므로 W_1의 임금이 결정된다.[1]

Ⅲ. 소 결

수요독점시장은 완전경쟁시장과 달리 불완전고용이 발생한다. 즉, 완전경쟁시장에서의 균형 임금, 균형 고용량 보다 낮은 수준의 임금과 고용량이 결정되며, 자원배분이 비효율적이다. 그 결과 고용하는 노동자당 $[W_0-W_1]$만큼의 수요독점적 착취가 발생한다.

물음 2)

Ⅰ. 최저임금의 의의

정부는 저숙련 근로자의 근로소득 제고($M = W_{Min} \times L_d$)를 목적으로 시장 균형임금 보다 높은 수준의 최저 임금을 설정하고 법적으로 임금하한제를 강제한다.

Ⅱ. 수요독점시장의 최저임금제

[그림1]

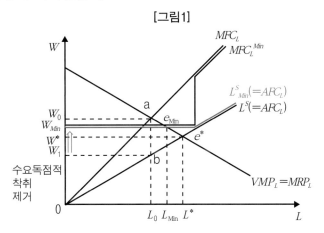

1) 재화시장 → $MR = MC$ ($P \& Q$ 결정)
   요소시장 → $MFC_L = MRP_L$ ($W \& L$ 결정)

1. 최저임금(W_{Min})을 도입할 때 최저임금보다 낮은 수준의 임금에서 노동을 공급할 수 없으므로 $L^S(=AFC_L)$곡선이 (⌣)형태로 바뀌고, MFC_L곡선도 (⌐)형태로 도출된다. 이는 최저임금 수준에서 근로자를 고용하면 수평의 AFC_L과 MFC_L 곡선에 직면하고 최저임금을 초과하는 유보임금수준의 근로자를 고용할 때는 우상향하는 AFC_L과 그 상방에 위치하는 MFC_L에 제약되기 때문이다.

2. 최저임금이 W_{Min}수준에서 설정되면 e_{Min}에서 고용량이 결정되고 수요독점 임금과 고용량보다 증가한다. ($W_{Min} > W_1$, $L_{Min} > L_0$)

3. 그 결과 수요 독점적 착취가 [$W_{Min} - W_1$]만큼 제거된다.

Ⅲ. 최저임금 설정 범위

1. 최저임금 설정원리

(1) 최저임금이 수요독점적 임금(W_1)보다 낮게 설정될 경우 임금하한제로서 목적을 달성할 수 없고,

(2) 최저임금이 독점기업의 이윤극대화 임금(W_0)보다 높게 설정되면 기업은 이윤극대화를 위해 고용량을 최초 수요독점시장의 고용량(L_0)보다 줄일 것이므로 이 역시도 최저임금 제도적 취지에 부합하지 않는다.

2. 적정수준의 최저임금 설정 : $W_0 \sim W_1$ 사이

(1) 시장지배력 제거 관점

최초 수요독점 임금(W_1)에서 완전경쟁시장 균형임금(W^*)까지 상승[$W_{Min} = W^*$]하면 임금과 고용량이 모두 증가하여 완전고용량(L^*)을 달성한다. 이 때 수요독점기업의 시장지배력은 완전히 제거된다.

(2) 수요 독점적 착취 제거 관점

완전경쟁시장 균형임금(W^*)보다 높은 최저임금을 설정할 경우 고용량은 완전고용량(L^*)보다 감소하고 [$W_{Min} = W_0$]를 달성하면 수요독점 시 고용량과 동일한 수준에서 수요 독점적 착취 없이 높은 임금수준이 결정된다.

Ⅳ. 소 결

수요독점기업에 최저임금을 적용하여 임금과 고용량을 늘릴 수 있고 매우 잘 설계된 최저임금은 수요독점 기업의 시장지배력을 완전히 제거하고 근로자를 부당하게 고용하는 부조리를 방지할 수 있다.

물음 3)

Ⅰ. 상품시장의 독점기업

1. 상품시장의 독점기업은 더 이상 가격순응자가 아니고 우하향하는 수요곡선에 직면한다. 이때 독점기업은 소비자를 차별하지 않으므로 수요곡선($D=P$)을 평균수익(AR)으로 인식하는데 판매량이 증가할수록 평균수익(AR)은 하락하므로 한계수익곡선(MR)은 수요곡선의 하방에 위치함을 유추할 수 있다. ($\therefore P > MR$)

2. 독점기업의 한계수입은 가격보다 낮으므로[$MR < P$] 수요독점기업의 한계수입생산곡선($MRP_L = MR \cdot MP_L$)은 한계생산가치곡선($VMP_L = P \cdot MP_L$)보다 하방에 위치한다.

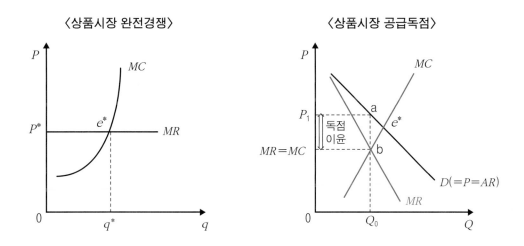

상품시장의 독점기업은 한계수입(MR)과 한계비용(MC)이 일치[$MR=MC$]하는 지점(e^*)에서 이윤극대화 생산량을 결정하고 재화가격은 소비자의 최대 지불용의 가격을 대변하는 수요곡선($D=P$) 상에서 P_1으로 설정한다. 그 결과 판매량당 [P_1-MR]만큼의 독점이익을 획득한다.

Ⅱ. 상품시장 공급독점 및 노동시장 수요독점기업

재화시장이 경쟁적이거나 비경쟁적이든 수요독점기업은 언제나 노동의 한계수입생산(MRP_L)과 한계요소비용(MFC_L)이 일치하도록 이윤극대화 고용량을 결정한다.

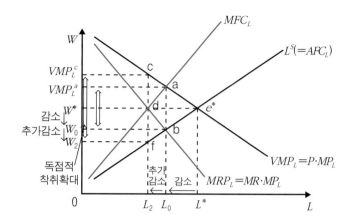

1. 경쟁 재화시장의 수요독점시장의 임금과 고용은 $[W_0, L_0]$으로 결정된다. 이 때 수요 독점적 지위를 이용한 임금착취의 크기는 고용하는 노동자 당 $[VMP_L^a - W_0]$이다.

2. 독점시장의 수요독점기업은 한계수입생산(MRP_L)곡선이 한계생산가치(VMP_L)곡선보다 하방에 위치하므로 d에서 고용(L_2)을 결정한다. 이는 수요독점만 존재할 때 보다 더 적은 고용량이다($L_0 > L_2$).

3. 수요독점기업은 한계근로자의 유보임금을 대변하는 노동공급(L^S)곡선 상의 f에서 임금(W_2)을 설정하므로 경쟁재화시장의 수요독점임금보다 임금이 낮다($W_0 > W_2$).

4. 수요독점적 임금착취는 $[VMP_L^a - W_0]$에서 상품시장 공급독점으로 인하여 $[VMP_L^c - W_2]$로 확대된다.

Ⅲ. 소 결

노동시장의 수요독점 기업이 상품시장에서 공급독점력까지 확보하면 임금과 고용량은 완전경쟁 재화시장보다 더욱 감소한다. 기업 잉여는 증가하지만, 근로자 잉여는 감소하고, 사중손실은 더욱 확대된다. 따라서 정부는 적정한 최저임금 수준을 설정하여 근로자들의 임금과 고용수준을 보호하고, 독점규제 및 공정거래에 관한 규제로 상품시장 독점을 방지할 수 있도록 노력하여야 한다.

노동시장에서 수요독점자인 A기업의 생산함수는 $Q = 2L+100$이다. 생산물시장은 완전경쟁이고 생산물가격은 100이다. 노동공급곡선이 $W = 10L$인 경우 근로자를 차별하지 않는 수요독점 기업의 이윤극대화 고용량과 임금을 구하시오. (단, Q는 산출량, L은 노동투입량, W는 임금이며 기업은 모든 근로자에게 동일한 임금을 지급한다.)

Ⅰ. 수요독점기업의 이윤극대화 행동원리

근로자를 차별하지 않는 수요독점기업은 한계근로자를 고용할 때 발생하는 수입의 증가분인 한계수입생산($MRP_L = MR*MP_L$)과 비용의 증가분인 한계요소비용($MFC_L = MC*MP_L$)이 일치하도록 이윤극대화 고용량을 결정한다. 그리고 한계근로자의 최소요구임금인 유보임금 수준을 대변하는 노동공급곡선 상에서 수요독점 임금을 설정하여 이윤극대화를 달성한다.

1. 완전경쟁 재화시장 ($P = MR$)

전체 재화시장에서 결정된 가격에 순응하는 완전경쟁기업은 시장가격(P)을 벗어난 가격을 설정할 수 없으므로 수평의 수요곡선($D=P$)에 직면한다. 그리고 개별기업은 수요곡선($D=P$)을 (평균수입($AR = \frac{TR=Pq}{q} = P$)으로 인식하는데 판매량(q)이 증가하여도 평균수입(AR)이 일정하므로 한계수입(MR)은 평균수입과 일치한다($MR = AR$). 따라서 완전경쟁 재화시장의 기업은 가격과 한계수입이 일치($P = MR$)하므로 노동시장에서 한계수입생산과 한계생산물가치도 일치($MRP_L = MR*MP_L = P*MP_L = VMP_L$)한다.

2. 수요독점 노동시장

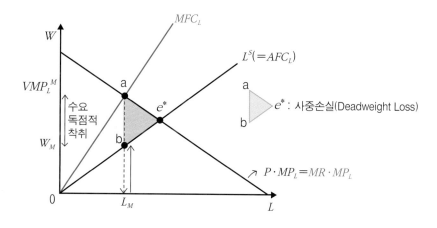

수요독점기업이 임금을 설정하여 이윤극대화를 추구하는 수요독점 노동시장에서는 가격(임금) 순응자를 대변하는 노동수요곡선은 존재하지 않고 한계생산물곡선(VMP_L)과 한계수입생산곡선(MRP_L)만이 존재한다.

근로자를 차별하지 않는 수요독점기업은 우상향하는 노동공급곡선(L^s=W)을 노동의 평균요소비용($AFC_L = \dfrac{TFC_L = WL}{W} = W$)으로 인식하는데, 고용(L)이 증가할수록 평균요소비용(AFC_L)이 상승하므로 노동의 한계요소비용은 평균요소비용보다 높아($MFC_L > AFC_L$) 노동공급곡선의 상방에 한계요소비용곡선이 위치함을 유추할 수 있다.

근로자를 차별하지 않는 수요독점기업은 노동의 한계수입생산(MRP_L)곡선과 한계요소비용(MFC_L)곡선이 일치하도록 이윤극대화 고용량(L_M)을 결정하고, 한계근로자의 유보임금을 대변하는 노동공급곡선(L^s) 상에서 수요독점임금(W_M)을 설정하여 단위 노동자 당 수요독점적 착취($VMP_L - W_M$)을 획득한다. 또한 완전경쟁 노동시장에 비해 고용이 감소하여 파레토 비효율(사중손실)이 발생한다.

Ⅱ. 설문의 해결

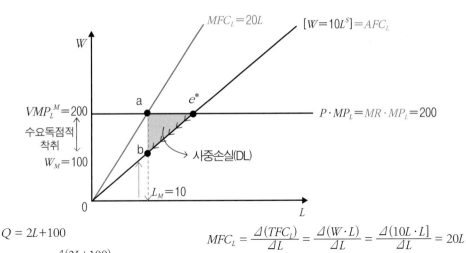

$Q = 2L + 100$

$\quad \hookrightarrow MP_L = \dfrac{\Delta(2L+100)}{\Delta Q} = 2$

$P = MR = 100$

$P \cdot MP_L = MR \cdot MP_L = 2 \cdot 100 = 200$

$MFC_L = MRP_L$

$\quad \hookrightarrow 20L = 200$

$\quad \therefore L_M = 10 \quad W_M = 100$

$MFC_L = \dfrac{\Delta(TFC_L)}{\Delta L} = \dfrac{\Delta(W \cdot L)}{\Delta L} = \dfrac{\Delta(10L \cdot L]}{\Delta L} = 20L$

$AFC_L = \dfrac{TFC_L}{L} = \dfrac{W \cdot L}{L} = \dfrac{10L \cdot L}{L} = 10L$

Topic 2-3

생산물시장에서 독점기업인 A는 노동시장에서 수요독점자이다. 노동공급곡선은 $W = 100+5L^s$, 근로자를 추가로 고용할 때 A기업이 얻는 노동의 한계수입생산물은 $MRP_L = 300-10L$이다. 이때 근로자를 차별하지 않는 A기업의 이윤극대화 고용량과 임금을 구하시오. (단, W는 임금, L은 고용량)

– 수요독점기업의 이윤극대화 행동원리

근로자를 차별하지 않는 수요독점기업은 한계근로자를 고용할 때 발생하는 수입의 증가분인 한계수입생산($MRP_L = MR*MP_L$)과 비용의 증가분인 한계요소비용($MFC_L = MC*MP_L$)이 일치하도록 이윤극대화 고용량을 결정한다. 그리고 한계근로자의 최소요구임금인 유보임금 수준을 대변하는 노동공급곡선 상에서 수요독점 임금을 설정하여 이윤극대화를 달성한다.

1. 독점시장 ($P > MR$)

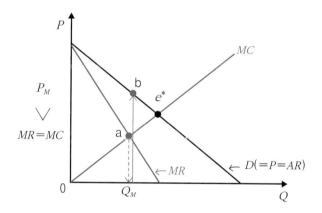

독점시장의 유일한 생산자인 독점기업은 임금을 설정하여 이윤극대화를 추구하므로 재화시장에서 가격순응자를 대변하는 공급곡선은 존재하지 않고 한계비용(MC)곡선만이 존재한다. 또한 재화시장에 존재하는 생산자는 독점기업이 유일하므로 우하향하는 시장수요곡선은 독점기업이 직면하는 수요곡선($D=P$)이다.

소비자를 차별하지 않는 독점기업은 우하향하는 수요곡선($D=P$)을 평균수입($AR = \frac{TR=PQ}{Q} = P$)으로 인식하는데, 판매량(Q)이 증가할수록 평균수입이 하락하므로 한계수입이 평균수입보다 낮아($MR < AR$) 수요곡선의 하방에 한계수입곡선이 위치함을 유추할 수 있다.

독점기업 역시 한계수입과 한계비용이 일치하도록 이윤극대화 생산량을 결정하고 한계소비의 최대 지불용의가격을 대변하는 수요곡선 상에서 독점가격을 설정하여 이윤극대화를 추구한다. 따라서 독점시장의 한계수입은 재화가격보다 낮으므로($P > MR$) 독점시장에 위치한 수요독점기업의 한계수입생산은 한계생산물가치보다 낮다. $[(MRP_L = MR*MP_L) < (P*MP_L = VMP_L)]$

2. 수요독점 노동시장

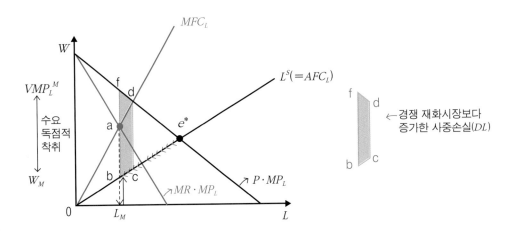

근로자를 차별하지 않는 수요독점기업은 우상향하는 노동공급곡선($L^s = W$)을 노동의 평균요소비용 $[AFC_L = \frac{(TFC_L = WL)}{W} = W]$으로 인식하는데, 고용(L)이 증가할수록 평균요소비용(AFC_L)이 상승하므로 노동의 한계요소비용은 평균요소비용보다 높아($MFC_L > AFC_L$) 노동공급곡선의 상방에 한계요소비용곡선이 위치함을 유추할 수 있다.

그리고 독점시장의 한계수입은 재화가격보다 낮으므로($P > MR$) 수요독점기업의 한계수입생산곡선은 한계생산물가치곡선보다 하방에 위치한다. $[(MRP_L = MR*MP_L) < (P*MP_L = VMP_L)]$

근로자를 차별하지 않는 수요독점기업은 노동의 한계수입생산(MRP_L)곡선과 한계요소비용(MFC_L)곡선이 일치하도록 이윤극대화 고용량(L_M)을 결정하고, 한계근로자의 유보임금을 대변하는 노동공급곡선(L^s) 상에서 수요독점임금(W_M)을 설정하여 단위 노동자 당 수요독점적 착취($VMP_L - W_M$)을 획득한다. 또한 완전경쟁 재화시장에 비해 고용이 감소하여 파레토 비효율(사중손실)이 더욱 증가한다.

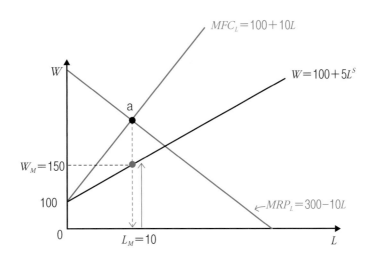

$$MFC_L = \frac{\varDelta(TFC_L)}{\varDelta L} = \frac{\varDelta(W \cdot L)}{\varDelta L} = \frac{\varDelta[(100+5L) \cdot L]}{\varDelta L} = 100+10L$$
$$MRP_L = MFC_L$$
$$\llcorner\, 300-10L = 100+10L$$
$$\therefore L_M = 10 \;\rightarrow\; W_M = 150$$

Topic 2-4

노동시장에서는 생산물시장의 구조에 따라 각각 다른 임금과 고용량이 결정된다. 생산물시장이 완전 경쟁적이라고 전제하고 다음의 질문에 답하시오.　[2013년 2문, 25점]

물음 1) 노동시장이 완전경쟁적인 경우와 수요독점인 경우로 나누어 균형임금과 고용량의 차이를 그래프를 이용하여 비교·설명하시오. (10점)

물음 2) 노동시장이 수요독점뿐만 아니라 공급독점이 이루어져 쌍방독점이 발생할 때, 고용의 변화 없이 임금상승이 가능한 구간을 그래프를 이용하여 설명하시오. (15점)

물음 1)

Ⅰ. 완전경쟁시장과 수요독점시장

1. 완전경쟁시장에서는 기업은 가격순응자로서 시장에서 결정되는 임금에 순응하여 노동고용량을 결정한다. 이 경우 기업은 수평의 노동공급곡선에 직면한다.

2. 노동시장의 수요독점 기업은 더 이상 가격에 순응하지 않고, 독점적으로 임금을 설정한다. 근로자를 완전차별하지 않는 수요독점기업은 우상향하는 노동공급곡선 상에서 마지막으로 고용하는 한계근로자의 유보임금 수준을 기존에 고용했던 모든 근로자에게 지급하므로 노동공급곡선을 평균요소비용(AFC_L)으로 인식한다. 기업이 고용을 늘릴수록 평균요소비용(AFC_L)이 상승하므로 노동공급곡선(L^S)의 상방에 한계요소비용(MFC_L) 곡선이 위치함을 유추할 수 있다.

Ⅱ. Graph 도해

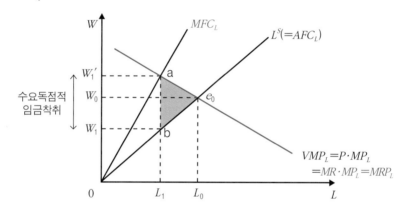

1. 완전경쟁시장에서의 균형임금과 고용량은 e_0에서 결정된다(W_0, L_0).

2. 수요독점인 경우, 기업의 이윤극대화를 위하여 한계요소비용(MFC_L)과 한계생산물가치($VMP_L=MRP_L$)가 일치하는 a에서 고용량을 결정(L_1)한다.

3. 수요독점 기업은 이윤극대화 고용량(L_1)에서 한계근로자(L_1)의 유보임금을 대변하는 노동공급곡선(L_S) 상에서 최소임금(W_1)을 설정한다.

4. 이때 수요독점기업은 b에서 한계생산물가치(VMP_L)인 W_1'수준의 임금을 지급할 수 있음에도 독점적 지위를 이용하여 W_1수준의 임금만을 지급하므로 고용된 노동자 당 $[W_1'-W_1]$만큼의 수요독점적 착취가 발생한다.

Ⅲ. 소 결

완전경쟁 노동시장보다 수요독점 노동시장에서 고용량과 임금이 모두 감소하고 수요독점기업의 수요독점적 착취로 인하여 $\triangle e_0 ab$의 후생손실을 야기한다.

물음 2)

Ⅰ. 공급독점 근로자의 행동원리

1. $MFC_L = MC_L$, $L^d = AR_L$

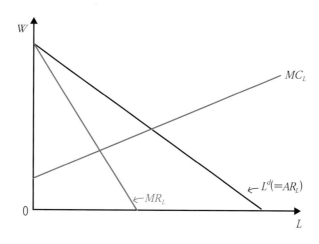

공급독점자의 목적에 맞춰 임금을 설정하는 공급독점 노동시장에서는 노동공급곡선은 존재하지 않고 한계요소비용곡선(MFC_L)만이 존재한다. 이때 근로자는 노동을 한 단위 추가로 공급할 때 제한된 총가용시간에서 여가 소비 감소로 인한 효용의 하락분인 비효용(disutility), 즉 고통이 발생하므로 한계요소비용곡선을 노동의 한계비용(MC_L)으로 인식한다.

그리고 공급독점자는 기업이 한계근로자에게 한계생산물가치만큼 최대로 지불하려는 임금수준인 노동수요곡선($L^d = W$)을 노동의 평균수입[$AR_l = \frac{TR_L = WL}{L} = W$]으로 인식한다. 이때 노동공급이 증가할수록 노동의 평균수입은 점차 하락하므로 노동의 한계수입이 평균수입보다 낮아($MR_L < AR_L$) 우하향하는 노동수요곡선(L^d)의 하방에 노동의 한계수입곡선(MR_L)이 위치함을 유추할 수 있다.

2. 공급독점자의 목적

노동을 독점적으로 공급하는 독점적 노조는 이윤(=순수입)극대화, 소득(수입)극대화, 고용극대화의 3가지 목적에 따라 고용과 임금을 달리 선택한다.

Ⅱ. 이윤극대화 행동원리

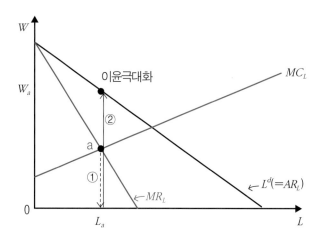

공급독점자는 기업과 같이 이윤(=순수입=총근로소득−총노동비용)극대화를 추구하면 노동공급 한 단위 증가에 따른 비용(MC_L)과 수입(MR_L)을 비교하여 노동의 한계비용과 한계수입이 일치하는 a에서 최적 공급량(L_a)을 결정하고 기업의 최대 지불용의임금을 대변하는 노동수요곡선(L^d) 상에서 임금(W_a)을 설정하여 이윤을 극대화한다.

Ⅲ. 소득극대화 행동원리

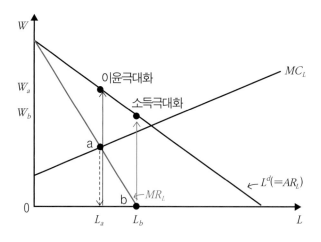

총소득극대화를 추구하는 공급독점자는 노동 공급의 한계수입(MR_L)이 0이 될 때까지 노동을 공급(L_b)하고, 기업의 최대 지불용의임금을 대변하는 노동수요곡선(L^d) 상에서 임금(W_b)을 설정하여 총근로소득(TR_L = WL)극대화를 추구한다.

Ⅳ. 고용극대화 행동원리

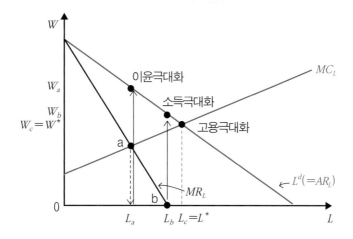

고용극대화를 추구하는 독점적 노조는 완전경쟁 노동시장의 고용량수준에서 고용을 결정하고(L_c), 기업의 최대 지불용의임금수준을 대변하는 노동수요곡선(L^d) 상에서 임금(W_c)을 설정하여 고용량을 극대화하는데 이는 완전경쟁 노동시장의 파레토 효율적 자원배분과 일치한다.

Ⅴ. 쌍방독점 : 수요독점기업과 독점적 노조(공급독점자)의 공존

1. 쌍방독점 시 노동수요자 노동공급자 양 경제주체 간 독점력에 따라 임금과 고용량이 달라지지만,

(1) 노동수요곡선과 한계요소비용(MFC_L)이 일치하는 지점과,

(2) 노동공급곡선이 한계수입(MR_L)과 일치하는 지점의 고용량이 같은 상태로 전제하여 논의를 전개한다.

2. Graph 도해

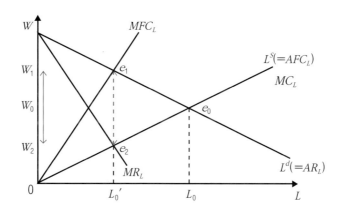

L_0' 수준에서 고용량이 결정될 경우,

(1) 수요독점기업이 원하는 임금수준은 W_2이고,

(2) 공급독점노조가 원하는 임금수준은 W_1이다.

따라서, 경제주체 간 독점력에 따라 $[W_1 \sim W_2]$임금 범위는 협상의 영역이 된다.

📖 Topic 2-5

노동만을 사용하여 생산하고 있는 수요독점기업(monopsony)이 직면하고 있는 노동공급곡선은 $L^s = W$이다. 이 기업의 노동의 한계수입생산(MRP)은 $MRP = 240 - 2E$이며, 노동의 한계지출(ME)은 $ME = 2E$이다. 다음 물음에 답하시오. (단, L^s는 노동공급량, W는 임금, E는 고용량)

[2019년 1문, 50점]

물음 1) 이 기업의 노동의 한계지출, 한계수입생산, 노동공급을 그래프로 그리고 균형을 표시하시오. (20점)

물음 2) 이 기업의 이윤극대화 고용을 구하시오. (5점)

물음 3) 이 기업이 지급하는 임금을 구하시오. (5점)

물음 4) 만약 정부가 최저임금을 90으로 정한다면 이 기업의 최적 고용량을 구하시오. (10점)

물음 5) 최저임금의 변화가 이 기업의 고용에 미치는 영향에 대해서 설명하시오. (10점)

물음 1)

Ⅰ. 수요독점기업의 의의

완전경쟁시장에서 결정되는 가격을 그대로 받아들이는 가격순응자(Price-taker)와 달리 노동시장 수요독점기업은 임금을 직접 설정(Price-setter)하고 독점적 지위를 이용하여 근로자의 임금을 착취함으로써 이윤극대화를 달성한다.

Ⅱ. 수요독점 이윤극대화 조건(균형조건)

1. 노동수요곡선

노동수요곡선은 한계근로자의 한계생산물가치(VMP_L)이며, 노동을 한 단위 고용할 때 한계생산이 감소하는 한계생산체감의 법칙에 따라 우하향한다.

2. 노동공급곡선과 한계지출

수요독점기업은 가격순응자가 아니므로, 수평이 아닌 우상향의 노동공급곡선(L^s)이 도출된다. 수요독점기업은 우상향의 평균지출(AE)로 인식하고, 노동자를 완전차별 하지 않는 수요독점 기업은 평균지출곡선(AE)의 상방에 한계지출곡선(ME)이 위치함을 유추할 수 있다.

3. 균형지점

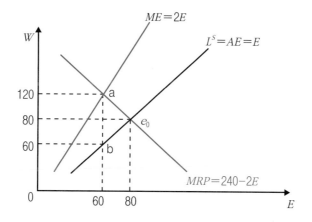

한계지출(ME)이 한계수입생산(MRP)보다 높은 경우($ME > MRP$) 1단위 고용에 대한 지출비용이 보다 크므로 노동공급을 줄일 유인이 있고, 반대로 낮은 경우($ME < MRP$) 1단위 고용에 대한 지출비용이 보다 낮으므로 노동공급을 늘릴 유인이 있다. 그 결과 [$ME=MRP$] 일치하는 지점 a에서 이윤극대화 고용량이 결정된다. 이때 수요독점 기업은 우상향하는 노동공급곡선을 한계근로자의 유보임금으로 인식하여 노동공급곡선(L^s) 상의 b에서 임금을 설정한다.

물음 2)

Ⅰ. 수요독점기업의 이윤극대화 고용량 : 60

기업은 [$ME = MRP$]에서 이윤극대화 고용량을 결정한다.

[ME = 2E] = [240−2E = MRP] 이므로 균형 고용량은 60이다.

Ⅱ. 고용량 80의 의미 : 과다고용으로 이윤극대화 실패

완전경쟁시장에서의 균형 고용량 80은 [ME = 160] > [80 = MRP] 이어서 한계지출이 더 크므로 과다고용으로 이윤극대화를 실패하며, 고용감소의 유인이 발생한다.

물음 3)

Ⅰ. 수요독점기업의 이윤극대화 임금 : 60

기업은 이윤극대화 고용량만큼 근로자를 고용할 때 우상향하는 노동공급곡선을 평균지출(AE)로 인식하여 [AE = E]이므로, [W = AE = E = 60]이다.

따라서, 균형 임금은 60이다.

Ⅱ. 수요독점적 임금착취 : 60

기업은 [ME = MRP]일치 지점에서의 고용량에 따른 임금 120을 지급하지 않고 이윤극대화 임금 60을 지급함으로써 노동 1단위당 60만큼의 수요독점적 임금착취가 발생한다.

물음 4)

Ⅰ. 최저임금 의의

정부의 온정적 간섭주의에 입각하여 저숙련 근로자의 근로소득($M = W_{Min} \times L^d$) 제고를 위해 시장균형 임금보다 높은 수준에서 임금하한제로서의 최저임금제를 설정한다. 균형 임금보다 높은 수준의 최저임금은 노동의 초과공급을 유발하여 비자발적 실업을 초래하는데 노동수요가 임금 변화에 탄력적일수록 비자발적 실업의 규모도 커진다.

Ⅱ. 최저임금을 90으로 설정할 경우

1. 최저임금을 90으로 설정되어 기업은 근로자에게 임금을 90미만으로 지급할 수 없다. 또한, 근로자 역시 90보다 낮은 임금수준에서 유보임금을 드러낼 필요가 없게 된다.
2. ① 평균지출(AE)곡선은 유보임금 90이하의 근로자에 대하여 수평의 형태를 띠다가 90을 초과할 때 우상향(AE=E)하는 노동공급곡선(✓)이 도출된다. ② 한계지출(ME)곡선은 유보임금이 90을 이하인

근로자에 대하여 수평의 형태를 띄다가 90을 초과할 때 그 노동공급곡선 상방에 2배의 기울기로 도해되는 (⌐∫)모양으로 도출된다.

3. 새로운 한계지출(ME)과 한계수입생산(MRP)이 일치하는 지점에서 고용량이 결정된다. [$ME = 90$] = [$240-2E = MRP$] 이므로 고용량은 75이다.

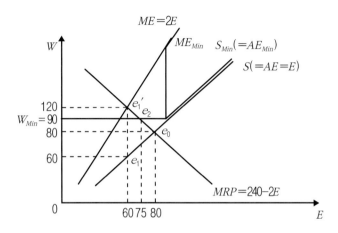

물음 5)

Ⅰ. 고용량 증가 : (60 → 75)

최저임금이 90으로 설정되어 수요독점적 착취가 완화(W : 60→90)되고, 고용량이 75로 증가하여, 근로자의 총근로소득이 증가했다. 만약 고용량을 80까지 늘리기 위해서는 최저임금을 80으로 설정해야 하며 이는 완전경쟁시장의 균형 임금·고용량이다.

Ⅱ. 고용량 증가를 위한 적정 최저임금 범위

수요독점적 기업의 [$MRP=ME$] 지점의 임금 120과 수요독점기업의 이윤극대화 임금 60 사이에서 최저임금이 설정되어야 한다. 왜냐하면 독점기업의 수요독점적 착취를 완화하여 임금과 고용량을 증가시키는 최저임금 제도 목적이 달성될 수 있기 때문이다. 적정범위(120초과 또는 60미만)를 벗어난 최저임금 설정은 기업의 합리적 선택에 의한 추가적인 고용 감소를 유발한다.

📖 Topic 2-6
. . . .

다음 물음에 답하시오.

제주도에서 생수를 판매하는 A이 직면하는 생수의 수요곡선은 다음과 같다.

$$P = 30-0.4Q$$
(단, P는 생수 가격, Q는 시간당 판매되는 생수 개수)

※ 이하 논의를 전개하는 과정에서 $[AFC_L, MFC_L, MC_L, VMP_L, MRP_L, MR_L]$을 구분하여 정확하게 계산하고 도해하시오.

물음 1) 제주도의 생수 판매 시장에서 다수의 생수 기업과 경쟁하는 A 기업은 다음과 같은 시간당 노동 공급곡선에 직면해 있다.

$$W = 5+0.9L$$
(단, W는 시간당 임금, L은 매 시간 고용된 근로자의 수)

모든 근로자의 생산성은 일정하며 시간당 두개의 생수를 제조한다. A 기업의 이윤극대화를 위한 노동고용량, 임금수준과 생수가격을 구하시오. (단, $Q = F(L)$이며 $F(0) = 0$)

물음 2) 경제 환경이 변화되어 제주도에서 생수 노동자를 고용하는 유일한 A 기업이 다수의 생수 기업과 경쟁하며 L명의 노동자를 고용할 때 발생하는 한계요소비용곡선은 다음과 같다.

$$MFC_L = 5+1.8L$$

완전경쟁 재화시장에서 수요를 독점하는 A 기업의 노동 고용량, 임금 수준과 생수가격을 그래프를 통해 설명하시오.

물음 3) 미래지향적 R&D 투자와 지속적인 경영혁신으로 제주도의 유일한 생수 판매기업으로 자리매김한 A 기업의 한계수입곡선은 아래와 같다.

$$MR = 30-0.8Q$$

A 기업의 이윤극대화를 위한 노동 고용량, 임금 수준과 생수가격을 그래프를 통해 설명하시오.

물음 4) 최근 A 기업 내에 강력한 노동조합이 출범하여 생수 근로자를 독점적으로 공급하고, A 노동조합이 근로자를 공급할 때마다 획득하는 한계수입곡선(MR_L)은 다음과 같다.

$$MR_L = 60 - 6.4 \times L$$

노동조합이 공급독점적 지위를 활용하여 ① 최고 임금 ② 총근로소득의 극대화 ③ 최대 고용수준을 목표로 할 경우의 임금수준과 고용량을 그래프를 통해 설명하시오.

물음 1) 재화시장 완전경쟁 & 노동시장 완전경쟁

Ⅰ. 경쟁기업 노동시장 균형

1. 경쟁기업은 재화시장에서 가격순응자(Price-taker)로서 가격을 그대로 받아들이며, 가격을 결정하지 못하므로 이윤극대화를 위해 비용극소화를 추구한다. 경쟁기업은 노동시장에서 노동을 수요할 때 노동수요곡선을 한계근로자의 한계생산물가치로 인식하고 이는 한계생산 체감의 법칙에 의해 우하향하는 수요곡선 형태로 도출된다. ($L^d = VMP_L = P \cdot MP_L$)

2. 도출된 노동수요곡선에 대하여 노동공급곡선이 교차하는 지점에서 균형을 이루어 최적 노동고용량과 임금이 결정된다.

Ⅱ. Graph 도해

1. $P = 30 - 0.4Q$ 이고, A 기업의 근로자는 시간당 2개의 생수를 생산하므로 $MP_L = 2$이다.

2. MP_L을 적분하면 [$2L + \alpha$ (상수)]이므로 $Q = 2L$임을 알 수 있다. 따라서 노동수요곡선은 VMP_L(한계생산물가치) $= P \cdot MP_L = 2(30 - 0.4Q) = 60 - 1.6L$이다. 또한 노동공급곡선 $W = 5 + 0.9L$ 과 일치하는 e_0 에서 균형에 도달한다.

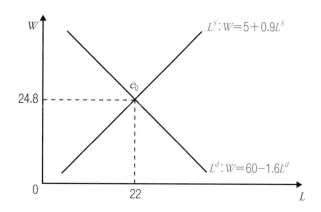

Ⅲ. 소 결 : $(L, W) = (22, 24.8)$ & $P = 12.4$

A 기업의 균형고용량은 22, 균형임금은 24.8이며, 생수가격은 12.4이다.

물음 2) 재화시장 완전경쟁 & 노동시장 수요독점

Ⅰ. 노동시장 수요독점 균형조건

1. 근로자를 차별하지 않는 수요독점기업은 노동공급자들의 유보임금 수준과 관계없이 한계근로자의 유보임금으로 모든 근로자에게 동일한 임금을 지급한다. 노동시장에서 근로자를 차별하지 않는 수요독점 기업은 우상향하는 노동공급곡선을 평균요소비용(AFC_L)으로 인식하므로 노동공급곡선의 상방에 한계요소비용곡선(MFC_L)이 위치함을 유추할 수 있다.

2. 이윤극대화를 추구하는 기업은 MFC_L과 MRP_L이 일치하는 b에서 이윤극대화를 달성하는 근로자를 고용하며, 한계근로자(16.1)의 유보임금을 대변하는 노동공급곡선 (LS)상의 a에서 수요독점 임금(19.5)를 설정한다.

Ⅱ. Graph 도해

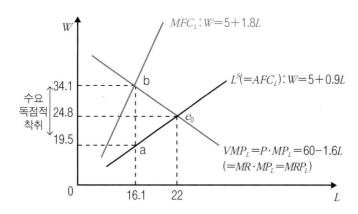

수요독점기업의 이윤극대화 고용량은 16.1이고, 수요독점 임금은 19.5이다.

Ⅲ. 소 결

수요독점기업은 경쟁시장의 균형고용량보다 낮은 16.1에서 고용을 결정하고, 19.5의 임금을 설정하여 단위 노동자당 수요독점적 착취[34.1-19.5 = 14.6]를 획득한다.

물음 3) 재화시장 독점기업 & 노동시장 수요독점

Ⅰ. 재화시장 독점기업의 노동시장 수요독점 시 균형조건

재화시장에서 유일한 판매기업인 독점기업은 재화시장에서 더 이상 가격에 순응하지 않고 우하향하는 수요곡선에 직면한다. 이는 더 이상 [P=MR]이 성립하지 않음을 의미한다.

Ⅱ. Graph 도해

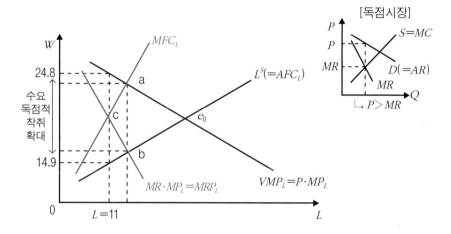

MFC_L과 MRP_L이 일치하는 지점에서 고용을 결정한다. [$60L-3.2L = 5+1.8L$]이 되어 $L=11$이다. 한계근로자($L=11$)의 유보임금인 노동공급곡선에서 이윤극대화 임금(=14.9)을 설정한다.

물음 4) 재화시장 독점 & 노동시장 공급독점

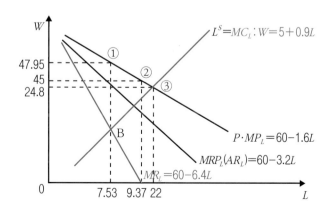

공급독점 노동시장에서 노조는 독점기업과 같이 행동한다.

1. 이윤극대화를 목표로 하는 경우, $MC_L = MR_L$ 일치하는 B지점에서 고용(L=7.53)을 결정하고, 임금은 기업의 최대 지급의사 수준인 47.95로 설정한다.

2. 총근로소득 극대화를 목표로 하는 경우, $MR_L = 0$이 되는 지점에서 고용(L=9.37)을 결정하며, 임금은 기업의 최대 지급의사 수준인 45로 설정한다.

3. 고용극대화를 목표로 하는 경우, 노동공급곡선과 노동수요곡선이 일치하는 지점에서 고용(L=22)을 결정하고, 임금은 기업의 최대 지급의사 수준인 24.8로 설정한다.

Topic 2-7

요소시장 ＼ 재화시장	경 쟁	독 점
경 쟁		
수요독점 $(MFC_L = MRP_L)$		
공급독점 $(MC_L = MR_L)$		
쌍방독점 $(MFC_L = MRP_L)$		

제5장

보상적 임금격차

근로자와 기업의 진입과 퇴출이 자유로운 경쟁적 노동시장에서 장기적으로 동등해지는 것은 임금이 아니라 직업의 이점과 단점의 총합이다. 따라서 일의 특성(=근로조건)이 똑같고 근로자의 숙련(skill)도가 동일하다면 균형임금은 하나이고 생산성이 동일한 노동자 간의 임금격차는 발생하지 않는다. 그러나 일의 특성이 다르다면 위험 기피적 근로자는 위험(혹은 안전)한 근로조건에 대하여 보상을 요구하므로 임금 외의 직업 특성으로서 보상적 임금격차(compensating wage differential)가 발생한다.

따라서 근로자와 기업 사이의 일자리 매칭이 무작위로 배분되는 전통적인 수요–공급 모형과는 달리 보상적 임금격차는 근로자마다 선호하는 일의 특성(=다양한 위험 기피성향)과 기업마다 제공하는 근로조건(=다양한 안전생산함수)가 다르므로 위험 기피적 근로자와 이윤 추구 기업 간의 일자리 매칭을 통해 위험에 대한 익명성을 제거한다.

2장 노동수요 $[W = P \cdot MP_L = VMP_L]$
(미시적 기초 Part)

5장 보상적 임금격차 $[W = VMP_L + 근로조건(=위험)]$으로 전제
(거시적 Topic)

$$
A와 B 근로자의 임금 \quad
\begin{cases}
W^A = P \cdot MP_L^A + MRS_{RW}^A \uparrow & \text{(단, } R = \text{Risk)} \\
\quad \lor \qquad \quad \| \qquad \quad \lor \\
W^B = P \cdot MP_L^B + MRS_{RW}^B \downarrow
\end{cases}
$$

☞ 위험 기피적인 근로자는 위험을 비재화(=bads)로 인식하므로 위험이 초래하는 효용의 하락분을 보상받기 위해 한계생산물가치(=$P \cdot MP_L$) 보다 많은 임금을 기업에게 요구하고, 자본을 구매하여 안전을 생산하는 안전기업은 지출한 자본구매 비용을 근로자에게 전가시키려 하므로 위험기업보다 낮은 임금을 지급한다.

기업의 행동원리

자본구매비용↑ ⇒ 보상적 임금↓

——————————→

위험   안전

←——————————

자본구매비용↓ ⇒ 보상적 임금↑

⊕   ⊖
근로자 목적 Max $U = F(W, 위험)$

기업 목적   Max $\pi = F(W, 위험)$
         ⊖   ⊕

위험한 일의 노동공급곡선과 노동수요곡선 도출

Ⅰ. 보상적 임금과 유보가격

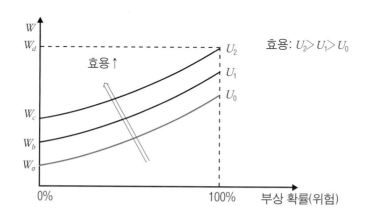

유보가격은 위험기피적인 노동자가 안전과 위험의 근로조건을 무차별하게 인식하여 위험한 일에 노동을 공급할 수 있도록 유인하는 최소한의 보상적 임금격차[$W_d - W_a$] 수준이다. 부상 확률이 상승할 때 위험이 초래하는 비효용을 상쇄하기 위해 기업이 지급하는 보상적 임금수준이 근로자의 유보가격에 미치지 못하면 효용이 하락하므로 위험 기피적 근로자는 위험한 일에 노동을 공급하지 않는다. 따라서 위험한 근로조건에서 기업이 노동자에게 지급하는 보상적 임금격차가 유보가격 이상이어야 위험기피적인 근로자는 노동을 공급한다.

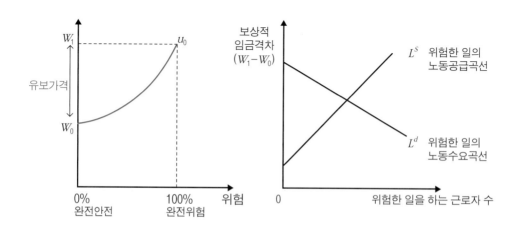

- L^s : 보상적 임금 격차가 상승할수록 위험 기피적 근로자의 유보가격을 상회하므로 위험한 일에 노동을 공급하는 근로자가 증가하여 위험한 일의 노동공급곡선은 우상향
- L^D : 보상적 임금 격차가 상승할수록 위험기업의 이윤이 하락하여 안전을 제공하는 기업의 수가 증가하므로 위험한 기업에 고용되는 노동수요가 감소하여 위험한 일의 노동수요곡선은 우하향

Ⅱ. 위험한 일의 노동공급곡선(L^s)

기업이 지급하는 보상적 임금 격차가 상승할수록 위험 기피적인 근로자의 유보가격을 순차적으로 상회하여 위험한 일에서 노동을 공급하려는 의욕이 증가한다. 그리고 위험기피 성향이 다양한 근로자들이 존재하는 노동시장에서 보상적 임금격차가 위험기피성향이 가장 낮은 근로자의 유보가격과 같으면 노동이 공급되고 보상적 임금격차가 상승할수록 위험기피성향이 큰 근로자들을 위험한 일로 유인하므로 위험한 일을 선택하는 근로자의 수는 증가하여 우상향하는 위험한 일의 노동공급곡선이 도출된다.

Ⅲ. 위험한 일의 노동수요곡선(L^d)

기업은 위험을 안전으로 전환하기 위해 지출하는 자본재 구매 비용과 위험을 방치하는 대가로 위험기피적인 근로자에게 지급해야 하는 보상적 임금 수준을 비교하여 안전기업과 위험기업을 선택한다. 특정 기업의 안전 생산비용이 고정되어 있을 때 보상적 임금 수준이 상승할수록 위험을 제공하는 기업의 이윤이 하락하므로 기업은 상대적으로 낮은 안전 생산비용의 이점을 활용하여 안전한 기업으로 전환한다. 따라서 노동시장의 보상적 임금격차가 상승할수록 안전기업의 수는 증가하므로 시장 내에 존재하는 위험기업의 수는 감소하고 위험기업이 고용하는 시장의 노동수요 역시 줄어든다. 따라서 다양한 안전 생산비용(기술수준)의 기업들은 보상적 임금격차가 상승할수록 안전으로 전환하는 기업이 증가하고 위험기업에서 고용되는 총 근로자는 감소하므로 우하향하는 위험한 일의 노동수요곡선이 도출된다.

Topic 1-1

보상적 임금격차와 관련하여 다음 물음에 답하시오.

물음 1) 애덤 스미스는 경쟁시장에서 서로 동등해지는 것은 임금이 아니라 직업의 이점과 단점의 총합이므로 임금 외의 직업 특성에 대한 보상으로서 보상적 임금격차가 발생한다고 주장했다. 이에 근거하여 유보가격과 위험한 일을 하는 근로자 수 사이에 존재하는 위험한 일의 노동공급곡선을 도출하시오.

물음 2) π_0는 기업이 안전한 환경을 제공하기로 선택했을 때 얻는 이윤이며 π_1은 위험한 환경을 제공하기로 선택했을 때 얻는 이윤이다.

$$\pi_0 = p\,\alpha_0 E - W_0 E$$
$$\pi_1 = p\,\alpha_1 E - W_1 E$$

(단, p=재화가격, α_0=안전한 환경에서 노동의 한계생산물, E=고용량, W_0=안전한 환경에서 고용된 근로자의 임금률, α_1=위험한 환경에서 노동의 한계생산물, W_1=위험한 환경에서 고용된 근로자의 임금률)

이윤극대화를 추구하는 기업은 $\pi_0 > \pi_1$ 일 때 안전한 환경을 제공한다. '$\theta = p\,\alpha_1 - p\,\alpha_0$'의 의미를 해석하고 유보가격과 위험한 일을 하는 근로자 수 사이에 존재하는 위험한 일의 노동수요곡선을 도출하시오.

물음 3) 일부 근로자가 위험한 일을 선호하는 경우에 양(+)의 보상을 받지 않고 오히려 대가를 지불하며 노동을 공급하는 현상을 그래프를 통해 설명하시오.

물음 1)의 해결

Ⅰ. 보상적 임금격차(compensating wage differential)

동일 생산성을 보유한 근로자 간의 위험에 대한 기피 성향이 다르고 기업이 보유한 생산기술이 다양할 때 임금 외의 직업 특성에 대한 보상으로서 임금격차가 존재한다.

Ⅱ. 유보가격(reservation price)

유보가격은 근로자가 안전과 위험을 무차별하게 인식하는 보상적 임금으로서 특정 위험 수준에서 위험한 일에 노동을 공급하도록 유인하는 최소한의 보상적 임금격차이다. 즉, 위험이 상승할 때 기업이 지급하는 보상적 임금이 위험기피적인 근로자의 유보가격을 하회하면 효용이 하락하므로 위험에 대하여 노동을 공급하지 않고, 보상적 임금이 유보가격 이상으로 지급되어야 위험 기피적 근로자는 위험을 무차별하게 인식하거나 효용이 상승하므로 위험한 일에 노동을 공급한다.

따라서 위험 기피성향이 클수록 부상확률 1% 상승으로 발생하는 효용의 하락분이 커지므로 유보가격은 상승한다.

Ⅲ. 위험한 일의 노동공급곡선 도출

1. 임금과 위험 간 무차별곡선

위험수준에 대한 완전정보를 보유하고 있는 위험기피적 근로자에게 임금은 재화(goods)이고 위험은 비재화(bads)이므로 무차별곡선은 우상향하고, 위험에 대한 임금의 한계대체율은 체증하므로 완전(100%) 위험수준에 대하여 볼록하다.

2. 보상적 임금격차와 우상향하는 노동공급곡선

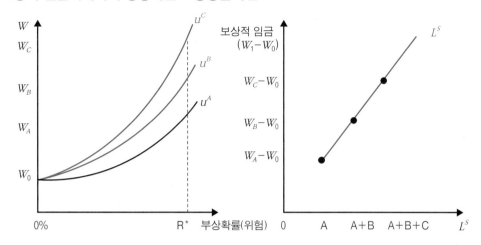

$$MRS_{RW}^{C} > MRS_{RW}^{B} > MRS_{RW}^{A}$$

C : 위험기피성향이 큰 근로자

A : 위험기피성향이 작은 근로자

$W_A - W_0$: A의 유보가격

$W_B - W_0$: B의 유보가격

$W_C - W_0$: C의 유보가격

위험 기피성향이 클수록 유보가격은 상승하므로 위험에 대한 임금의 한계대체율은 커지고 보다 가파른 무차별곡선으로 대변된다. 따라서 보상적 임금격차($W_1 - W_0$)가 위험기피성향이 큰 근로자들의 유보가격을 상회하여 상승할수록 안전과 위험을 무차별하게 인식하여 노동을 공급하는 근로자가 증가하므로 위험에 대한 노동공급곡선은 보상적 임금 수준에 비례하여 우상향한다.

물음 2)의 해결

Ⅰ. 기업의 이윤함수

1. 안전 제공 기업의 이윤함수

(1) 안전 제공 기업의 생산함수

$$q_0 = \alpha_0 E$$

(α_0 = 안전한 환경에서 노동의 한계생산물, E = 안전과 위험의 기업에서 고용하는 노동자는 E로 동일)

(2) 안전 제공 기업의 총비용함수

$$TC = W_0 E$$

(3) 안전 제공 기업의 이윤함수

$$\pi_0 = TR(총수입) - TC(총비용)$$
$$= pq - TC$$
$$= p\,\alpha_0\,E - W_0\,E$$

안전 기업에 고용된 근로자 1명당 $p\,\alpha_0$의 한계생산물가치를 생산하므로 안전 기업은 총 E명의 근로자를 고용하여 $p\,\alpha_0\,E$의 총수입을 획득하고 투입된 총비용(TC)을 제하여 π_0의 이윤을 얻는다.

2. 위험 제공 기업의 이윤함수

안전 제공 기업과 동일한 행동원리에 입각하여 $\pi_1 = p\,\alpha_1\,E - W_1 E$의 이윤을 획득한다.

이때 안전을 제공하는 기업은 안전을 생산하는데 자본을 투입하므로 안전한 기업에 고용된 노동자의 1인당 가용 자본은 감소한다. 따라서 위험 기업에 고용된 노동자의 한계생산성은 1인당 가용 자본이 풍부하여 안전 기업에 고용된 노동자보다 높다($\alpha_1 > \alpha_0$). 그리고 위험을 제공하는 기업은 위험에 대한 보상적 임금격차만큼 높은 임금을 지급해야 고용이 가능하므로 위험 기업에 고용된 노동자의 임금수준이 안전 기업에 고용된 노동자의 임금수준보다 높다($W_1 > W_0$).

Ⅱ. 위험한 일의 노동수요곡선 도출

1. 기업의 이윤극대화 행동원리 : θ = 안전 생산 비용

기업은 위험을 안전으로 전환할 때 발생하는 안전의 생산비용과 위험을 제공하는 반대급부로 근로자에게 지급하는 보상적 임금격차를 비교하여 이윤극대화를 위한 안전과 위험의 근로조건을 선택한다. 따라서 $\pi_1 > \pi_0$이면 위험을 방치하고, $\pi_1 < \pi_0$이면 안전을 제공한다.

$$\pi_1 - \pi_0 = p(\alpha_1 - \alpha_0)E - (W_1 - W_0)E$$
$$= [p(\alpha_1 - \alpha_0) - (W_1 - W_0)]E$$

기업은 한계근로자(마지막으로 고용된 근로자)의 수입 증가분[$\theta = p(\alpha_1 - \alpha_0)$]과 비용 발생분[$W_1 - W_0$]을 비교하여, $\theta < [W_1 - W_0]$ 이면, $\pi_1 < \pi_0$ 이므로 안전 생산비용에 대한 낮은 부담과 높은 보상적 임금격차의 부담에 의해 안전을 제공한다.

그러므로 특정 위험 시점(=안전 생산비용이 고정된 상태)에서 보상적 임금격차가 상승할수록 기업은 위험 제공의 이윤이 하락하므로 위험을 안전으로 전환하여 안전을 제공하는 기업 수가 증가한다. 따라서 위험을 제공하는 기업 수가 감소하여 위험 기업에 고용되는 노동자 수도 감소하므로 우하향하는 노동수요곡선을 확인할 수 있다.

Ⅲ. 소 결 : 초과보상(근로자 잉여의 재해석)

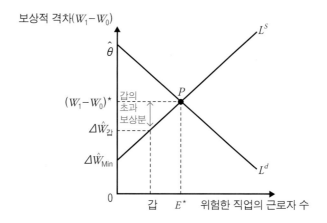

시장의 보상적 임금격차와 위험한 일을 하는 근로자의 수는 위험한 일의 노동수요곡선과 노동공급곡선이 만나는 P점에서 결정된다. 이 때 균형 보상적 임금격차$[(W_1-W_0)]$는 한계근로자의 유보가격이므로 노동자를 차별하지 않는 시장은 한계근로자를 제외한 모든 근로자에게 초과보상을 제공한다. 따라서 동일 위험수준에서 유보가격이 낮은 근로자부터 순차적으로 고용되므로 한계근로자보다 위험 기피 성향이 작아서 보다 낮은 유보가격을 보유한 갑과 같은 근로자는 완전 경쟁적인 노동시장에서 한계근로자의 유보가격 격차분 $[(W_1-W_0)^*-\varDelta\hat{W}_{갑}]$만큼의 초과보상을 획득한다. 그리고 이는 전통적인 노동수요-공급 모형에서 시장 내 교환의 이득으로부터 발생하는 근로자의 잉여분에 해당하는 금액이다.

물음 3)의 해결

Ⅰ. 위험 선호자의 노동공급곡선

위험을 선호하는 근로자는 위험을 재화(goods)로 인식하므로 무차별곡선은 완전안전수준(원점)에 대하여 볼록한 형태이며 완전안전(0%)과 완전위험(100%)을 무차별하게 인식하도록 유도하는 유보가격($\varDelta\hat{W}_{Min}=W_1-W_0$)은 음수(-)이다. 이는 위험 선호적 근로자는 위험에 대한 반대급부로서 낮은 임금을 수용하므로 안전한 일보다 위험한 일에서 받는 임금이 더 낮더라도 적극적으로 노동을 공급할 의사가 있음을 의미한다.

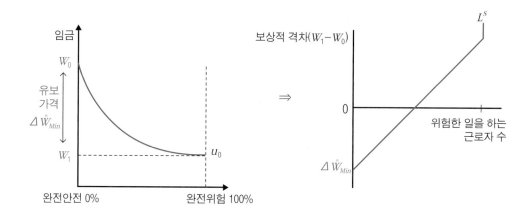

그러므로 위험을 선호하는 근로자는 위험한 환경에서 일할 권리를 획득하기 위해 기꺼이 대가를 지불할 용의가 있으므로 유보가격은 음수이고, 특정 위험수준에서 보상적 임금격차가 상승할수록 노동공급은 증가하여 우상향의 노동공급곡선이 도출된다.

Ⅱ. 위험 선호자에 대한 노동수요곡선

화성 탐사 시험비행 조종사를 채용하는 기업과 같이 위험 선호자가 선호하는 완전 위험수준을 제공하는 기업은 극히 적으므로 노동수요곡선은 보상적 임금격차에 대하여 매우 비탄력적이다.

Ⅲ. 음의 보상적 임금격차

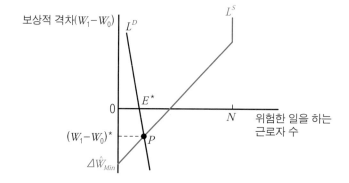

위험 선호적 근로자의 최적 고용량과 위험을 고려한 보상적 임금격차 역시 노동시장의 작동원리인 수요와 공급 법칙에 의해 결정된다. 공동체가 위험을 기피하는 근로자에 비해 위험을 선호하는 근로자에게 더 높은 임금으로 마땅히 대우해줘야 함을 강조하는 윤리적 직관은 수요과 공급의 법칙에 우선할 수 없다. 따라서 위험을 선호하는 근로자가 존재하고 위험을 제공하는 기업이 극히 적다면 시장의 가격조정 메커니즘에 의해 위험한 환경에서 일할 권리를 얻기 위해 기꺼이 대가를 지불하려는 보상적 임금격차[(W_1-W_0)]는 음[$(\varDelta \hat{W}_{Min}=유보가격)<0$]이 될 수 있음을 확인할 수 있다(단, 보상적 임금격차와 시장임금(W_1-W_0)을 구분하여 시장임금이 음(−)이라고 단정할 수 없다).

보상적 임금격차에 관한 다음 물음에 답하시오.

최근 위험한 일과 안전한 일 간 보상적 임금격차가 줄어드는 것이 관찰되었다고 하자. A와 B는 이를 설명하는 다른 원인을 주장하였다.

> A의 주장 – 기술 발전으로 작업 환경을 안전하게 생산하는 비용이 하락했다.
>
> B의 주장 – 새로운 리얼리티 쇼 프로그램, '일하다 죽자!!(Die On The Job)'의 엄청난 성공으로
> 수백 만의 시청자가 일과 관련된 치명적 위험에 대해 낭만적인 생각을 갖게 되었다.

A와 B의 두 설명이 각각 어떻게 보상적 임금격차의 하락을 설명할 수 있는지 공급과 수요의 법칙을 통해 분석하시오.

Ⅰ. 위험한 일의 노동수요곡선과 노동공급곡선

기업은 특정 산업 재해율 수준에서 시장의 보상적 임금 지출비용에 비해 안전생산 비용이 높다면 위험한 근로조건에 대한 보상으로서 보상적 임금을 지급하는 위험 기업을 선택하여 이윤극대화를 달성한다. 이때 기술의 발전으로 안전생산 비용이 하락하면 낮은 자본 구매비용으로 높은 보상적 임금을 대체하여 이윤을 제고할 수 있으므로 위험 기업은 안전 기업으로 전환되어 시장에 존재하는 위험 기업의 수는 감소한다. 따라서 위험한 일에 고용되는 근로자의 수요도 감소하여 위험한 일의 노동수요곡선은 좌측으로 이동하고 시장의 보상적 임금은 하락한다.

위험기피적인 근로자가 위험에 대한 경계심이 낮아지면 위험에 대한 임금의 한계대체율이 하락하여 특정 산업 재해율 수준에서 유보가격이 하락한다. 최초 시장에 존재하는 다양한 위험기피성향의 근로자 중에서 시장의 보상적 임금보다 높은 유보가격을 보유한 근로자는 위험한 일에 노동을 공급하면 효용이 하락하므로 노동공급의사가 존재하지 않았다. 그러나 위험기피적인 근로자의 하락한 유보가격이 시장의 보상적 임금을 하회하면 위험한 일에 노동을 공급하여 효용을 제고할 수 있다. 따라서 위험한 일에 대한 노동공급의사가 증가하여 노동공급곡선은 우측으로 이동하고 시장의 보상적 임금은 하락한다.

Ⅱ. 위험한 일의 노동수요곡선 도출

1. 위험한 일의 노동수요곡선

위험한 일의 시장 노동수용곡선은 특정 산업 재해율(R^*) 수준에서 주어진 보상적 임금격차에 순응하여

이윤극대화를 달성하는 근로자의 조합을 연결한 궤적으로서 기업의 안전생산 기술수준과 보상적 임금수준에 의해 도출된다.

2. 위험한 일의 노동시장

시장에 존재하는 모든 기업은 위험 중립적이므로 안전과 위험의 포트폴리오를 구성하지 않고 특정 산업재해율(R^*) 수준에서 안전기업과 위험기업으로 분리된다. 또한 모든 기업에서 고용되는 근로자의 수는 동일하다. 따라서 특정 위험 수준의 보상적 임금 수준에 순응하여 위험기업이 안전기업으로 전환되면 시장에 존재하는 위험기업이 감소하여 비례적으로 위험한 일에 대한 시장의 노동수요도 감소한다.

3. 기업의 이윤극대화 행동원리

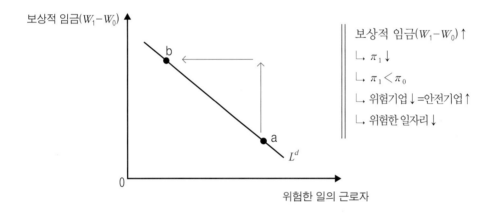

기업은 위험을 안전으로 전환할 때 발생하는 안전 생산 비용과 위험을 제공하는 반대급부로 위험 기피적인 근로자에게 지급하는 보상적 임금격차를 비교하여 이윤극대화를 위한 안전과 위험의 근로조건을 선택한다. 따라서 위험을 제공할 때 이윤(π_1)이 안전(π_0)보다 크면($\pi_1 > \pi_0$) 위험기업을 선택하고, 작으면($\pi_1 < \pi_0$) 안전기업을 선택한다.

$$\pi_1 - \pi_0 = p(\alpha_1 - \alpha_0)E - (W_1 - W_0)E$$
$$= [p(\alpha_1 - \alpha_0) - (W_1 - W_0)]E$$

그러므로 특정 위험 수준(=안전 생산비용이 고정된 상태)에서 시장의 보상적 임금격차가 상승할수록 고용의 부담이 가중되어 이윤이 하락한다. 따라서 높은 보상적 임금에 대한 부담으로 위험기업은 안전기업으로 전환되고 안전을 제공하는 기업 수가 증가한다. 결국 위험을 제공하는 기업 수가 감소하여 위험한 일에 대한 노동수요가 줄어들어 노동자 수도 우하향하는 시장의 노동수요곡선이 도출된다.

Ⅲ. 위험한 일의 노동공급곡선 도출

1. 위험한 일의 노동공급곡선

위험한 일의 시장 노동공급곡선은 특정 산업 재해율(R^*) 수준의 보상적 임금격차에 순응하여 효용극대화를 달성하는 위험기피적인 근로자의 조합을 연결한 궤적으로서 위험기피적인 근로자의 유보가격과 시장의 보상적 임금격차에 의해 도출된다.

2. 임금과 위험 간 무차별곡선

특정 위험수준에 대한 완전정보를 보유하고 있는 위험기피적 근로자에게 임금은 재화(goods)이고 위험은 비재화(bads)이므로 무차별곡선은 우상향하고, 위험에 대한 임금의 한계대체율(MRS_{RW})은 체증하므로 완전(100%) 위험수준에 대하여 오목하다.

3. 보상적 임금격차와 우상향하는 노동공급곡선

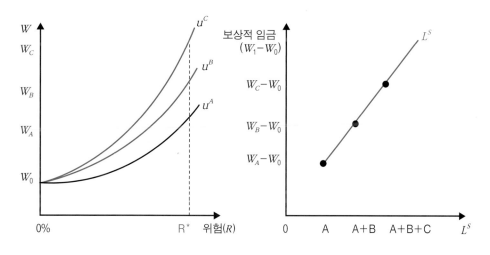

$$MRS_{RW}^C > MRS_{RW}^B > MRS_{RW}^A$$

C : 위험기피성향이 큰 근로자

A : 위험기피성향이 작은 근로자

$W_A - W_0$: A의 유보가격

$W_B - W_0$: B의 유보가격

$W_C - W_0$: C의 유보가격

위험 기피성향이 클수록 유보가격은 상승하므로 위험에 대한 임금의 한계대체율은 커지고 보다 가파른 무차별곡선으로 대변된다. 따라서 보상적 임금격차($W_1 - W_0$)가 위험기피성향이 큰 근로자들의 유보가격을 넘어서 상승할수록 안전과 위험을 무차별하게 인식하여 노동을 공급하는 근로자가 증가하므로 시장의 위험에 대한 노동공급곡선은 보상적 임금 수준에 비례하여 우상향한다.

Ⅳ. A의 주장

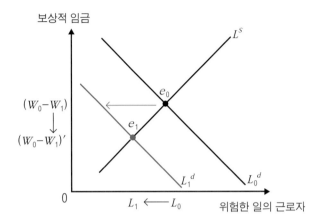

위험한 일의 노동수요와 노동공급이 일치하는 e_0에서 시장의 균형 보상적 임금과 고용량이 결정된다. 이때 기술의 발전으로 안전 생산 비용이 하락하면 낮은 안전 생산 비용의 안전기업이 위험에 대한 높은 보상적 임금을 지급하는 위험기업보다 많은 이윤을 획득하므로($\pi_0 > \pi_1$) 안전기업의 수는 증가하고 위험기업의 수는 감소한다. 따라서 시장 내의 위험기업 수가 감소하여 최초 위험한 일자리가 비례적으로 감소하므로 최초의 균형 보상적 임금수준에서 위험의 노동수요곡선이 좌측으로 이동한다. 그리고 시장의 보상적 임금격차가 하락하면서 노동수요의 감소로 위험한 일의 고용 규모도 축소된다.

Ⅴ. B의 주장

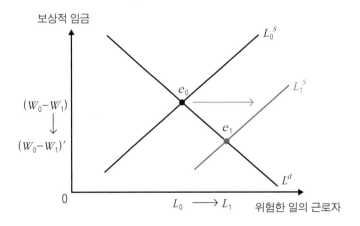

최초 e_0의 보상적 임금수준에서 이 보다 높은 유보가격을 보유한 위험 기피적인 근로자는 위험한 일에 노동을 공급하지 않으려 한다. 그런데 위험을 낭만으로 미화하는 프로그램의 흥행으로 위험 기피 성향이 다르더라도 시장에 존재하는 다수 근로자들의 한계대체율(MRS_{RW})이 공통적으로 하락하였다. 따라서 e_0에서 시장의 보상적 임금수준은 불변이지만 낮아진 유보가격이 보상적 임금수준을 하회하면 위험과 안전을 무차별하게 인식하여 위험기피적인 근로자는 위험한 일에 노동을 공급하려 한다. 이러한 노동공급 의사의 총합이 증가하면 현재 시장의 보상적 임금수준에서 위험한 일에 대한 노동공급이 증가하므로 시장의 노동공급곡선은 우측으로 이동하여 보상적 임금이 하락하므로 e_0보다 e_1에서는 동일 산업 재해율에 대한 보상적 임금격차가 완화되고 고용규모도 확대되었다.

VI. 소 결 - 위험한 일의 시장규모

위험한 일의 노동시장에서 고용규모의 변동 방향에 의해 A와 B 주장의 타당성을 검증할 수 있다.

최초보다 보상적 임금격차의 하락과 위험한 일의 시장규모 축소로 보상적 임금과 고용 간에 양(+)의 교환관계가 관찰된다면 이는 위험기업이 감소하여 위험한 일에 대한 노동수요의 감소 때문이므로 A의 주장이 높은 설득력을 갖는다.

그러나 보상적 임금격차의 하락과 위험한 일의 시장규모 확대가 동시에 발생하여 보상적 임금과 고용 간에 음(-)의 교환관계가 존재한다면 위험기피적인 근로자들의 유보가격이 하락하여 위험한 일에 대한 노동공급의 증가 때문이므로 B의 주장이 지지를 받는다.

TOPIC 02 헤도닉 임금함수

📖 Topic 2-1
· ·

헤도닉 임금이론에 관한 다음 물음에 답하시오. (가로축은 산업 재해율, 세로축은 임금)

물음 1) 임금–산업재해율 평면에서 근로자 A와 B의 무차별곡선이 교차한다. 산업재해위험에 대한 두 근로자의 차이를 그래프로 그리고 설명하시오.

물음 2) 임금–산업재해율 평면에서 기업의 등이윤곡선(isoprofit curve) 특성 3가지를 그래프로 그리고 설명하시오.

물음 3) 헤도닉 임금함수를 도출하시오.

물음 4) 현재 근로자와 기업은 최적화 상태에 있다. 정부가 산업재해 기준을 강화할 경우 근로자의 효용과 기업의 이윤에 미치는 영향을 헤도닉 임금함수를 이용하여 그래프로 그리고 설명하시오.

물음 5) 현재 어떤 작업장의 재해위험 수준이 실제위험 수준보다 낮다고 잘못 알려져 있다. 정부는 올바른 정보를 제공하기 위해 재해위험 수준에 적정한 규제 수준을 설정하고자 한다. 헤도닉(hedonic) 임금이론을 적정규제의 범위를 그래프에 표시하고 그 범위 내에서 파레토 개선이 달성될 수 있음을 설명하시오. [2015년 3-물음 2), 15점]

Ⅰ. 물음 1)의 해결

1. 위험 기피자의 무차별곡선

– 위험 기피자의 효용함수 : $U = F(W, 위험)$

위험을 기피하는 근로자에게 임금은 재화(goods)이나 위험은 비재화(bads)이므로 완전(100%) 위험 수준에 대하여 볼록한 무차별곡선 곡선이 도해되고, 동일 위험 수준에 대하여 임금이 상승할수록 효용은 증가하므로 무차별곡선이 좌상방에 위치할수록 효용수준이 높다.

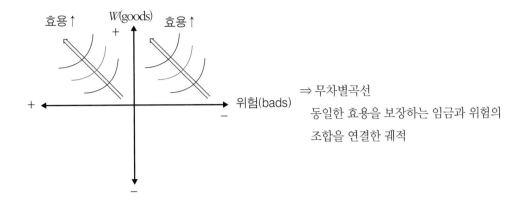

⇒ 무차별곡선
동일한 효용을 보장하는 임금과 위험의
조합을 연결한 궤적

2. 위험기피자의 유보가격

(1) 유보가격

유보가격은 위험을 기피하는 근로자가 안전과 위험의 근로조건을 무차별하게 인식하여 위험한 일에 대하여도 노동을 공급할 수 있도록 유인하는 최소한의 보상적 임금격차 수준이다.

(2) 한계대체율[MRS_{RW}]

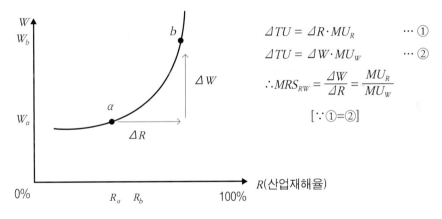

$$\Delta TU = \Delta R \cdot MU_R \qquad \cdots ①$$

$$\Delta TU = \Delta W \cdot MU_W \qquad \cdots ②$$

$$\therefore MRS_{RW} = \frac{\Delta W}{\Delta R} = \frac{MU_R}{MU_W}$$

$$[\because ① = ②]$$

임금(W)-산업재해율(R) 평면에서 위험이 1단위 증가할 때 동일한 효용수준을 유지하기 위해서는 양(+)의 보상적 임금이 지급되어야 하므로 산업재해율과 임금의 한계대체율[$MRS_{RW} = \frac{\Delta W}{\Delta R}$]은 위험과 임금 간의 주관적 교환비율[$\frac{\Delta W}{\Delta R}$]로서 위험기피자의 유보가격[$\frac{\Delta W}{\Delta R} = \frac{W_b - W_a}{1}$]을 의미한다.

그리고 무차별곡선 상에서 동일한 효용수준을 유지하기 위해서는 위험이 한 단위 증가(ΔR)하여 발생하는 효용의 하락분($\Delta U = \Delta R \cdot MU_R$)과 보상적 임금($\Delta W$)의 지급으로 발생하는 효용의 상승분($\Delta U = \Delta W \cdot MU_W$)이 일치해야 하므로 한계대체율은 특정 위험 수준에서 무차별곡선의 접선의 기울기[$\frac{\Delta W}{\Delta R} = \frac{MU_R}{MU_W}$]로 측정한다.

(3) 가파른 무차별곡선

근로자의 위험기피 성향이 클수록 유보가격이 상승하므로 위험과 임금 간의 한계대체율이 높아 무차별곡선은 가팔라진다.

3. 위험기피자의 무차별곡선 도해

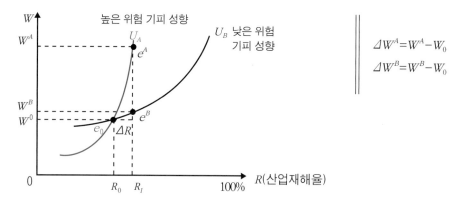

근로자의 위험 기피 성향이 클수록 보상 임금수준도 상승[$\frac{\Delta W^A}{\Delta R} > \frac{\Delta W^B}{\Delta R}$]하므로 한계대체율은 높고 [$MRS_{RW}^A > MRS_{RW}^B$] 무차별곡선은 가파르다.

Ⅱ. 물음 2)의 해결

1. 기업의 등이윤곡선

등이윤곡선은 동일한 이윤 수준을 보장하는 임금과 산업재해율 위험(R)의 조합을 연결한 궤적이며 우상향하는 등이윤곡선은 완전 위험수준에 대하여 오목하고 동일 재해율 수준에 대하여 수직 하방에 위치할수록 이윤이 증가한다.

2. 등이윤곡선의 3가지 특징

(1) 우상향하는 등이윤곡선

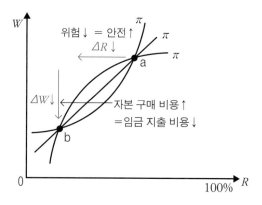

위험을 안전으로 전환할 때 안전을 생산하기 위해서는 자본재를 구매해야 하므로 동일한 이윤을 유지하기 위해 지출된 자본 구매 비용만큼 임금 지급 비용을 절감해야 하므로 임금 수준을 낮추어야 한다. 따라서 기업은 위험 기피자인 근로자를 위해 생산한 안전에 대한 반대급부로서 근로자에게 임금 하락을 전가하므로 산업재해율-임금 평면에서 등이윤곡선은 우상향한다.

(2) 오목한 등이윤곡선

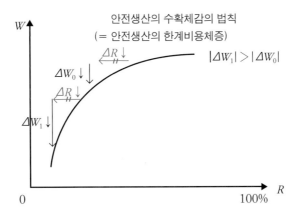

등이윤곡선은 완전(100%) 위험수준에서 바라보면 오목하다. 이는 자본재가 안전을 생산하는데 있어 수확체감의 법칙이 적용되어 동일한 안전 1단위를 생산하기 위한 한계비용은 점차 증가하므로 보상임금의 감소폭도 점차 확대되기 때문이다(Δ안전전환비용↑ = ΔW↓).

(3) 수직 하방에 위치할수록 높은 이윤 달성

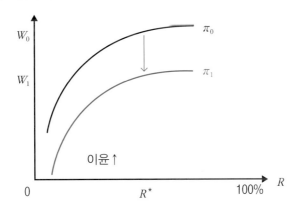

특정 산업재해율(R^*) 수준에서 등이윤곡선이 수직 하방에 위치할수록(π_1) 기업이 근로자에게 지급하는 임금수준이 낮아지므로 이윤 수준은 상승한다[$\pi_0 < \pi_1$].

Ⅲ. 물음 3)의 해결

1. 헤도닉 임금함수

노동시장에서는 근로자의 위험 기피성향을 반영하는 다양한 무차별곡선과 기업의 안전 생산의 기술수준을 대변하는 다양한 등이윤곡선이 존재한다. 이때 한계대체율과 한계기술대체율이 제 각각인 다수의 근로자와 기업 사이에서 위험 기피 성향이 높은 근로자는 낮은 임금에도 불구하고 쾌적한 근무환경을 제공하는 안전한 기업과 짝짓고(Job matching) 위험 기피 성향이 낮은 근로자는 위험한 일에 대한 보상으로서 높은 임금을 지급하는 위험한 기업과 매칭되어 효용극대화를 달성한다.

이처럼 헤도닉 임금함수는 근로자와 기업 간의 위험에 대한 익명성을 제거한 일자리 짝짓기 결과로서 임금과 직업 특성 사이에서 관찰되는 관계이다. 그리고 위험 기피적인 근로자에게 기업이 안전을 제공하기 위해서는 비용이 투입되기 때문에 산업재해율이 상승할수록 보상적 임금수준도 높아지므로 헤도닉 임금함수는 우상향한다.

2. Graph 도해

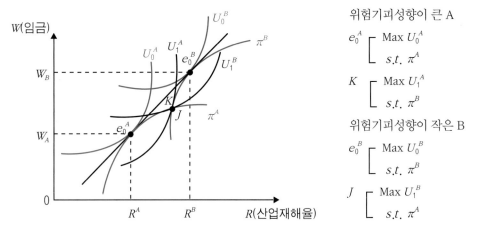

위험기피성향이 큰 A

e_0^A ┌ Max U_0^A
     └ s.t. π^A

K ┌ Max U_1^A
    └ s.t. π^B

위험기피성향이 작은 B

e_0^B ┌ Max U_0^B
     └ s.t. π^B

J ┌ Max U_1^B
    └ s.t. π^A

위험기피 성향이 큰 A 근로자는 안전을 비효율적으로 생산하는 B기업과 매칭되면 K의 임금-재해율 패키지에서 높은 임금수준에도 불구하고 높은 산업재해율로 인하여 U_1^A의 효용을 획득하므로 효용극대화에 실패한다. 따라서 A 근로자는 e_0^A에서 높은 안전(R_A)에 대한 보상으로 낮은 임금(W_A)을 지급하는 효율적인 A 기업과 매칭될 때 효용극대화를 달성할 수 있다($U_0^A > U_1^A$). 이는 위험 기피 성향이 클수록 임금의 하락으로 상실되는 효용의 감소분보다 안전한 근로조건에서 획득하는 효용의 증가분이 크기 때문이다.

이에 반해 위험기피 성향이 작은 B 근로자는 안전을 효율적으로 생산하는 A기업과 매칭되면 J의 임금-재해율 패키지에서 낮은 산해재해율에도 불구하고 낮은 임금 수준으로 인하여 U_1^B의 효용을 획득하므로 효용극대화에 실패한다. 따라서 B 근로자는 e_0^B에서 높은 위험(R_B)에 대한 보상으로 높은 임금(W_B)을 지급하는 비효율적인 B 기업과 매칭될 때 효용극대화를 달성할 수 있다.($U_0^B > U_1^B$) 이는 위험 기피 성향이 작을수록 임금의 상승으로 인하여 획득하는 효용의 증가분이 위험한 근로조건에서 상실되는 효용의 감소분보다 크기 때문이다.

그리고 헤도닉 임금함수의 기울기는 위험 1단위 증가에 따른 보상적 임금격차의 증가분으로서 위험에 대한 임금 프리미엄이다. e_0^A에서 헤도닉 임금함수가 위험 기피성향이 큰 A 근로자의 무차별곡선과 접하므로 헤도닉 임금함수의 기울기는 무차별곡선 접선의 기울기로 측정되는 A 근로자의 유보가격과 같다. 또한 e_0^B에서도 헤도닉 임금함수는 위험 기피성향이 작은 B 근로자의 무차별곡선과 접하므로 B 근로자의 유보가격과 같다.

3. 소 결 – 헤도닉 임금함수의 기울기는 통계적 생명의 가치

시장 내에 존재하는 근로자들의 위험 기피 성향이 다름에도 불구하고 기업과 짝짓기 한 노동자의 무차별곡선은 모두 헤도닉 임금함수와 접하므로 일자리 매칭이 달성된 노동시장에서 모든 한계근로자의 유보가격 수준은 헤도닉 임금함수의 기울기와 일치한다.

따라서 기업이 한계근로자가 조금 더 위험한 일을 받아들이면서 노동을 공급하도록 유인하기 위해서는 헤도닉 임금함수의 기울기에 해당하는 임금 프리미엄을 보상해주어야 한다. 이는 산업재해율 1% 상승에 따른 보상적 임금프리미엄이 노동자 생명의 가치를 통계적으로 측정하는 기준이 될 수 있음을 의미한다.

Ⅳ. 물음 4)의 해결

1. 완전 정보 하의 파레토 효율적 자원배분

헤도닉 임금 곡선 상에서 근로자와 기업 간의 자발적인 일자리 매칭(Job matching)은 위험에 대한 완전 정보에 기반하여 근로자의 효용극대화와 기업의 이윤극대화를 달성하는 파레토 효율적인 자원배분 상태이므로 파레토 개선이 불가능하다. 따라서 위험에 대한 완전 정보를 보유한 효율적인 시장에 개입하는 정부의 안전 규제 정책은 파레토 비효율을 초래할 뿐이다.

2. 정부 규제로 인한 효용극대화 및 이윤극대화

정부가 완전 정보 하의 노동시장에 개입하여 산업재해 기준을 강화하기 위해 산업재해율 위험수준을 $\overline{R}$로 규제할 경우 근로자와 기업에게 새로운 제약조건이 추가된다.

$$\text{근로자} \quad \begin{bmatrix} \text{Max } U_0 \to U_1 = F(W, R) \ (U_0 > U_1) \\ s.t. \ \overline{R} \end{bmatrix}$$

$$\text{기업} \quad \begin{bmatrix} \text{Max } \pi_0 \to \pi_1 = F(W, R) \ (\pi_0 > \pi_1) \\ s.t. \ \overline{R} \end{bmatrix}$$

파레토 효율적인 노동시장에 정부가 개입하여 안전 규제를 강화하면 효율적 자원배분을 유도한 최적 위험과 임금 수준에서 벗어나므로 효용과 이윤은 규제정책이 실시되기 전보다 하락하여 노동시장의 자원 배분이 왜곡된다.

3. 정부의 과도한 안전 규제정책

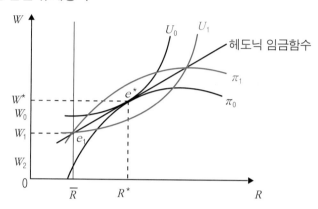

완전정보를 공유하는 경쟁적인 노동시장에서는 e^*에서 근로자의 효용(U_0)과 기업의 이윤(π_0)을 극대화하는 최적의 위험(R^*)과 임금(W^*)이 결정된다.

하지만 정부의 규제로 위험수준이 $\overline{R}$로 강화되면 근로자의 위험은 감소하여 안전은 증가하지만 임금이 하락($W^* > W_1$)하면서 효용은 감소한다($U_0 > U_1$). 이는 정부의 안전 규제수준인 e_1에서 안전을 효율적으로 생산하는 기업과 매칭하는 위험 기피 성향이 큰 근로자에 비해 위험 기피 성향이 작은 근로자는 높은 위험 수준에서 많은 보상임금을 지급하는 위험한 기업과 짝짓기하여 효용극대화를 달성하므로 안전의 증가로 인한 효용의 상승분이 임금의 하락($W_1 < W_0$)으로 상실되는 효용의 하락분에 미치지 못 하기 때문이다.

기업 또한 이윤극대화를 달성하는 위험수준보다 낮은 엄격한 안전($\overline{R}$)을 준수하기 위해서 안전을 생산하는 비용의 증가분이 시장의 보상적 임금인 위험 프리미엄을 상회하므로 낮은 임금을 지급하더라도 이윤이 감소한다($\pi_0 > \pi_1$). 이는 안전을 비효율적으로 생산하는 기업은 안전을 생산하기 위해 지출하는 자본재 구매 비용보다 시장의 높은 보상적 임금($W^* > W_1$)을 지급하여 이윤을 제고할 수 있는 경영상의 이점을 정부가 봉쇄하였기 때문이다.

V. 물음 5)의 해결

1. 불완전 정보 하의 파레토 개선 가능성

근로자가 보유한 위험에 대한 정보가 기업에 비해 부족한 비대칭적인 노동시장에서는 정부의 안전 규제 정책이 근로자의 불완전한 정보를 보완할 수 있는 신호(signal)로 작동하여 위험 기피적인 근로자의 효용을 제고하므로 안전 규제 정책의 타당성이 확보된다.

2. 정부의 적정 규제 범위

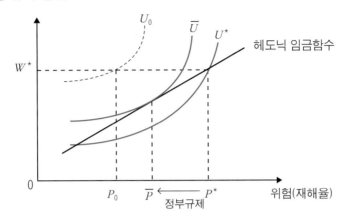

노동시장이 불완전 정보상태라면 근로자는 W^*의 임금을 받으며 위험수준이 P_0라고 착각하여 U_0의 효용수준으로 오인한다. 그러나 근로자의 실제 재해율 수준은 P_0보다 위험한 P^*이므로 헤도닉 임금함수에서 벗어나(접하지 못하고 관통하여) 효용극대화를 달성하는데 실패하였다.

이때 정부는 온정적 간섭주의에 입각하여 노동시장의 약자인 근로자를 보호하기 위해 시장에 개입하고 재해율이 $\overline{P}$를 넘지 못하도록 규제한다면 무차별곡선과 등이윤곡선이 헤도닉 임금함수에 접하여 근로자의 효용수준(U^*)은 상승한다. ($U^* < \overline{U}$)

따라서 정부의 적정 안전 규제 범위는 현재의 효용수준(U^*)을 높일 수 있는 P^*부터 P_0이다. 나아가 적정 규제 범위 안에서 헤도닉 임금함수 상에서 근로자와 기업의 일자리 매칭을 통해 효용과 이윤의 극대화를 동시에 달성할 수 있는 위험 수준($\overline{P}$)이 사회후생을 극대화시키는 최적의 안전 규제수준이다.

Topic 2-2

임금-안전 평면에서 위험기피적인 근로자의 무차별곡선과 안전을 생산하는 기업의 등이윤곡선을 통해 헤도닉 임금함수를 도출하시오.

Ⅰ. 안전과 보상적 임금격차

헤도닉 임금함수는 다양한 위험 기피 성향의 근로자와 안전 생산함수가 다른 기업 간의 파레토 효율적인 안전과 보상적 임금 매칭의 계약곡선이다.

산업재해와 같은 위험은 위험 기피적인 근로자에게 비효용을 유발하는 비재화(bads)이고 기업이 안전을 생산하기 위해서는 자본의 구매비용이 발생하므로 우상향하는 헤도닉 임금함수를 통해 임금과 위험 사이에 양(+)의 상관관계를 확인할 수 있다. 이는 위험에 대한 양(+)의 프리미엄이 존재함을 의미한다.

동일한 맥락에서 건강보험과 같은 안전은 위험 기피적인 근로자의 효용을 증가시키는 재화(goods)이고 기업이 안전을 생산하기 위해서는 자본의 구매비용이 발생하므로 임금-안전 평면에서 도출되는 우하향의 헤도닉 임금함수를 통해 임금과 안전 사이에는 음(-)의 상관관계를 확인할 수 있다. 이는 안전에 대한 음의 프리미엄이 존재함을 의미한다.

Ⅱ. 안전-임금 평면의 헤도닉 임금함수

1. 위험기피자의 무차별곡선

(1) 우하향하는 무차별곡선

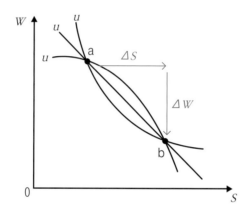

무차별곡선은 위험 기피적 근로자의 동일한 효용수준을 보장하는 안전과 임금 패키지를 연결한 궤적이다. 위험 기피적인 근로자는 안전을 재화(goods)로 인식하므로 안전이 1단위 증가하면 효용의 상승분만큼 임금 하락을 안전 소비의 반대급부로 지급하려 하므로 안전-임금 평면에서 무차별곡선은 우하향한다.

(2) 완전 위험에 대하여 볼록한 무차별곡선 - 한계대체율 체감

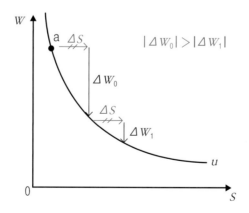

재화인 안전 소비의 한계효용은 체감하므로 안전 소비가 증가할수록 효용의 상승분은 점차 감소하여 임금의 하락폭도 점점 감소한다. 따라서 안전에 대한 임금의 한계대체율(MRS_{RW})은 체감하므로 무차별곡선은 안전–임금 평면에서 원점인 완전 위험수준에 대해 볼록하다.

(3) 위험기피 성향이 클수록 가파른 무차별곡선

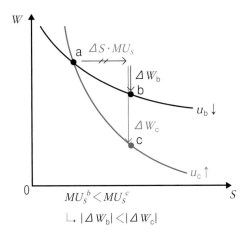

위험기피성향이 클수록 안전 소비 1단위 증가에 대한 효용의 상승분이 커서 반대급부로 수용하는 임금 하락분도 확대되므로 한계대체율이 크고 가파른 무차별곡선(U_C)으로 대변된다.

2. 기업의 등이윤곡선
(1) 우하향하는 등이윤곡선

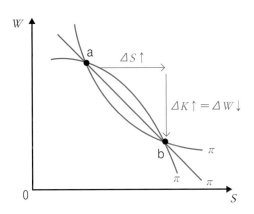

등이윤곡선은 기업의 동일한 이윤수준을 보장하는 안전과 임금의 패키지를 연결한 궤적이다. 기업이 안전을 생산하기 위해서는 자본 구매 비용이 발생하므로 기업은 동일한 이윤을 유지하기 위해 안전 생산 비용을 임금 하락으로 근로자에게 전가하므로 안전-임금 평면에서 등이윤곡선은 우하향한다.

(2) 완전 위험에 대하여 오목한 등이윤곡선

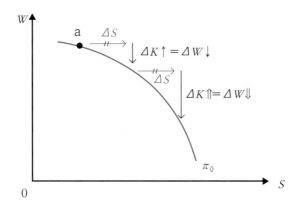

안전을 산출하는 자본 역시 한계수확체감의 법칙이 적용되므로 투입되는 자본 1단위의 안전 생산량은 점차 감소한다. 따라서 동일 안전 1 단위를 생산하기 위해 투입되는 자본의 양은 점차 증가하므로 임금 하락 폭은 점차 확대되어 원점(완전 위험 수준)에 대하여 오목한 등이윤곡선이 도출된다.

(3) 효율 기업의 완만한 등이윤곡선

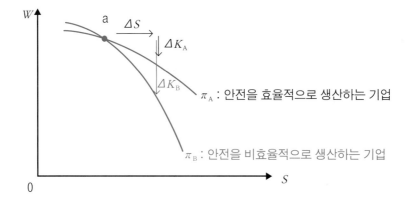

안전을 효율적으로 생산하는 기업은 동일 안전 1단위를 생산하기 위해 투입되는 자본이 작으므로 근로자에게 요구하는 음의 보상적 임금격차가 낮아 보다 완만한 등이윤곡선으로 대변된다.

3. 우하향하는 헤도닉 임금함수의 도출

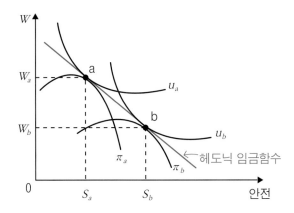

위험 기피 성향이 큰 근로자는 낮은 임금수준에도 불구하고 높은 안전을 보장하는 기업과 매칭되고, 위험 기피 성향이 작은 근로자는 큰 위험에 대한 보상으로 높은 임금을 지급하는 기업과 매칭될 때 효용극대화를 달성한다. 따라서 안전-임금 평면에서 우하향하는 헤도닉 임금함수를 통해 안전과 임금 사이에는 음의 보상적 임금격차가 존재함을 확인할 수 있다.

Ⅲ. 소 결 - 헤도닉 임금함수의 기울기

우하향하는 헤도닉 임금함수는 안전을 1단위 소비하고 생산하기 위해서는 임금이 하락해야 하므로 음(-)의 안전 프리미엄이 존재함을 예측한다.

시장 내에 존재하는 근로자는 동일 안전-임금 패키지에서 위험 기피 성향이 클수록 유보가격이 높다. 그러나 기업과 짝짓기 한 위험기피적인 근로자의 무차별곡선은 모두 헤도닉 임금함수와 접하므로 일자리 매칭이 달성된 노동시장에서 고용된 위험기피적인 근로자의 유보가격 수준은 헤도닉 임금함수의 기울기와 일치한다.

따라서 기업은 매칭된 근로자가 조금 더 위험한 일을 무차별하게 인식하면서 노동을 공급하도록 유인하기 위해서는 헤도닉 임금함수의 기울기에 해당하는 위험 프리미엄을 보상해주어야 한다. 즉, 기업이 안전을 1 단위 생산할 때 시장 내에서 고용된 위험기피적인 근로자에게 요구하는 임금 하락분은 헤도닉 임금함수의 기울기로 측정할 수 있음을 의미한다. 나아가 산업 재해율 또는 안전에 따른 보상적 임금 프리미엄인 헤도닉 임금함수의 기울기는 근로자의 생명을 통계적으로 측정하여 재해 보상의 합의된 기준으로 활용될 수 있다.

헤도닉 임금함수에 따르면 위험 기피적인 근로자는 건강보험에 대하여 기꺼이 대가를 지불할 용의가 있으므로 음(−)의 안전 프리미엄이 예측된다. 그러나 이론의 예측과 달리 노동시장에서는 건강보험과 임금 사이에 양(+)의 관계가 관찰되었다. 이러한 현실을 그래프로 설명하고 유효한 도구변수를 탐색하시오.

☞ 남편의 건강보험 가입 여부가 부인의 선호에만 영향을 미치고 부인의 능력(소득 잠재력)에는 영향을 미치지 않는 변수가 보상적 임금격차를 측정할 수 있는 유효한 도구변수임.

Ⅰ. 위험 기피자(=안전 선호자)의 효용극대화 행동원리

위험 기피적인 근로자는 기업이 지급하는 등이윤곡선 제약조건 아래에서 효용극대화를 달성하는 최적의 의료보험과 임금 패키지를 선택한다.

$$\text{Max } U = F(S,\ W)$$
$$\text{S.t. } \pi = F(S,\ W) \quad (단,\ \pi = 0)$$

Ⅱ. 우하향하는 직선의 등이윤곡선

등이윤곡선은 기업의 동일한 이윤수준을 보장하는 의료보험 혜택과 임금의 조합을 연결한 궤적이다. 기업이 근로자에게 의료보험 혜택을(ΔS) 제공하기 위해서는 안전생산 비용($\Delta S \cdot MC_S$)이 발생한다. 이윤극대화를 추구하는 기업은 동일한 이윤수준을 유지하기 위해 안전생산 비용의 증가분을 임금 하락($-\Delta W$)을 통해 근로자에게 전가($\Delta S \cdot MC_S = -\Delta W \cdot MC_W$)시키므로 등이윤곡선은 우하향한다.

그리고 의료보험 혜택 제공을 위한 안전의 한계생산은 불변을 가정하므로 한계비용은 일정하여 등이윤곡선은 직선이다. 또한, 기업은 근로자에게 최대한의 높은 임금을 지급하려 하므로 초과이윤은 발생하지 않고 오로지 정상이윤($\pi = 0$)만이 존재한다.

III. 능력에 의한 편의(bias) – 양(+)의 상관관계

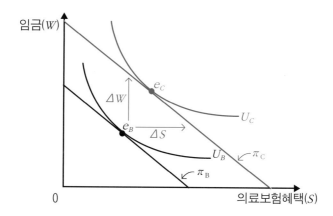

능력이 뛰어난 C 근로자는 소득 잠재력이 높아 확대된 등이윤곡선(π_C)에 제약되어 e_C에서 효용극대화를 달성한다. 반면 능력이 낮은 B 근로자는 소득 잠재력도 낮아 축소된 등이윤곡선(π_B)에 제약되어 e_B에서 효용극대화를 달성한다. 따라서 능력이 뛰어날수록 높은 임금과 좋은 의료보험 혜택을 동시에 제공하는 패키지를 선택할 수 있다. 즉, 고임금 근로자가 더 좋은 건강보험 혜택도 누리기 때문에 임금과 건강보험 사이에는 양(+)의 상관관계가 관찰된다.

IV. 유효한 도구변수 – 위험 기피성향은 다르고 능력은 동일한 근로자

의료보험 혜택과 임금 사이에 관찰되는 양(+)의 상관관계는 보상적 격차에 대한 정보를 알려줄 수 없다. 이는 능력에 의한 편의(bias) 때문에 관찰되는 양(+)의 상관관계로서 복리후생의 혜택이 보상적 임금격차를 낳는다는 증거를 찾기 어렵기 때문이다.

따라서 능력에 의한 편의를 제거하여 동일한 등이윤곡선 상에서 기업이 제공하는 의료보험에 대한 혜택의 가중치(=선호)를 달리하는 경우에만 안전(=복리후생)과 임금 간에 존재하는 음(−)의 보상적 격차를 관찰할 수 있다.

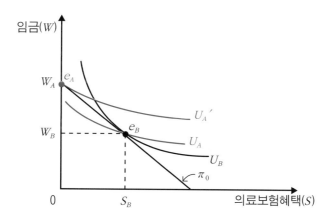

기업이 제공하는 건강보험 혜택을 선호하여 의료보험에 대한 임금의 한계대체율(MRS_{SW})이 높은 B는 e_B 에서 높은 안전에 대한 보상(대가)로서 낮은 임금을 수용하여 효용극대화를 달성한다. 그러나 안전보다 임금을 선호하는 A는 한계대체율이 낮아 1원당 한계효용이 높은 임금으로 안전을 대체하여 e_A에서 효용극대화 임금-안전 보상 패키지를 선택한다.

따라서 능력이 동일하여 소득 잠재력이 같은 근로자는 동일한 등이윤곡선에 제약되고, 동일한 노동시장에서(=등이윤곡선 상에서) 기업이 의료보험을 제공하기 위해서는 임금을 낮추므로 근로자 역시 더 많은 안전을 소비하기 위해서는 임금을 포기해야 한다. 그러므로 안전과 임금 사이에 음(-)의 보상 패키지가 존재함을 예측할 수 있다.

보상적 격차와 근로조건

– 고용의 안정성과 보상적 임금격차

근로자는 완벽하게 예측할 수 있는 계절적(일시) 해고인 고용의 불안정을 노동시장의 변동성으로부터 초래되는 위험으로 인식한다. 따라서 계절적 해고를 단행하는 기업은 예측 가능한 해고의 위험에 대한 보상적 임금격차를 지급할 때 근로자는 고용의 안정이 보장되는 직업과 무차별하게 인식하므로 효용의 하락이 없이 노동을 공급한다. 그리고 이러한 보상적 임금격차는 납세자가 자금을 공급하는 정부의 실업보험제도에 의해 대체될 수 있다.

1. 계절적 해고의 위험과 임금 상승

주기적 해고가 반복되는 기업에 고용된 근로자는 계절적 해고를 위험으로 인식하므로 기업은 부분적 해고로 인해 초래되는 고용의 불안정에 대한 보상으로 시간당 임금률을 상승시켜야 근로자의 효용 하락을 방지하여 고용을 유지할 수 있다. 따라서 고용이 안정된 기업에 비해 주기적인 해고가 발생하는 기업은 시간당 $[W_1 - W_0]$의 보상적 임금을 제공한다.

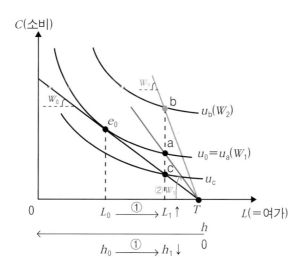

근로자는 e_0에서 계절적 해고(h_0-h_1)를 완벽히 예측하고 기업이 근로자의 효용하락을 방지하기 위해 시간당 임금률의 상승으로 보상(W_1-W_0)을 지급하면 근로자는 a에서 부분적 해고를 경험하기 전과 동일한 효용을 유지한다. 나아가 유보가격(W_1-W_0)을 상회하는 보상적 임금격차(W_2-W_0)를 지급하면 근로자의 효용수준이 상승한다.

2. 계절적 해고와 부분적 실업보험

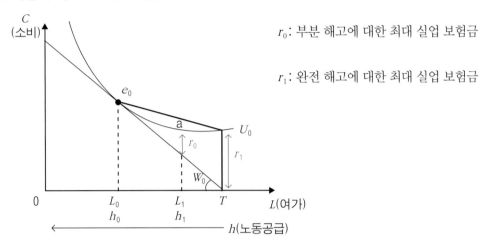

r_0: 부분 해고에 대한 최대 실업 보험금

r_1: 완전 해고에 대한 최대 실업 보험금

기업의 비용부담 없이(임금 W_0고정) 정부의 실업보험 확대와 같은 사회 안전 프로그램이 도입되면 기업은 비우호적인 경기 충격이 발생할 때마다 근로자를 부분적으로 해고($h_0 \rightarrow h_1$, 총근로시간 감축)하여 경쟁력을 유지할 수 있고 근로자 또한 a에서도 해고 이전과 동일한 효용수준을 유지할 수 있으므로 해고를 수용한다.

이처럼 납세자가 재원을 조성하는 사회적 안정장치인 실업보험이 기업의 보상적 임금격차를 대체할 수 있다면 기업은 경기변동에 따라 고용과 해고를 주기적으로 활용하는 경영의 합리성으로 시장경쟁력을 유지할 수 있다. 이때 계절적 기업이 경쟁력을 확보하여 미래의 고용담보를 약속한다면 효용의 하락이 없는 근로자 역시 기업의 해고 제안을 기꺼이 수용하는 암묵적 합의로 경제활동 참여율(고용률)은 하락한다.

그러나 계절적 해고에 대한 보상인 실업보험제도는 납세자의 근로소득을 재원으로 조성되므로 일시적으로 운영되어야 재정건정성을 약화시키지 않고 노동시장의 변동성으로부터 근로자를 보호할 수 있는 시장의 안전장치로 운영할 수 있음을 기업과 근로자 모두 각인해야 할 것이다.

제6장

교 육(인적자본투자이론)

제5장의 보상적 임금격차 이론에 의하면 일자리의 특성(부상확률과 완벽하게 예측되는 해고와 같은 위험)이 임금격차를 유발한다.

$$\Rightarrow W = \overline{VMP_L} + 근로조건$$

제6장의 학교 교육(내부 노동시장에 진입하기 전의 인적자본 투자로서의 학교 교육), 제7장의 임금분포(학교 교육을 마친 이후 내부 노동시장에서 인적자본 투자로서의 직업훈련), 제8장의 노동 이동(일자리 매칭을 교정하는 인적자본 투자로서의 노동 이동)에서는 연령과 학력에 따른 노동자의 인적자본(Human Capital) 축적 차이로 인한 생산성의 차이가 임금격차를 유발한다.

$$\Rightarrow \widetilde{W} = [VMP_L = P \cdot \widetilde{MP_L}]$$

인적자본 투자 이론의 기본전제 : HK(인적자본 투자)$\uparrow \Rightarrow (\dfrac{HK}{L})\uparrow \Rightarrow MP_L \uparrow \Rightarrow W\uparrow$

노동자의 인적자본이 축적되면 단위 노동자의 가용한 자본이 증가하므로 생산성은 향상된다.

(단, 신호발송이론은 노동자의 생애에 걸친 생산성이 평균적으로 일정($\overline{MP_L}$)함을 전제)

따라서, 인적자본투자이론은 노동시장에서 관찰되는 정형화된 사실인 고생산성의 노동자와 저생산성의 노동자 간 임금격차를 횡단면으로 분석하여 최적 학력(교육)의 선택과 임금-학력곡선을 연계하여 설명하고, 생애에 걸친 노동자의 임금격차를 시계열로 분석하여 사내훈련과 노동 이동을 통해 연령-소득곡선을 설명하는 것이 목적이다.

$$HK\uparrow \Rightarrow MP_L \Rightarrow W\uparrow$$

교육(학력), 사내훈련, 노동이동 등의 인적자본 투자로 인적자본이 축적되면, 근로자의 한계생산성이 향상되므로 임금이 상승하고 소득이 증가한다.

⇒ 교육 논제
① 최적 학력선택모형(교육의 한계수익률)
② 대학진학 모형
③ 임금-학력곡선
④ 신호발송이론(시그널링 가설)은 최적 학력선택모형과 전제가 다름
  └, [기본전제] 최적 학력선택모형이 인적자본의 축적으로 개인의 생산성 향상을 전제하는 반면, 신호발송이론은 생애에 걸친 개인의 생산성(MP_L)은 고정되어 있음을 전제한다. 이때 고생산성의 노동자가 교육에 투자하는 이유는 개인과 기업 간의 정보의 비대칭 상황을 해소하기 위하여 높은 생산성의 신호를 기업에게 발송하면 기업이 저생산성의 노동자와 고생산성의 노동자를 분리하여 통합균형에서 벗어나 분리균형을 통해 근로자의 생애소득을 극대화하기 위함이다.

Ⅰ. 미래 소득의 현재가치화 – 시간할인율

$$\begin{array}{ccc} \text{(투자)} & & \text{(수익)} \\ [\ MC & = & MR\ ] \end{array} \Rightarrow \quad [\dfrac{MR}{MC}] \begin{array}{c} \downarrow \text{투자증가} \\ > \\ = 1 \\ < \\ \uparrow \text{투자중단} \end{array}$$

1기(현재)의 교육(인적자본) 투자는 2기(미래)의 생산성 상승으로 수익을 회수하므로 현재의 투자(1기) 비용과 미래의 수익(2기)을 비교하여 인적자본 투자를 결정한다. 이때 인적자본 투자의 결정은 현재(1기)에 이루어지므로 미래 수익을 현재 시점에서 평가하기 위해 시간할인율(r)로 미래 수익을 현재가치화한다.

$$\begin{array}{ccc} 1기 & \xrightarrow{\ \ r : 이자율\ \ } & 2기 \\ \text{(투자)} & & \text{(수익)} \\ MC & \xleftarrow{\qquad} & MR\ (\fallingdotseq R = 자본임대료) \\ & r : 시간할인율 & \end{array}$$

$$MC(1+r) = MR\ (\fallingdotseq R = 자본임대료)$$

$\Rightarrow$ 따라서 $[MC] = [\dfrac{MR}{(1+r)} = 미래\ 수익의\ 현재가치화\ (r:시간할인율)]$

· $r \uparrow \Rightarrow [\dfrac{MR}{(1+r) \uparrow}] \downarrow \Rightarrow$ 미래에 발생할 수익을 현재 시점에서 낮게 평가하므로 현재지향적 선호자

· $r \downarrow \Rightarrow [\dfrac{MR}{(1+r) \downarrow}] \uparrow \Rightarrow$ 미래에 발생할 수익을 현재 시점에서 높게 평가하므로 미래지향적 선호자

1기의 교육 투자로부터 발생하는 2기의 수익은 시간할인율과 수익회수기간의 관점에서 분석한다.

Ⅱ. 임금–학력곡선

1. 의 의

근로자의 생산성이 학력에만 의존하는 노동시장을 전제할 때, 임금–학력곡선은 노동시장에서 고용주가 특정 학력에 대해 근로자에게 지불하는 급여수준을 연결한 궤적이다.

2. 특 성

(1) 임금–학력곡선은 우상향

학력이 증가할수록 개인의 생산성은 상승하여 근로자의 한계생산물가치도 높아지고 더 높은 임금을 지급해야 하므로 임금–학력곡선은 우상향한다. 또한 학력을 획득하기 위해서는 명시적이고 암묵적인 비용

의 지출이 수반되므로 고학력자의 유보임금도 상승하여 일자리 매칭이 이루어지기 위해서는 높은 임금을 제시해야 하기 때문이다.

(2) 임금-학력곡선 접선의 기울기는 교육의 한계수익률

임금-학력곡선의 기울기로 한계 교육에 대한 근로자 수입의 증가분을 측정할 수 있다. 따라서 교육이 한 단위 증가할 때 임금의 상승폭은 한계교육에 대한 수익률을 의미한다.

(3) 임금-학력곡선은 높은 교육연수에 대하여 오목

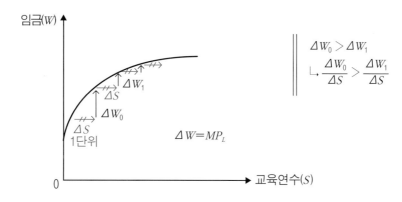

근로자가 학력을 취득할수록 급여의 상승폭은 점차 감소한다. 이는 인적자본 역시 한계수확체감의 법칙에 의해 한계교육으로부터 발생하는 생산성의 증가분이 점차 감소하므로 학력이 높을수록 추가되는 교육에서 얻는 소득의 증가분은 낮아진다.

📖 Topic 0-1

연령-소득곡선의 세 가지 특징을 그래프를 통해 설명하시오.

I. 인적자본의 축적에 따른 연령-소득곡선

1. 의 의

개인의 생애에 걸친 연령과 소득의 조합을 연결한 궤적인 연령-소득곡선은 내부노동시장에 진입하기 이전의 인적자본 투자로서의 학교교육, 학교교육을 마친 이후의 인적자본 투자로서의 사내훈련, 그리고 직장 이동 혹은 이민과 같은 인적자본 투자로서의 노동 이동에 의해 결정된다.

내부 노동시장에 진입하기 이전의 임금-학력곡선에 의하면 능력과 학력은 내부 노동시장에 진입하는 단계에서의 소득뿐만 아니라 학교 교육을 마친 이후의 인적자본투자와 보완적으로 결합하여 생애 소득에 지속적으로 영향을 미친다.

Ⅱ. 특 성

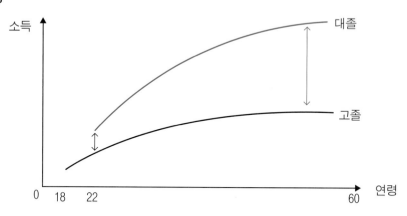

1. 고학력자의 높은 소득

근로자의 학력이 높을수록 인적자본을 더 많이 축적하여 생산성이 향상되고, 근로자의 높은 능력을 기업에게 신호로 발송하므로 매 연령에서 저학력자에 비해 높은 소득을 획득한다. 따라서 대졸 근로자의 연령-소득곡선은 고졸 근로자의 연령-소득곡선보다 상방에 위치한다.

2. 우상향하며 오목한 연령-소득곡선

내부노동시장에 진입한 근로자는 연령이 높아질수록 사내훈련 프로그램을 통해 인적자본이 축적되어 생산성이 향상되어 임금이 상승한다. 이는 인적자본의 수익률이 높은 신입 근로자는 가처분소득에서 인적자본 투자 비용이 높은 비율을 차지하여 상대적으로 낮은 소득을 얻지만 인적자본의 수익률이 낮은 고령 근로자는 가처분소득에서 인적자본 투자 비용이 낮은 비율을 차지하여 상대적으로 높은 소득을 획득하기 때문이다. 즉, 연령이 증가할수록 인적자본의 투자 비용은 감소하고 과거의 투자로부터 회수하는 수익이 많아지므로 소득은 증가하는 것이다.

그리고 연령이 낮을수록 축적하는 인적자본이 많고 연령이 증가할수록 인적자본의 한계수익률이 하락하므로 인적자본 투자는 감소하여 생산성의 증가폭은 점차 감소하므로 소득의 증가폭은 점차 하락하여 오목한 연령-소득곡선이 도출된다.

3. 확대되는 학력간 임금격차

연령-소득곡선의 기울기는 대졸 근로자가 고졸 근로자에 비해 가파르다. 이는 내부 노동시장에 진입하기 전의 학교 교육에 대한 투자와 내부 노동시장에서의 사내훈련이 상호 보완적으로 작용하여 학력이 높을수록 매 연령마다 축적하는 인적자본 투자의 증가폭이 더욱 크기 때문이다. 즉, 고학력자일수록 교육의 한계수익률(MRR)이 높으므로 동일한 자본의 사용자비용에 대하여 더 많은 인적자본을 투자할 유인이 발생하여 학교 교육을 마친 이후에도 매 연령마다 지속적으로 축적하는 인적자본이 저학력자보다 많아 연령이 높을수록 학력 간 소득격차는 더욱 확대된다.

 ## Topic 0-2

최적 학력결정과정을 그래프로 설명하시오.

Ⅰ. 최적 학력결정 – 중단규칙

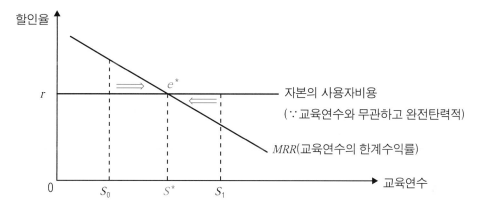

1. 시간 할인율은 자본 사용에 대한 기회비용이므로 교육투자의 한계비용을 의미하고 이자율은 교육연수와 무관하게 자본 시장에서 결정되므로 수평의 곡선으로 도해된다.
2. 임금–학력곡선으로부터 도출되는 학교교육의 한계수익률(Marginal Rate of Return to school)은 교육연수 1단위 증가에 따른 소득의 증가분으로서 교육연수가 증가할수록 소득의 증가분이 점차 감소하므로 MRR곡선은 우하향하는 직선으로 도해된다.
3. 교육연수가 S_0인 경우에는 교육투자에 투입되는 한계비용보다 교육투자로부터 얻는 한계수익률이 높으므로, 즉 한계순편익이 크므로 교육연수를 늘릴 유인이 존재한다.
4. 학교교육 햇수가 S_1인 경우에는 교육투자에 투입되는 한계비용이 교육투자로부터 얻는 한계수익률 보다 높으므로, 즉 한계순편익이 작으므로 교육연수를 줄일 유인이 존재한다.
5. 따라서 학생은 교육연수의 한계수익률이 한계비용인 할인율과 일치하는 지점인 S^*에서 교육을 중단하여 평생소득의 현재가치를 극대화한다.

Ⅱ. 근로자의 시간 할인율에 따른 학력과 소득의 결정

1. 시간 할인율(r) 낮음 : 미래 소득의 현재가치를 높게 평가 ⇒ 미래 지향적
2. 시간 할인율(r) 높음 : 미래 소득의 현재가치를 낮게 평가 ⇒ 현재 지향적

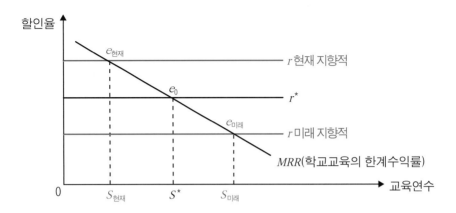

시간 할인율이 높은 현재 지향적인 근로자는 $S^{현재}$만큼 최적 교육연수를 선택하고,
시간 할인율이 낮은 미래 지향적인 근로자는 $S^{미래}$만큼 최적 교육연수를 선택한다.

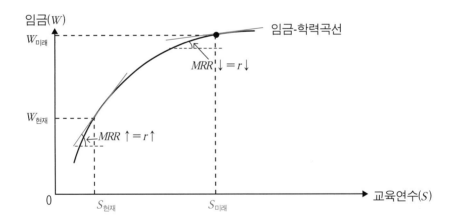

따라서 근로자의 능력이 같더라도 동일 임금-학력곡선 상에서 할인율에 따른 최적 교육연수의 차이에 의해 근로자 간의 임금격차가 발생한다. 이때 근로자는 시간 할인율에서만 차이가 존재하고 능력은 동일하다면 교육연수의 차이로부터 발생하는 근로자 간의 임금격차[$W_{미래}-W_{현재}$]를 통해 교육의 한계수익률을 측정할 수 있어 우하향하는 교육의 한계수익률곡선(MRR)을 도출할 수 있다.

Ⅲ. 근로자의 능력에 따른 학력과 소득의 결정

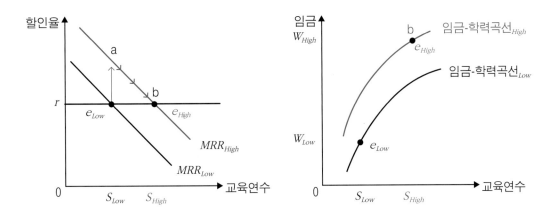

시간 할인율(r)은 동일하지만 근로자의 능력이 다를 때

1. 능력이 뛰어난 근로자는 동일 교육연수에 대한 수익률이 높으므로 낮은 생산성의 근로자에 비해 한계 수익률(MRR)곡선이 수직 상방에 위치하므로 교육연수를 늘릴 유인이 존재한다.
2. 능력이 높은 근로자는 S_{High}의 교육햇수를 이수하여 e_{High}에서 W_{High}의 임금을 획득하고, 능력이 낮은 근로자는 S_{Low}의 교육햇수를 이수하여 e_{Low}에서 W_{Low}의 임금을 획득한다.

따라서 고생산성의 근로자와 저생산성의 근로자 간의 임금 격차($W_{High} - W_{Low}$)가 발생한다.

그러나 능력의 차이로부터 발생하는 임금격차는 능력의 차이와 최적 교육연수의 차이가 혼재되어 있어, 근로자 간의 임금–학력곡선이 일치하지 않으므로 시간 할인율만 차이가 있는 경우와 달리 교육의 수익률을 측정할 수 없다.

TOPIC 01 인적자본투자의 결정

Topic 1-1

인적자본이론에 근거한 연령-소득곡선을 그래프를 통해 설명하시오.

I. 연령-소득곡선

연령-소득곡선은 우상향하며 오목하다. 연령이 상승할수록 인적자본에 대한 투자는 감소하여 비용은 줄고 지난 투자에서 수익을 획득하므로 소득은 비례적으로 증가한다. 그러나 근로자는 나이가 들수록 인적자본의 축적 유인이 감소하여 투자가 감소하므로 소득의 상승률은 점차 낮아진다. 따라서 우상향하며 오목한 연령-소득곡선의 형태는 매 연령마다 축적하는 인적자본투자에 의해 결정된다.

II. 연령별 인적자본투자 선택

1. 연령별 행동원리

모든 연령에서 개인은 투자의 한계수익이 투자의 한계비용과 일치하는 지점까지 인적자본에 투자한다. 단, 연령별 인적자본의 투자대상은 감가상각이 없는 일반훈련이며 능률 단위로 측정되고 매년 능률 단위당 R의 임대료와 수익이 발생함을 가정한다.

2. 인적자본투자의 한계수익곡선(MR)

$$\sum_{i=1}^{n}[\frac{R}{(1+r)^i}]$$ (단, R = 자본임대료와 수익, r = 시간할인율, n = 수익회수기간)

감가상각이 없는 일반훈련은 능률 단위 양과 무관하게 모든 인적자본투자량에 대하여 동일한 R의 한계수익이 발생하므로 수평의 한계수익곡선이 도출된다. 그리고 연령이 낮을수록 오랜 수익회수기간이 확보되므로 인적자본투자의 생애에 걸친 한계수익은 상승한다.

3. 인적자본투자의 한계비용곡선(MC)

인적자본투자의 한계비용곡선은 능률(인적자본)의 한계수확(소득)이 체감하므로 동일한 1단위의 능률 취득을 위한 한계비용은 체증한다. 따라서 더 많은 능률 단위에 대하여 볼록하며 우상향하는 한계비용곡선이 도출된다.

4. 연령별 인적자본 투자량

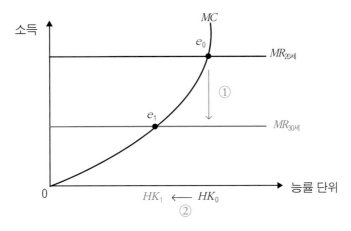

개인은 매년 인적자본 투자의 한계수익과 한계비용이 일치하는 지점에서 연령별 최적 인적자본 투자를 선택한다. 연령이 높아질수록 수익회수기간이 감소하여 인적자본투자의 한계수익이 하락하므로 평생소득의 현재가치를 극대화하기 위한 인적자본투자량은 점차 감소한다.

Ⅲ. 연령-소득곡선의 특징

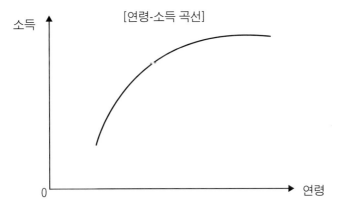

연령-소득곡선은 우상향하는데 이는 연령이 높을수록 축적된 인적자본의 절대량이 증가하여 소득은 비례적으로 상승하기 때문이다. 또한 연령-소득곡선은 고연령에 대하여 오목한 형태인데 나이가 들수록 인적자본투자의 한계수익은 하락하므로 매년 축적되는 인적자본투자량이 감소하여 소득의 상승률은 체감하기 때문이다.

📖 Topic 1-2

. . . .

인적자본투자에 대하여 다음 물음에 답하시오.

물음 1) 인적자본투자의 의의와 인적자본투자의 수요곡선과 공급곡선의 도출하시오.

물음 2) 인적자본투자의 수요공급이론에 근거하여 평등교육과 엘리트교육을 분석하시오.

[첫 번째 답안작성 예시] – 물음 1)

Ⅰ. 인적자본투자

인적자본은 ① 인간에 내재하고 ② 장기간에 걸쳐 형성되는 ③ 지식·기술·능력을 의미한다.

인적자본투자이론은 $[HK\uparrow \Rightarrow (\frac{HK}{L})\uparrow \Rightarrow MP_L\uparrow \Rightarrow W\uparrow]$을 가정한다.

Ⅱ. 인적자본투자의 수요곡선

1. 내부수익률

인적자본의 투자에 따른 비용과 장래수익의 현재가치를 일치시키는 수익률(시간 할인율)인 r을 의미한다(R : 매년 실현되는 투자수익).

$$[PV = R + \frac{R}{(1+r)} + \frac{R}{(1+r)^2} + \cdots + \frac{R}{(1+r)^n}] = C$$

① r이 클수록 현재 지향적이고, ② r이 작을수록 미래 지향적이다.

또한 인적자본투자가 증가할수록 수확체감의 법칙에 따라 한계생산물은 점차 감소하고, 연령이 증가할수록 수익회수기간이 짧아지므로 한계수익률은 하락한다.

2. Graph 도해 [r : 실질이자율, i : 명목이자율] = 수익률로 접근

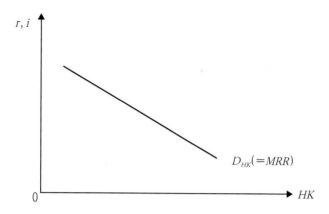

인적자본투자(HK)에 대한 한계수익률(MRR : Marginal Revenue of Rate)은 투자가 증가할수록 체감하므로 인적자본 투자에 대한 수요곡선(D_{HK})은 우하향한다.

Ⅲ. 인적자본투자의 공급곡선

인적자본투자는 비용을 의미하며, 처음 일정기간 동안 의무교육으로 인하여 비용부담이 낮지만 인적자본투자가 증가할수록 자본재 사용의 기회비용인 이자비용이 체증하므로 인적자본투자의 공급곡선은 우상향한다. 이는 인적자본투자 역시 수확체감의 법칙에 의해 한계비용이 체증하기 때문이다.

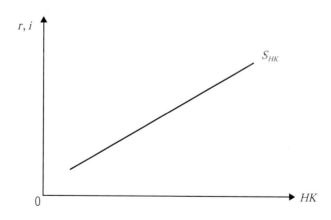

IV. 인적자본투자결정

인적자본투자의 수요곡선과 공급곡선이 일치하는 e^*에서 최적 인적자본 투자량을 결정한다.

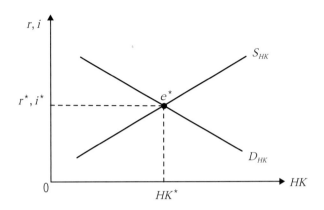

균형점(e^*) 좌측에서 인적자본을 투자하면 인적자본 비용대비 편익이 크므로 인적자본 투자 유인이 발생하여 한계비용과 한계편익이 같아지는 지점까지 인적자본에 투자한다.

[두 번째 답안작성 예시] – 물음 1)

– 인적자본투자

연령이 상승함에 따라 교육 등에 투자하여 인적자본량(HK)이 축적되면 노동의 한계생산성(MP_L)이 상승한다. 이에 따라 기업의 한계생산물가치(VMP_L)가 상승한 만큼 근로자의 임금이 상승하여 소득이 증가한다.

– 합리적 선택모형 – 최적 인적자본투자 결정

(1) 인적자본투자의 수요곡선

내부 수익률은 인적자본의 투자에 따른 장래 수익과 비용의 현재가치를 일치시키는 수익률(시간 할인율)을 의미한다. (이 때 R은 매년 실현되는 투자수익)

$$[PV(현재가치) = R + \frac{R}{(1+r)} + \cdots + \frac{R}{(1+r)^n}] = C$$

① r이 클수록 현재 지향적이며, ② r이 작을수록 미래 지향적이다.

또한 인적자본 투자가 증가할수록 수확체감의 법칙에 따라 인적자본의 한계생산성이 체감하며, 연령이 높아질수록 미래 소득의 수익 회수기간이 단축되어 한계수익률은 감소한다.

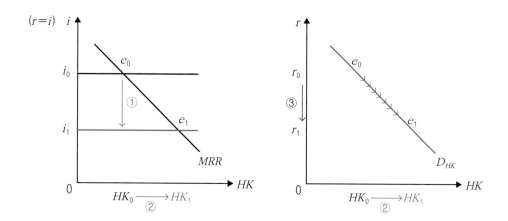

i는 HK의 기회비용(시장 이자율)이고, r은 HK의 한계수익률(근로자의 내부수익률)을 의미한다. e_0에서 HK의 기회비용이 하락($i_0 > i_1$)하여, HK의 투자가 증가($HK_0 < HK_1$)하고, HK의 한계수익률이 체감($r_0 > r_1$)하므로 인적자본투자의 수요곡선(D_{HK})는 우하향한다.

(2) 인적자본투자의 공급곡선

인적자본의 공급비용은 처음 일정기간동안 의무교육으로 인하여 비용부담이 낮지만 인적자본투자가 많을수록 인적자본의 한계수익률(MRR)이 하락한다. 즉 인적자본 투자의 사용자비용(i)이 체증하여 우상향하는 공급곡선(S_{HK})이 도출된다. 이는 수확체감의 법칙에 의해 한계비용이 체증하기 때문이다.

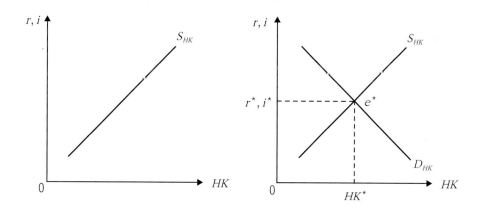

균형점(e^*)에서 인적자본투자의 한계수익률과 공급비용(한계비용)이 일치하여 최적의 인적자본 투입량(HK^*)을 결정한다.

물음 2)

Ⅰ. 인적자본투자 수요·공급 곡선의 해석

1. 수요곡선 : 상이한 MP_L수준

수요곡선의 높이는 동일한 인적자본투자에 대한 상이한 한계생산성(MP_L)을 의미한다.

2. 공급곡선 : 인적자본투자 사용료

공급곡선의 높이는 임의의 인적자본 투자에 대한 사용자 비용을 의미한다.

Ⅱ. 엘리트 교육(MP_L이 상이)

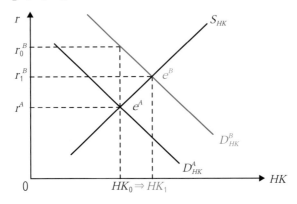

동일한 인적자본(HK_0)을 투자하였을 때, 수요곡선이 상방에 위치할수록($D_{HK}^B > D_{HK}^A$) 수익률이 높으므로 ($r_0^B > r^A$) B는 인적자본투자를 늘릴 유인이 존재한다. 이를 엘리트 교육방식이라 한다. 따라서 한정된 인적자본투자 재원을 개인마다 다른 수익률(r)에 따라 더 높은 수익률을 보유한 개인에게 집중적으로 투자함으로써 국민총소득 극대화를 달성할 수 있다.

Ⅲ. 평등지향 교육(MP_L이 동일)

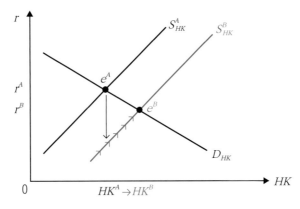

HK^A하에서 이자비용은 S_{HK}^B가 S_{HK}^A보다 낮으므로$(r^A > r^B)$ HK^A에서 HK^B까지 인적자본투자를 늘릴 유인이 발생한다. 낮은 이자비용으로 인한 인적자본투자 사용료가 낮아져 다수의 대중에게 평등지향적 교육비를 지원한다. 따라서 정부의 평등교육 정책은 인적자본을 보다 낮은 비용으로 구매하고 다수의 대중이 구매하도록 유도함으로써 국민총소득 극대화를 달성할 수 있다.

Ⅳ. 소 결

정부가 교육정책을 설계할 때, 높은 수준의 수익률을 보유한 소수의 엘리트에게 한정된 재원을 집중적으로 투자할지, 아니면 대중에게 평등한 교육의 기회를 부여할 수 있도록 사용료를 낮추어 교육서비스를 제공할 지는 사회 구성원의 수익률과 재원 조달 규모에 따라 달라지므로 환경에 따른 균형 잡힌 정책의 결정이 요구된다.

Topic 1-3

인적자본이론에 대한 다음의 질문에 답하시오.　　　　　　　　　　　　[2011년 1문, 50점]

물음 1) 인적자본의 투자대상 중에서 대표적인 3가지 투자형태를 선택하여 설명하시오. (15점)

물음 2) 대학진학을 선택한 학생의 선택기준을 비용−편익분석으로 설명하고, 이때 편익과 비용(직접비용과 간접이용)을 자세히 구분하여 그림으로 나타내시오. (25점)

물음 3) 최근 사회적으로 이슈화되고 있는 '고학력−고실업'에 대하여 다음의 관점에서 경제적 손실을 설명하시오. (10점)
　　− 대졸자 개인의 관점 : 3가지만 선택하여 설명하시오. (5점)
　　− 사회적 관점 : 3가지만 선택하여 설명하시오. (5점)

물음 1) 인적자본의 3가지 투자대상

Ⅰ. 인적자본투자 : [임금−학력곡선] → [연령−소득곡선]

평생소득의 극대화를 통해 생애에 걸친 효용극대화를 추구하는 동태적 개인은 연령 상승에 따른 임금(교육의 한계수익률)을 높이기 위해 최적의 교육햇수를 결정하여 내부노동시장에 진입 전에 교육의 인적자본에 투자한다. 내부노동시장에 진입한 이후에는 교육의 감가상각을 대체하고 순투자를 증가시키기 위해 직무훈련을 통해 인적자본을 형성한다. 이렇게 인적자본을 형성한 개인은 기업 내외, 지역, 산업, 국가 간 일자리 매칭을 교정하여 연령에 따른 소득극대화를 추구한다.

Ⅱ. 인적자본의 투자대상

1. 교육 - 대학진학 모형

개인은 대학진학에 투입되는 비용과 대학 졸업 이후에 획득하는 평생소득을 현재가치화하여 순편익을 계산하고 비교함으로써 대학진학 여부를 결정한다. 대학진학에 투입되는 비용은 등록금, 교재비와 같은 직접비용과 대학진학을 선택함으로써 포기해야하는 근로소득의 기회비용이 존재한다. 또한 대학졸업 이후에 발생하는 편익은 평생소득의 관점에서 학력 간 임금격차와 노동시장에 진입하여 퇴장할 때까지의 수익회수기간을 시간할인율로 현재가치화하여 평가하고 이를 비용과 비교하여 순편익의 관점에서 최적 학력햇수(대학진학)를 결정한다.

2. 내부 노동시장의 교육 - 사내훈련(General training & Firm specific training)

개인은 매 연령별 인적자본을 축적하기 위해 내부노동시장에 진입한 이후에도 인적자본에 투자한다. 기업의 훈련기간은 훈련을 받는 1기와 훈련을 마친 이후 높은 한계생산물가치를 창출하여 수익을 회수할 수 있는 2기로 구분된다.

1기에서 훈련에 필요한 비용을 부담한 자가 2기에서 수익을 회수한다. 이때 직무훈련의 결과로 상승한 한계생산물가치를 다른 기업에서도 활용 가능한지 여부에 따라 1기의 훈련비용 투자 주체가 결정된다. 따라서 일반훈련은 1기의 훈련비용을 근로자가 전액 부담하고 기업 특수적 직무훈련의 비용은 근로자와 기업이 공동으로 부담한다.

3. 이주(노동이동)

근로자는 현재의 소득이 본인이 창출하는 한계생산물가치에 미치지 못한다면, 현재의 일자리 매칭을 개선하기 위해 이주의 인적자본에 투자하여 평생소득의 극대화를 추구한다. 따라서 이주의 거래비용과 이주 이후의 편익을 비교하여 인적자본 투자여부를 결정한다.

$$편익 = [\frac{(Y_B - Y_A)^1}{(1+r)} + \cdots + \frac{(Y_B - Y_A)^n}{(1+r)^n}] \quad (n : 수익회수기간)$$

근로자는 수익회수기간이 길고(n) 시간 할인율(r)이 낮아 미래지향적일수록, 일자리 간 임금격차가 클수록($Y_B - Y_A$) 순편익이 증가하므로 인적자본투자로서의 이주를 선택한다.

물음 2) 대학진학 선택모형

Ⅰ. 대학진학 선택모형

1. 비용-편익분석

- 비용항목

1) 대학진학을 선택하면 대학등록금, 교재비 등 4년 간의 직접비용(=명시적 비용)이 발생한다.

2) 대학진학을 선택한 4년 동안 포기한 근로소득인 기회비용이 발생한다. 이는 비교대상인 고졸 근로자의 근로소득으로 측정한다.

$$편익 = [\frac{(Y_1^{대졸} - Y_1^{고졸})}{(1+r)^1} + \cdots + \frac{(Y_n^{대졸} - Y_n^{고졸})}{(1+r)^n}]$$

(n는 수익회수기간으로, 정년에서 대졸 근로자가 노동시장에 진입한 시점을 뺀 값이다.)

2. 연령-소득곡선

(1) 우상향

연령이 상승할수록 인적자본(HK)이 축적되면 근로자의 생산성이 향상되어 한계생산물가치가 상승하므로 임금이 상승하므로 연령-소득곡선은 우상향한다.

(2) 아래에서 오목한 형태

인적자본량이 축적되면 축적될수록 한계생산체감의 법칙에 따라 인적자본의 한계생산물의 증가폭이 점차 감소하므로 소득의 상승폭도 점차 하락한다.

(3) 임금격차 심화

대졸 근로자의 연령-소득곡선이 고졸 근로자에 비해 상방에 위치하여 더 많은 소득을 획득하고, 가파른 기울기를 보유하여 연령이 상승할수록 임금격차는 확대된다.

3. Graph 도해

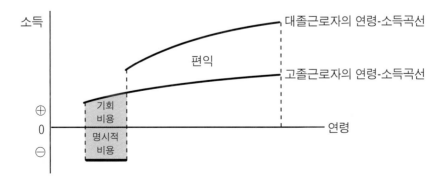

Ⅱ. 대학진학의 3가지 유인

1. 수익 회수기간의 연장

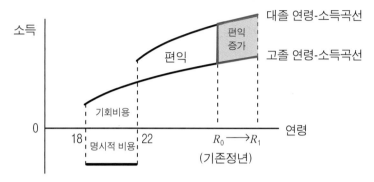

대학진학에 대한 수익 회수기간이 길어지면 인적자본투자의 편익은 증가한다. 따라서 정년 연장은 대학진학의 유인을 제고한다.

2. 학력 간 임금격차 확대

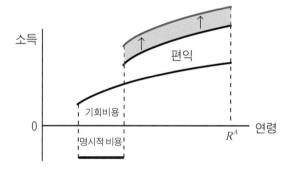

대졸자와 고졸자 간의 임금격차가 확대되면 편익이 증가하고 비용이 감소하여 대학진학의 유인이 증가한다.

3. 시간할인율(r)의 하락

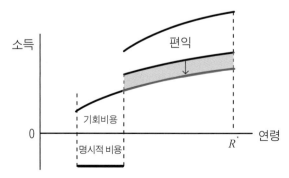

시간할인율이 감소하면 평생소득의 현재가치가 상승하여 편익이 증가하므로 대학진학의 유인이 증가한다.

물음 3) 고학력 – 고실업

– 고학력–고실업의 경제적 손실

1. 대졸자 개인 관점

(1) 수익 회수기간의 감소

대학진학을 선택하였음에도 고실업으로 인하여 대졸 근로자의 수익 회수기간이 단축되고 실업기간 동안에 기회비용이 발생하므로 평생소득이 감소하는 경제적 손실이 초래된다.

(2) 실업의 낙인효과

대학 졸업 후 장기간 실업이 지속되면 실업의 낙인으로 기업은 대졸자의 생산성(MP_L)을 낮게 평가한다(임금차별 발생). 따라서 대졸 근로자의 연령–소득곡선이 수직 하방으로 이동하게 된다.

(3) 잦은 이직의 경험

고학력자는 실업이 지속되지 않도록 직장탐색 기간을 짧게 하여 하향 지원을 한다. 하지만 이에 만족하지 못하고 잦은 이직을 단행하여 실업이 반복되므로 높은 생산성을 발휘할 수 있는 내부 노동시장의 인적자본 축적 기회를 상실한다.

2. 사회적 관점

(1) 잠재적 성장률 저하

대학졸업자는 많은 인적자본량을 축적하여 높은 한계생산물가치를 창출하여야 함에도 불구하고 고학력–고실업이 지속되면 대학진학의 기회비용이 증가하므로 대학진학을 포기한다. 이러한 선택이 사회 전체적으로 확대될 경우 높은 한계생산물 가치를 창출할 수 있는 숙련 근로자가 감소하는 문제가 발생하여 잠재적 경제성장률의 저하로 이어진다.

(2) 기업 특화훈련 기회 상실

고실업으로 인하여 고학력 근로자들이 잦은 이직을 경험하면 내부 노동시장에 머무르며 기업 특화훈련을 경험할 수 있는 기회를 상실한다. 따라서 노동시장에서 숙련도별 인적자본이 적재적소로 매칭(matching)되지 못하여 파레토 효율적인 자원배분에 도달할 수 없다.

신호발송이론

인적자본투자이론과 신호발송이론을 비교하고 신호로서의 최적 학력(교육 햇수)를 그래프를 통해 설명하시오.

Ⅰ. 인적자본투자이론과 신호발송이론 비교

1. 의 의

(1) 인적자본투자이론은 개인이 인적자본을 축적하면 노동의 한계생산성이 향상되어 기업의 한계생산물 가치가 높아지고, 소득이 증가하는 과정을 중시한다.

(2) 신호발송이론은 높은 생산성과 낮은 생산성을 보유한 개인은 생애에 걸친 생산성이 변하지 않고 정보의 비대칭을 해소할 목적으로 일정 교육수준을 획득하여 기업에게 신호(Signal)를 발송함으로서 통합균형에서 벗어나 분리균형을 통해 평생소득의 극대화를 추구한다.

2. 공통점

(1) 양 가설은 높은 임금이 지급되기 위해서는 높은 생산성이 담보되어야 함을 전제로 한다.

(2) 양 가설은 소득(임금)과 생애기간의 평면에 도해되며 궁극적인 목적은 생애에 걸친 평생소득의 극대화로 일치한다.

3. 차이점

인적자본투자이론은 교육을 통해 인적자본량을 축적시켜 생산성의 향상을 추구하지만 신호발송이론은 생산성은 변화가 없고 인적자본을 투자하여 획득한 학위는 정보의 비대칭성 하에서 역선택을 방지하기 위해 근로자의 내재된 높은 생산성을 기업에게 발송하기 위한 신호 수단이다.

Ⅱ. 신호발송이론 최적 교육햇수

1. 신호발송이론

(1) 신호발송이론은 기업이 고생산성 근로자와 저생산성 근로자를 선별하기 어려운 정보의 비대칭성을

가정하므로, 저생산성 근로자가 20만원, 고생산성 근로자가 40만원의 평생 생산성 가치가 있다고 예로 들때, 기업은 차선책으로 20~40만원 사이에서 평균임금을 제시하여 통합균형을 추구한다.

(2) 하지만 고생산성 근로자와 기업 모두 통합균형을 원하지 않고 높은 생산성에 따른 고임금(40만원)을 일치시키길 원하므로 일정 교육수준을 달성한 학위와 자격증을 신호(Signal)로 정보의 비대칭성을 해소한다.

(3) 고생산성 근로자는 일정 교육수준을 달성하기 위해 낮은 비용을 부담하지만, 저생산성 근로자는 일정 교육수준을 달성하기 위해 높은 비용을 부담하므로 일정 교육수준을 획득하는 것을 포기한다. 이로써 기업은 교육수준 달성 여부를 신호(Signal)로 받아들여 고생산성 근로자와 저생산성 근로자 간 분리균형을 달성한다.

2. Graph 도해

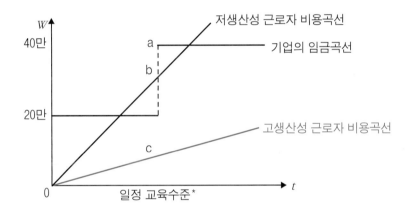

(1) 저생산성 근로자는 학위를 획득하기 위한 비용이 높아서 일정 교육수준에서의 편익($a-b$)이 교육을 받지 않을 때의 편익(20만)보다 낮으므로 교육을 받지 않을 것이다.

(2) 반면, 고생산성 근로자는 학위를 획득하기 위한 비용이 낮아서 일정 교육수준에서의 편익($a-c$)이 교육을 받지 않았을 때의 편익(20만)보다 높으므로 교육을 이수하여 기업에게 고생산성의 신호를 학위로 발송하려 할 것이다.

3. 최적 교육햇수

(1) 최적 교육햇수는 고생산성 근로자와 저생산성 근로자를 구분하여 분리하기 위해 필요한 적정 교육햇수를 의미한다.

(2) Graph 도해

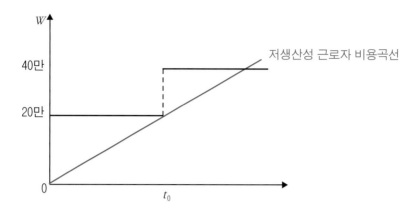

만약 t_0기간까지의 교육을 받은 저생산성 근로자는 교육을 받든 받지 않든 편익이 20만원으로 무차별하다.

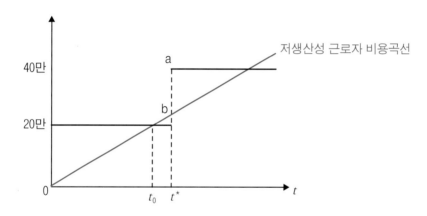

t_0기간보다 더 많은 교육수준(t^*)을 설정한다면, 저생산성 근로자가 교육을 받지 않을 때 편익(20만)이 교육을 받았을 때 편익($a-b$)보다 크므로 교육을 받으려하지 않을 것이며, 기업은 이 교육수준(t^*)를 저생산성 노동자와 고생산성의 노동자를 선별하는 신호(Signal)로서 인식하여 각 노동자의 생산성에 상응하는 임금을 지급하는 분리균형을 달성할 수 있다.

Ⅲ. 소 결

저생산성 근로자와 고생산성 근로자를 구분하기 위한 최적 교육기간(t^*)을 설정할 때 저생산성 근로자가 교육을 받든 받지 않든 무차별한 기간(t_0)과 시간적 격차가 크지 않아야 한다.

왜냐하면 그러한 기간(t_0-t^*)의 격차가 클수록 고생산성 근로자가 기업에게 신호(Signal)하기 위한 교육투자기간이 늘어남을 의미하고 이는 고생산성 근로자와 기업 모두에게 기회비용의 상승으로 작용하여 분리균형의 달성가능성을 낮추기 때문이다.

TOPIC 03 학력 선택 모형의 검증

A와 B의 두 명의 근로자가 존재한다. A는 블루컬러 일에 능하고 이런 종류의 일은 학력을 요구하지 않는다. B는 화이트컬러 일에 능하고 이런 종류의 일은 1년의 학력을 요구한다. 평생 두 기간만 존재하고, 학교에 다니지 않은 사람은 두 기간 모두 블루컬러 일을 한다. 학교에 다닌 사람은 1기에는 학교에 다니고 2기에 화이트컬러 일에 종사한다. 또한 각 근로자의 임금-학력곡선은 다음과 같고, A와 B의 할인율은 10%로 동일하다.

근로자	블루컬러 소득	화이트컬러 소득
A	2만 달러	4만 달러
B	1만 5천 달러	4만 1천 달러

이를 통해 근로자는 평생소득의 현재가치를 극대화하는 학력을 선택한다는 이론을 검증할 때 발생하는 선택 편의를 설명하시오.

Ⅰ. 평생 소득의 극대화 검증

근로자는 평생 소득이 현재가치를 극대화하는 최적 학력을 선택하여 동태적 효용극대화를 추구한다. 학력이 다른 근로자 간 임금격차 비율이 유용한 도구변수로서 학교교육의 수익률로 해석이 되려면 능력에 의한 편의(bias)를 통제해야 한다. 이를 간과하면 근로자가 평생 소득의 극대화를 추구하기 위해 학력을 선택하는 모형의 적합성을 검증하는데 오류가 발생하기 때문이다.

따라서 학력 선택 모형에 의해 근로자 간 임금격차로 추정하는 대학교육의 수익률은 대학 졸업생과 고등학교 졸업생이 동일한 임금-학력곡선 상에 존재할 때에만 유효하다. 근로자 집단 간에 능력 차이가 있다면 관찰된 임금격차에는 대학교육의 수익뿐 아니라 근로자 간 능력의 차이가 혼재되어 있기 때문이다.

자신의 능력에 대한 완전 정보를 보유한 근로자는 내재된 능력이 온전히 발휘될 수 있는 직군과 매칭되어 평생 소득의 극대화를 추구한다. 그런데 능력의 차이로 다른 직군에 위치한 근로자를 대상 집단으로 선택하고, 드러난 임금격차로 교육의 수익률을 추정하면 선택 편의(selection bias)로 평생소득 극대화 가설(학력 선택 모형)을 부정하는 오류가 발생한다. 관찰된 임금격차에는 다양한 능력차이가 반영되어 있기 때문이다.

Ⅱ. 평생 소득의 현재가치

임금−학력곡선은 기업이 특정 학력수준의 근로자에게 지급하려는 최대 임금의 조합을 연결한 궤적이다. 따라서 동일 학력 수준에서 능력이 뛰어날수록 근로자의 한계생산물가치는 높기 때문에 기업은 근로자에게 더 많은 임금을 지급하므로 임금−학력곡선은 상방에 위치한다.

A는 동일 학력(0년의 학력)에 대해 블루컬러 직군에서 받는 임금(2만 달러)가 B(1만 5천 달러)보다 높다. 이는 블루컬러 직군에서는 A가 B보다 능력이 우월하기 때문이다. 동일한 맥락에서 B는 A보다 화이트컬러 직군에서 높은 능력을 보유하고 있다.

1. A 소득의 현재가치

1년 교육을 이수하지 않은 A 소득의 현재가치
= 1기 블루컬러 소득 + 2기 블루컬러 소득
$$= 20{,}000 \quad + [\frac{20{,}000}{(1+r)} = \frac{20{,}000}{(1+0.1)}] = 38{,}182$$

1년 교육을 이수한 A 소득의 현재가치
= 1기 소득 없음 + 2기 화이트컬러 소득
$$= 0 \quad + [\frac{40{,}000}{(1+r)} = \frac{40{,}000}{(1+0.1)}] = 36{,}364$$

A는 평생 소득의 현재가치를 극대화하기 위해 교육을 이수하지 않고 블루컬러 노동시장에 진입하므로 38,182의 소득이 관찰된다.

2. B 소득의 현재가치

1년 교육을 이수하지 않은 B 소득의 현재가치
= 1기 블루컬러 소득 + 2기 블루컬러 소득
$$= 15{,}000 \quad + [\frac{15{,}000}{(1+r)} = \frac{15{,}000}{(1+0.1)}] = 28{,}636$$

1년 교육을 이수한 B 소득의 현재가치
= 1기 소득 없음 + 2기 화이트컬러 소득
$$= 0 \quad + [\frac{41{,}000}{(1+r)} = \frac{41{,}000}{(1+0.1)}] = 37{,}273$$

B는 평생 소득의 현재가치를 극대화하기 위해 교육을 이수하여 화이트컬러 노동시장에 진입하므로 37,273의 소득이 관찰된다.

Ⅲ. 선택 편의의 교정

현재 관찰된 임금을 비교하면 더 많은 교육을 이수한 B의 소득(37,273)이 교육을 이수하지 않은 A의 소득(38,182)보다 낮다. 이 관찰된 임금으로 A는 평생 소득의 극대화를 달성하는 최적 학력을 초과 이수한 것으로 해석하여 학력 선택 모형을 비판하는 견해는 능력에 의한 선택 편의를 고려하지 못한 오검증이다.

A와 B 모두 자신의 평생 소득을 극대화하는 최적 학력을 선택하였다. 블루컬러 직군에 적합한 능력을 보유한 A는 블루컬러 일의 평생 소득이 화이트 컬러 일보다 많으므로(38,182 > 36,364) 교육을 이수하지 않는 최적 학력을 선택하여 평생 소득의 현재가치를 극대화했다. 따라서 임금격차를 비교하는 근로자 간의 능력과 직군이 같도록 선택 편의 교정법을 사용하면 평균적으로 근로자는 평생소득의 현재가치를 극대화하는 최적 학력을 선택하는 실증 분석이 관찰되었다.

제7장

임금분포

Ⅰ. 사내훈련 (☞ 내부 노동시장의 교육 투자)

인적자본투자로서의 사내훈련 비용의 부담주체는 수익의 회수 가능성에 의해 결정된다.

$[\pi = PQ - (WL + rK + \text{인적자본투자비용})]$

$$\begin{cases} \text{일반훈련 : 사내훈련} \rightarrow MP_L^{General} \Uparrow & \text{ex) 엑셀, 영어회화} \\ \text{특화훈련 : 사내훈련} \rightarrow MP_L^{Specific} \Uparrow & \text{ex) 소수부족언어} \end{cases}$$

⇒ 타이핑, 운전과 같은 일반훈련은 외부 노동시장에서도 활용 가능한 기술·능력이므로 근로자의 이직 위험에 직면한 기업은 일반 훈련비용을 근로자에게 완전히(100%) 전가시킨다.

⇒ 기업 특화훈련은 외부 노동시장에서 활용이 어려운 기술·능력이므로 해고의 위험이 존재하는 근로자는 특화훈련 비용을 전액 부담하지 않는다. 기업 역시 근로자의 이직 위험이 존재하므로 특화훈련 비용을 전액 부담하지 않으려 한다. 또한 기업과 근로자는 특화훈련을 통해 암묵적으로 장기고용관계를 유지하면 내부 노동시장에서 이윤과 평생소득을 제고할 수 있다. 따라서 근로자와 기업은 특화훈련 비용을 공동으로 부담하고 수익 역시 공동으로 회수한다.

$$[TC_1 + \frac{TC_2}{1+r} = VMP_1 + \frac{VMP_2}{1+r}]$$

$$[W_1 + H\uparrow + \frac{W_2\uparrow}{1+r} = VMP_1 + \frac{VMP_2\uparrow}{1+r}]$$

- 일반훈련 ⇒ $VMP_2 - H = W_1$

  (1기에 근로자가 훈련비용을 전액 부담)

- 기업 특화훈련 ⇒ $MP_L^2 \uparrow \Rightarrow VMP_L^2 > W_2 \uparrow \Rightarrow VMP_L^2 - W_2 = \text{인적자본}(H)$

  (1기에 기업과 근로자가 훈련비용을 공동으로 부담)

2021	2022	2023	2024	2025
A 근로자 단위당	B 근로자 단위당	C 근로자 단위당	D 근로자 단위당	E 근로자 단위당
10개 생산	9개 생산	8개 생산	7개 생산	6개 생산
↑	↑	↑	↑	↑
기업 특화훈련	기업 특화훈련	기업 특화훈련	기업 특화훈련	기업 특화훈련
5년	4년	3년	2년	1년

⇒ 경기 불황 시 해고의 우선순위 대상자는 최근에 고용되어 특화훈련이 제일 적고 MP_L이 가장 낮은 E 근로자이다.

Ⅱ. 사내훈련과 연령-소득곡선

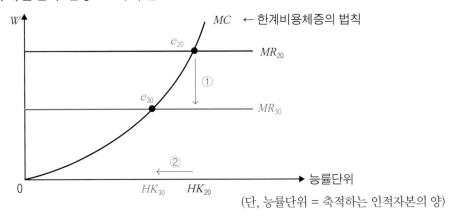

1. 인적자본의 MC 곡선

한계소득체감의 법칙에 의해 근로자가 더 많은 인적자본(능률단위)을 축적하기 위한 한계비용이 점차 증가하므로 우상향의 MC곡선이 도출된다.

2. 인적자본의 MR 곡선

인적자본 능률 단위는 인적자본을 취득한 날부터 65세에 퇴직할 때까지 축적된 인적자본의 능률단위를 노동시장에서 고용주에게 임대해주고 매년 R만큼의 고정 임대료 수익을 획득하는데 인적자본의 감가상각은 없다고 가정할 때 수평의 MR곡선이 도출된다.

3. 최적 능률단위의 결정

모든 연령에서 인적자본에 대한 투자, 즉 최적의 능률단위는 사내훈련의 한계수익(MR)과 한계비용(MC)이 일치하는 지점에서 선택된다.

20세와 30세를 비교하면

$$MR_{20} = R_{20} + \frac{R_{21}}{(1+r)^1} + \frac{R_{22}}{(1+r)^2} + \cdots + \frac{R_{55}}{(1+r)^{35}} + \cdots + \frac{R_{65}}{(1+r)^{45}} \quad : 30세 \ 보다 \ 긴 \ 수익회수기간$$

$$MR_{30} = R_{30} + \frac{R_{31}}{(1+r)^1} + \frac{R_{32}}{(1+r)^2} + \cdots + \frac{R_{65}}{(1+r)^{35}} \qquad\qquad : 20세 \ 보다 \ 짧은 \ 수익회수기간$$

연령이 증가함에 따라 훈련에 따른 수익회수 기간이 단축되므로 인적자본 능률 1단위에 대한 한계수입은 점차 하락한다. 따라서 연령이 낮을수록 인적자본의 한계수입(MR)이 상승하므로 보다 많은 사내훈련을 경험하여 축적하는 능률단위는 증가한다.

📖 Topic 0-1 연령-소득곡선의 특징

물음 1) 연령-소득곡선의 3가지 특징을 서술하시오.

Ⅰ. 연령-소득곡선의 의의

기업이 임의의 연령대에서 근로자에게 최대로 지불할 용의가 있는 임금수준을 연결한 궤적, 즉 개인의 생애에 걸친 연령과 소득의 조합을 연결한 궤적인 연령-소득곡선은 내부노동시장에 진입하기 이전의 학교교육(고생산성 노동자 vs 저생산성 노동자), 사내훈련과 같은 학교를 마친 후의 인적자본 투자, 그리고 직장 이동 혹은 이민과 같은 인적자본 투자로서의 노동 이동에 의해 결정된다.

Ⅱ. 특 징

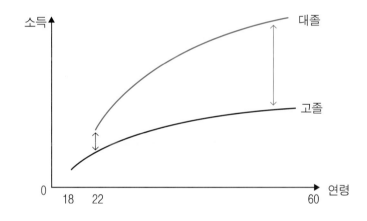

1. 고학력 근로자는 저학력 근로자보다 소득이 높다.

근로자의 학력이 높을수록 인적자본이 많이 축적되어 생산성이 향상되고, 학력은 근로자의 내적 능력에 대한 신호로서 고학력 근로자일수록 높은 생산성을 기업에게 신호로 발송하므로 소득은 많다. 따라서 대졸 근로자의 연령-소득곡선은 고졸 근로자의 연령-소득곡선보다 상방에 위치한다.

2. 연령-소득 곡선은 우상향하며 오목하다.

내부노동시장에 진입한 근로자는 연령이 높아질수록 사내훈련 프로그램을 통해 인적자본이 축적되어 생산성이 향상되어 임금이 상승한다. 이는 인적자본의 수익률이 높은 신입 근로자는 가처분소득에서 인적자본 투자 비용이 높은 비율을 차지하여 상대적으로 낮은 소득을 얻지만 인적자본의 수익률이 낮은 고령 근로자는 가처분소득에서 인적자본 투자 비용이 낮은 비율을 차지하여 상대적으로 높은 소득을 획득하기 때문이다. 즉, 연령이 증가할수록 인적자본의 투자 비용은 감소하고 과거의 투자로부터 회수하는 수익이 많아지므로 소득은 증가한다.

　연령이 낮을수록 수익회수 기간이 길어 매 연령마다 축적하는 인적자본이 많지만 연령이 증가할수록 수익회수 기간이 짧아 매 연령마다 축적하는 인적자본 투자는 감소하므로 생산성의 증가폭은 점차 감소하여 소득의 증가폭은 점차 감소하므로 임금의 상승률은 하락한다. 따라서 많은 연령에 대해 오목한 연령-소득 곡선이 도출된다.

3. 학력 간 소득격차는 더욱 확대된다.

　매 연령마다 연령-소득곡선의 기울기는 대졸 근로자가 고졸 근로자에 비해 가파르고 학력 간 소득격차는 더욱 확대된다. 이는 노동시장에 진입하기 전의 학교 교육에 대한 투자와 내부 노동시장에서의 사내훈련이 상호 보완적으로 작용하여 능력이 뛰어나 학교교육에서 많은 인적자본을 축적한 고학력자가 학교교육을 마친 이후 내부 노동시장에서도 매 연령마다 더 많은 사내훈련을 통해 인적자본 투자의 증가폭이 더욱 크기 때문이다.

물음 1-2) 인적자본이론에 근거하여 연령-소득곡선이 우상향하며 오목한 형태를 갖는 이유를 그래프로 설명하시오.

Ⅰ. 연령-소득곡선

　연령-소득곡선은 우상향하며 오목하다. 연령이 상승할수록 인적자본에 대한 투자는 감소하여 비용은 줄고 지난 투자에서 수익을 획득하므로 소득은 비례적으로 증가한다. 그러나 근로자는 나이가 들수록 인적자본의 축적 유인이 감소하여 투자가 감소하므로 소득의 상승률은 점차 낮아진다. 따라서 우상향하며 오목한 연령-소득곡선의 형태는 연령별 축적되는 인적자본투자에 의해 결정된다.

Ⅱ. 연령별 인적자본투자 선택

1. 연령별 행동원리

　모든 연령에서 개인은 투자의 한계수익이 투자의 한계비용과 일치하는 지점까지 인적자본에 투자한다. 단, 연령별 인적자본의 투자대상은 감가상각이 없는 일반훈련이며 능률 단위로 측정되고 매년 R의 능률 단위당 임대료와 수익이 발생함을 가정한다.

2. 인적자본투자의 한계수익곡선(MR)

$$\sum_{t=1}^{n}\left[\frac{R}{(1+r)^t}\right] \ (\text{단},\ r = \text{시간할인율},\ n = \text{수익회수기간})$$

감가상각이 없는 일반훈련은 능률 단위 양과 무관하게 모든 인적자본투자량에 대하여 동일한 R의 한계수익이 발생하므로 수평의 한계수익곡선이 도출된다. 그리고 연령이 낮을수록 오랜 수익회수기간이 확보되므로 인적자본투자의 생애에 걸친 한계수익은 상승한다.

3. 인적자본투자의 한계비용곡선(MC)

인적자본투자의 한계비용곡선은 능률(인적자본)의 한계수확(소득)이 체감하므로 동일한 1단위의 취득을 위한 한계비용은 체증한다. 따라서 더 많은 능률 단위에 대하여 볼록하며 우상향하는 한계비용곡선이 도출된다.

4. 연령별 인적자본 투자량

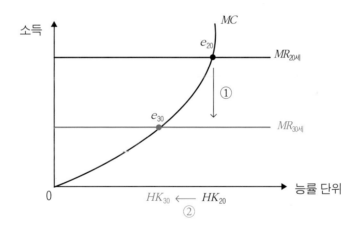

개인은 매년 인적자본 투자의 한계수익과 한계비용이 일치하는 지점에서 연령별 인적자본 투자를 선택한다. 나이가 많아질수록 수익회수기간이 감소하여 인적자본투자의 한계수익이 하락하므로 평생소득의 현재가치를 극대화하기 위한 인적자본투자량은 점차 감소한다.

Ⅲ. 연령-소득곡선의 특징

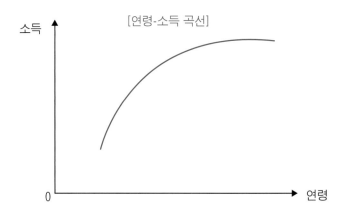

연령-소득곡선은 우상향하는데 이는 연령이 많을수록 축적된 인적자본의 절대량이 증가하여 소득은 비례적으로 상승하기 때문이다. 또한 연령-소득곡선은 고연령에 대하여 오목한 형태인데 나이가 들수록 인적자본투자의 한계수익은 하락하므로 매년 축적되는 인적자본투자량이 감소하여 소득의 상승률은 체감하기 때문이다.

사내훈련(내부노동시장의 교육)

 Topic 1-1
· ·

근로자의 훈련과 관련하여 다음 물음에 답하시오.

물음 1) 인적자본투자이론의 관점에서 일반적 훈련과 기업특수적 훈련을 설명하고 훈련별 비용 부담자를 그래프를 통해 설명하시오.

물음 2) 1기의 인적자본투자(기업 훈련 프로그램) 이후에 2기에서 경기 침체가 발생하였다. 일반적 훈련과 기업특수적 훈련을 받은 근로자 중에서 어느 쪽이 해고 가능성이 높은지 분석하시오.

물음 3) 1기의 인적자본투자(기업 훈련 프로그램)와 동시에 최저임금제가 실시될 경우에 일반적 훈련과 기업특수적 훈련의 비용분담이 어떻게 조정되는지 그래프를 통해 설명하시오.

물음 4) 2기에서 경제의 불확실성이 가중되어 실업률이 높아지고 실망실업자가 대량으로 발생할 때 일반적 훈련의 비용분담이 어떻게 조정되는지 그래프를 통해 설명하시오.

물음 1)

Ⅰ. 인적자본이론 관점에서의 사내훈련(OJT)

1. 인적자본이론

　교육 · 훈련을 통한 인적자본을 축적하면 개인의 고유능력과 기술의 집합체인 노동의 한계생산성(MP_L)이 향상되므로 높은 임금을 지급받는다.

2. 일반훈련과 기업 특수적 훈련

　(1) 일반훈련은 엑셀(Excel) 프로그램 습득과 같이 모든 기업에서 통용되고 인정받을 수 있는 생산성(MP_L)을 향상시키는 사내훈련이다.

　(2) 기업 특화훈련은 교육 · 훈련을 받은 해당 기업에서만 생산성 향상을 인정받고 내부 노동시장을 벗어나면 생산성이 상승하지 못하는 사내훈련이다.

Ⅱ. 사내훈련의 2기간 모형

1. 가 정

(1) 논의의 편의를 위해 시간 할인율은 0으로 가정한다.

(2) 근로자가 사내훈련을 받기 전 임금과 한계생산물 가치는 동일($W^* = VMP_L^*$)하다.

(3) 1기는 사내훈련의 비용이 지출되는 훈련기간이고 2기는 사내훈련이 종료되어 높아진 VMP_L로부터 수익을 회수하는 기간을 의미한다. (이하에서는 2기간 모형으로 비용부담 주제를 논의한다.)

2. 일반훈련 비용 부담 주체 : 근로자

(1) 일반훈련은 1기에 훈련을 받은 후에 2기에 어느 기업에서나 높아진 생산성을 발휘할 수 있으므로 기업이 2기에 근로자의 VMP_L에 맞는 임금을 지급하지 않는다면 근로자는 다른 기업으로 이직한다.

따라서 이러한 사실을 인식하는 기업은 1기의 교육훈련 비용을 완전히(100%) 근로자에게 전가시켜 근로자가 전액 비용부담을 하고, 2기에서 근로자는 향상된 VMP_L만큼 높은 임금을 받음으로써 1기의 일반훈련 비용을 전액 회수한다.

(2) Graph 도해

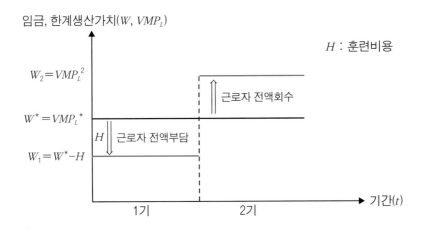

일반훈련 비용은 근로자가 모두 부담하고 모두 회수한다.

3. 기업 특화훈련 비용 부담 주체 : 공동부담

(1) 기업 특화훈련은 해당 기업에서만 높은 생산성을 산출할 수 있는 훈련이므로 1기에서 근로자가 전액 부담하는 경우 2기에서 근로자가 기업에 의하여 해고를 경험한다면 다른 기업에서 상승한 생산성을 인정받을 수 없다. 이를 인지하고 있는 근로자는 훈련비용을 전액 부담하지 않고 기업과 공동으로

부담한다. 그리고 기업이 공동부담에 응하는 이유는 1기에서 기업이 훈련비용을 전부 부담하는 경우 2기에서 근로자가 이직할 경우 비용을 회수할 수 없기 때문이다.

(2) Graph 도해

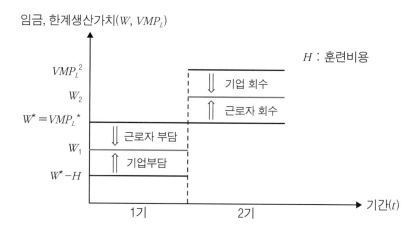

1기에 기업과 근로자가 공동으로 기업 특화훈련 비용을 부담하고 2기에서 훈련비용 부담비율에 상응하는 만큼 수익을 공동으로 회수한다.

Ⅲ. 함 의

일반훈련과 달리 기업 특화훈련은 임금과 한계생산물가치가 반드시 일치하지 않는다. 1기 교육훈련을 마친 후 2기에 VMP_L^2보다 낮은 수준인 W_2 임금을 지급받더라도 다른 기업에서 제안받는 $[W^*=VMP_L^*]$ 수준의 임금보다는 높으므로 다른 기업으로의 이직 유인이 낮기 때문이다.

물음 2)

Ⅰ. 2기의 경기침체

경제 전체의 경기침체가 확대되면 재화시장에서 소비자의 수요가 감소하여 생산량이 줄어들고 가격이 하락한다. 이때 노동시장에서 노동의 한계생산물가치가 하락하여 기업의 노동수요도 감소한다. 또한 경기침체에서는 구직확률의 하락으로 근로자의 노동이동 비용이 증가하므로 실업상태에서 직장 탐색기간이 길어지고 지속된다.

Ⅱ. 보다 높은 해고 가능성 : 일반훈련 근로자

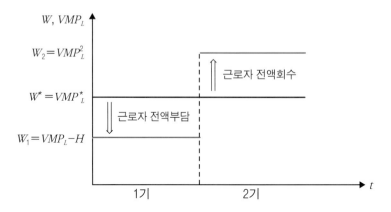

기업 특화훈련은 1기에서 근로자와 기업이 교육훈련 비용을 공동으로 부담하므로 경기불황으로 근로자를 해고한다면 지출된 특화훈련 비용을 회수할 수 없으므로 해고의 유인이 낮지만 일반훈련은 1기의 훈련비용을 근로자가 전액 부담하므로 경기불황이 발생하면 해고의 제약이 존재하지 않으므로 일반훈련을 받은 근로자는 해고의 위험에 완전 노출된다.

Ⅲ. 함 의

이상의 논의는 경기불황과 경영상 이유로 구조조정이 실시될 때, 기업 특수적 기술·능력을 보유한 경력직 근로자보다 기업 특수적 기술·능력을 보유하지 못한 신규입사자를 해고의 우선 대상자로 선정하는 현실과도 맥락이 일치한다.

물음 3)

Ⅰ. 최저임금의 의의

최저임금은 노동시장에서 균형임금보다 높은 수준에서 임금을 설정하는 임금하한제로서 저임금 근로자의 소득수준($M = W_{\text{Min}} \times L^d$) 향상과 임금격차 완화를 목적으로 한다.

Ⅱ. 최저임금과 일반훈련

1. 1기에서의 부담

(1) 최저임금이 도입되기 전에는 근로자가 훈련비용(H)을 전액 부담함으로써 임금을 시장임금(W^*)에서 훈련비용을 공제한 만큼 지급받는다.

(2) 최저임금이 도입된 이후에는 [$W^* - H$]수준의 임금보다 높은 수준($W^* - W_1$사이)에서 최저임금이 설정되어 더 이상 근로자가 훈련비용 전액을 부담하지 않고 W^*에서 최저임금(W_{Min})을 제한 만큼만 부담하게 되고, 나머지 부분은 기업이 일반훈련비용을 부담한다.

2. 2기에서의 수익 회수 : 불가

2기에서는 훈련을 마친 근로자가 높아진 VMP_L^2 수준만큼 임금(W_2)을 받지 못한다면 다른 기업으로 이동할 유인이 존재하므로 이직을 선택할 것이다. 따라서 2기에서 근로자를 고용하기 위해서는 상승한 VMP_L^2만큼 W_2를 지급하므로 생산성의 향상분을 근로자가 전액 회수한다.

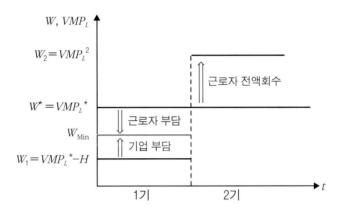

Ⅲ. 최저임금과 기업 특화훈련

1. 1기에서의 부담

(1) 최저임금이 도입되기 전에는 근로자와 기업이 공동으로 훈련비용을 부담한다.

(2) 최저임금이 도입된 이후에는 최초 공동부담 시 근로자가 지급받던 임금보다 높은 수준에서 최저임금이 설정되면 기업의 훈련비용 부담은 증가하지만, 근로자의 훈련비용 부담은 감소한다.

2. 2기에서의 수익 회수 : 가능

(1) 최저임금이 도입되기 전에는 근로자와 기업이 공동으로 비용을 회수한다.

(2) 최저임금이 도입된 후에도 1기에서 보다 많은 훈련비용을 부담한 기업이 근로자보다 많은 수익을 회수한다. 근로자의 수익 회수 기준인 임금이 최저임금 도입 전보다 낮아지더라도 여전히 시장임금(W^*)보다 높다면 다른 기업으로 이동할 유인이 없기 때문이다.

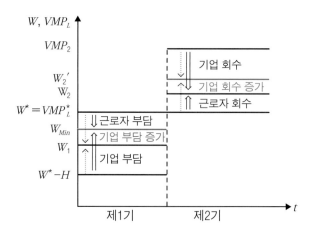

Ⅳ. 함 의

　2기에서 기업이 1기에서 투입된 훈련비용을 회수할 수 없는 일반훈련일 때 최저임금제가 도입되면 특화훈련과 달리 일반훈련을 받는 근로자는 평생 소득이 증가하므로 저소득 근로자의 임금을 보호하려는 최저임금제의 목적을 달성할 수 있다.

물음 4)

Ⅰ. 실망실업자

　실망실업자는 경기가 침체되어 경제의 불확실성이 증대되면 구직활동을 하던 실업자가 구직활동을 포기하고 비경제활동인구로 전환되는 구직단념자이다.

Ⅱ. 높은 실업률과 일반훈련

　높은 실업률은 노동비용의 증가를 야기한다. 따라서 일반훈련을 받는 근로자는 2기에서 향상된 생산성보다 낮은 임금을 지급받더라도 이직을 통하여 높은 임금을 획득할 수 있는 확률이 하락하므로 해당기업의 내부 노동시장에 정착한다. 따라서 1기에 훈련비용을 공동부담하고, 2기에는 공동으로 지출한 비용을 수익으로 함께 회수한다.

Ⅲ. Graph 도해

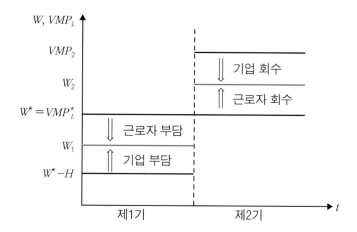

경기가 불황일 때 실망실업자가 대량으로 발생하면 일반훈련은 기업 특수적 훈련과 같이 훈련비용을 공동부담하고 수익은 비용 분담 비율로 회수하는 형태로 전환된다. 이는 이직을 통해 상승한 생산성을 보상받을 수 있는 확실성이 하락하여 근로자가 훈련비용을 모두 부담하지 않으려 하고, 기업은 이윤극대화를 추구하는 과정에서 2기에서 요구되는 근로자의 생산성 향상을 위해 훈련비용의 일정부분을 부담할 용의가 있기 때문이다.

 Topic 1-2

숙련 편향적 기술변화가 숙련 근로자와 저숙련 근로자의 임금 불평등을 심화시킨 주요 원인일 수 있음을 숙련 근로자에 대한 상대적 수요곡선과 상대적 공급곡선을 통해 설명하시오.

Ⅰ. 숙련편향적 기술변화

최근의 자본집약적 기술진보로 자본과 숙련 근로자 간의 보완적 관계는 두터워졌으나 자본과 저숙련 근로자와의 대체용이성은 상승하였다. 따라서 첨단 기술의 발전이 숙련 근로자의 가용 자본량을 증가시켜 생산성을 높였다. 이러한 숙련편향적 기술변화(skill-biased technological change)는 마셜의 파생수요법칙과 숙련보완가설에 의해 숙련 근로자에 대한 수요는 증가한 반면 저숙련 근로자에 대한 수요는 감소했다.

그러므로 숙련편향적 기술변화에 의한 숙련근로자에 대한 상대적 수요곡선의 증가폭이 상대적 공급곡선의 증가폭을 상회하여 임금 불평등이 확대되었다.

Ⅱ. 임금불평등의 심화

1. 완전 비탄력적인 상대적 공급곡선

저숙련 근로자에 비해 숙련 근로자는 높은 기술 수준에 부합하는 인적자본을 축적하기 위한 교육과 훈련에 오랜 시간이 소요되므로 공급이 제한적이다. 즉, 저숙련 근로자에 비해 숙련 근로자의 상대적 숫자는 고정되어 있으므로 공급곡선은 완전 비탄력적인 수직선이고, 이는 상대적 임금격차와 무관하게 저숙련 근로자에 대한 일정비율(p_0)로 공급이 고정되어 있음을 의미한다.

2. 우하향하는 상대적 수요곡선

숙련과 저숙련 근로자에 대한 대체탄력성이 일정한 생산함수를 보유한 기업의 상대적 수요곡선은 한계생산성 조건에 의해 숙련 근로자의 상대적 임금이 상승할수록 숙련 근로자에 대한 고용의 부담이 가중되어 숙련 근로자의 노동수요는 감소하고 저숙련 근로자의 노동수요는 증가하므로 상대적 고용이 감소한다. 따라서 상대적 수요곡선은 우하향한다.

3. Graph 도해

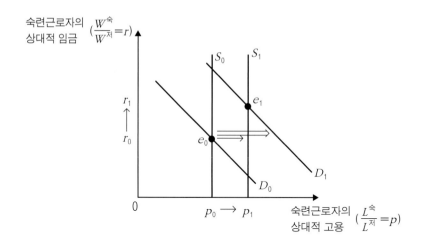

최근 숙련 근로자에 대한 상대적 공급도 증가(p_1)하였으나 숙련편향적 기술변화로 인해 확대된 상대적 수요의 증가폭이 공급의 증가폭을 압도하여 상대적 임금과 고용률이 모두 상승함으로써 임금 불평등이 심화되었다.

TOPIC 02 왜도가 양수인 소득분포

Topic 2-1

노동시장에서 다수의 근로자가 상대적으로 낮은 임금을 받고 최상위에 있는 소수의 근로자가 총보상 중에서 불균형하게 큰 몫을 받는 사실이 관찰된다. 이는 교육과 직업훈련을 통해 소득의 현재가치를 극대화하는 인적자본량의 축적 원리가 필연적으로 근로자 간의 큰 임금격차를 초래하여 왜도가 양수인 소득분포를 발생시켰음을 의미한다. 이를 그래프를 통해 설명하시오.

Ⅰ. 왜도가 양수인 소득분포(positively skewed to the right income distribution)

근로자는 노동시장에 진입하기 전의 학교교육과 내부 노동시장에서의 직업훈련을 통해 평생소득의 현재가치를 극대화하는 인적자본량을 축적한다. 그리고 이러한 근로자 간의 인적자본량 차이는 필연적으로 임금격차를 초래한다.

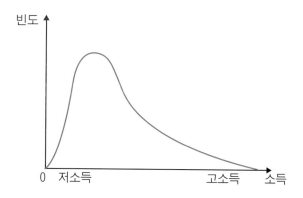

그런데 이러한 소득 불평등은 소득의 중위값을 중심으로 대칭적으로 분포하지 않고 오른쪽 꼬리(tail)가 긴 왜도가 양수(+)인 소득분포가 관찰된다. 이는 다수의 근로자는 상대적으로 낮은 임금을 받지만 최상위(꼬리)에 있는 소수의 근로자가 고액의 임금을 수령하기 때문에 평균임금이 노동시장에서 관찰되는 중위임금보다 과대평가될 정도로 소득의 불평등도가 높음을 의미한다.

높은 능력의 근로자가 낮은 능력의 근로자보다 소득이 높은 이유는 능력도 좋고 인적자본도 더 많이 축적하여 능력과 취득한 인적자본 간 정(+)의 상관관계가 임금 분포의 윗부분(꼬리)를 밀어 올려서 왜도가 양수인 임금분포를 초래한다.

Ⅱ. 최적 학력 결정

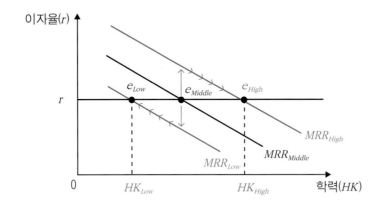

능력이 뛰어나서 생산성이 높은 노동자는 인적자본투자의 한계수익률(Marginal Rate of Return)이 높으므로 동일한 인적자본의 사용자비용(r : interest)에 대해 보다 많은 인적자본을 축적할 유인이 존재한다.

Ⅲ. 임금-학력 곡선

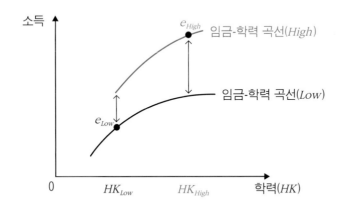

높은 능력의 근로자는 낮은 능력의 근로자보다 임의의 인적자본량(학력)에 대해 임금-학력 곡선이 상방에 위치한다. 따라서 동일 학력에 대해 높은 능력의 노동자는 언제나 낮은 능력의 노동자보다 더 많은 임금을 받는다. 이는 내재된 능력 자체가 생산성을 향상시켜 소득을 높이기 때문이다.

게다가 높은 능력의 근로자는 낮은 능력의 근로자보다 더 많은 인적자본을 축적하기 때문에 소득이 더 높아지고 근로자 간의 임금격차는 더욱 확대된다.

Ⅳ. 소 결

내재된 능력의 차이로 인한 임금격차에 더 하여 능력과 인적자본 투자 간의 정(+)의 상관관계에 의해 외재된 능력의 차이까지 간극이 벌어져 노동시장에 머무르는 기간에 비례적으로 다수의 노동자(낮은 능력)과 소수의 노동자(높은 능력) 간의 임금격차는 더욱 확대되고 왜도가 양수인 소득분포를 초래한 것이다.

TOPIC 03 무역개방화와 임금격차

Topic 3-1

무역개방화가 선진국에서 숙련노동자와 미숙련노동자 간의 임금 불평등을 해소할지 심화시킬지를 그래프를 통해 설명하시오. (단, 선진국은 숙련노동자가 풍부)

> ※ 무역개방화 : 선진국 – 비교우위산업의 생산규모 증설로 고숙련 L^d↑
> 선진국 – 비교열위산업의 생산규모 축소로 저숙련 L^d↓

Ⅰ. 무역개방화

무역개방이 확대되면 헥셔–올린 정리에 의해 최종 재화의 생산을 위해 고용되는 주요 생산요소를 풍부하게 보유하고 있는 국가가 해당 산업에서 비교우위의 경쟁력을 확보함으로써 해당 재화에 대한 수요가 증가한다. 따라서 숙련 근로자를 풍부하게 보유하고 있는 선진국은 지식첨단산업과 같은 숙련근로자를 집약적으로 사용하는 산업에서 비교우위를 확보하여 해당 재화의 생산규모를 증설하는 과정에서 파생되는 숙련 노동자에 대한 수요가 증가한다.

Ⅱ. 비교우위산업의 규모효과

무역개방화로 비교우위산업에 대한 수요가 증가함에 따라 숙련 노동자를 집약적으로 고용하는 재화의 생산량이 증가한다.

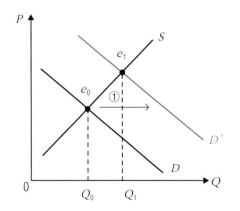

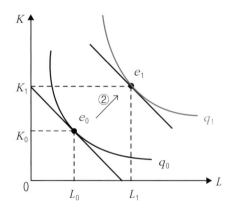

규모효과($Q_0 < Q_1$)로 인하여 숙련 근로자와 자본의 수요가 증가한다. ($L_0 < L_1$, $K_0 < K_1$)

Ⅲ. 재화시장에서 파생되는 노동수요

1. 숙련 근로자 수요증가

숙련 근로자를 집약적으로 투입하는 재화의 생산량이 증가함에 따라 숙련 근로자의 수요증가로 노동수요곡선이 우측 이동한다.

2. 저숙련 근로자 수요감소

저숙련 근로자를 집약적으로 투입하는 재화의 생산량이 감소함에 따라 저숙련 근로자의 수요감소로 노동수요곡선이 좌측 이동한다.

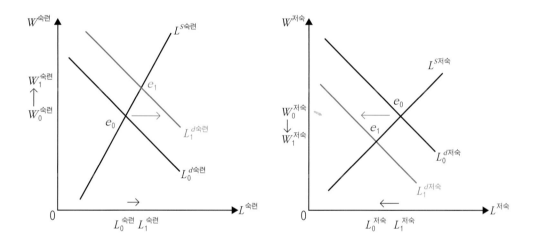

Ⅳ. 소 결

무역이 개방화되면 선진국 내에서 숙련 근로자와 저숙련 근로자 간의 임금 격차가 확대되어 소득 불평등이 심화된다.

기술진보와 임금격차

Topic 4-1

최근 발생하고 있는 숙련도별(또는 학력별) 임금격차의 주된 원인이 기술혁신이라는 주장이 있다. 자본의 한계생산성 향상과 자본가격의 하락을 기술혁신으로 정의할 때 숙련도별 임금격차가 확대될 수 있음을 교차탄력성 개념을 이용하여 설명하시오.

Ⅰ. 교차탄력성

1. 의 의

교차탄력성이란 다른 생산요소의 가격(r)이 변화할 때 특정 생산요소의 수요(L^d)가 반응하는 비율을 측정하는 지표로서 자본에 대한 노동의 교차탄력성은 다음과 같이 측정한다.

2. 측 정

$$\sigma = \frac{\dfrac{\Delta L^d}{L^d}100\%}{\dfrac{\Delta r}{r}100\%}$$

[$\sigma > 0$]이면 노동과 자본은 조대체요소관계이며,
[$\sigma < 0$]이면 노동과 자본은 조보완요소관계이다.

이처럼 자본가격 변화율에 대한 노동수요 변화율로 두 생산요소 간 대체·보완 관계를 측정한다.

3. 숙련보완가설

자본 고용이 증가할 때 자본과 보완적으로 결합되는 숙련 노동자의 수요는 증가하므로 자본과 숙련 노동자는 조보완요소관계이며, 자본과 조대체요소관계인 저숙련 노동자의 수요는 감소한다.

Ⅱ. 자본집약적 기술진보(MP_K 상승, r 하락)

1. MP_K의 상승 → 등량곡선의 회전이동 ($\frac{MP_L}{MP_K \uparrow} \Rightarrow MRTS_{LK} \downarrow$)

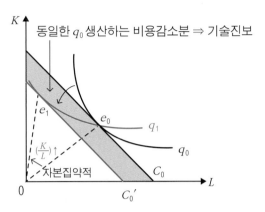

2. MP_K의 상승 $\Rightarrow MFC_K$의 하락 $\Rightarrow K^S \uparrow \Rightarrow r$의 하락 $\Rightarrow$ 등비용선의 회전이동 ($\frac{W}{r} \downarrow \Rightarrow (\frac{W}{r}) \uparrow$)

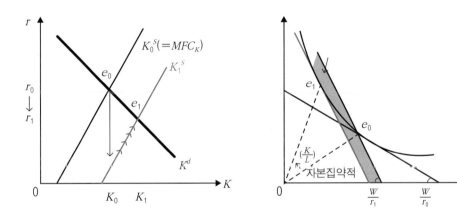

3. 소 결

자본의 한계생산성이 향상되고 자본의 가격이 하락하는 기술진보가 발생하면 노동에 대한 자본의 고용 비율이 상승하는 자본집약적 생산공정으로 전환되므로 자본 고용이 증가한다.

III. 임금격차의 심화

– 숙련 노동자의 수요 증가

자본의 한계생산성이 향상되면 자본집약적 생산공정으로 전환되어 자본이 노동을 대체하는 효과가 발생하고 자본가격이 하락하면 생산의 한계비용이 하락하여 생산규모를 증설하는 과정에서 정상투입요소인 자본과 노동의 고용이 증가한다.

이때 자본은 1원당 한계생산성이 하락한 저숙련 노동자를 대체하므로 저숙련 노동자에 대한 수요는 감소하지만 생산규모를 증설하는 과정에서 자본과 보완적으로 결합되는 숙련 노동자의 수요는 증가한다.

즉, 자본의 고용이 증가할 때 자본과 보완적으로 결합되어 고용이 증가하는 규모효과보다 자본에 의해 고용이 감소하는 대체효과가 큰 저숙련 노동자의 수요는 감소하고 자본와 보완적으로 결합되는 규모효과가 대체효과보다 큰 숙련 노동자의 수요는 증가한다.

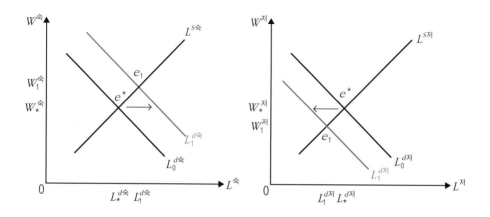

숙련 근로자와 저숙련 근로자는 최초 $W_*^{숙}, W_*^{저}$의 임금수준이었으나 자본집약적 기술진보로 인하여 숙련 노동수요곡선이 우측으로, 저숙련 노동수요곡선이 좌측으로 이동하고 임금격차는 $[W_1^{숙} - W_1^{저}]$수준으로 확대된다.

세계화와 임금격차

 Topic 5-1

· ·

세계화가 개도국에서 숙련도별 임금 격차에 미치는 영향을 그래프를 통해 설명하시오. (단, 세계화는 자본의 이동을 의미)

[※ 세계화 : 거래비용↓ ⇒ 자본(K) 이동 활발 ⇒ 선진국 자본(K)이 개도국으로 유입]

Ⅰ. 세계화의 의미

세계화가 확대되면 자본 이동의 거래비용이 하락하여 자본의 이동과 유입이 활발해진다. 특히 자본에 대한 요소부존도가 높은 선진국에서 개도국으로 자본이 이동하여 자본과 보완 또는 대체관계에 있는 노동의 수요에 영향을 미친다.

Ⅱ. 숙련 근로자와 저숙련 근로자 노동수요

1. 숙련 근로자의 생산성 향상

자본가 숙련 근로자는 보완요소관계이므로 자본이 증가할 때 단위 노동자당 숙련 근로자가 사용할 수 있는 자본량이 증가하므로 숙련 근로자의 한계생산성은 향상된다.

$$K\uparrow \Rightarrow (\frac{K}{L^{숙}})\uparrow \Rightarrow MP_L^{숙}\uparrow \Rightarrow (\frac{MP_L^{숙}}{MP_K})\uparrow \Rightarrow MRTS_{LK}^{숙}\uparrow$$

2. 저숙련 근로자 생산성 하락

자본과 저숙련 근로자는 대체요소관계이므로 자본이 증가할 때 단위 노동자당 저숙련 근로자가 사용할 수 있는 자본량이 감소하므로 저숙련 근로자의 한계생산성은 하락한다.

$$K\uparrow \Rightarrow (\frac{K}{L^{저}})\downarrow \Rightarrow MP_L^{저}\downarrow \Rightarrow (\frac{MP_L^{저}}{MP_K})\downarrow \Rightarrow MRTS_{LK}^{숙}\downarrow$$

Ⅲ. Graph 도해

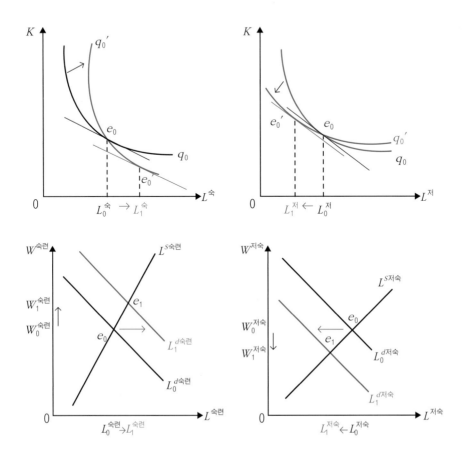

선진국에서 개도국으로 자본이 유입되면, 자본과 보완요소관계인 숙련 근로자의 한계생산성이 상승하여 숙련 근로자에 대한 노동수요는 증가하므로 숙련 근로자의 임금과 고용은 증가($W_0^{숙련} < W_1^{숙련}$, $L_0 < L_1^{숙련}$)하지만, 자본과 대체요소관계인 저숙련 근로자의 한계생산성은 하락하여 저숙련 근로자에 대한 노동수요는 감소하므로 저숙련 근로자의 임금과 고용은 감소($W_0^{저숙} > W_1^{저숙}$, $L_0^{저숙} > L_1^{저숙}$)한다.

Ⅳ. 소 결

세계화를 통한 자본량의 이동 및 증가는 개도국 내의 숙련도별 임금격차를 심화시킨다.

소득불평등도 측정

 Topic 6-1

소득 불평등에 관한 다음 물음에 답하시오.   [2022년 2문, 25점]

물음 1) 2명이 존재하는 경제에서 1명이 전체 소득의 20%를, 나머지 1명이 80%를 차지한다고 가정할 경우, 로렌츠곡선을 그래프로 나타내고 지니계수를 구하시오. (15점)

물음 2) 소득 불평등도를 측정하는 지니계수의 한계점 2가지를 설명하시오. (10점)

물음 1)

Ⅰ. 소득분배지표

소득분배지표는 계층별 소득분배를 능력의 유무와 관계없이(즉, 소득의 원천에 상관없이) 고소득층과 저소득층 간으로 구분하여 소득분배 상태를 측정하는 지표이다.

Ⅱ. 로렌츠곡선

로렌츠곡선은 수평축에 인구의 누적점유율과 수직축에는 소득의 누적점유율로 대변되는 정사각형 내에서 계층별 소득분포 사이의 대응관계를 연결한 궤적으로서 소득분배를 서수적으로 측정하는 지표이다. 로렌츠곡선이 대각선에 접근할수록 평등한 소득분배이고 수평축 모서리에 다가설수록 불평등한 소득분배를 의미한다.

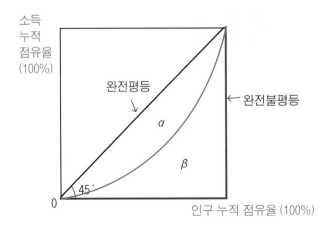

Ⅲ. 지니계수

　지니계수는 로렌츠곡선이 대변하는 소득분배를 기수적으로 측정하는 소득분배지표이다. 로렌츠곡선이 교차하는 경우에는 양국의 소득분배를 서수적으로 비교할 수 없는 한계가 존재하므로 로렌츠곡선으로 경계되는 α와 β의 넓이를 계산하여 소득분배지표를 측정한다.

$$지니계수 = \frac{\alpha}{\alpha+\beta}$$

　완전평등한 소득분배의 로렌츠곡선은 대각선이므로($\alpha = 0$) 지니계수는 0이고, 완전불평등한 소득분배의 로렌츠곡선은 좌우반전된 ㄴ 자(⌐)형태이므로($\beta = 0$) 지니계수는 1이다. 따라서 로렌츠곡선이 대각선에 다가설수록 지니계수는 작아지고 더욱 평등한 소득분배 상태를 의미한다.

Ⅳ. 설문의 해결

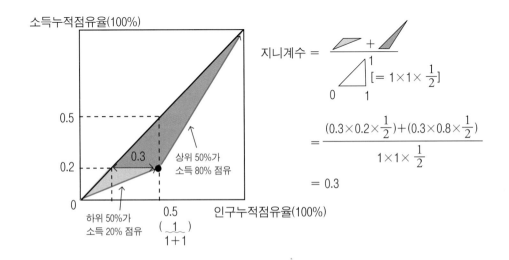

[Tip. 지니계수는 내부 삼각형 공통의 밑변 길이(0.3)과 일치한다. 2명이 존재하는 시장에서 하위 50%가 소득의 20%를 점유하고 상위 50%가 소득의 80%를 점유하므로 두 삼각형 밑변의 길이(0.3)과 지니계수는 동일하다.]

물음 2)

Ⅰ. 의 의

서수적으로 소득불평등도를 측정하려는 로렌츠곡선은 국가 간의 로렌츠곡선이 교차하면 소득배분 상태를 비교할 수 없다. 이러한 한계를 극복하고자 기수적으로 소득불평등도를 측정하려는 지니계수 역시 로렌츠곡선이 교차하거나 소득분배가 다름에도 불구하고 지니계수가 동일한 경우에는 소득분배를 정확히 파악할 수 없는 편의(bias)가 존재한다.

[Tip. 소득 불평등도를 측정하는 지니계수의 한계점은 '지니계수 모형을 통해서도 소득 불평등도를 측정하려는 목적을 달성할 수 없다'에 주목해야 한다.
사회과학의 모형을 비판하는 기본원리는
첫 번째, 모형이 전제하는 가정의 낮은 현실 설명력을 적시하고
두 번째, 모형에 입각하여 논리를 전개하여도 원하는 결론에 도달할 수 없음을 한계로 언급한다.]

Ⅱ. 첫 번째 한계 – 지니계수는 소득 불평등도를 과소평가

[Tip. 본 문제에서는 2명의 구성원을 가정하였다. 바로 이 부분이 출제의 의도이다. 2명의 구성원이면 하위 계층 50%가 소득 20%를 균등하게 섬유하고 상위 계층 50%가 나머지 소득 80%를 균등히게 점유하고 있다는 가정을 명시적으로 제시하지 않아도 된다. 만약 이 가정을 명시적으로 논제에서 언급하면 지니계수의 한계를 쉽게 찾을 수 있으니 문제를 변형하여 논제를 숨긴 것이다.]

로렌츠곡선과 지니계수는 일국의 소득 불평등도를 측정하는 지표인데, 보편적으로 일국은 2명을 초과하는 다수의 구성원이 존재한다. 로렌츠곡선은 소득 불평등도를 서수적으로 측정하는데 로렌츠곡선이 교차하는 경우에는 국가 간 소득 불평등도를 비교하기가 불가능하다. 따라서 이러한 로렌츠곡선의 한계를 극복하기 위해 기수적으로 소득불평등도를 측정하려 지니계수가 도입되었다.

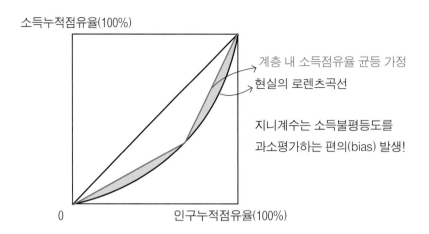

소득누적점유율(100%)

계층 내 소득점유율 균등 가정
현실의 로렌츠곡선

지니계수는 소득불평등도를
과소평가하는 편의(bias) 발생!

0   인구누적점유율(100%)

    지니계수는 로렌츠곡선의 넓이를 계산하여 소득 불평등도를 측정하는데 넓이를 측정하기 위해서는 로렌츠곡선이 직선이 되어야 하고, 하위 계층 50%가 소득 20%를 균등하게 점유하고 있다는 가정이 추가되어야 한다. 바로 이 가정이 지니계수의 내재적 한계이다. 하위 계층 50%와 상위 계층 50%의 소득점유율이 2대 8로 다른 것처럼 동일 하위 계층 내에서도 20%의 소득에 대한 점유율은 다르고 일반적으로 동일 계층 내에서도 상위 계층으로 갈수록 더 많은 소득을 점유하는 현실을 반영하면 로렌츠곡선은 수평축에 대해 볼록하다.

    그리고 볼록한 로렌츠곡선에서는 α와 β의 넓이를 정확히 계산할 수 없으므로 현실의 소득 불평등도를 온전하게 측정할 수 없는 지니계수의 한계가 존재한다.

    따라서 지니계수를 계산하기 위해 하위 계층과 상위 계층 내에서 각각 20%와 80%의 소득을 균등하게 보유한다고 가정(즉, 계층 내 소득의 평등을 가정)하면 직선의 로렌츠곡선이 도출되고 이는 현실의 로렌츠곡선보다 α의 넓이가 작으므로 지니계수는 현실의 소득 불평등도를 과소평가하는 편의(bias)가 발생한다.

Ⅲ. 두 번째 한계 – 소득 불평등도 비교 불가

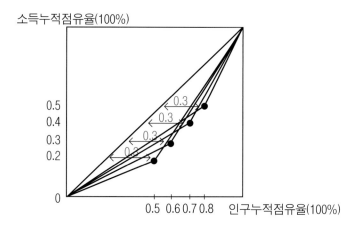

1. 하위 계층 50%가 소득 20%를 점유, 상위 계층 50%가 소득 80% 점유
   ☞ 지니계수 = 0.5-0.2 = 0.3
2. 하위 계층 60%가 소득 30%를 점유, 상위 계층 40%가 소득 70% 점유
   ☞ 지니계수 = 0.6-0.3 = 0.3
3. 하위 계층 70%가 소득 40%를 점유, 상위 계층 30%가 소득 60% 점유
   ☞ 지니계수 = 0.7-0.4 = 0.3
4. 하위 계층 80%가 소득 50%를 점유, 상위 계층 20%가 소득 50% 점유
   ☞ 지니계수 = 0.8-0.5 = 0.3

로렌츠곡선이 교차하면 소득 불평등도를 서수적으로 비교할 수 없는 로렌츠곡선의 한계를 극복하기 위해 등장하였다. 그런데 지니계수 역시 소득 불평등도를 기수적으로 측정할 때, 지니계수가 동일하다면 소득불평등도를 비교할 수 없는 내재적 한계(bias)가 존재한다.

제8장

노동이동

노동시장에서 기업과 근로자 간의 파레토 효율적 일자리 매칭에 실패하면 노동자는 현재의 노동시장을 이탈하는 인적자본 투자로서의 노동이동을 통해 평생 소득의 극대화를 추구한다. 직무이동과 같은 내부 노동시장 이동, 지역 간의 이동, 동일 국가 내의 노동시장 이동, 이민과 같은 국가 간 외부 노동시장 이동을 통해 새로운 일자리 매칭이 이루어지면 적재적소의 파레토 효율적인 자원배분이 달성된다.

TOPIC 01 로이 모형

 Topic 1-1

숙련도에 따른 이민자의 이주 선택 방향을 로이 모형을 통해 분석하시오.

Ⅰ. 이민자의 자기선택

이민자가 유입되는 국가에서 이민자의 임금이 출신 국가(모국)에 따라 다른 소득계층을 형성하는 사실이 관찰된다. 유럽과 캐나다에서 미국으로 이주한 이민자들은 미국의 평균소득보다 36% 높은 소득을 올린 반면에 멕시코로부터 온 이민자들은 미국의 평균소득보다 40% 낮았다. 이는 모국의 평균기술수준보다 낮은 저숙련 노동자들은 음(−)의 이주를 선택하고, 모국의 평균기술수준보다 높은 고숙련 노동자들은 양(+)의 이주를 선택하여 평생소득을 극대화하기 때문이다. 따라서 로이모형에 따르면 국가 간 숙련(능률)에 대한 상대적 보상이 이민자 흐름의 숙련 조합을 결정한다.

Ⅱ. 로이모형

1. 모국의 숙련 분포 (노동시장에서 관찰된 사실)

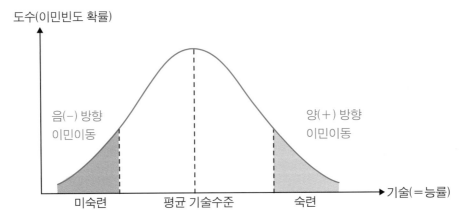

(1) 양(+)의 선택에 의한 이민자의 흐름

평균 기술수준 보다 높은 숙련 노동자는 모국의 기술 수익률 보다 높은 국가로 이민, 즉 능률(기술) 단위당 높은(고수익 혹은 차등적) 보상을 지급하는 국가로 이동한다.

(2) 음(−)의 선택에 의한 이민자의 흐름

평균 기술수준 보다 낮은 저숙련 노동자는 모국의 기술 수익률 보다 낮은 국가로 이민, 즉 능률(기술) 단위당 낮은(안정적 혹은 평등한) 보상을 지급하는 국가로 이동한다.

2. 이민자의 자기선택

(1) 양(+)의 선택

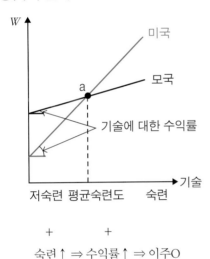

```
      +         +
숙련↑ ⇒ 수익률↑ ⇒ 이주O
숙련↓ ⇒ 수익률↓ ⇒ 이주X
```

(2) 음(−)의 선택

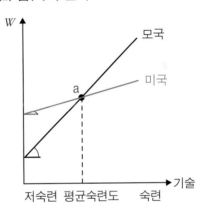

```
숙련↑ ⇒ 수익률↓ ⇒ 이주X
숙련↓ ⇒ 수익률↑ ⇒ 이주O
```

숙련−임금곡선의 기울기는 추가되는 (한계)능률 단위에 대한 금전적 보상수준으로서 기울기가 가파를수록 능력 차이에 대한 소득격차가 큰 불평등한(=능력 중시) 사회이다.

3. 로이모형의 함의

(1) 소득불평등은 모국의 기술에 대한 수익률과 비례한다.

(2) 로이모형에 따르면 모국의 기술에 대한 상대적 수익률(보상)이 이민자 이동의 방향을 결정한다.

(3) 모국의 낮은 인적자본 수익률을 탈출하여 미국의 높은 수익률을 따라 이동한 숙련 이민자(양의 이동)의 소득이 모국의 불안정한(높은) 수익률을 포기하고 미국의 안정적인(낮은) 수익률을 바라며 이동한 저숙련 이민자(음의 이동)의 소득 보다 많음을 시사한다. 이는 더 높은 수익률을 위해 양의 이동을 선

택한 노동자는 미국의 평균 기술수준을 상회하는 숙련 노동자이지만, 안정적인 수익률을 위해 음의
이동을 선택한 노동자는 미국의 평균 기술수준을 하회하는 저숙련 노동자이기 때문이다.

(4) 따라서 모국의 소득 불평등수치(기술의 수익률)와 미국 내 이민자 소득 간에는 음의 상관관계가 존재
한다. 모국의 능력에 대한 보상이 평등하여(낮은 불평등) 미국의 높은 수익률로 보상을 받고자 양의 이
동을 선택한 숙련 노동자는 미국의 고소득 계층을 형성하고, 이와 달리 모국의 능력에 대한 보상이 높
은 불평등 사회에서 음의 이동을 선택한 저숙련 노동자는 미국의 저소득 계층을 형성하기 때문이다.

III. 미국의 경기 불황(미국 내 소득 하락)과 노동 이동

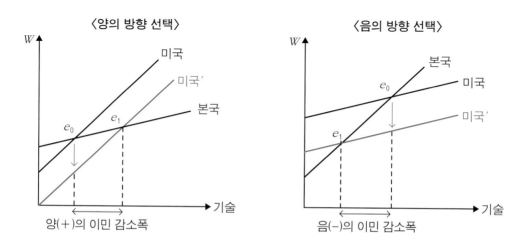

양의 노동 이동을 선택하는 숙련 노동자와 음의 노동 이동을 선택하는 저숙련 노동자 모두 노동이동이
감소한다.

Topic 2-1

남편과 아내로 구성된 가족의 노동 이동을 그래프를 통해 설명하시오.

외부 노동시장의 이동은 해당 근로자 한 명을 넘어 가족 구성원의 편익−비용 분석을 통해 결정된다. 남편(Husband)의 이동에 따른 소득의 현재가치 변화를 ΔPV_H, 아내(Wife)의 이동에 따른 소득의 현재가치 변화를 ΔPV_W로 표시한다. 가족 전체의 생애에 걸친 순편익을 고려하여 가족의 순편익이 양(+)일 경우에 인적자본투자로서의 이주(노동이동)을 선택한다.

$$[\ \Delta PV_H + \Delta PV_W > 0 \ ]$$

(그래프 이해 tip. $[x+y>0] \Rightarrow [y>-x]$)

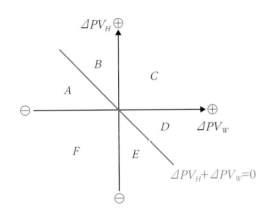

1.
남편만 고려할 경우 ⇒ A · B · C를 선택
아내만 고려할 경우 ⇒ C · D · E를 선택

(∵ 각자 이동에 따른 편익이 양(+)이기 때문)

– 가족으로서 남편과 아내의 선택

	ΔPV_H	+	ΔPV_W	=	가족
A	⊕	<	⊖	< 0	체류(남편은 부속된 체류자)
B	⊕	>	⊖	> 0	이주(아내는 부속된 이주자)
C	⊕		⊕	> 0	이주
D	⊖	<	⊕	> 0	이주(남편은 부속된 이주자)
E	⊖	>	⊕	< 0	체류(아내는 부속된 체류자)
F	⊖		⊖	< 0	체류

↳ 가족은 노동이동의 총편익($\Delta PV_H + \Delta PV_W$)이 양수일 때 인적자본투자로서 이주를 선택한다.

TOPIC 03 이민의 잉여

📖 Topic 3-1

해외에서 유입되는 이민 근로자의 외부효과가 존재하지 않을 때 이민자의 유입이 국내 총소득에 미치는 효과를 그래프를 통해 분석하시오.

Ⅰ. 의 의

이민의 잉여는 해외 근로자의 유입으로 발생하는 국민 총소득의 증가분으로 측정한다. 이민이 비록 경쟁 관계에 있는 국내 근로자의 임금을 감소시키는 소득 불평등을 초래할 수도 있으나 이민자는 이주 국가의 총소득을 확대시켜 경제적 효율성을 제고할 수 있다.

Ⅱ. 가 정

1. 이민자와 국내근로자는 완전대체요소관계이다.
2. 국내근로자와 이민자의 노동공급은 임금에 대해 완전 비탄력적이다.
3. 이민잉여를 GDP로 의제[≒ ΣVMP_L]하여 측정한다.
4. 이민자의 유입으로 국내 근로자의 생산성이 향상되는 외부효과는 발생하지 않는다.

Ⅲ. Graph 도해

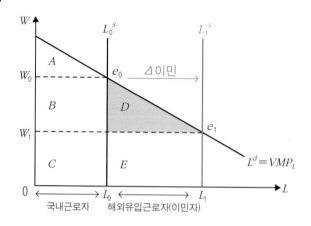

	이민 전	이민 후
내국 기업 잉여	A	A , B, D
내국인 근로자 잉여	B , C	C
이민자(외국 근로자) 소득	×	E

이민자의 소득(E)를 제외한 순 국민소득 증가분(=이민잉여)의 크기는 D이다.

$$[이민잉여(D) = \frac{1}{2} \times (L_1 - L_0) \times (W_0 - W_1)]$$

Ⅳ. 소 결

이민은 국내 근로자의 임금(=잉여)를 감소시키지만 기업의 이윤과 국내 총소득을 증가시킨다. 다만 국내 노동자의 근로소득이 기업의 잉여로 전환되어 소득불평등이 심화된 것은 국내 근로자들을 해외에서 유입된 근로자들이 완벽히 대체하였기 때문이다.

📖 Topic 3-2

【첫 번째 답안작성 예시】

고숙련의 해외 노동자가 국내로 이주하여 긍정적 외부효과가 발생할 때 국내 총소득에 미치는 경제적 효과를 그래프를 통해 분석하시오.

Ⅰ. 고숙련 노동자의 유입과 외부효과

해외의 고숙련 노동자가 국내로 이주하면 내국 근로자는 진보된 인적자본을 습득하여 생산성이 증가하여 국내 근로자의 한계생산물가치도 상승하므로 기업의 노동수요곡선은 수직으로 상방이동한다. 따라서 고숙련 이민자가 국내 근로자의 생산성을 향상시키는 긍정적 외부효과는 내국 근로자의 소득을 증가시키고 국내 총소득의 증가폭을 더욱 확대시킨다.

Ⅱ. Graph 도해

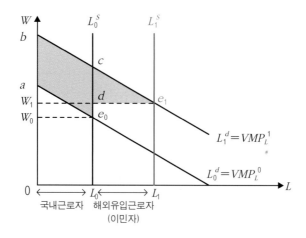

숙련 근로자의 유입 ☞ 외부효과 발생

1. 해외 숙련 근로자 유입
2. (긍정적)외부효과 발생
3. 국내 근로자 $MP_L \uparrow$
4. $VMP_L \uparrow (= P \cdot MP_L \uparrow)$
5. $L^d \uparrow$

	이민 전	이민 후
국내기업 잉여	△aW_0e_0	△bW_1e_1
국내근로자 잉여	□$W_00L_0e_0$	□W_10L_0d
(고숙련)이민자 잉여	X	□$dL_0L_1e_1$
국내 총소득	◺$a0L_0e_0$	◺$b0L_0c + cde_1$

Ⅲ. 소 결 – 파레토 개선

양(+)의 방향으로 이동(이주)한 고숙련 근로자의 유입으로 긍정적 외부효과가 발생하면 국내 기업과 근로자 모두의 이윤과 소득이 증가하는 파레토 개선이 달성된다.

물음 2) 숙련 근로자의 유입 : 외부효과 발생

1. 해외 숙련 근로자 유입
2. (긍정적)외부효과 발생
3. 국내 근로자 $MP_L \uparrow$
4. $VMP_L \uparrow (= P \cdot MP_L \uparrow)$
5. $L^d \uparrow$

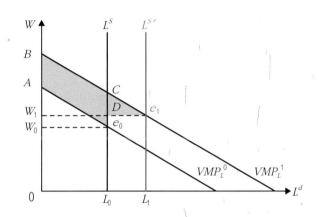

	이민 전	이민 후
① 근로소득	W_0 e_0 / 0 L_0	해외근로자 : D e_1 / L_0 L_1 국내근로자 : W_1 D / 0 L_0
② 기업잉여	A / W_0 e_0	B / W_1 e_1
③ 국민총소득	A e_0 / 0 L_0	B C D e_1 / 0 L_0 국내근로자 $MP_L \uparrow$ (외부효과) B C A e_0 해외근로자 유입 C D e_1

인적 자본의 외부효과가 충분히 크다면 고숙련 이민자의 파급효과는 경제성장의 중요한 동력일 수 있음이 명백하다. (⇒ 파레토 개선)

동일노동 동일임금 원칙

Topic 4-1

산업 간 임금격차와 노동이동에 대한 다음의 질문에 답하시오. [2011년 3문, 25점]

물음 1) 두 산업의 노동자가 동질적이고 산업 간 임금격차가 존재할 경우, 자유로운 노동이동을 통해 '동일노동에 대한 동일임금원칙'이 적용됨을 그래프를 이용하여 설명하시오. (10점)

물음 2) 산업 간 노동이동을 통해 사회적 총생산이 증가하고 인적자원배분의 효율성이 달성될 수 있음을 그래프를 이용하여 설명하시오. (15점)

물음 1)

Ⅰ. 모형의 설정

1. 노동자는 동질적이고 동일 생산성(MP_L)을 보유하므로 기업의 노동수요곡선은 동일하다. $(P \cdot MP_L^A = P \cdot MP_L^B)$

2. 두 산업의 노동자는 완전대체관계이고 노동공급곡선은 완전 비탄력적이다.

3. 부문 간 노동 이동비용은 0이다. 총고용량 $(\overline{L_S^A + L_S^B})$ 은 일정하다.

Ⅱ. Graph 도해

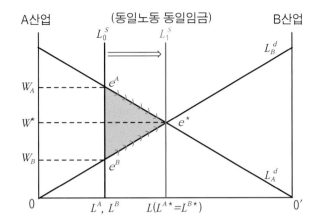

1. 임금격차가 존재할 경우($W_A - W_B$)에 노동공급곡선(L_S^0)과 노동수요곡선($L_A^d \& L_B^d$)이 만나는 지점(e_A, e_B)에서 각 산업별 임금이 결정되므로 임금 격차가 발생한다. 이 때 A산업 고용량은 L^A, B산업 고용량은 L^B이고 총고용량은 변함이 없으나 임금격차가 존재하여 동일노동 동일임금이 달성되지 않는다.

2. 낮은 임금을 받는 B산업의 근로자가 A산업으로 이동하면 노동공급곡선이 우측으로 이동($L_S^0 \Rightarrow L_S^1$)하므로 e^*점에서 균형을 이룰 때 A산업의 노동고용량이 늘어나고 B산업의 노동고용량이 감소하여 임금과 고용수준이 모두 동일(W^*, L^*)해진다. 즉, 동일노동 동일임금 원칙이 적용된다.

물음 2)

Ⅰ. 자유로운 노동이동으로 사회적 총생산 증가

산업 간 자유로운 노동이동을 통해 A, B 산업 간 과소고용과 과다고용이 해소되어 적재적소의 인적자원 배분이 이루어진다면, 산업전체의 배분의 효율성이 높아짐은 물론, 나아가 국가경제 차원에서도 후생의 손실 없이 자원배분의 효율성이 달성될 수 있다.

Ⅱ. Graph 도해

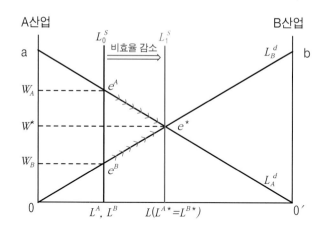

1. 노동공급곡선이 L_S^0에 위치할 때 A산업의 총근로소득은 △$a0L^Ae^A$ 이고, B산업의 총근로소득은 △$b0'$ L^Be^B이다.

2. 이 때 사회후생손실의 크기는 ▷$e^Ae^Be^*$ 이다.

3. 하지만, 노동공급곡선이 우측으로 이동(L_S^0⇒L_S^1)함에 따라 사회후생손실의 크기는 줄어들고 e^*점에서 균형을 이룰 때 사중손실이 0이 되는 인적자원배분의 효율성을 달성한다.

Ⅲ. 소 결

노동의 적재적소 배분은 국민 총소득(=사회후생)을 증가시킨다.

TOPIC 05 직장이동과 연령-소득곡선

 ## Topic 5-1

장기 근속을 통해 내부 노동시장에 오래 머무르는 근로자와 잦은 이직을 통해 소득 극대화를 추구하는 근로자 간의 평생소득을 그래프를 통해 비교하시오.

Ⅰ. 직장이동과 연령-소득곡선

인적자본투자로서의 직장이동은 근로자의 연령-소득곡선의 형태를 바꾼다.

우선, 노동이동의 정형화된 사실에 의하면 비자발적으로 해고된 근로자는 이전보다 낮은 임금을 지급하는 기업에 고용되지만, 자발적으로 이직한 근로자는 이전보다 높은 임금을 지급하는 기업으로 이동한다.

또한 직장이동은 연령-소득곡선의 기울기에도 영향을 미친다. 잦은 직장이동을 통해 평생소득극대화를 추구하는 근로자는 한 기업에 오랫동안 머무른 장기근속자에 비해 연령-소득곡선의 기울기가 완만하다.

Ⅱ. Graph 도해

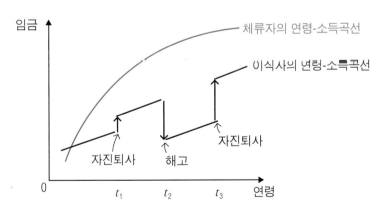

잦은 직장이동으로 특정 내부 노동시장에 머무르는 기간이 짧은 근로자의 연령-소득곡선은 장기 근속자의 연령-소득곡선보다 하방에 위치하고, 연령에 대한 소득의 증가폭도 작다. 그러므로 직장이동을 통한 인적자본투자보다 기업 특화 직업훈련을 통한 인적자본투자가 평생소득을 제고시킬 수 있는 효율적인 방안임을 제시한다.

이는 근로자의 소득수준은 노동시장에서의 전체 경력에 더하여 직장 이력(이동경험)과 현재 직장의 근속 연수에 의해 결정되는 것이기 때문이다. 내부 노동시장에 오래 머무르는 장기 근속자는 근로자와 기업 모두 특화된 기술에 투자할 유인이 존재한다. 따라서 학교교육을 마친 이후의 사내훈련을 통해 축적되는 인적자본량이 증가하므로 연령에 따른 소득의 추가적인 증가분이 발생한다.

이에 비해 잦은 이직을 경험하는 근로자는 기업과 근로자 모두 기업 특화 훈련에 투자할 동기가 존재하지 않아 내부 노동시장에 존재할 때 축적되는 인적자본량은 발생하지 않으므로 동일 직장 내에서의 소득 증가분은 일정하고 장기 근속자에 비해 연령−소득곡선의 기울기가 완만하다.

결국 이와 같은 직장이동의 정형화된 사실로부터 기업 특화훈련과 같은 학교교육을 마친 이후의 지속적인 인적자본축적이 평생소득을 제고할 수 있는 효율적 수단임을 확인할 수 있다.

제9장

노동시장 차별

게리 베커의 차별 모형

- 경쟁적 노동시장의 노동수요 원리

⇒ $[W = VMP_L]$

- 보상적 임금격차

⇒ $[W = VMP_L + 위험]$

↳ 위험(근로조건)에 대한 보상으로 발생하는 임금격차는 차별이 아니다.

- 차별 ☞ $[MP_L > W]$

⇒ 고용의 결정주체인 기업이 우월적 지위를 남용하여 노동자의 한계생산성 보다 낮은 임금을 지급하면 노동자는 차별($MP_L > W$)을 경험한다.

차별계수

⇒ 차별계수(d)란 경제주체의 근로자에 대한 기호적 차별(편견)을 기수적으로 측정하는 지표이다. 예컨 대, 흑인 근로자 한 명을 고용하는데 W_B의 금전적 비용이 들지만, d만큼 흑인을 싫어하는 고용주는 마 치 $W_B(1+d)$ 만큼의 비용이 발생하는 것처럼 행동한다. 이처럼 차별계수는 기호적 차별(편견)을 화폐 적으로 측정한다.

Ⅰ. 고용주에 의한 차별

1. 가 정

(1) 흑인 근로자와 백인 근로자는 완전대체요소관계이다. $[Q = F(L^W + L^B)]$

(2) 흑인 근로자와 백인 근로자의 생산성은 동일하다.

(3) 현재 노동시장에서 흑인 근로자의 임금수준은 백인 근로자의 임금수준보다 낮다.

$[W^B < W^W]$ (← 차별 X. 차별이 발생하기 전 경쟁시장에서 수요와 공급에 의해 결정된 임금)

2. 고용주가 차별을 하지 않는 경우

고용주가 흑인 근로자를 차별하지 않을 때의 차별계수(d)는 0이다. 따라서 시장에서 결정된 흑인 근로자 의 임금에 따라 한계비용(MC^B)은 수평을 이루고, 흑인 근로자를 고용함으로써 얻는 한계생산물가치는 수확체감의 법칙에 따라 체감하므로 한계생산물가치($VMP_L = MRP_L$)와 한계비용($MC^B = W^B$)이 일치하는 지점에서 흑인 근로자의 고용량을 결정한다.

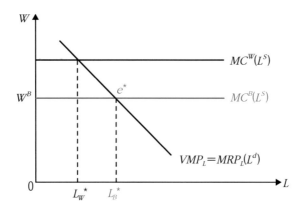

현재 시장의 흑인 근로자 임금이 백인 근로자의 임금보다 저렴하므로 차별을 하지 않는($d=0$) 기업은 완전(100%) 흑인만을 고용하여 이윤극대화를 추구한다.

3. 고용주가 흑인을 차별하는 경우

고용주가 흑인 근로자를 차별하면 차별계수(d)는 더 이상 0이 아니고 양(+)의 지수를 갖는다. 이때 고용주는 다음의 선택에 직면한다.

(1) $[W^B(1+d) < W^W]$ 이면, 완전(100%) 흑인 고용 기업
(2) $[W^B(1+d) > W^W]$ 이면, 완전(100%) 백인 고용 기업

흑인과 백인 근로자는 완전대체요소이므로 고용주의 차별계수 크기에 따라 흑인과 백인 근로자의 1원당 한계생산성을 비교하여 흑인만 고용하는 기업과 백인만 고용하는 기업으로 시장은 분리된다.

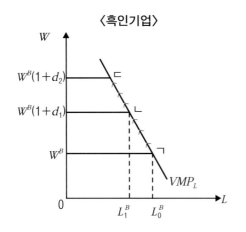

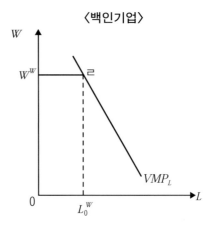

최초 흑인을 차별하지 않는 기업($d=0$)은 낮은 임금의 흑인 노동자만을 최대로 고용하여 ㄱ점에서 이윤 극대화를 달성한다. 이후 고용주에 의한 차별이 발생하면($d_1 > 0$) 고용주는 d_1만큼을 추가적인 비용으로 인식하여 흑인 근로자에 대해 인식하는 실질 임금이 상승하므로 고용의 부담이 가중된다. 따라서 ㄱ점에서 ㄴ점으로 점차 고용을 줄일 수밖에 없다($L_0^B > L_1^B$).

그리고 흑인 근로자를 더욱 차별하게 되면($d_1 < d_2$) ㄷ점에서 임금수준이 W^W를 초과하게 되므로 기업은 흑인 근로자를 백인 근로자로 완전(100%) 대체한다[$W^B(1+d_2) > W^W$]. 따라서 백인 근로자의 임금 수준(W^W)과 한계생산물가치(VMP_L^W)가 일치하는 ㄹ지점에서 백인 근로자의 고용량(L_0^W)이 결정된다[$L_0^W < L_1^B < L_0^B$].

이를 [차별계수-이윤]평면에 도해하면,

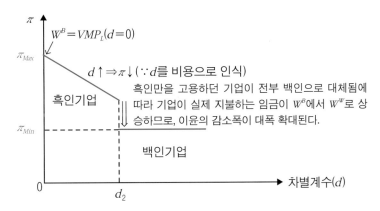

차별을 하지 않던 기업은 [$VMP_L = W^B$]로 이윤이 극대화되지만, 차별계수 (d)가 상승하면서 고용주의 효용을 반영한 비용이 커지므로 이윤이 감소하다가 차별계수가 d_2가 되는 시점에 [$W^B(1+d_2) \ge W^W$]가 성립하여 흑인을 백인으로 완전히(100%) 대체한다.

이때, 실제 지출하는 백인의 높은 시장임금(W^W)만큼의 비용때문에 이윤은 극감한다.

따라서 고용주는 이러한 이윤의 감소를 방지하기 위해 차별계수 (d)를 낮추는 노력을 기울여야 한다.

① 흑인만 고용할 때 $\pi_B = \overline{P} \cdot Q \downarrow - (W^B \cdot L^B - r\overline{K})$

② 백인만 고용할 때 $\pi_W = \overline{P} \cdot Q \downarrow - (W^W \cdot L^W - r\overline{K})$

$\quad\quad\quad\quad\quad\quad\quad\quad\quad\quad\quad\quad \llcorner (W^W > W^B)$

4. 소 결

게리 베커의 고용주에 의한 차별모형에 따르면 흑인과 백인 근로자가 완전대체요소이면 시장은 차별계수에 의해 흑인 기업과 백인 기업으로 완전히 분리된다. 이때 흑인 기업에 비해 백인 기업은 보다 적은 노동자를 고용함으로써 이윤이 감소하게 됨을 확인할 수 있다.

따라서 완전경쟁시장에서 인종 편견이 고용주로부터 발생하면 기업 간 경쟁은 소수자 집단에 도움이 된다. 기업의 자유로운 진입 및 퇴출에 따라 완전경쟁기업은 초과 이윤을 얻지 못한다. 그에 따라 차별을 하는 고용주들은 자신의 지갑으로부터 차별할 권리에 대한 비용을 직접 지불해야 한다. 그러므로 인종을 고려하지 않는 차별없는 기업의 이윤이 다른 기업을 압도하여 잉여금을 경쟁력 제고에 투자하면 종국적으로 그 산업의 모든 다른 기업들을 사버릴 수 있을 것이다. 그 결과 고용주에 의한 차별은 시장 내에서 자연스럽게 청산되어 사라질 것이다.

Ⅱ. 동료에 의한 차별

1. 분리균형

고용주가 백인과 흑인을 차별하지 않고 모두 고용하는 경우 통합균형을 달성할 것이지만, 백인근로자의 효용을 반영한 임금[1]이 흑인근로자의 임금보다 낮다면 백인근로자는 더 높은 임금을 고용주에게 요구한다. 고용주는 합리적 경제주체로서 $[MP_L^B = MP_L^W]$이므로 백인근로자의 요구대로 백인의 임금을 인상해주지 않고(고용주는 흑인을 차별하지 않으므로) 고용 가능한 흑인 근로자만을 고용한다. 이로 인해 흑인 근로자와 백인 근로자 간의 분리균형이 발생한다.

ex)   [흑인고용]   [백인고용]

MP_L^B $=$ MP_L^W

W^B $>$ $W^W \times (1-d)$
                              └ 백인근로자 본인이 스스로의 임금을 낮게 평가
                                 (실제로는 $W^B = W^W$)

[100 $>$ $100(1-0.15)$]
                    ⇓

∴ 고용주는 $100(1+0.15)$ 만큼의 임금을 백인근로자에게 지급하지 않고 한계생산물가치에 부합하는 100의 임금으로 100% 흑인 근로자만을 고용한다.

ex) 만약 흑인의 임금이 더 낮다면? $(W_B < W_W)$

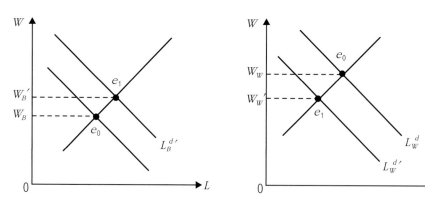

---

1) $100(1-0.15) = 85$

보다 저렴한 근로자를 얻기 위한 경쟁은 두 근로자 집단의 임금을 동일하게 만든다(이는 흑인과 백인 근로자는 완전대체요소관계로 가정했으므로 흑인의 임금이 낮다는 가정은 현실설명력이 낮다. 단, 고용주에 의한 차별이 가정하는 흑인 근로자의 낮은 임금과 구분할 것).

2. 소 결 – 고용주에 의한 차별과 동료에 의한 차별 비교

(1) 동료에 의한 차별은 기업이 흑인과 백인에 대해 동일한 MP_L, 완전대체요소로 인식하여 동일 임금을 지급하므로 기업의 이윤에 영향을 미치지 않는다.

(2) 이와 달리 고용주에 의한 차별은 차별계수(d)가 이윤을 점점 낮추는(이윤극대화 실패) 방해요소이고 장기적으로는 시장에서 차별기업은 자동 청산되어 소멸된다. 또한 단기적으로 정부의 차별철폐 정책 (캠페인)이 차별기업의 이윤극대화 달성을 위한 파레토 효율적인 정책임을 정당화한다.

III. 고객에 의한 차별

1. 의 의

흑인 근로자를 차별하는 고객은 흑인 근로자가 판매하는 제품의 재화가격을 백인 근로자가 판매하는 재화가격보다 높게 인식한다[$P < P(1+d)$]. 이는 동질의 재화를 흑인 근로자로부터 구매할 때 고객의 효용이 차별계수만큼 감소하여 보다 높은 가격을 지불하는 것과 같은 비효용이 발생하기 때문이다.

2. Graph 도해

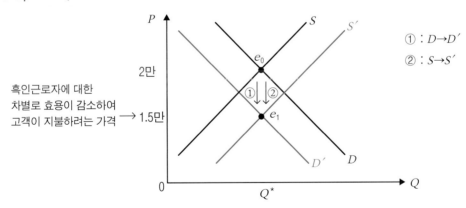

시장가격이 2만원인데, 흑인에 제공하는 제품에 대해 효용감소로 고객이 인식하는 가격은 1.5만원이 되므로 재화 단위당 비효용의 증가분(=효용의 감소분)만큼 최대 지불의사 수준(한계효용)이 하락하므로 수요곡선은 하방으로 이동하고 수요는 감소한다.

이에 따라 기업은 수요자(고객)들의 비효용을 보상하기 위해 제품가격을 낮추려고 흑인 근로자의 임금을 하락시키므로 생산의 한계비용도 하락하여 공급곡선이 수직으로 하방 이동한다.

기업은 가격하락에 대한 이윤감소를 보상받기 위하여 흑인 근로자에게 재화가격의 하락을 낮은 임금으로 만회하도록 책임을 전가한다. 그럼으로써 가격하락에 의한 수입감소분은 임금하락의 비용감소로 상쇄된다$[\pi = P{\downarrow} \cdot Q - (W{\downarrow}L + rK)]$.

Topic 1-1 고용주에 의한 차별모형

완전경쟁 시장에 존재하는 기업의 생산함수는 모두 다음과 같다.

$$Q = L_M + L_F \ (\text{단, } L_M \text{은 남성 노동자, } L_F \text{는 여성 노동자})$$
$$(\text{단, 남성과 여성에 대한 기업의 노동수요곡선은 동일하다.})$$

여성에 대해 차별적 선호를 보유한 고용주의 차별계수(d)는 임금의 일정비율이며 0(0%)부터 1(100%)로 측정한다. 현재 시장의 남성 임금(W_M)은 18이며, 여성 임금(W_F)은 12이다. 여성기업과 남성기업을 분리하는 고용주는 차별계수를 도출하고, 차별적 선호를 보유한 고용주(기업)가 여성 노동자에게 미치는 경제적 효과를 장기적 관점에서 설명하시오.

Ⅰ. 차별적 기업의 이윤극대화 행동원리

$$\text{Min } C = W_F L_F + W_M L_M$$
$$\text{s. t. } Q = L_M + L_F$$

기업은 남성과 여성 근로자를 완전 대체하는 생산기술($Q = L_M + L_F$)을 보유하고 있으며, 남성과 여성의 생산성은 동일 ($MP_L^F = MP_L^F$)하다. 그리고 최초 남성의 임금은 여성보다 높다.($W_M = 18$, $W_F = 12$)

차별적 선호를 화폐적 단위로 측정하는 차별계수(d)는 임금의 일정 비율로서 0부터 1사이에 존재한다.

따라서 여성을 차별하는 고용주는 차별계수를 반영한 여성의 임금$[(1+d)W_F]$과 남성의 임금(W_M)을 비교하여 1원당 한계생산성이 높은 근로자로 낮은 근로자를 완전 대체하여 이윤극대화를 추구하므로 임의의 차별계수 수준에서 기업은 여성 근로자만을 고용하는 기업과 남성 근로자만을 고용하는 기업으로 분리된다.

그러나 고용수준은 차별적 임금$[(1+d)W_F]$으로 결정되지만 기업의 이윤에 영향을 미치는 실제 지급임금은 시장임금($W_M = 18$, $W_F = 12$)에 순응하므로 모든 기업이 동일하여 남성만을 고용하는 기업은 여성만을 고용하는 기업에 비해 이윤이 낮아 장기적으로 시장에서 퇴출되고 차별은 청산된다. 따라서 장기 균형상태에서는 존재하는 기업은 소수자를 차별하지 않는 기업이므로 소수자 우호적인 노동환경이 조성된다.

Ⅱ. 차별계수와 고용 형태

1. 0<d<0.5

$$[MRTS_{L_F L_M} = \frac{MP_L^F}{MP_L^M} = 1] > [\frac{(1+d)W_F}{W_M} = \frac{(1+d)12}{18} < 1]$$

$$\lrcorner \quad \frac{MP_L^F}{(1+d)W_F} > \frac{MP_L^M}{W_M}$$

$$\lrcorner \quad \frac{MP_L^F}{(1+d)12} > \frac{MP_L^M}{18} \ (단, MP_L^F = MP_L^M)$$

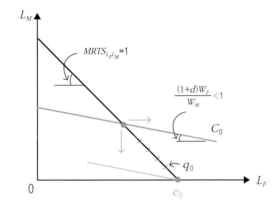

1원당 한계생산성이 높은 여성으로 남성을 완전히 대체하여 이윤극대화를 달성한다.

2. d = 0.5

$$[MRTS_{L_F L_M} = \frac{MP_L^F}{MP_L^M} = 1] = [\frac{(1+d)W_F}{W_M} = \frac{(1+d)12}{18} = 1]$$

$$\lrcorner \quad \frac{MP_L^F}{(1+d)W_F} = \frac{MP_L^M}{W_M}$$

$$\lrcorner \quad \frac{MP_L^F}{(1+d)12} = \frac{MP_L^M}{18} \ (단, MP_L^F = MP_L^M)$$

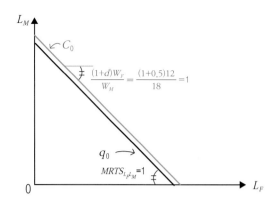

여성과 남성의 1원당 한계생산성이 동일하다.

3. d > 0.5

$$[MRTS_{L_F L_M} = \frac{MP_L^F}{MP_L^M} = 1] \quad < \quad [\frac{(1+d)W_F}{W_M} = \frac{(1+d)12}{18} > 1]$$

$$\hookrightarrow \frac{MP_L^F}{(1+d)W_F} < \frac{MP_L^M}{W_M}$$

$$\hookrightarrow \frac{MP_L^F}{(1+d)12} < \frac{MP_L^M}{18} \; (단, \; MP_L^F = MP_L^M)$$

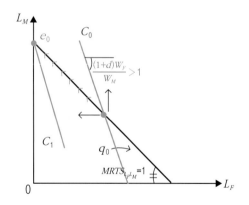

여성을 차별하는 기업은 1원당 한계생산성이 높은 남성으로 여성을 완전히 대체하여 이윤극대화를 추구하지만, 남성에게 지급하는 임금이 여성보다 높아 이윤이 대폭 하락한다.

III. 차별계수와 이윤

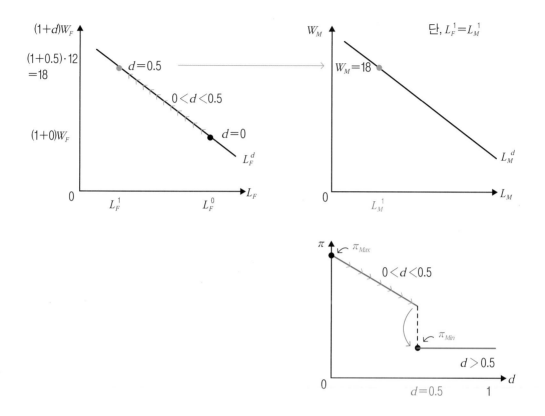

게리 베커의 고용주에 의한 차별모형에 따르면 여성과 남성 근로자가 완전대체요소이면 시장은 차별계수에 의해 여성 기업과 남성 기업으로 완전히 분리된다. 이때 차별계수가 상승할수록 차별기업은 차별적 임금을 반영하여 고용을 결정하므로 보다 적은 노동자를 고용하므로 이윤이 감소하고 남성만을 고용하면 이윤이 대폭 하락함을 확인할 수 있다.

따라서 완전경쟁시장에서 인종 편견이 고용주에 의한 것이라면, 기업 간 경쟁은 소수자 집단에 도움이 된다. 왜냐하면 소수 근로자를 차별하는 고용주는 자신의 지갑으로부터 차별의 비용(높은 임금)을 직접 지불해야 하기 때문이다. 그러므로 인종을 고려하지 않는 차별 없는 기업의 이윤이 차별기업을 압도하여 잉여금을 경쟁력 제고에 투자하면 종국적으로 그 산업의 모든 차별기업보다 우위의 경쟁력을 확보한다. 곧 경쟁력 열위의 차별기업은 시장에서 퇴출되므로 고용주에 의한 차별은 시장 내에서 자연스럽게 청산되고 소수자 우호적인 기업만이 존재한다.

차별(DiscriMination)에 대한 다음 물음에 답하시오. [2010년 3문, 25점]

물음 1) 임금을 둘러싼 성차별(Sex DiscriMination)의 발생원인에 대한 여러 학설 중 두 가지 학설을 설명하시오. (16점)

물음 2) 위 1문에서 응답한 두 가지 학설의 관점에서 볼 때 성별에 따른 임금격차를 줄이기 위한 정책을 설명하시오. (9점)

물음 1)

– 성차별에 관한 학설

1. 게리 베커 차별 중 고용주에 의한 차별

(1) 가 정

  1) 남성·여성 근로자의 생산성(MP_L)은 동일하다.
  2) 남성·여성 근로자는 완전 대체요소관계이다.
  3) 남성 근로자의 시장임금은 여성보다 높다($W^M > W^F$).

(2) 고용주가 여성근로자를 차별하는 경우

  차별 측정을 위해 근로자에 대한 기호적 차별(편견)을 측정하는 지표가 차별계수 (d)이다. 양수의 차별계수 d는 [$W(1+d)$]로 반영되어 고용주 입장에서 임금 외에 추가적 비용이 발생하는 것으로 인식하여 차별기업은 여성근로자에 대한 고용부담이 가중된다.

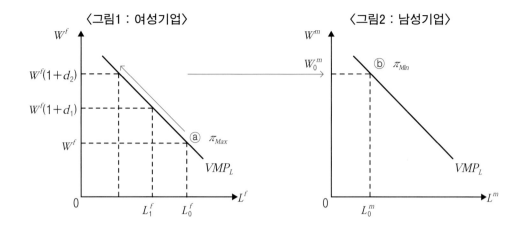

1) 처음 여성을 차별하지 않는 고용주는 [$d=0$]으로 ⓐ점에서 이윤극대화를 달성하는 임금(W^f)과 고용량(L_0^f)을 결정한다. 시장임금이 남성보다 여성이 낮으므로 여성만을 고용하여 비용극소화를 달성하기 때문이다.

2) 차별계수가 증가하면(d_1) 고용주는 임금이 상승하여 생산 비용이 증가하는 것으로 인식하므로 고용량을 줄여($L_0^f > L_1^f$) 이윤극대화를 벗어난다.

3) 차별계수가 더 상승하여(d_2) 여성 임금과 비교하여 남성의 임금을 무차별하게 인식한 고용주는 ⓑ점에서 여성 근로자를 남성근로자로 완전히(100%) 대체한다($W^f(1+d_2)=W_0^m$). 이때 남성만을 고용하는 기업은 이윤수준이 가장 낮다.

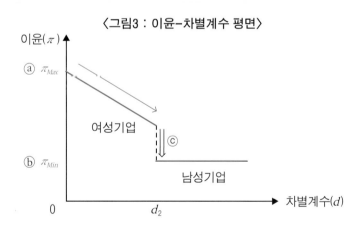

ⓒ점에서 이윤의 하락폭이 발생하는 이유는 기업이 실제 지불하던 비용이 W^f에서 W^m으로 대폭 상승하기 때문이다.

2. 통계적 차별

(1) 가 정

1) 기업은 남성과 여성 근로자에 대한 차별의도가 없다(기호적 차별 X).

2) 기업은 근로자의 생산성(MP_L)에 관한 정보를 충분히 보유하고 있지 않으므로 정보의 불완전성을 보완하기 위하여 과거 해당 집단의 평균 성과에 대한 통계치를 활용한다.

3) 남성과 여성 근로자 간의 생산성(MP_L)이 동일하다.

4) T: 시험점수, $\overline{T}$: 과거 평균점수, α: 기업의 시험점수 신뢰도($0 < \alpha < 1$)

(2) 통계적 차별과 임금

기업이 시험점수와 과거 통계자료를 종합하여 지원자에게 제시하는 제안임금은 다음과 같다.

1) 남성임금(W_m) = $\alpha \cdot T_m + (1-\alpha)\overline{T}_m$

2) 여성임금(W_f) = $\alpha \cdot T_f + (1-\alpha)\overline{T}_f$

남성과 여성 지원자의 시험 점수가 동일($T_m = T_f$)할 때 기업이 지원자의 시험점수와 생산성의 관계를 신뢰할수록($\alpha \uparrow$) 지원자의 시험점수 반영 비중을 높여 과거 통계자료를 덜 반영하므로 통계적 차별이 낮음을 의미하고, 가중치가 낮을수록($\alpha \downarrow$) 시험점수의 비중이 낮고 과거 통계자료를 반영하는 비중이 높아지므로 통계적 차별이 심화됨을 의미한다. 과거 통계자료에 의한 평균점수($\overline{T}$)가 여성 근로자보다 남성 근로자가 더 높다면 제안임금 수준도 남성 근로자가 보다 높을 것이다.

(3) Graph 도해

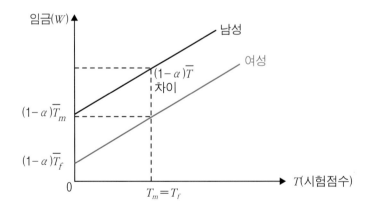

남성과 여성 지원자에 대한 시험점수가 동일($T_m = T_f$)함에도 과거 통계점수의 차이($(1-\alpha)\overline{T}$)로 인하여 임금 차별이 발생한다[$W_m - W_f = (1-\alpha)\overline{T}_m - (1-\alpha)\overline{T}_f = (1-\alpha) \cdot (\overline{T}_m - \overline{T}_f)$].

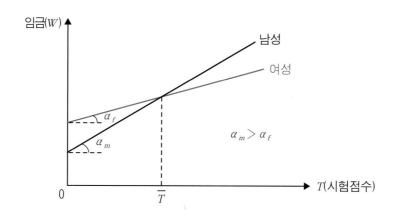

두 집단의 평균점수($\overline{T}$)가 동일할 때, 여성 근로자의 생산성에 대한 정보부족으로 여성 근로자의 임금-시험점수 곡선이 상대적으로 평평하다. 기업이 여성의 시험점수는 남성보다 신뢰하지 않기 때문이다. ($\alpha_m > \alpha_f$) 반면 남성 근로자는 개인의 자격수준에 근거하여 임금이 설정되므로 곡선이 가파르다. 이때 오히려 평균보다 점수가 낮은 남성 근로자는 여성에 비해 차별받고, 저성과자로 낙인이 찍힌다.

물음 3)

Ⅰ. 고용주에 의한 성차별 임금격차 해소방안

차별계수(d)가 증가하면 기업(고용주)의 이윤이 감소하여 시장경쟁력이 낮아지므로 성차별을 줄이기 위한 적극적인 노력이 요구된다. 고위직 임원에 대한 여성할당제, 성인지 감수성 교육의 확대 등 정부의 성차별적 선호 개선 및 철폐 정책은 기업의 이윤극대화를 위한 파레토 개선적 정책으로써 기업의 시장 경쟁력을 제고하므로 노동시장의 왜곡된 성차별 인식을 교정하기 위한 정부개입의 정당성을 확보할 수 있다.

Ⅱ. 통계적 차별의 해소방안

기업의 선호적 차별(편견)이 없음에도 근로자의 생산성에 대한 정보의 부족으로 통계적 차별이 발생하는데, 이때 정보의 불확실성을 해소할 수 있도록 여성 근로자가 높은 생산성을 기업에게 신호(signaling)로 발송할 수 있는 학위와 자격증을 기업에게 제공하여야 할 것이다.

이로써 여성근로자는 분리균형을 통해 생산성에 합당한 임금을 지급받음으로써 생애에 걸친 평생소득 극대화를 달성하고, 기업도 고생산성 근로자를 신호로써 선별적으로 고용함으로써 이윤극대화를 달성할 수 있다.

TOPIC
02

통계적 차별 모형

Topic 2-1

Ⅰ. 통계적 차별

기업은 근로자에 대한 차별의도가 없음(편견이 존재하지 않음)에도 근로자의 생산성(MP_L)에 관한 정보를 충분히 보유하고 있지 않다. 따라서 근로자의 MP_L을 추정하기 위해 과거의 통계적 자료, 즉 특정 집단의 평균적 성과에 대한 통계치를 활용해 특정 지원자의 MP_L을 예측한다. 이때 현재가 아닌 과거, 개별 근로자가 아닌 집단의 생산성에 의해 근로자의 생산성이 추정되는 과정에서 기업의 의도와 무관하게 통계적 차별이 발생한다.

ex) Graph

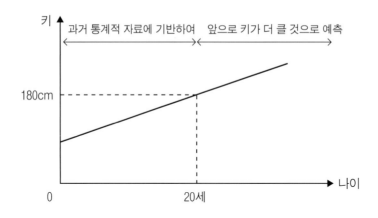

과거의 추세가 미래에도 지속적으로 유지된다는 전제에서 통계적 차별 논의 출발

통계적 차별X

현재 甲의 시험 성적 　　　　→

과거 乙의 시험 성적 　　　　→ 　　　　甲의 MP_L측정

통계적 차별O

Ⅱ. 통계적 차별과 임금

$$[W = P \cdot MP_L = \alpha T + (1-\alpha)\, \overline{T}]$$

시험점수와 ⌐   └, 지원자점수 └, 지원자가 속한 집단의 평균점수
실제생산성   (ex, 채드윅 보스만의 시험점수) (ex, 흑인의 과거평균시험점수)
간 상관관계

1. α가 1인 경우 : 지원자의 선발시험 점수로 MP_L을 완벽히 예측

    (집단 평균점수 미고려 ☞ 통계적 차별 ×)

2. α가 0인 경우 : 지원자가 속한 집단의 평균점수로만 MP_L을 예측

    (지원자 선발시험 점수 미고려 ☞ 통계적 차별 ○)

3. 소 결

    ⇒ $\alpha \uparrow$ ⇒ 통계적 차별↓   (단, $0 \le \alpha \le 1$)

    ⇒ $\overline{T} \uparrow$ ⇒ 통계적 차별↑ $\alpha \downarrow$ ⇒ $(1-\alpha) \uparrow$ ⇒ 통계적 차별↑

Ⅲ. Graph 도해

[그림 1 : $\overline{T}$에 의한 통계적 차별]

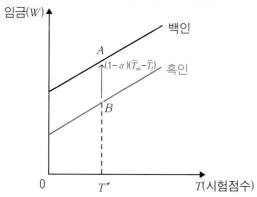

[그림 2 : α에 의한 통계적 차별]

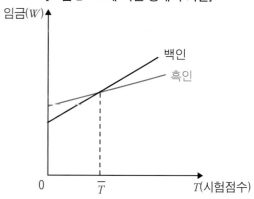

☞ 백인과 흑인 지원자가 동일한 시험점수(T^*)를 받았음에도 불구하고 A-B만큼의 임금격차가 발생한 이유는 백인의 평균점수가 흑인의 평균점수보다 높았고 이러한 집단의 평균점수 차이를 $[(1-\alpha)(\overline{T}_m - \overline{T}_f)]$만큼 임금에 반영하였기 때문이다.

☞ 기업이 흑인의 시험점수와 생산성 간의 관계를 신뢰하지 않는다면 고득점자와 저득점자 간의 차이를 두지 않으므로 흑인의 시험점수-임금곡선의 기울기는 상대적으로 완만하다.
반면 기업이 백인의 시험점수를 신뢰한다면 고득점자와 저득점자 간의 생산성을 구분하므로 백인의 시험점수-임금곡선의 기울기는 상대적으로 가파르다.

[그림 1]은 백인 집단의 평균점수가 흑인 집단의 평균점수보다 높을 경우에 동일한 시험점수(T^*)를 획득하더라도 집단의 평균점수에 의해 차별의 임금격차가 발생함을 보여준다.

[그림 2]는 기업이 인종별 시험점수를 생산성과 연계하여 신뢰하는지 여부에 의해 백인과 흑인이 동일한 시험점수를 획득하더라도 차별이 발생할 수 있음을 의미한다. 기업이 흑인의 시험점수를 신뢰하지 않지만 백인의 시험점수는 신뢰한다면 백인의 시험점수–임금곡선은 상대적으로 가파르다. 이때 백인과 흑인의 평균점수($\overline{T}$)보다 높은 점수를 획득한 고생산성의 흑인은 기업의 집단에 대한 낮은 상관성 인식으로 동일한 시험점수를 받은 고생산성의 백인보다 낮은 임금을 지급받는 차별을 경험한다. 이에 반해 백인과 흑인의 평균점수($\overline{T}$)보다 낮은 저생산성의 흑인은 기업의 집단에 대한 낮은 상관성 인식으로 동일한 시험점수를 받은 저생산성의 백인보다 높은 임금을 지급받는 혜택을 경험한다.

 Topic 2-2
. . . .

성별에 따른 통계적 차별(statistical discrimination)에 대해 설명하시오.   [2020년 3-1)문, 5점]

Ⅰ. 성별에 따른 통계적 차별

개인(고용주, 동료, 고객)의 주관적 선호가 반영되어 나타나는 게리–베커의 차별 모형과 달리 통계적 차별은 정보의 비대칭성때문에 집단의 과거 생산성(MP_L)에 대한 통계를 근거로 고용의사결정이 이루어지는 차별을 논의한다.

Ⅱ. 통계적 차별이 임금에 미치는 영향

1. 의 의

$$W = \alpha T + (1-\alpha)\overline{T}$$ ($\overline{T}$: 집단의 시험성적, α : 기업의 시험성적과 생산성 간의 상관관계 신뢰도)

선발시험의 생산성 예측력이 높을수록 α값이 높고, α값이 높을수록 통계적 차별은 줄어든다.

2. Graph의 도해

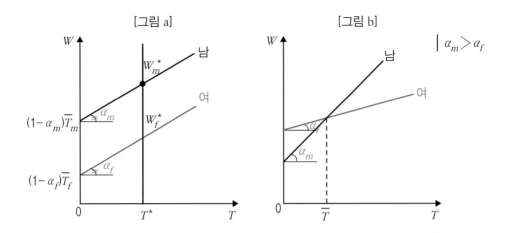

[그림 a]   [그림 b]

$|\alpha_m > \alpha_f$

그림(a)의 경우 α값은 동일하지만 집단의 평균 시험점수($\overline{T}$)가 반영되어 임금격차가 발생한다 ($W_f^* < W_m^*$).

그림(b)의 경우 시험점수와 생산성 간의 상관관계인 α값의 차이로($\alpha_m > \alpha_f$) 기울기의 차이가 발생한다. 이는 기업이 선발시험은 상대적으로 남성의 생산성을 보다 정확하게 측정할 것으로 강하게 신뢰하기 때문이다.

TOPIC 03

차별의 측정
- 오하카 블라인더 분해법

Topic 3-1

물음 1) 차별을 파악하기 위해 남녀 간 평균임금의 격차를 사용하고, 교육연수(S)만이 임금에 영향을 미친다고 가정하자. 남성(M)의 임금함수는 $W_M = \alpha_M + \beta_M \cdot S_M$, 여성($F$)의 임금함수는 $W_F = \alpha_F + \beta_F \cdot S_F$ 로 주어진다. 여기서 α와 β는 각각 절편과 임금계수를 나타낸다. 일명 Oaxaca분해에 의하면, 성별 평균임금격차(WD)는 다음 세 가지 항목으로 구성된다 : $WD = A+B+C = (\alpha_M - \alpha_F) + (\beta_M - \beta_F) \cdot S_F + \beta_M \cdot (S_M - S_F)$. 여기서, S_M과 S_F는 각각 남성과 여성의 평균교육연수를 나타낸다. 만약 WD의 괄호 안이 모두 양(+)이라고 하면, 세 항목(A, B, C) 중 차별에 해당하는 것을 선택하고 그 이유를 설명하시오. [2020년 3-2)문, 14점]

물음 2) 임금(세로축)-교육연수(가로축) 평면에 물음 2)에서 제시된 남녀 임금함수를 그린 후, S_F 수준에서 성별 평균임금격차 중 차별부분을 표시하시오. [2020년 3-3)문, 6점]

물음 1)

Ⅰ. 오하카($OXACA$) 블라인더 분해법

$OXACA$ 분해법에 따르면 개인의 임금격차는 차별에 해당하는 부분과 차별에 해당하지 않는 부분으로 구분할 수 있다. 그리고 임금격차가 숙련도의 격차를 얼마나 반영하는 지에 따라 차별의 크기를 정확히 추정할 수 있다.

Ⅱ. 성별 평균임금격차의 도출

$$WD = \Delta \overline{W} = (\alpha_M + \beta_M \cdot S_M) - (\alpha_F + \beta_F \cdot S_F) \qquad \cdots 식(1)$$

식(1)의 윗변에 $\beta_M \cdot S_F$를 더하고 빼면

$$WD = (\alpha_M - \alpha_F) + \beta_M(S_M - S_F) + S_F(\beta_M - \beta_F)$$

$$= \underbrace{(\alpha_M - \alpha_F) + S_F(\beta_M - \beta_F)}_{\text{숙련 외의 임금격차 반영}} + \underbrace{\beta_M(S_M - S_F)}_{\text{숙련의 임금격차 반영}}$$

$$= A+B+C \qquad \cdots 식(2)$$

III. 임금격차의 차별성

1. 차별에 해당하는 부분 : A & B

(1) A의 경우

교육연수(S)의 크기가 고려되지 않고 그 외의 요소들이 반영되는 임금격차($\alpha_M - \alpha_F$)는 여성집단의 숙련성을 반영하지 않아 차별에 해당한다.

(2) B의 경우

숙련의 크기는 동일하지만(S_F) 인적자본의 수익률(β_F)의 격차로 발생하는 B는 차별에 해당한다.

2. 차별에 해당하지 않는 부분 : C

이는 남성과 여성 근로자의 숙련도 차이에 의한 임금격차로 차별에 해당하지 않는다.

물음 2)

I. 남녀 간 임금격차를 반영한 급여

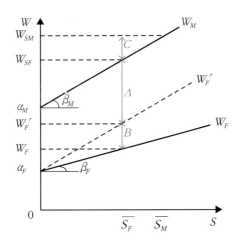

고용주가 동등한 교육연수를 보유한 남성과 여성 간에 각각 다른 임금을 지급하는 경우, 이는 [$W-S$]평면에서의 최초 임금 대우의 차이로 반영된다($\alpha_M > \alpha_F$).

또한 교육연수에 대한 임금수준이 성별에 따라 다를 경우, 이는 기울기의 차이로 반영된다 ($\beta_M > \beta_F$).

Ⅱ. 임금격차의 차별성

1. 차별인 부분

(1) A의 경우

남녀 간의 교육수준이 $\overline{S_F}$으로 동일한 경우 나타난 임금격차(A)는 차별이다.

(2) B의 경우

노동시장에서의 교육에 대한 수익률이 β_M로 동일한 경우, 즉 여성을 남성과 동등하게 대우한다면 ($W_F' = \alpha_F + \beta_M \cdot S_F$), 여성의 임금함수($W_F$)와 비교했을 때 나타나는 임금격차($W_F' - W_F$)는 차별에 해당한다.

2. 차별이 아닌 경우 : C

이는 ① 남녀간의 교육에 따른 수익률이 β_M로 동일하고, ② 노동시장에서의 대우의 차이($\alpha_M - \alpha_F$)를 제외한 나머지 임금격차로 교육연수의 객관적 차이($S_F - S_M$)를 반영하여 발생하는 임금격차이므로 차별이 아니다.

Ⅲ. 함 의 - 드러나지 않는 차별

교육햇수의 차이로부터 발생하는 C의 임금격차는 오하카 분해법에 의해서는 차별로 측정되지 않는다. 그러나 여성 억압의 사회적 관행이 지속되는 교육 문화 환경을 고려하면 여성은 남성에 비해 동등한 교육의 기회를 부여받지 못 하였음에 우리는 동의한다. 따라서 교육 기회의 박탈로부터 연유하는 부분(C) 역시 개인의 능력 외적인 요소에 의해 좌우되는 교육기회의 부여 여부에 의해 결정되어 명시적으로 드러나지 않는, 즉 오하카 블라인더 분해법이 간과하는 암묵적 차별에 대한 다각적인 검토가 요구된다.

제10장

노동조합

Ⅰ. 무차별곡선, 등량곡선과 등이윤곡선

1. 무차별곡선   동일한 효용을 보장하는 여가와 기타재의
조합을 연결한 궤적

$$U = F(L, C) (단, L, C는 재화)$$

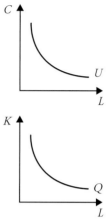

2. 등량곡선   재화시장에서 결정된 목표(동일) 산출량을
생산하기 위한 노동과 자본의 조합을 연결한
궤적

$$Q = F(L, K)$$

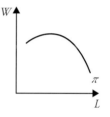

3. 등이윤곡선   동일한 이윤을 달성하는 임금과 고용의 조합을
연결한 궤적
$$\pi = F(W, L)$$

Ⅱ. 기업의 등이윤선(보상적 임금격차, 노동조합)

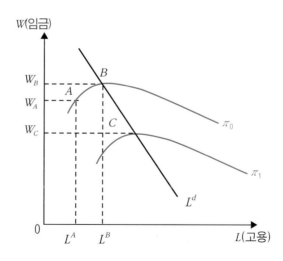

① $[\pi_A = f(W_A, L_A)] = [\pi_B = f(W_B, L_B)]$

② 동일한 노동 L^A에 대하여 W_C가 W_A보다 작으므로 비용이 감소하여 이윤이 증가한다.

  $\therefore \pi_0 < \pi_1$

- 등이윤곡선

  동일한 이윤수준을 보장하는 W(임금)과 L(고용)의 조합을 연결한 궤적인 등이윤곡선은 한계생산체감의 법칙에 의하여 많은 고용수준에 대하여 오목한 형태이며 동일 고용에서 수직 하방으로 위치할수록 동일 노동을 보다 낮은 임금으로 고용하므로 이윤(π) 수준이 상승한다.

Ⅲ. 노동조합 논제의 연계

  1. 노동조합의 가입여부

  2. 독점적 노조 모형

  3. 효율적 계약 모형

  4. 강하게 효율적 계약 모형

  5. 파업 - 힉스 패러독스

  6. 최적 파업기간

  7. 노동조합과 노동시장의 효율성

  8. 노조의 임금효과 (위협효과, 파급효과, 대기실업효과)

TOPIC
01 노동조합의 가입여부

Topic 1-1

근로자의 노조가입 결정과정을 소득-여가 선택모형으로 설명하시오.

Ⅰ. 의 의

효용극대화를 추구하는 근로자는 노동조합에 가입할 때 임금인상으로 인한 효용의 증가분과 근로시간 감소로 인한 효용의 하락분을 비교하여 가입여부를 결정한다.

Ⅱ. 소득-여가 선택모형

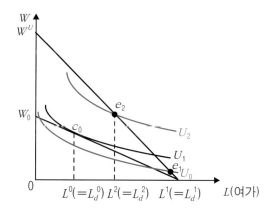

e_0 : $\begin{cases} \text{Max } U_1 = F(L, C) \\ s.t. \quad C_0 = W_0(T-L) \end{cases}$

e_1 : $\begin{cases} \text{Max } U_0 = F(L, C) \quad (U_1 > U_0) \\ s.t. \quad C_1 = W_U(T-L) \quad (단, L^s = L^d \leq L_d^{\,1}) \end{cases}$

e_2 : $\begin{cases} \text{Max } U_2 = F(L, C) \quad (U_0 < U_1 < U_2) \\ s.t. \quad C_2 = W_U(T-L) \quad (단, L^s = L^d \leq L_d^{\,2}) \end{cases}$

노조에 가입하지 않은 근로자는 최초 L^0의 여가시간을 소비하고$(T-L^0)$시간만큼 노동을 공급한다. 그리고 독점적 노조는 노조원에게 임금을 W_0에서 W_U로의 인상을 약속한다.

독점적 노조의 임금인상 요구는 고용주체인 기업의 노동수요곡선에 제약되어 ① 해당 기업의 노동수요 곡선이 탄력적인 경우 L_d^1까지 고용이 대폭 감소하므로 노조에 가입할 경우에 이전보다 효용이 감소하므로 가입률이 낮고, ② 해당 기업의 노동수요곡선이 비탄력적인 경우 L_d^2로 고용이 소폭 감소하므로 노조에 가입하여 효용의 증가를 도모한다.

독점적 노조 모형

– 독점적 노조 모형 개론

$$\begin{cases} \text{Max } U = F(W, L^d) \\ s.t. \quad L^d = L^d(W) \end{cases}$$

1. 소득–여가 선택모형
(1) 노조가입여부에서는 근로자가 노조에 가입하기 이전의 효용수준에서 우하향하는 L^d곡선이 제약조건
   으로 작용하지 않으므로 L^d에 제약되어 개인의 효용수준에 따라 노조가입 여부를 결정하는 독점적 노
   조모형을 설명하기 위해 [소득–여가 선택모형]으로 도해한다.
(2) 독점적 노조 모형에서는 수직축이 W로 소득으로 볼 수 있고, 수평축이 고용으로 [T–여가]로 보아
   소득–여가 선택모형과 동일한 맥락에서 '소득과 여가'로 표시할 수도 있겠지만, 제약조건인 우하향하
   는 노동수요곡선(L^d)을 표시하기 위해 소득–여가 선택모형이 아니라 [임금(W)–노동(L) 평면]에 도해
   한다.

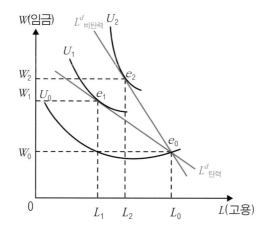

2. 임금과 고용이 증가할수록 독점적 노조의 효용은 상승하므로 임금과 고용은 재화(goods)이다.
3. 고용의 주체인 기업은 노조의 임금인상 요구를 수용하면 고용의 부담이 가중되므로 노동수요량은 감
   소한다. 따라서 독점적 노조가 효용극대화를 추구하는 과정에서 기업의 노동수요곡선은 임금인상을
   제약한다.

4. 보다 높은 임금인상 요구에도 적은 고용감소를 추구하는 노조는 L^d곡선을 비탄력적으로 만들도록 노력할 것이다(마샬의 파생수요법칙).

5. 그러므로 노조는 노조의 조직률을 높이고 지속적인 존속을 위해 재화(goods)인 임금과 고용을 늘리려한다. 이 과정에서 유노조원과 무노조원과의 차별성을 높여 대체성을 낮추는 등 기업의 노동수요를 임금에 비탄력적으로 변화시켜 독점적 노조의 임금인상요구를 관철하기 위해 노력한다.

📖 Topic 2-1

어떤 기업에 속한 노동조합의 효용함수가 $U(W, E) = WE$라고 하자. 여기서 W는 임금, E는 고용수준이다. 이 기업의 노동조합은 독점적 노조이다. 다음 물음에 답하시오. [2021년 3문, 25점]

물음 1) 이 노동조합의 무차별곡선을 그리시오. (5점)

물음 2) 독점적 노조 하에서 임금과 고용이 어떻게 결정되는지 그래프로 그리고 설명하시오. (5점)

물음 3) 독점적 노조 하에서의 균형 임금과 고용은 파레토 효율적(Pareto Efficient)이지 않다는 것을 그래프로 그리고 설명하시오. (15점)

물음 1)의 해결

Ⅰ. 원점에 대하여 볼록한 무차별곡선

고용(L)과 임금(W)은 모두 독점적 노조에게 재화(goods)이므로 원점에 대하여 볼록하고, 원점에 대하여 멀어질수록 효용이 증가하는 무차별곡선이 도출된다.

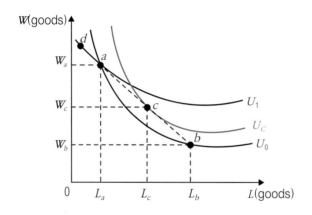

Ⅱ. 무차별곡선의 특징

1. 완비성
노조는 임금과 고용에 대한 완전한 선호를 표출한다.

2. 이행성

$$[U_d = U_a] \neq [U_a = U_b]$$

동일한 노조의 무차별곡선은 교차하지 않는다.

3. 단조성
동일한 효용 수준을 유지하기 위해서는 임금이 상승할 때 고용이 감소하여야 하므로 노조의 무차별곡선은 우하향하며 원점에서 멀어질수록 효용수준이 증가한다.

4. 볼록성
노조는 극단적인 임금-고용 패키지보다 균형적인 임금-고용 패키지를 선호하므로[$U_c > (U_a = U_b)$] 무차별곡선은 원점에 대하여 볼록하다.

물음 2)의 해결

Ⅰ. 독점적 노동조합 효용극대화

독점적 노동조합은 고용주체인 기업의 노동수요(L^d)의 제약 하에서 재화(goods)인 임금(W) 인상과 고용(L) 감소를 고려하여 효용극대화를 추구한다.

$$\text{목적식 } \operatorname{Max} U = F(W, L)$$
$$\text{제약식 } s.t. \ \ L^d = L^d(W)$$

노동조합은 동일한 효용수준을 보장하는 임금·고용 궤적인 무차별곡선과 기업의 시장 고용 결정원리에 기반한 노동수요곡선이 접하는 지점에서 효용극대화를 달성한다.

Ⅱ. Graph 도해

〈그림1〉

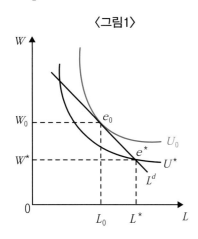

〈그림2〉

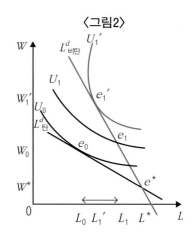

1. [그림1]에서 근로자는 노동조합에 가입하기 전의 무노조 상태에서는 e^*점에서 시장임금(W^*)과 고용량(L^*)을 통해 U^*의 효용을 누리고 있다. 효용극대화를 위해 독점적 노조에 가입한 이후에 노동조합이 임금인상(W_0)을 요구하면 기업의 비용극소화 제약조건에 따라 최적 고용량은 감소($L^*>L_0$)하지만 임금 인상으로 인한 효용의 증가분이 고용 감소로 인한 효용의 하락분보다 크므로 무차별곡선과 노동수요곡선이 접하는 e_0에서 효용이 극대화를 달성한다($U^*<U_0$).

2. [그림2]에서 노동수요곡선이 탄력적인 경우($L^d_{탄}$) e_0점에서 효용이 극대화되며 임금수준이 W_0, 고용량이 L_0이지만, 노동수요곡선이 비탄력적인 경우($L^d_{비탄}$), 동일한 W_0수준에서 보다 적은 고용감소로 L_1만큼 고용량이 결정되므로 효용은 더 높다. 나아가 비탄력적인 노동수요곡선과 무차별곡선이 접하는 지점(e_1')에서 효용극대화(U_1')를 달성할 수 있으며 이때 임금과 고용량은 [W_1', L_1']이다.

3. 따라서 노동수요곡선이 비탄력적일수록 임금과 고용량을 늘릴 기회의 집합이 확대되므로 독점적 노조의 효용 수준은 높아진다.

Ⅲ. 함 의

독점적 노조는 기업의 노동수요곡선에 제약되므로 노동수요탄력성이 비탄력적일수록 임금과 고용의 기회집합이 확대되므로 임금 인상을 통한 효용극대화 수준이 상승한다.

그러므로 마샬의 파생수요법칙에 따라 독점적 노동조합은 ① 다른 생산요소와의 대체가 용이하지 않도록 기업특수적(Firm-specific) 노동력을 갖추기 위해 노력하고, ② 최종생산물 가격에 대한 수요탄력성이 비탄력적이 되도록 기업의 시장지배력을 높이는데 노조가 적극 협조할 것이다.

물음 3)의 해결

Ⅰ. 독점적 노조모형 – 파레토 개선 가능

기업의 이윤을 감소시키거나 독점적 노조의 효용을 감소시키지 않으면서 사회적 후생(= 기업의 이윤 + 독점적 노조의 효용)을 높일 수 있는 상태를 파레토 개선이라 한다. 따라서 파레토 효율적이란 더 이상 파레토 개선이 불가능한 자원(임금과 고용) 배분 상태이다. 이때 독점적 노조의 효용극대화 선택 지점(e_0)은 시장 외부의 협상(계약)을 통해 노조의 효용 감소 없이 기업의 이윤을 증가시키거나, 기업의 이윤 하락 없이 노조의 효용이 증가할 수 있는 파레토 개선이 가능한 선택지점이므로 파레토 비효율적인 선택이다.

Ⅱ. 효율적 계약모형

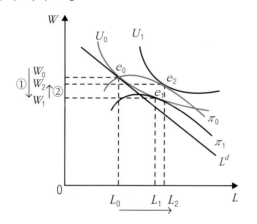

2. 노조　$Max\ U_0 \rightarrow U_1$
　　　　$s.t.\ \pi_0$

3. 기업　$Max\ \pi_0 \rightarrow \pi_1$
　　　　$s.t.\ U_0$

1. 독점적 노조모형에서는 L^d 곡선 상에 U_0가 접하는 e_0에서 효용극대화를 달성하는데,
2. 독점적 노소의 협상 행동원리

$$\left[\begin{array}{l} Max\ U_0 \rightarrow U_1 \\ s.t.\ \pi_0 \end{array} \right.$$

노조는 기업의 기존 등이윤곡선(π_0) 상에서 임금 하락($W_0 \rightarrow W_2$)과 고용 증가($L_0 \rightarrow L_2$)를 주장하며 효용 증가(U_1)를 추구($e_0 \rightarrow e_2$)할 때 파레토 개선이 가능하다.

3. 기업의 협상 행동원리

$$\left[\begin{array}{l} Max\ \pi_0 \rightarrow \pi_1 \\ s.t.\ U_0 \end{array} \right.$$

기업은 노조의 무차별곡선(U_0)을 제약조건으로 임금하락($W_0 \rightarrow W_1$)과 고용 증가($L_0 \rightarrow L_1$)를 주장하며 이윤 증가(π_1)를 추구($e_0 \rightarrow e_1$)할 때 파레토 개선이 가능하다.

효율적 계약 곡선 : $Q \sim R$

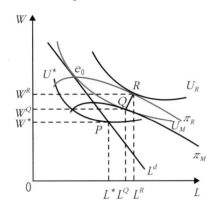

$e_0 \rightarrow R, \ e_0 \rightarrow Q$

⇒ 파레토개선이 가능
　 (효율적인 자원배분상태가
　 아니므로 계약곡선 아님)

$Q \rightarrow R, R \rightarrow Q$

⇒ 파레토개선이 불가능하므로
　 파레토 효율적인 계약곡선

Ⅲ. 소 결 – 과다고용 상태

완전고용량(L^*)보다 효율적 계약모형에 따른 고용량의 크기가 더 크므로 기업의 정상이윤이 감소하게 되는 문제가 발생한다. 효율적 계약 모형에서 협상을 통해 파레토 개선이 가능하더라도 '고용'은 완전고용량(L^*)을 넘지 않는 제약조건이 필요하다. (☞ 강하게 효율적 계약 모형)

📖 Topic 2-2

독점적 노동조합(Monopoly Union)의 임금인상 요구가 고용에 미치는 영향을 노동조합의 효용함수를 이용하여 그림을 그려 설명하시오. 아울러 노동수요의 임금탄력성 정도에 따라 어떤 차이가 있는지 비교하시오.
[2014년 3-2)문, 15점]

Ⅰ. 독점적 노동조합의 효용극대화

독점적 노동조합은 고용주체인 기업의 노동수요(L^d)의 제약 하에서 임금 인상을 통해 효용극대화를 달성할 수 있는 최적의 임금(W)과 고용(L) 조합을 선택한다.

목적식 Max $U = F(W, L)$ (단, 임금과 노동공급은 재화(goods))
제약식 $s.t. \ L^d = L^d(W)$

노동조합의 동일한 효용수준을 보장하는 임금·고용 조합을 연결한 궤적인 무차별곡선과 기업의 노동수요곡선이 접하는 지점에서 효용극대화를 달성한다.

Ⅱ. Graph 도해

〈그림1〉

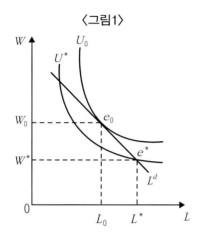

〈그림2〉

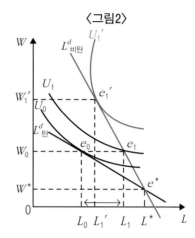

1. 〈그림1〉에서 근로자가 노동조합에 가입하기 전에는 e^*점에서 시장임금(W^*)과 고용량(L^*)이 결정된다. 노조 가입 이후에 효용극대화를 달성하기 위해 노동조합이 임금인상(W_0)을 요구하면 기업은 비용극소화 제약조건에 의해 노동수요곡선 상을 이동하여 고용량을 줄인다($L^* > L_0$). 그러나 임금 인상으로 인한 효용의 증가분이 고용 감소로 인한 효용의 하락분보다 크므로 무차별곡선과 노동수요곡선이 접하는 e_0에서 효용이 극대화된다($U^* < U_0$).

2. 〈그림2〉에서 노동수요곡선이 탄력적인 경우($L^d_{탄}$) e_0점에서 효용이 극대화되며 임금수준이 W_0, 고용량이 L_0 이지만, 노동수요곡선이 비탄력적인 경우($L^d_{비탄}$), 동일한 W_0수준에서 보다 적은 고용감소로 L_1만큼 고용량이 결정되므로 효용은 더 높다. 나아가 비탄력적인 노동수요곡선과 무차별곡선이 접하는 지점(e_1')에서 효용극대화(U_1')를 달성할 수 있으며 이때 임금과 고용량은 [W_1', L_1']이다.

3. 따라서 노동수요곡선이 비탄력적일수록 임금과 고용량을 늘릴 기회의 집합이 확대되므로 독점적 노조의 효용 수준은 높아진다.

Ⅲ. 함 의

독점적 노조의 임금 인상 요구는 기업의 노동수요곡선에 제약되므로 노동수요곡선이 탄력적일수록 임금 인상으로 인한 대량의 해고를 경험하여 효용 증가 폭이 감소하고, 노동수요가 임금에 비탄력적일수록 임금과 고용의 기회집합이 확대되므로 임금 인상을 통한 효용극대화 수준이 상승한다.

그러므로 마셜의 파생수요법칙에 따라 독점적 노동조합은 ① 다른 생산요소와의 대체가 용이하지 않도록 기업특수적(Firm-specific) 노동력을 갖추기 위해 노력하고, ② 최종생산물 가격에 대한 수요탄력성이 비탄력적이 되도록 생산하는 재화의 불량률을 낮춰 기업의 시장지배력을 높이는데 적극 협조할 것이다.

Topic 2-3

신문산업의 식자공(typesetter) 노동조합이 컴퓨터로 작동하는 조판기를 도입하는데 오랫동안 반대한 이유를 그래프를 통해 설명하시오.

Ⅰ. 의 의

컴퓨터 조판기가 도입되면 식자공 노동자를 자본으로 수월하게 대체할 수 있으므로 식자공 노동자의 이익을 대변하는 독점적 노조를 제약하는 기업의 노동수요는 임금에 탄력적으로 반응하여 노조 가입률은 떨어지고 독점적 노조의 우월적 지위는 하락한다.

Ⅱ. 물음 1)의 해결

1. 마셜의 파생수요법칙

(1) 대체효과

임금이 하락하면, ① 노동에 대한 대체 용이성이 클수록 임금이 하락할 때 1원당 한계생산성이 하락한 자본을 노동으로 대체하려는 의도가 증가하고, ② 자본의 공급탄력성이 클수록 기업의 대체의지를 즉각적으로 실현할 수 있으므로, 노동이 큰 폭으로 증가하여 자본을 대체하므로 노동수요는 임금에 탄력적으로 반응한다.

(2) 규모효과

임금이 하락하면, ① 총생산 비용에서 노동비용이 차지하는 비중이 크고, ② 최종재화의 수요탄력성이 클수록, 생산의 한계비용이 큰 폭으로 하락하여 생산규모를 대폭 증설하기 위해 정상투입요소인 노동의 수요가 크게 증가하므로 노동수요는 임금에 탄력적으로 반응한다.

2. 다른 생산요소(K)와의 대체용이성 – 대체효과

대체탄력성은 한계기술대체율($MRTS_{LK}$)의 변화율에 대한 노동(L)과 자본(K)의 요소집약도($\frac{K}{L}$) 변화율로 정의되는데, 대체탄력성이 클수록 임금이 상승할 경우 1원당 한계생산성이 하락한 노동을 자본으로 대체하는 정도가 큰 폭으로 증가한다.

$$[\sigma = \frac{\Delta(K/L)/(K/L)100\%}{\Delta MRTS_{LK}/MRTS_{LK}100\%} = \frac{\Delta(K/L)/(K/L)100\%}{\Delta(W/r)/(W/r)100\%}]$$

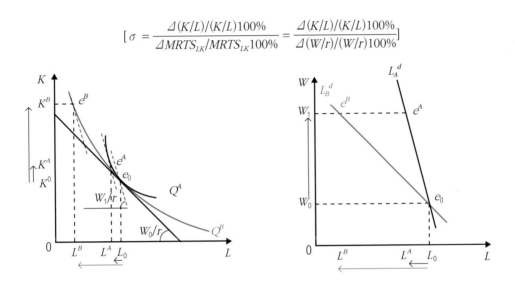

생산함수의 특성을 반영하는 등량곡선은 대체탄력성이 클수록(Q^B) 한계기술대체율($MRTS_{LK}$)이 상승하여 보다 완만한 형태로 도해된다. 따라서 임금이 상승($W^0 < W^1$)하여 자본에 대한 노동의 고용부담이 가중되면 노동을 자본으로 큰 폭으로 대체하므로 보다 탄력적인 노동수요곡선(L_B^d)이 도출된다.

Ⅲ. 소 결 – 독점적 노동조합의 효용극대화

독점적 노조를 제약하는 기업의 노동수요곡선이 비탄력적일수록 임금과 고용량을 늘릴 기회의 집합이 확대되어 독점적 노조의 효용 수준은 높아진다.

Ⅳ. 함 의

독점적 노조는 기업의 노동수요곡선에 제약되므로 노동수요탄력성이 비탄력적일수록 임금과 고용의 기회집합이 확대되므로 임금 인상을 통한 효용극대화 수준이 상승한다. 따라서 식자공 노동조합은 비탄력적인 노동수요곡선 상에서 효용극대화를 추구하기 위해 노동자의 대체용이성을 높이는 컴퓨터 조판기와 같은 자본의 도입에 적극적으로 저항한다.

TOPIC 03 효율적 계약 모형

Topic 3-1

Ⅰ. 독점적 노조모형 – 파레토 개선 가능

기업의 이윤을 감소시키거나 독점적 노조의 효용을 감소시키지 않으면서 사회적 후생(=기업의 이윤+독점적 노조의 효용)을 높일 수 있는 상태를 파레토 개선이라 한다. 따라서 파레토 효율적이란 더 이상 파레토 개선이 불가능한 자원(임금과 고용) 배분 상태이다. 이때 독점적 노조의 효용극대화 선택 지점(e_0)은 시장 외부의 협상(계약)을 통해 노조의 효용 감소 없이 기업의 이윤을 증가시키거나, 기업의 이윤 하락 없이 노조의 효용이 증가할 수 있는 파레토 개선이 가능한 지점이므로 파레토 비효율적인 선택이다.

Ⅱ. 효율적 계약 모형

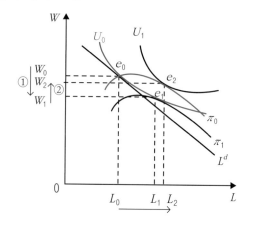

2. 노조 $Max\ U_0 \rightarrow U_1$
   $s.t.\ \pi_0$

3. 기업 $Max\ \pi_0 \rightarrow \pi_1$
   $s.t.\ U_0$

1. 독점적 노조모형에서는 L^d 곡선 상에 U_0가 접하는 e_0에서 효용극대화를 이루는데
2. 독점적 노조의 협상 행동원리

$$Max\ U_0 \rightarrow U_1$$
$$s.t.\ \pi_0$$

노조는 기업의 기존 등이윤곡선(π_0) 상에서 임금 하락($W_0 \rightarrow W_2$)과 고용 증가($L_0 \rightarrow L_2$)를 주장하며 효용 증가(U_1)를 추구 $\Rightarrow e_0 \rightarrow e_2$: 파레토 개선 가능

3. 기업의 협상 행동원리

$$Max \ \pi_0 \rightarrow \pi_1$$

$$s.t. \ U_0$$

기업은 노조의 무차별곡선(U_0)을 제약조건으로 임금하락($W_0 \rightarrow W_1$)과 고용 증가($L_0 \rightarrow L_1$)를 주장하며 이윤 증가(π_1)를 추구 $\Rightarrow e_0 \rightarrow e_1$: 파레토 개선 가능

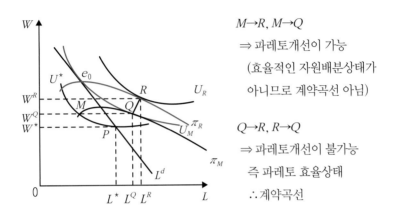

$M \rightarrow R, M \rightarrow Q$
$\Rightarrow$ 파레토개선이 가능
  (효율적인 자원배분상태가
   아니므로 계약곡선 아님)

$Q \rightarrow R, R \rightarrow Q$
$\Rightarrow$ 파레토개선이 불가능
  즉 파레토 효율상태
  $\therefore$ 계약곡선

Ⅲ. 소 결 – 과다고용 상태

완전고용량(L^*)보다 효율적 계약모형에 따른 고용량의 크기가 더 크므로 기업의 정상이윤이 감소하게 되는 문제가 발생한다. 효율적 계약 모형에서 협상을 통해 파레토 개선이 가능하더라도 '고용'은 완전고용량(L^*)을 넘지 않는 제약조건이 필요하다. (☞ 강하게 효율적 계약 모형)

TOPIC 04 강하게 효율적 계약 모형

Topic 4-1

Ⅰ. 의 의

효율적 계약에 의한 노사간 협상은 시장의 파레토 개선을 유도할 수 있으나 완전경쟁시장의 최적 고용량을 넘어서는 과다고용으로 기업의 경쟁력을 저하시킬 수 있다. 따라서 협상의 제약조건으로 경쟁시장의 균형고용량에서 벗어나지 않도록 고용의 엄격한 제약조건이 추가되는 강하게 효율적인 계약 모형으로의 보완이 요구된다.

Ⅱ. Graph 도해

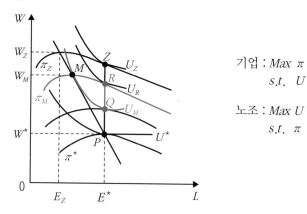

기업 : $Max \ \pi$
　　　　$s.t. \ \ U$

노조 : $Max \ U$
　　　　$s.t. \ \ \pi$

1. 장기적으로 실제 파레토 개선이 가능한 완전고용수준에서 임금만이 협상의 영역이다(완전경쟁고용량을 벗어나는 효율적 계약곡선은 장기적으로 파레토 비효율을 초래하므로 실질적인 파레토 개선이 불가능하다).

2. 기업의 완전경쟁 고용량 수준에서 노조의 임금인상 요구는 효율적인 자원 배분을 왜곡하지 않으며 국가경제의 사중손실도 야기하지 않는다.

3. 즉, 위 수직의 계약곡선에서는 고용이 아닌 임금만을 대상으로 협상을 하는 파레토 효율적 계약곡선을 의미한다.

4. 강하게 효율적인 계약곡선은 효율적 계약모형보다 파레토 개선 여지가 감소하였으나 과다고용이 발생하지 않으므로 기업의 시장 경쟁력을 위협하지 않는다.

TOPIC 05 파업 - 힉스 패러독스

 Topic 5-1
....

힉스 패러독스

※ 지대(rent)란?

공급이 완전비탄력적인 생산요소가 정상이윤을 초과하여 획득하는 이윤

ex) 월 1000만원 매출을 달성하는 A 치킨집

800만 총비용	200만 이윤

⇐ 초과이윤은 200만원

   └ A치킨집 사장 甲은 최소 400만원은 벌어야 한다고 생각하는 사람인데, 800만원의 비용 중 400만원
은 甲의 본인의 월급(인건비)가 포함되어 있으므로 이윤 200만원은 초과이윤(정상이윤: 400만)

    ⇒ 초과이윤 있는 경우 ① 협상여지 有 or ② 다른 기업의 진입 可

가정) 노사 간 나눌 수 있는 지대의 가치가 100달러

지대의 분배에 대한 이견이 좁혀지지 않아 노조가 파업을 실시하면 양측 모두에게 비용을 유발(기업이윤
↓, 재화수요↓, 근로자임금↓)

그러한 비용의 결과로 나눌 수 있는 이윤의 크기는 작아지고 양측은 40달러씩 갖는 e_1점에서 합의에 이
른다

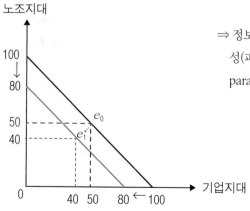

⇒ 정보의 대칭성이 존재할 때 파업의 비합리
성(파레토 비효율)을 힉스 패러독스(Hicks
paradox)라고 한다.

Tip. 힉스패러독스 출제 시 답안작성

⇒ 노동조합 자원배분 / 독점적 노조모형 / 효율적 교섭모형 연계출제 가능

ex Q) 파업이 지속될 때 노조와 기업에 미치는 영향을 자원 배분적 관점에서 서술

Ⅰ. 의 의 – 정보의 대칭성

노사는 정상이윤을 넘어서는 초과이윤, 즉 지대(rent)를 더 많이 가져가기 위해 협상을 할 때 서로의 제안에 양보할 의사가 없으면 파업에 돌입하여 노사 양측에 비용을 유발하므로 지대가 감소한다. 이는 결과적으로 파레토 비효율적인 분배로 이어지는 힉스 패러독스(Hicks Paradox)를 야기한다.

Ⅱ. Graph 도해

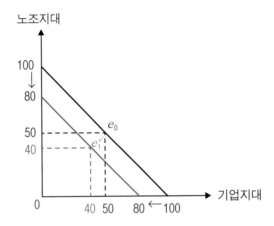

Ⅲ. 분 석

노사는 최초 e_0에서 균형을 이뤄 지대를 50:50 비율로 가져갈 수 있으나 어느 쪽도 상대방에게 양보를 하지 않으려 하므로 파업이 발생한다. 파업은 노사 양측의 비용발생을 수반하여 나눌 수 있는 지대의 크기가 축소되어 결국 e_1에서 40:40으로 노사가 합의한다.

TOPIC 06 최적 파업기간

 Topic 6-1

Ⅰ. 파업의 최적 지속기간

힉스 패러독스와 달리 정보의 비대칭성이 존재할 때 근로자들이 회사의 재정상태를 잘 알지 못하여 정상이윤과 초과이윤을 혼동한다. 따라서 낙관적 기대에 기반한 독점적 노조는 기업에게 과도한 임금인상을 요구하고 기업은 이를 수용하지 않음으로써 파업이 발생한다. 이후 파업이 지속될수록 노조의 저항은 약화되고 정보를 완전하게 보유한 기업은 노조의 저항곡선을 제약조건으로 이윤을 극대화시킬 수 있는 최적 파업기간을 선택한다. 그러므로 파업의 최적 기간을 결정하는 주체는 정보를 보다 완전하게 보유한 기업이다.

Ⅱ. Graph 도해

1. 모형의 설정

기업의 목적식 : $Max\ \pi = F[W,\ 파업기간(=t)]$

기업의 제약조건 : $s.t. = $ 노조의 저항곡선

2. Graph 도해

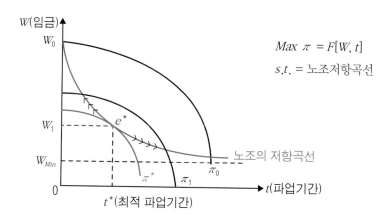

3. 우하향하며 볼록한 노조저항곡선

노조는 정보의 비대칭으로 인해 기업의 초과이윤을 과대평가한다. 낙관적 기대에 근거하여 과도한 임금인상(W_0)을 요구하면 기업은 이를 거부함으로써 파업이 발생한다. 파업이 발생하면 기업은 즉시 노조에게 지대(초과이윤)에 대한 정보를 제공함으로써 노조의 임금인상 요구안은 대폭 하락하므로 노조저항곡선은 우하향한다. 또한 파업이 지속될수록 기업이 노조에게 제공할 수 있는 정보는 점차 감소하고 현재 임금수준(W_{Min})보다 낮은 임금을 요구할 수는 없으므로 노조저항곡선은 원점에 대해 볼록하다.

4. 우하향하며 오목한 등이윤곡선

기업은 파업이 발생하면 공장이 멈추고 생산량이 감소하므로 동일한 이윤을 유지하기 위해 수입의 감소분을 임금 하락을 통해 노조에게 완전히 전가한다. 따라서 기업의 등이윤곡선은 우하향한다. 또한 파업이 지속될수록 수확체감의 법칙에 의해 생산량의 감소분은 점차 확대되므로 동일한 이윤수준을 유지하기 위한 임금 하락폭도 점차 증가하여 등이윤곡선은 원점에 대해 오목하다.

5. 최적 파업기간

기업은 노조저항곡선을 제약조건으로 이윤을 극대화하는 최적 파업기간을 설정한다. t^*보다 짧은 파업기간에서 협상을 타결하면 생산량 증가로 인한 수입의 증가분보다 임금 상승으로 인한 비용의 증가분이 커서 이윤이 하락하고($\pi^* > \pi_1$), t^*보다 긴 파업기간에서 낮은 임금을 수용하면 파업의 장기화로 생산량이 대폭 감소하여 이윤이 하락한다($\pi^* > \pi_1$). 따라서 노조의 저항곡선을 제약삼아 이윤극대화를 달성하는 최적 파업기간은 t^*이다.

TOPIC 07 노동조합과 노동시장의 효율성

 Topic 7-1

독점적 노조로 인해 발생하는 일국의 효율성 손실과 유노조원과 무노조원 간의 임금격차를 그래프를 통해 설명하시오. 그리고 무노조 경찰관들의 임금은 강력한 경찰노조가 존재하는 대도시 지역에서 더 높고, 무노조 근로자들의 임금은 노조 가입률이 높은 도시에서 더 낮은 사실을 독점적 노조와 관련하여 분석하시오.

Ⅰ. 독점적 노조의 비효율성

1. 독점적 노조(A)와 무노조(B) 근로자는 동일한 한계생산성(MP_L)을 보유하여 한계생산물 가치(VMP_L)가 동일하므로 각각의 노동수요곡선은 일치한다($VMP_L^A = VMP_L^B$).
2. 독점적 노조원과 무노조원은 완전대체관계이며 시장의 노동공급 총량은 고정되어 있다. 따라서 완전 비탄력적인 노동공급곡선이 도출된다($\overline{L_A + L_B}$).
3. 부문 간 노동이동에 따른 거래비용은 발생하지 않는다.

Ⅱ. Graph 도해

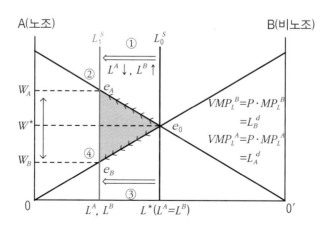

1. 최초에 e_0점에서 양부문(A,B)간 임금(W^*)과 고용량(L^*)이 동일하여 〈동일노동 동일임금〉이 달성된다.
2. 노동조합의 임금인상(W^A)으로 A부문의 기업은 고용에 대한 부담이 증가하여 노동수요곡선을 따라 L_A 만큼 고용을 감소시킨다.
3. 일자리를 상실한 유노조원들이 무노조 부분으로 옮겨가므로, 노공공급곡선은 좌측으로 이동(L_S^0 →L_S^1)한다.
4. 무노조 부문의 균형 임금과 고용량은 e_B점에서 (W_B, L_B)로 결정된다. 그 결과 임금격차가 발생하고 ($W_A > W_B$) 인적자원이 재배분되어($L_A < L_B$) 국가 총소득이 감소하였다[▷ $e_0 e_A e_B$].
5. 이는 한계수확체감의 법칙에 근거하여 유노조 부문에서 퇴출되는 노동자로 인해 감소하는 국민 총소득이 무노조 부문으로 진입하며 생산하는 국민 총소득보다 크기 때문이다. 즉, 동일한 노동자가 유노조 부문과 무노조 부문에서 비효율적으로 배분되어 사중손실이 발생하였다.

Ⅲ. 파급효과

노조부문의 임금인상은 인적자원이 비효율적으로 배분되어 부문간 과소, 과다 고용의 문제가 초래된다. 이를 통해 노동시장에서는 독점적 노조가 무노조원의 임금을 낮추는 파급효과를 관찰할 수 있다. 따라서 이러한 파급효과는 유노조원과 무노조원 간의 임금격차를 과대평가한다.

Ⅳ. 위협효과

효용극대화를 추구하는 독점적 노조는 기업의 노동수요곡선이 비탄력적일수록 임금과 고용의 기회집합이 확대되므로 임금 인상을 요구하는 노조원을 기업이 낮은 비용으로 수월하게 대체하지 못 하도록 무노조원의 임금 인상을 유도한다. 따라서 강력한 노조가 존재하는 경우 노조의 우월적 지위를 지속적으로 활용하기 위해 무노조원의 임금을 상승시켜 비탄력적인 노동수요곡선 하에서 기업에게 임금 인상을 요구한다.

Topic 7-2

노동조합은 건설업자가 노동조합에 가입하지 않은 무노조 근로자를 고용하더라도 일정 수준 이상의 적정임금(prevailing wage)을 지급하도록 강제하는 데이비스·베이컨법(Davis-Bacon Act)을 적극 지지하는 현상을 그래프로 설명하시오.

Ⅰ. 의 의

독점적 노조는 대체 생산요소의 가격을 올림으로써 기업의 노동수요곡선을 비탄력적으로 변화시켜 효용의 극대화를 추구한다. 기업이 무노조 근로자에게도 일정 수준 이상의 적정임금을 지급하도록 강제하는 데이비스·베이컨법은 유노조원과 대체되는 무노조원의 임금을 높여 무노조 노동자의 한계요소비용($MFC_{무노조원}$)을 상승시키고 무노조 노동자의 공급곡선이 비탄력적으로 전환시켜 독점적 노조의 임금 인상 요구에 대하여 기업이 유노조원을 무노조원으로 탄력적으로 대체할 수 없기 때문이다.

Ⅱ. 물음 2)의 해결

유노조원과 대체관계인 무노조원의 공급이 비탄력적으로 이루어지면 유노조원을 무노조원으로 전환(대체)하는 비용이 증가하여 유노조원에 대한 노동수요곡선은 보다 비탄력적으로 변화된다.

[무노조 부문]
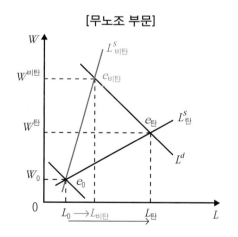

[유노조 부문]
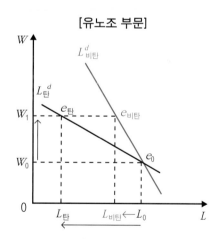

무노조원의 노동공급곡선이 비탄력적일수록 기업은 유노조원을 무노조원으로 대체하려는 의지를 실현하기 어려우므로 유노조원의 노동수요곡선은 비탄력적으로 도출되어 독점적 노조의 임금 인상 요구가 관철될 가능성이 높아진다.

노동조합이 임금, 고용에 미치는 영향과 관련된 다음 물음에 답하시오.　　　[2014년 3문, 25점]

물음 1) 노동조합이 비노동조합 부문의 임금에 미치는 영향을 설명하시오. (10점)

Ⅰ. 모형의 설정

1. 노동조합(A)과 비노동조합(B) 근로자는 동일한 한계생산성(MP_L)을 보유하여 한계생산물 가치(VMP_L) 가 동일하다($VMP_L^A = VMP_L^B$).
2. 노동조합 근로자와 비노동조합 근로자는 완전대체관계이며 총고용량은 일치한다. 따라서 완전비탄력적인 노동공급곡선이 도출된다($\overline{L_A + L_B}$).
3. 부문 간 노동비용(거래비용)은 0이다.

Ⅱ. Graph 도해

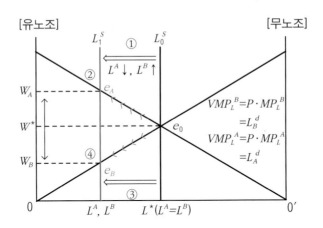

1. 최초에 e_0점에서 양부문(A, B)간 임금(W^*)과 고용량(L^*)이 동일하여 〈동일노동 동일임금〉이 달성된다.
2. 노동조합의 임금인상(W^A)으로 A부문의 고용주체인 기업은 고용부담의 증가로 L_A만큼 고용을 감소시킨다.
3. 노공공급곡선은 좌측으로 이동($L_S^0 \rightarrow L_S^1$)하여 노동조합 근로자들이 비노동조합으로 이동한다.
4. 비노조부문 균형은 e_B에서 임금 고용량이 결정(W_B, L_B)된다. 그 결과 임금 차이($W_A > W_B$)와 고용량 차이($L_A < L_B$)가 발생하며 [▷$e_0 e_A e_B$]후생손실을 야기한다.

Ⅲ. 소 결

노조부문의 임금인상은 과소, 과다 고용의 문제를 발생시켜 인적자원배분의 비효율성을 초래한다.

 Topic 7-4

다음 물음에 답하시오.

물음 1) A 기업의 노동수요곡선은 다음과 같다.

$$W = 20 - 0.01*L \ (단, \ W = 임금, \ L = 고용수준)$$

또한 A 기업의 유일한 노동조합은 $U = W*L$ 의 효용함수를 갖는다. 임금 협상 과정에서 독점적 노동조합이 요구하는 임금수준과 기업이 고용하는 근로자를 그래프를 통해 분석하시오.

Ⅰ. 독점적 노조 모형

노동조합의 효용극대화 : (L=1000, W=10)

$$Max \ U = W \cdot L$$
$$s.t. \ L^d : W = 20 - 0.01L$$

효용극대화 균형조건은 다음의 식과 같다.

$$[MRS_{LW} = -\frac{\Delta W}{\Delta L} = \frac{MU_L}{MU_W}] = [0.01 = \frac{dW}{dL}]$$

노동과 임금의 주관적 교환비율(MRS_{LW})과 객관적 교환비율($\frac{W}{L}$)이 일치하는 지점에서 노조의 효용이 극대화되며, $(W, L) = (10, 1000)$ 이다.

Ⅱ. Graph 도해

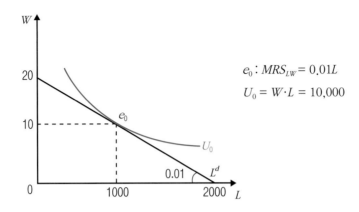

$$e_0 : MRS_{LW} = 0.01L$$
$$U_0 = W \cdot L = 10,000$$

독점적 노조는 기업의 노동수요곡선에 제약되어 노동과 임금의 주관적 교환비율과 객관적 교환비율이 일치할 때 효용극대화를 달성한다.

물음 2) A 기업을 대표하는 독점적 노조의 효용함수가 다음과 같이 변화하였다.

$$U = (W - W^*) * L$$
(단, W^* = 시장 경쟁임금)

경쟁임금이 시간당 8일 경우에 독점적 노동조합이 요구하는 임금수준과 기업이 고용하는 근로자를 물음 1)과 비교하여 설명하시오.

Ⅰ. 독점적 노조 효용극대화

$$Max\ U = (W - W^*)L = (W - 8)L$$
$$s.t.\ L^d : W = 20 - 0.01L$$

Ⅱ. 독점적 노조의 무차별곡선

$$MRS_{LW} = \frac{MU_L}{MU_W} = \frac{W-8}{L}$$

무차별곡선의 기울기가 $\frac{W}{L}$에서 $\frac{W-8}{L}$로 완만해져 노동고용의 빨간신호가 커졌다.

III. Graph 도해

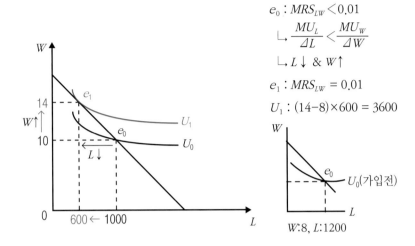

$e_0 : MRS_{LW} < 0.01$

$\quad\hookrightarrow \frac{MU_L}{\Delta L} < \frac{MU_W}{\Delta W}$

$\quad\hookrightarrow L\downarrow \ \& \ W\uparrow$

$e_1 : MRS_{LW} = 0.01$

$U_1 : (14-8)\times 600 = 3600$

$W{:}8, L{:}1200$

A기업의 독점적 노조는 e_0점에서 더 이상 효용극대화를 달성하지 못하고 L을 감소시키고 W를 늘려 [$(L,W)=(600, 14)$]에서 효용을 극대화한다.

물음 3) C 노동조합은 임금이 10달러에서 200명의 근로자를 고용하고 임금이 15달러로 상승하면 100명의 근로자를 고용하는 기업의 근로자들을 대표한다. 다른 D 노동조합은 임금이 10달러에서 200명의 근로자를 고용하고 임금이 15달러로 상승하면 150명의 근로자를 고용하는 기업의 근로자들을 대표하고 싶어한다. C와 D중에서 어느 노동조합이 조직화될 가능성이 더 높은지를 그래프를 통해 비교하시오.

I. 노동조합 조직률

1. 의 의

노조입장에서 노동고용(L)과 임금(W) 상승은 노조조직률을 높이므로 재화(goods)이다.

$$\text{Max } U = F(L,W)$$
$$s.t. \ L^d = L^d(W)$$

임금이 인상되면 노동고용이 감소한다. 비탄력적인 노동수요곡선에 직면할수록 임금 인상에 대한 고용 감소폭이 작으므로 노조조직률은 상승한다.

2. C와 D의 노동수요탄력성

(1) C의 노동수요탄력성

$$\varepsilon = \left| \frac{\frac{(200-100)}{200}}{\frac{(10-15)}{10}} \right| = 1$$

(2) D의 노동수요탄력성

$$\varepsilon = \left| \frac{\frac{(200-150)}{200}}{\frac{(10-15)}{10}} \right| = \frac{1}{2}$$

(3) C의 노동수요탄력성은 1로 D의 노동수요탄력성보다 탄력적이다.

Ⅱ. Graph 도해

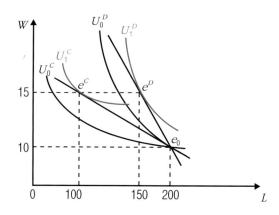

임금이 5 인상할 때 C 노조의 고용감소는 100만큼 이루어진 반면, D노조는 고용감소가 50만큼 이루어져 노동수요탄력성에 따른 고용감소폭의 차이가 있음을 알 수 있다.

Ⅲ. 소 결

노조는 노조조직률을 높이기 위하여 노동수요탄력성을 낮추기 위해 노력할 것이며, 이는 마셜의 파생수요법칙에 근거하여 시장지배력을 높여 최종생산물의 수요탄력성을 낮추려는 노력으로 이어진다.

물음 4) A노동조합이 임금협상 과정에서 기업에게 통보한 최초 요구임금 수준은 시간당 10달러이며, 파업이 발생하는 경우에 노조의 저항곡선은 다음과 같다.

파업기간	시간당 요구임금 수준(달러)
1개월	9
2개월	8
3개월	7
4개월	6
5개월	5

이때 노동조합의 요구임금 수준이 5달러로 낮아지는 파업기간이 5개월에서 2개월로 짧아져 노조저항곡선이 변화될 경우에 파업의 발생확률이 높아질지 혹은 낮아질지를 그래프를 통해 분석하시오.

Ⅰ. 파업의 발생

기업은 노조에 대한 완전한 정보를 가정하고(정보의 비대칭성), 노조의 파업에 대한 저항곡선의 제약을 받는다.

$$\text{Max } \pi = F(W, t) \quad (\text{단}, t = \text{파업기간})$$
$$s.t. \text{ 노조의 저항곡선} = F(W, t)$$

Ⅱ. Graph 도해

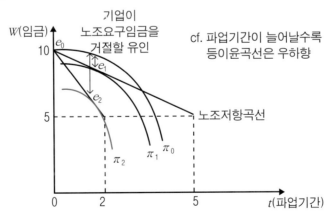

노조의 최초 요구임금 수준에서 e_0지점에서 π_0이윤을 달성하지만,

1. 노조저항곡선 변화 전에는 e_1지점에서 π_1만큼의 이윤극대화를 누리고,
2. 노조저항곡선 변화 후에는 e_2지점에서 π_2만큼 이윤극대화를 달성한다.

Ⅲ. 분 석

1. 저항곡선 변화 전

e_0지점에서 기업은 이윤극대화를 달성하지 않고 있으므로 최초요구임금수준 10을 거부하고 파업을 개시하도록 둘 것이다. 완전한 정보를 가진 기업은 e_1지점에 이윤극대화를 달성할 때까지 파업을 지속시킬 것이다.

2. 저항곡선 변화 후

$(\pi_1-\pi_0)<(\pi_2-\pi_0)$ 이므로, 저항곡선이 변화된 후에는 기업은 더 높은 이윤극대화를 위해 저항곡선 변화 전보다 파업을 발생시킬 가능성이 높아진다. 기업은 e_2지점에서 이윤극대화를 달성할 때까지 파업을 지속시킬 것이다.

Ⅳ. 소 결

노조의 저항곡선이 가팔라진다면 정보의 비대칭성으로 인하여 기업은 노조의 요구임금을 거절할 유인이 커져서 파업가능성이 높아진다.

물음 5) A 노동조합의 최초 요구임금 수준은 시간당 10달러로 동일하지만 노조의 저항곡선은 다음과 같이 변화되었다.

파업기간	시간당 요구임금 수준(달러)
2개월	9
4개월	8
6개월	7
8개월	6
10개월	5

물음 4)의 최초 저항곡선과 비교하여 파업의 발생확률이 높아졌는지 혹은 낮아졌는지 살펴보고, 파업이 발생한 이후에 지속되는 기간은 길어졌는지 아니면 짧아졌는지 그래프를 통해 분석하시오.

Ⅰ. 파업의 발생

$$Max \ \pi = F(W, t)$$
$$s.t. \ 노조의 \ 저항곡선 = F(W, t)$$

Ⅱ. Graph 도해

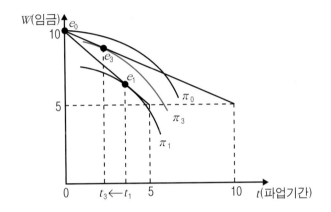

Ⅲ. 분 석

노조의 저항곡선 기울기가 완만해짐은 노조의 저항이 강화되었음을 의미한다. 이에 따라 기업은 변화 전보다 이윤을 감소시켜 e_3에서 이윤극대화를 달성하고 이는 파업기간 감소로 이어진다. 따라서 노조는 기업의 감소한 이윤만큼 추가적인 지대를 획득한다.

물음 6) A노동조합의 저항 곡선은 물음 4)와 동일하나 최초 요구임금 수준은 시간당 20달러로 상승하였다. 파업의 발생확률과 지속기간을 그래프를 통해 설명하시오.

Ⅰ. 최초 요구임금 수준의 상승

최초 요구임금 수준이 20으로 상승하고 파업개시 이후에는 종전의 요구임금 수준과 같은 기울기의 저항곡선이 나타남을 기업의 완전한 정보로 알게된다면, 파업기간은 종전과 다르지 않을 것이다.

II. Graph 도해

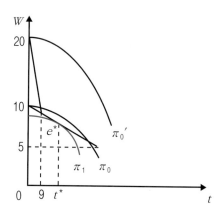

종전의 e^*에서 이윤극대화를 하던 기업에 대하여, 만약 노조의 최초 요구임금 수준이 20임에도 불구하고 파업개시 이후 동일한 노조의 저항강도를 보인다면 기업은 동일하게 t^*에서 파업기간을 결정한다.

물음 7) 경제가 유노조 부문과 무노조 부문으로 구성되어 있다. 유노조 부문과 무노조 부문의 노동수요 곡선은 동일하며 다음과 같다.

$$L = 1,000 - 20 * W$$

(단, W=시간당 임금률, L=고용수준)

유노조 부문과 무노조 부문을 합한 노동의 총공급량은 1,000명이며 총공급량은 임금수준에 완전 비탄력적이다. 또한 모든 근로자의 숙련 수준은 동일하여 유노조 노동자와 무노조 노동자는 완전 대체 가능하다. 이때 유노조 부문에서 독점적 노조는 임금을 30달러로 설정한다면, 유노조 노동자와 무노조 노동자 간의 임금 격차와 국민소득에 미치는 영향을 그래프를 통해 분석하시오.

I. 일반균형분석

1. 모형의 설정

(1) 유노조와 무노조 2부문 노동시장으로 구성됨을 가정한다.

(2) 총노동공급은 1000으로, 노동공급곡선은 완전 비탄력적이다.

(3) 유노조와 무노조 근로자 간 생산성이 동일하여 완전대체 가능하다.

2. Graph 도해

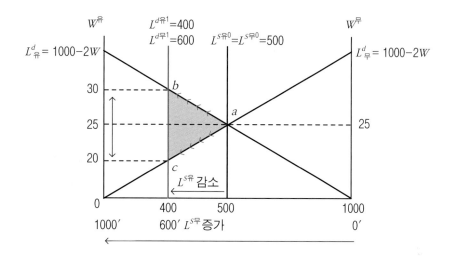

노조임금을 30으로 인상할 경우, 유노조 근로자들이 무노조 근로자들로 대체되는데, 이 때 국민총소득에 대하여 $\triangle abc = 500$ 만큼의 사중손실이 발생한다.

II. 결론

노조-비노조 간 임금차이로 인하여 노동이 잘못 배분된 결과 국민소득은 500만큼 감소한다.

TOPIC 08 노조의 임금효과

📖 Topic 8-1

동일 산업 내 일부 기업에 노조가 조직되었고(노조 조직 부문) 나머지 기업들은 무노조 상태로 남아있다고(노조 비조직 부문) 할 때, 노동조합의 임금효과에 대한 다음 물음에 답하시오. (단, 노조 설립 이전에는 모든 기업의 임금 수준이 동일하다고 가정한다.) [2022년 3문, 25점]

물음 1) 노조 조직 부문과 비조직 부문 간 임금격차를 확대시키는 2가지 효과에 대해 설명하시오. (10점)

물음 2) 노조 조직 부문과 비조직 부문 간 임금격차에 관한 위협효과(threat effects)와 대기실업효과(wait unemployment effects)를 각각 설명하시오. (10점)

물음 3) 노조 조직 부문과 비조직 부문 간 임금격차를 노동조합의 진정한 임금효과로 보기 어려운 이유를 설명하시오. (5점)

물음 1)

Ⅰ. 보상적 임금격차(노조의 가입여부)와 독점적 노조모형

1. 의 의

효용극대화를 추구하는 근로자는 노동조합에 가입할 때 임금인상으로 인한 효용의 증가분과 근로시간 감소로 인한 효용의 하락분을 비교하여 가입 여부를 결정한다. 독점적 노조는 노동수요곡선을 제약조건으로 임금인상을 통해 효용극대화를 추구하므로 고용의 감소로 인한 효용의 하락분을 상회하도록 무노조 부문보다 높은 임금을 기업에게 강요한다.

2. 소득-여가 선택 모형

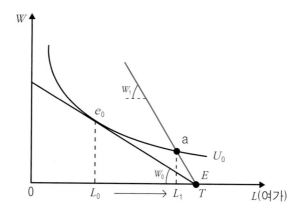

무노조 기업에 고용되었던 근로자는 노조 가입 후의 임금인상으로 인한 효용의 증가분과 고용의 감소로 인한 효용의 하락분을 비교하여 노조 가입 여부를 결정한다. 이때 고용의 감소(L_0-L_1)를 무차별하게 인식하는 보상임금(W_1-W_0)보다 높은 임금이 지급되면 유노조원의 효용은 U_0보다 상승하고 유노조 부문과 무노조 부문 간의 임금격차는 확대된다.

II. 파급효과(spillover effects)

유노조 부문이 조직되면 임금이 상승하여 고용이 감소하고 실업이 발생한다. 이때 유노조 부문의 실업자가 비조직 부문으로 이동하면 비조직 부문의 임금이 하락하는 파급효과(이전효과, 해고효과)가 발생한다.

[유노조 부문 – 독점적 노조모형]

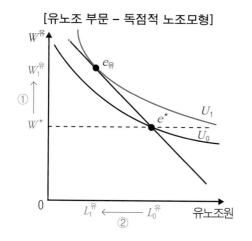

[무노조 부문]

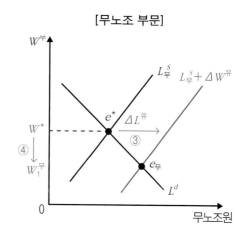

무노조 부문에서 독점적 노조가 조직되면 임금인상(①)을 통해 효용극대화를 추구한다. 이때 노동수요곡선에 제약되어 유노조 부문에서 실업이 발생(②)하면 해고된 유노조원은 무노조 부문으로 이동하여 무노조 부문의 노동공급이 증가(③)하고 무노조 부문의 임금이 하락(④)한다. 따라서 유노조 기업과 무노조 기업 간 임금 비교는 노조가 유노조 근로자의 임금에 미치는 영향을 과대 추정한다.

물음 2)

I. 위협효과(threat effect)

위협효과(threat effects)는 무노조 부문의 기업이 유노조 부문으로의 전환을 두려워하여 무노조 부문의 임금을 미리 인상시켜 유노조 부문과 무노조 부문의 임금격차를 축소하는 효과이다. 즉, 무노조 경찰관들의 임금은 강력한 경찰노조가 존재하는 대도시 지역에서 보다 높은 것처럼 기업은 유노조 조직의 위협으로부터 무노조 부문을 보호하기 위해 무노조 부문의 임금을 상승시킨다.

따라서 한 산업 내에서 노조가 없는 상황을 만들려는 유인을 지닌 이윤극대화 추구 기업은 근로자들이 노조에 가입하지 못하도록 초과 지대의 일부를 기꺼이 나누려 한다. 그러므로 위협효과가 의미하는 바에 따르면 노조는 단지 그 존재만을 통해서도 무노조원이 숙련도보다 높은 임금을 받도록 긍정적인 영향을 미친다. 이 경우 유노조 부문과 무노조 부문 간의 임금격차는 노조가 임금에 미치는 진정한 효과를 과소 추정한다.

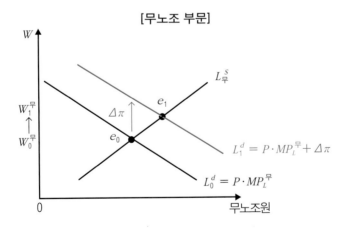

[무노조 부문]

이윤극대화를 추구하는 기업이 초과이윤 중 일부를 무노조 부문의 근로자와 공유하면 무노조원의 생산성은 동일함에도 불구하고 기업으로부터 넘겨 받은 초과이윤($\Delta\pi$)만큼 한계생산물가치가 상승하므로 노동수요곡선은 수직 상방으로 이동하고 무노조원은 실제 생산성보다 높은 임금을 지급받는다.

Ⅱ. 대기실업효과(wait unemployment effects)

유노조 부문과 무노조 부문 간의 임금격차가 클 경우 유노조 부문에서 실직한 근로자가 무노조 부문으로 이동하지 않고 유노조 부문에서 구직활동을 하며 대기하고, 또한 무노조 부문에서 높은 임금의 유노조 부문의 일자리를 찾아 구직활동을 함으로써 무노조 부문의 임금이 상승하는 대기실업효과가 발생한다.

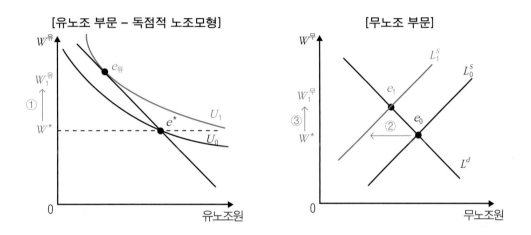

무노조원의 최초 임금(W^*)보다 높은 유노조 부문의 임금($W_1^{유}$)을 희망하며 무노조원이 유노조 부문으로 이동하면 무노조 부문의 노동공급이 감소(②)하므로 무노조 부문의 임금이 상승(③)한다. 따라서 숙련도에 따른 유노조 부문과 무노조 부문의 진정한 임금격차는 대기실업효과에 의해 과소 추정된다.

물음 3)

Ⅰ. 노조 임금격차(union wage gap)

$$노조\ 임금격차 = \frac{유노조\ 부문의\ 평균\ 임금(\overline{W}_U) - 무노조\ 부문의\ 평균\ 임금(\overline{W}_N)}{무노조\ 부문의\ 평균\ 임금(\overline{W}_N)}$$

유노조 부문은 노동공급의 독점적 지위를 활용해 시장 균형임금보다 더 높은 임금을 획득한다. 이렇게 독점적 노조의 교섭력을 통해 무노조 부문의 평균임금(시장 균형임금)을 상회하는 임금의 추가분이 노동조합에 의한 임금상승분, 즉 노조 임금격차를 의미한다.

그러나 독점적 노조의 교섭력 이외에 노조 가입 여부가 임의적이지 않아 선택편의(selection bias)가 존재하거나 유노조 부문과 무노조 부문의 임금 및 부가혜택 패키지에 영향을 미치는 사회경제적 변수들이 간과된다면 노조 임금격차는 노동조합의 진정한 임금효과를 과대 혹은 과소 추정하는 한계(bias)가 발생한다.

Ⅱ. 노조 가입의 선택편의(selection bias) - 과대 평가

물음 1)에 따르면 유노조 부문은 무노조 부문과의 임금격차를 확대한다. 그러나 유노조 부문 내에서는 노조의 단합을 통해 교섭력을 제고하기 위해 유노조원 간의 생산성 차이에 대한 보상수준을 낮추어 공평한 임금을 추구한다. 따라서 기업은 노조원에 대한 해고와 생산성에 비례한 차등적 임금의 지급이 어렵다. 그리고 유노조 부문의 높은 임금 프리미엄은 대기실업효과를 통해 유노조 부문의 노동공급을 증가시킨다.

따라서 이윤극대화를 추구하는 유노조 기업은 높은 노동 비용을 고려하여 다수의 유노조 부문 지원자 중에서 높은 생산성을 지닌 근로자를 선별하고자 한다. 이는 장기적으로 무노조원보다 높은 생산성을 지닌 개인이 유노조 부문에 군집하므로 상대적 숙련도의 차이는 확대될 것이다. 결국 동일 숙련도를 지닌 근로자가 임의로 유노조 부문과 무노조 부문을 선택하는 것이 아니라 상대적으로 생산성이 높은 근로자가 유노조 부문에 선택되는 편의(bias)가 존재하므로 노조가 임금에 미치는 효과를 과대 평가하는 한계가 존재한다.

Ⅲ. 보상의 편의(bias) - 과소 평가

임금은 기업이 근로자에게 지급하는 보상 패키지의 일부분에 불과하다. 노조는 유노조 기업이 제시하는 보험서비스, 휴가와 병가, 연금 등 부가혜택(added benefit) 패키지의 가치에도 영향을 받는다. 노동시장의 경험적 사실에 따르면 부가혜택 패키지가 총보수에서 차지하는 비율은 유노조 부문이 무노조 부문보다 높다. 따라서 유노조 부문이 전체 총보수에 포함되는 부가혜택 패키지의 차이에 미치는 영향은 임금격차를 상회한다. 결국 숙련에 대한 보상에 미치는 사회경제적 변수가 모형 내에서 내생변수로 포함되지 않으면 노조의 임금격차는 실제보다 과소 평가된다.

제11장

유인급여

TOPIC 01

효율성 임금이론

  Topic 1-1

일부 기업은 노동생산성 향상을 위하여 효율성임금(efficiency wage)을 근로자에게 제시하는 경우가 있다. 여기서 효율성임금은 임금인상에 따른 한계생산(marginal product)과 평균 생산(average product)이 동일할 때의 임금수준을 가리킨다. 가로축은 임금, 세로축은 생산량인 총생산곡선 그래프에 효율성임금을 표시하여 설명하고, 효율성임금 하에서 기업의 이윤이 극대화되는 이유를 설명하시오.

I. 효율성 임금

가격순응자로서 개별기업은 이윤극대화를 달성하기 위해 시장 임금에 순응하여 비용극소화 행동원리에 따라 최적 고용량을 결정한다. 그러나 기업 내부로 한정한다면 개별기업은 내부노동시장에서 산업 전체에서의 독점기업처럼 유일한 고용의 주체이다. 따라서 내부노동시장에서 이윤극대화를 달성하기 위해 외부 노동시장의 균형 임금 보다 높은 효율 임금을 설정하여 태만의 기회비용을 높이고, 이직률을 낮추고 또한 채용 과정에서 역선택을 방지하여 내부 노동자의 생산성을 제고할 수 있다.

II. 효율임금과 한계생산성

1. 높은 효율임금은 태만의 기회비용 상승

근로자가 근무시간 중 태만함이 적발되어 해고를 경험하면 외부 노동시장보다 높은 내부 노동시장의 임금을 지급받을 기회를 상실한다. 따라서 높은 효율임금은 근로자의 태만에 대한 기회비용을 상승시킨다.

2. 높은 동기부여

효율임금은 근로자에게 동기부여를 제고시킨다. 높은 임금을 통해 사회학적 관점에서 기업에 대한 충성심과 조직몰입도가 높아져서 근로의욕을 고취시킨다. 그 결과 근로자의 한계생산성이 높아진다.

3. 근로자의 이직률 감소

높은 임금은 근로자의 이직을 감소시키고 장기근속을 유도하여 기업내 기업특수적 사내 직무(Firm-specific)훈련을 받은 근로자가 많아진다. 즉, 고생산성의 노동력을 다수 보유함으로써 기업의 경쟁력이 강화된다.

4. 역선택 방지

기업은 시장 경쟁임금보다 높은 임금을 제시함으로써 정보의 불완전성에 있는 고숙련 지원자에게 신호(Signal)하게 된다. 그 결과 고숙련 지원자 역시 자신의 고생산성을 신호하기 위하여 대학진학을 마친 졸업증명서를 제출함으로써 고임금기업과 고숙련 근로자의 일자리 매칭(Job matching)이 가능해진다.

III. Graph 도해

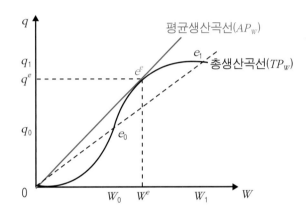

1. 효율임금은 경쟁 임금보다 높은 임금을 지급하여 근로자의 생산성을 높임으로써 이윤극대화를 달성하는 임금이다. 이윤극대화를 달성한 효율성 임금은 '생산의 임금탄력성=1'을 일치시키는 수준에서 설정된다.

$$[생산의 \ 임금탄력성 = \frac{\frac{\Delta q}{q}100\%}{\frac{\Delta W}{W}100\%} = 1]$$

$$\rightarrow [\frac{\frac{\Delta q}{q}100\%}{\frac{\Delta W}{W}100\%} = \frac{MP_W}{AP_W} = 1]$$

$$\rightarrow [\therefore \ MP_W = AP_W]$$

임금의 한계생산성과 평균생산성이 일치하는 지점에서 효율임금이 결정되고, 이윤극대화를 달성한다.

2. 위 Graph ① e_0점에서 $[MP_W > AP_W]$이므로 한 단위 추가적인 생산을 통해 임금을 인상시킬 유인이 발생한다. 왜냐하면 여전히 평균생산성보다 높은 생산이 가능하기 때문이다. 반면, ② e_1점에서 $[MP_W < AP_W]$이므로 평균생산성보다 한 단위 추가적인 생산성에 대한 생산량이 낮으므로 생산을 줄이고 임금을 낮출 유인이 발생한다. 그 결과 e^e점에서 $[MP_W = AP_W]$의 이윤극대화 조건이 달성된다.

 Topic 1-2

노동시장의 효율성임금제(efficiency wage)에 대한 다음의 질문에 답하시오. [2013년 3문, 25점]

물음 1) 기업이 효율성임금제를 실시하는 요인 중 3가지를 설명하시오. (15점)

물음 2) 효율성임금제가 실시되고 있는 시장으로 추가적인 노동의 유입이 있을 때 발생하는 비자발적 실업에 대하여 그래프를 이용하여 설명하시오. (10점)

물음 1)

Ⅰ. 효율성임금의 의의

효율성임금이란 기업이 시장임금(W^*)을 지급할 때 이윤극대화 달성이 어려워 그보다 높은 임금을 지급함으로써 근로자들의 한계생산성(MP_L)을 높여 이윤극대화를 달성하는데, 이 때 시장의 균형 임금보다 높게 설정된 임금을 효율임금(W_e)이라 한다.

이때 효율임금 수준은 생산의 임금탄력성이 '1'이 되는 지점에서 결정되며, 기업은 이윤극대화를 달성한다.

$$\text{생산의 임금탄력성} = [\frac{\frac{\Delta q}{q}100\%}{\frac{\Delta W}{W}100\%} = 1]$$

$$\Rightarrow [\frac{\Delta q}{\Delta W} = \frac{q}{W}]$$

Ⅱ. 효율성임금제 실시요인

1. 태만방지

균형 시장임금 보다 높은 효율임금은 근로자들의 근무태만 비용을 증가시킨다. 만약 근무태만으로 인하여 기업으로부터 해고를 당한 근로자는 높은 소득을 포기하는 기회비용을 지불해야하므로 효율임금은 근무태만을 방지한다.

2. 낮은 이직률

고임금 근로자들은 이직확률이 낮다. 효율임금을 지불하는 기업의 낮은 이직률은 이직으로 인한 비용을 줄이고, 기업특화(Firm-specific)훈련을 받은 근로자의 장기근속으로 생산성이 확대된다.

3. 역선택 방지

기업은 시장 경쟁임금보다 높은 임금을 제시함으로써 정보의 불완전성에 있는 고숙련 지원자에게 신호 (Signal)하게 된다. 그 결과 고숙련 지원자 역시 자신의 고생산성을 신호하기 위하여 대학진학을 마친 졸업 증명서를 제출함으로써 고임금 기업과 고숙련 근로자의 일자리 매칭(Job match)이 가능해진다.

물음 2)

Ⅰ. 효율임금의 하방 경직성

효율임금으로 이윤극대화를 달성하는 기업은 효율임금을 낮추면 이윤이 감소하므로 효율임금은 하방 경직적이다. 따라서 시장임금보다 높은 효율임금은 외부 노동시장의 초과 노동공급을 유인하여 비자발적 실업을 초래한다.

Ⅱ. Graph 도해

〈효율임금 미적용 시장〉

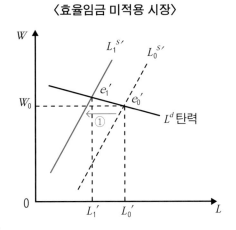

〈효율임금 적용시장〉

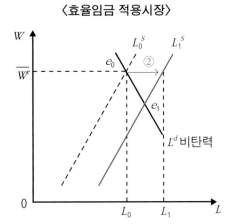

효율임금 적용시장 부문에서 효율성임금을 관찰한 근로자는 효율임금 미적용 시장 부문에서 효율성임금이 적용되는 시장으로 이동함에 따라 ① 미적용시장은 노동공급곡선이 좌측으로 이동한다. 그리고 ② 효율임금이 적용되는 시장에서는 노동공급곡선이 우측으로 이동하여 $[L_1 - L_0]$만큼의 비자발적 실업이 발생한다.

Ⅲ. 소 결

① 외부 노동시장에서 비자발적 실업의 증가는 ② 내부 노동자의 태만에 대한 기회비용을 상승시키므로 낮은 이직률과 기업 특화훈련을 통해 내부 노동시장의 경쟁력 높은 근로자를 양성하여 이윤극대화를 달성할 수 있다.

정년연장형 임금피크제

Topic 2-1

노동시장의 유연성과 정년연장형 임금피크제에 대하여 다음 물음에 답하시오. [2015년 1문, 50점]

물음 1) 기업이 선택할 수 있는 고용의 유연성 4가지 유형을 설명하시오. (12점)

Ⅰ. 기업의 고용의 유연성

1. 기업의 비용극소화

완전경쟁시장에서 기업은 가격순응자로서 비용극소화를 통해 이윤을 극대화한다.

$$\pi = \overline{PQ} - (W L + \overline{rK})$$

2. 의 의

기업은 외부환경변화에 대하여 ① 자유로운 노동 고용량(근로자 수, 근로시간)의 조정 또는 ②근로자의 기능적 유연화(MP_L) 등의 고용의 유연화를 통해 지속적으로 이윤극대화를 추구할 수 있다.

Ⅱ. 고용 유연성 4가지 유형

[외부적 수량적 유연성/ 내부적 수량적 유연성 / 외부화 / 기능적 유연성(직무훈련, 직무이동) / 임금유연성(성과급)]

1. 근로시간 유연화

근로자에게 지급하는 임금 이외에 근로시간에 비례하지 않고 근로자 수에 비례하여 비용이 발생하는 채용, 부가급여, 해고와 같은 준고정적 비용(QFC_L)이 발생한다. 환경변화에 따른 노동수요 변동으로 신규채용과 해고가 반복된다면 준고정적 비용이 상승한다. 따라서 노동수요 변화에 대응하여 기업은 ① 근로시간을 단축 또는 ② 기존 근로자의 연장근로를 선택한다. 신규채용(L)에 대한 준고정적 비용지출 대비 한계생산성($\frac{MP_L}{ME_L}$)보다 근로시간 조정(H)비용 대비 한계생산성($\frac{MP_H}{ME_H}$)이 더 높기 때문이다.

2. 외주화(Outsourcing)

환경변화에 따른 노동수요 변동에 맞춰 채용·해고를 선택할 경우 준고정적 비용이 발생하므로 외주화를 통해서 준고정적 비용을 감소시킴으로써 수요변동에 대응할 수 있다.

3. 기능적 유연성

기업 특수적 훈련(Firm-specific skills)은 제1기의 직무훈련을 통해 인적자본량을 축적하여 제2기에 높은 생산성으로 한계생산물가치를 창출한다. 이는 기업의 이윤극대화 및 근로자의 생애소득 증가를 가져다준다. 외부환경 변화에 따라 노동수요가 증가할 경우 기업 특화훈련을 마친 고생산성 근로자를 적재적소에 배치하여 활용함으로써 유연하게 대처할 수 있다.

4. 임금피크제

임금피크제는 일정 연령 이후에 이연보수로써 생산성보다 높아진 임금을 줄이는 대신 정년을 보장 또는 연장하는 방식의 임금제도이다. 환경변화로 노동수요가 증가함에 따라 기업 내 오랜기간 인적자본량이 축적된 숙련근로자를 임금피크제로써 임금은 줄이고 고용을 유지하여 환경변화에도 유연하게 대처할 수 있다.

물음 2) 임금의 유연성에 적합한 임금체계 3가지를 설명하시오. (12점)

Ⅰ. 임금 유연성

전통적인 임금체계인 연공급은 [소득-연령]평면에서 우상향의 임금곡선으로 나타난다. 생산성보다는 연령에 비례하여 지급되는 임금은 경직적인 인금체계이다.

반면 유연한 임금체계란 근로자의 한계생산물가치(VMP_L)과 동일한 임금을 지급하는 방식을 의미한다. 왜냐하면 근로자의 생산성 변동에 임금조정이 가능하기 때문이다.

Ⅱ. 유연성에 적합한 임금체계

[성과급에 기반하여 임금의 하방경직성을 해소하고 탄력적 임금제로 변화]

[직무성과급 / 연봉제 / 임금피크제 / 퇴직연금제 / 복리후생제도 차별화 / 포괄임금제]

1. 개수급

개수급은 근로자가 산출해낸 생산물(q)에 비례하여 임금을 지급하는 방식을 의미한다.

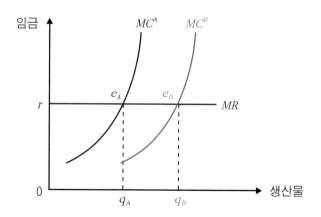

개수급이 일정할 때 한계수입(MR)곡선은 생산물의 단위 당 가격인 r수준에서 수평이며, 근로자 노력의 한계비용-(MC)곡선은 우상향 함에 따라, 두 곡선이 접하는 지접에서 생산량이 결정된다. A근로자는 q^A의 생산량, B근로자는 q^B의 생산량을 생산함으로써 보다 많은 생산량을 달성한 B근로자의 소득수준이 높다. 이러한 개수급은 주로 생산량 측정이 가능한 제조업 등에서 적합한 성과급체계이다.

2. 토너먼트 보상

토너먼트는 상대적 성과에 따른 근로자 간 차등 성과급 제도이다.

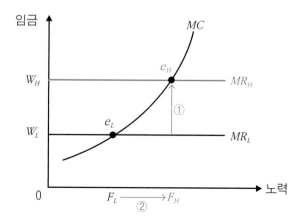

근로자들의 한계생산성이 동일하고 한계비용체증의 법칙에 따라 노력 한 단위에 투입되는 고통의 비용이 체증하므로 노력의 한계비용곡선은 우상향한다. 그리고 노력수준과 무관하게 승자와 패자의 상금은 정해져 있으므로 노력의 한계수입곡선은 수평선이다. 이때 보상이 MR_L, MR_H 두종류가 있다고 가정하면, 승자와 패자의 상금격차가 클수록($MR_H > MR_L$) 근로자는 소득을 극대화하기 위해 더 많은 노력($F_H > F_L$)을 투입한다.

물음 3) 베이비붐 세대의 일자리 문제를 해결하기 위한 '정년연장형 임금피크제'에서 피크임금 연령과 연장된 퇴직연령의 결정을 '이연보수 모형'을 이용하여 설명하시오. (20점)

Ⅰ. 베이비붐 세대에 대한 고용부담

이연보수모형에 따르면 퇴직이 가까워진 베이비붐 세대의 고용에 대한 기업의 부담이 증가한다. 이연보수모형에 입각한 임금피크제 도입으로 베이비붐 세대의 지속적 고용을 통해 근로자의 평생 소득이 극대화되고 기업은 고용부담이 완화되어 이윤극대화의 목표를 달성한다.

Ⅱ. 이연보수모형

이연보수모형은 정보의 비대칭성으로 발생하는 근로자의 도덕적 해이를 방지하기 위하여 근로자의 생애에 있어 t^*시점 이전에는 생산성보다 낮은 임금을 지급하고, t^*시점 이후에는 생산성보다 높게 지급함으로써 생애에 걸쳐$[W=VMP_L]$을 달성토록 하여 근로자가 자발적으로 정년이 도달할 때까지 태만하지 않도록 유도하는 연령−소득곡선의 임금패키지이다.

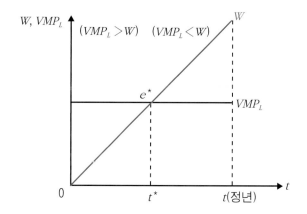

보통의 연령−소득곡선이 인적자본을 축적하면 한계생산성이 비례적으로 상승한다고 가정하는 것과는 달리 이연보수모형은 생애에 걸친 한계생산성은 고정되어 있음을 전제한다.

근로자의 생애에 걸친 VMP_L이 일정하므로 근로자는 t^*시점 이전에 받지 못한 임금을 t^*시점 이후에 회수함으로써 정년에 도달해야 $[W=VMP_L]$을 달성한다.

그러나 이미 지급된 매몰임금이 아니라 앞으로 지급해야 할 기회비용의 관점에서 최적 고용량을 결정하는 기업은 t^*시점 이후에는 VMP_L 대비 임금수준이 상승하므로 피크 임금에 가까워지는 고령의 근로자에 대한 고용부담이 증가한다.

Ⅲ. 임금피크제

1. 의 의

베이비붐 세대에 대한 기업의 고용부담 증가를 완화시키기 위한 임금제도로서 임금피크 시점에 도달하기 전에 근속연수가 긴 근로자의 임금을 하락시킴으로써 정년 연장을 통한 근로자의 생애소득 증가와 고용부담 완화로 인한 기업의 이윤 제고를 동반한다.

2. Graph 도해

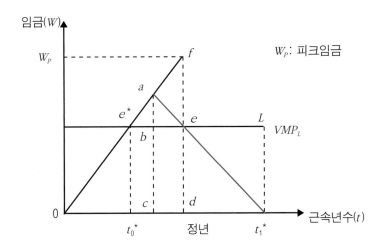

임금피크제 전의 연령-소득 곡선 $\Rightarrow \overline{0e^{*}af}$

임금피크제 후의 연령-소득 곡선 $\Rightarrow \widehat{0e^{*}aet_{1}^{*}}$

1. 임금피크제 도입 ⇒ 근로자의 평생소득 변화

$\hookrightarrow$ $a \triangleleft \begin{smallmatrix} f \\ e \end{smallmatrix}$ 감소 $<$ $\begin{smallmatrix} e \\ d \end{smallmatrix}\!\!\!\triangle\!\!\! t_{1}^{*}$ 증가 $\Rightarrow$ 평생소득 ↑ by. 수익회수기간 ↑

2. 임금피크제 도입 ⇒ 기업의 이윤

$\hookrightarrow$ $a \triangleleft \begin{smallmatrix} f \\ e \end{smallmatrix}$ 증가 $+$ $\begin{smallmatrix} e & L \\ & t_{1}^{*} \end{smallmatrix}$ 증가 $\Rightarrow$ 이윤 ↑

3. 분 석

고용부담이 가중된 근로자의 임금을 하락시켜 고용부담을 낮춘 기업은 안정적으로 한계생산물가치를 창출할 수 있고, 근로자 역시 정년의 연장으로 수익회수기간이 길어져 생애에 걸친 평생소득을 증가시킬 수 있다.

물음 4) 기존 노동력의 정년연장이 청년층 노동력의 고용을 창출하려면 생산과정에서 두 노동력 간의 관계(대체·보완관계)가 어떠해야 하는지 설명하시오(단, 다른 조건은 일정하다고 가정). (6점)

Ⅰ. 요소수요 교차탄력성

특정 생산요소의 가격이 1% 변화할 때 다른 생산요소의 수요 변화율을 측정하는 지표이다.

$$\sigma = \frac{\frac{\Delta L_{청년}}{L_{청년}} 100\%}{\frac{\Delta W_{기존}}{W_{기존}} 100\%}$$

Ⅱ. 기존근로자의 임금하락과 청년근로자 노동수요 증가 : 조보완요소관계

임금피크제 설정으로 기존 근로자의 임금이 하락하여 임금변화율이 음수가 되고, 청년층 근로자의 노동수요가 증가하여 노동수요의 변화율이 양수가 되어 교차탄력성이 음수 $[\sigma < 0]$이므로 이는 조보완관계를 의미한다.

Ⅲ. 함 의

임금피크제 도입은 기업의 이윤과 기존 근로자의 소득증대 뿐만 아니라, 기존 근로자의 멘토링 등을 이용한 지식·노하우 전수로 인하여 청년 근로자는 보다 적은 비용으로 교육훈련을 받음으로써 기업의 VMP_L을 증대시킬 수 있다.

개수급과 시간급, 토너먼트제, 연령-소득곡선

Topic 3-1

다음 물음에 답하시오.

물음 1) 저숙련 노동자는 시간급을 제시하는 기업과 매칭되고 고숙련 노동자는 개수급을 제시하는 기업과 매칭되는 군집현상을 그래프를 통해 설명하시오.

Ⅰ. 유인급여

근로자 간의 생산성 차이는 능력과 노력의 투입 여부(근무태만 정도)에 의해 결정된다. 따라서 기업은 근로자와 일자리 매칭(계약) 이후에 업무감시가 불가능하거나 관리 감독을 위한 비용이 크게 발생한다면 근로자의 근무태만을 방지하고 노력을 최대로 이끌어내기 위해 보수 패키지(incentive pay)를 활용한다.

Ⅱ. 근로자의 선택원리

근로자는 개수급을 제시하는 기업과 시간급을 제시하는 기업과 매칭될 때의 소득수준을 비교하여 일자리 매칭을 결정한다.

능력이 뛰어난 근로자일수록 생산량과 무관하게 일정 임금을 지급하는 시간급 기업보다 생산성에 비례하여 보수를 지급하는 개수급 기업과 매칭될 때 소득이 상승한다. 능력이 낮은 근로자는 저조한 생산성에 대한 대가로 낮은 임금을 지급하는 개수급 기업보다 노력 투입 여부와 무관하게 일정 임금을 보장하는 시간급 기업과 매칭될 때 소득이 많다.

따라서 시간급 기업을 선호하는 저숙련 근로자와 달리 숙련 근로자는 유인급여로서 개수급을 제안하는 기업에 지원하므로 능력에 따른 근로자 간의 군집을 관찰할 수 있다.

Ⅲ. 개수급 능력–소득곡선 도출

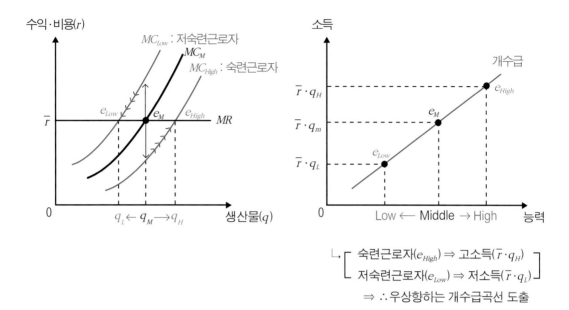

$$\left[\begin{array}{l}\text{숙련근로자}(e_{High}) \Rightarrow \text{고소득}(\overline{r}\cdot q_H) \\ \text{저숙련근로자}(e_{Low}) \Rightarrow \text{저소득}(\overline{r}\cdot q_L)\end{array}\right]$$

$\Rightarrow \therefore$ 우상향하는 개수급곡선 도출

1. 한계수입곡선

경쟁기업은 고용된 근로자가 생산한 재화를 재화시장에서 단위 당 $\overline{r}$의 가격으로 판매하므로 생산량과 무관하게 숙련 근로자와 저숙련 근로자의 한계수입은 $\overline{r}$로 일정하다. 따라서 모든 근로자의 한계수입곡선 (MR)은 $\overline{r}$에 대해 완전 탄력적인 수평선이다.

2. 한계비용곡선

한계근로자가 산출하는 생산물은 한계생산체감의 법칙에 의해 점차 감소하므로, 동일한 1 단위의 생산물을 산출하기 위해 투입되는 노동자는 점차 증가하여 한계비용은 체증하고 한계비용곡선은 우상향한다.

그리고 능력이 뛰어난 숙련 근로자일수록 동일 생산물을 효율적으로 생산하므로 숙련 근로자의 한계비용곡선은 저숙련 근로자의 한계비용곡선보다 수직 하방에 위치한다.

3. 우상향하는 개수급 능력–소득곡선

생산의 한계수입곡선과 한계비용곡선이 만나는 지점에서 최적 생산물이 결정된다. 따라서 동일 시장에서 능력이 뛰어날수록, 즉 숙련 근로자일수록 보다 많은 생산물을 산출하고 더 많은 소득을 획득하므로 개수급의 능력–소득곡선은 우상향한다.

Ⅳ. 군집과 선별

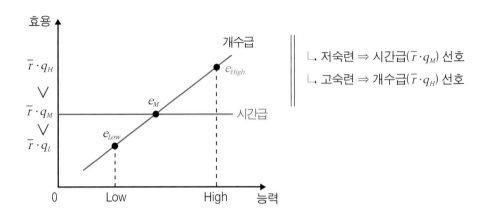

능력에 무관하게 시간급이 지급되면 모든 노동자는 동일한 소득을 얻으므로 시간급의 능력-소득곡선은 평균 소득 수준에 대하여 수평선으로 도출된다.

평균 숙련도보다 능력이 뛰어난 숙련 근로자는 개수급의 소득이 시간급보다 많으므로 개수급을 기반으로 하는 기업으로 모이고, 저숙련 근로자는 개수급보다 시간급이 소득이 많으므로 시간급을 지급하는 기업을 선호한다.

따라서 평생소득 극대화를 추구하는 근로자의 행동원리를 고려하면 기업은 해당 노동자의 능력에 대한 정보의 비대칭이 존재하더라도 개수급과 시간급에 군집하는 관찰된 사실을 통해 숨겨진 노동자의 숙련도를 선별할 수 있다.

물음 2) 기업이 토너먼트 보상체계를 도입할 때 근로자의 노력 배분 행태와 토너먼트의 문제점을 그래프로 설명하시오.

Ⅰ. 토너먼트

근로자 간의 생산성 차이는 능력과 노력의 투입 여부(근무태만 정도)에 의해 결정된다. 그런데 기업이 정보의 비대칭성으로 근로자의 생산성을 정확히 측정하기 어려울 때 다른 근로자와 대조하여 기업이 요구하는 생산성을 위한 적절 노력수준을 이끌어내기 위해 토너먼트를 활용한다.

토너먼트는 기업이 근로자 간의 경쟁을 유도하여 노력을 최대로 이끌어내기 위해 승자독식 혹은 순위에 따라 보상을 지급하는 유인급여(incentive pay) 체계이다.

그러나 상대적 성과에 따른 근로자 간의 차등 성과급 제도인 토너먼트는 승부의 불확실성과 과도한 경쟁으로 담합과 파울의 문제가 우려된다.

Ⅱ. 토너먼트에서 노력 배분

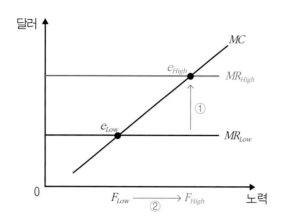

1. 노력의 한계수익곡선

토너먼트에서 승자와 패자 간의 상금 차이가 노력에 따른 한계수익이므로 근로자의 노력 배분과 무관하게 이미 정해진 상금 차이로 인해 노력의 한계수익곡선은 수평선이다. 그리고 승자와 패자의 상금 차이가 커질수록 노력이 한계수익은 상승하므로 한계수익곡선은 수직 상방에 위치한다.

2. 노력의 한계비용곡선

근로자가 승리를 위해 한계(추가적인 1 단위)노력을 배분할 때 한계수확체감의 법칙에 의해 더 큰 고통(비용)이 발생하므로 노력의 한계비용은 체증하고 우상향하는 한계비용곡선이 도출된다.

3 최적 노력 배분

근로자는 노력의 한계비용과 한계수익이 일치하는 지점에서 최적 노력을 결정한다. 따라서 근로자의 생산성에 대한 정보가 부족할 때 기업은 승자와 패자 간의 보상격차를 확대할수록 근로자의 노력을 최대로 유인할 수 있다.

Ⅲ. 담합과 파울(foul)

근로자가 능력이 대등한 경쟁자와 시합에서 최대한의 노력을 투입하더라도 승부를 예측할 수 없다면 경기자는 경기장 밖의 담합을 통해 패배의 위험을 회피하려 한다.

승자와 패자의 보상 차이가 크고 과도한 경쟁으로 더 이상 노력을 투입하기 고통스러울 때 근로자는 경기장 내의 규칙을 위반하여 경쟁자의 노력을 방해하는 문제가 종종 목격된다.

물음 3) 근로자의 태만에 대한 정보의 비대칭성이 존재한다면 연령-임금곡선이 하나의 일자리 내에서 우상향하는 기울기를 갖는지 그래프를 통해 설명하시오.

Ⅰ. 이연보수모형

이연보수모형은 정보의 비대칭성으로 발생하는 근로자의 도덕적 해이를 방지하기 위하여 해당 내부노동시장의 평균 근속년수(t^*시점) 이전에는 생산성보다 낮은 임금을 지급하고, t^*시점 이후에는 생산성보다 높은 임금을 지급한다. 이는 근로자가 생애에 걸쳐[$W=VMP_L$]을 달성하기 위해서는 초기에 회수하지 못한 수익을 후기에 회수하여야 한다. 따라서 근로자는 정년이 도달할 때까지 내부노동시장에서 해고되지 않도록 자발적으로 근무태만을 방지하도록 유인하는 연령-소득곡선의 임금패키지이다.

Ⅱ. 그래프 도해

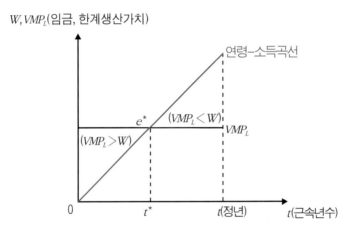

근로자의 생애에 걸친 VMP_L이 일정하므로 근로자는 t^*시점 이전에 받지 못한 임금을 t^*시점 이후에 회수함으로써 정년에 도달해야 [$W=VMP_L$]을 달성한다.

그러나 이미 지급된 매몰임금이 아니라 앞으로 지급해야 할 기회비용의 관점에서 최적 고용량을 결정하는 기업은 t^*시점 이후에는 VMP_L 대비 임금수준이 상승하므로 피크 임금에 가까워지는 고령의 근로자에 대한 고용부담이 증가한다.

Ⅲ. 우상향하는 연령-소득곡선

인적자본투자이론에 의하면 학교교육과 내부노동시장의 기업특화훈련을 통해 인적자본을 축적하면 한계생산성이 비례적으로 상승하므로 연령-소득곡선은 우상향한다. 그러나 이연보수모형은 인적자본투자이론과 달리 생애에 걸친 생산성은 고정되어 있음을 전제한다.

인적자본투자가 아닌 근로자의 근무태만에 대한 정보의 비대칭성 때문에 기업은 근무태만을 방지하고자 특정 내부노동시장에서 근속년수에 이연된 보상을 지급한다. 따라서 특정 내부노동시장에서 우상향의 기울기를 갖는 연령-소득곡선을 인적자본모형이 아닌 이연보수모형으로도 설명할 수 있다.

제12장

실 업

- 시장의 청산
→ 균형임금 & 완전고용 수준
→ (이론상) 비자발적 실업 = '0' (단, 실물의 자연실업률과는 구분)

- 실업의 탐구 목적

	① 실업의 발생	② 실업의 지속
ㄴ 답안서술 Point :	ㄴ 실업은 왜 발생하는가?	ㄴ 한번 발생한 실업은 청산되지 않고 오랫동안 지속되는가?

Ⅰ. 실업의 유형 : 마 / 계 / 구 / 경

	의 의	특 징
1. 마찰적 실업	구직자&기업 간 일자리 매칭 실패로 발생하는 실업	• $W = VMP_L$를 달성하여 자원배분이 향상 • 호황·불황, 선진국·개도국 어디에서든 발생 가능 • 실업지속기간 짧음(쉽게 청산)
2. 계절적 실업	계절적 순환에 따른 정기적인 일시 해고	• 고용·해고가 반복됨 • 실업지속기간 짧음(쉽게 청산)
3. 구조적 실업	산업구조 변화에 따라 쇠퇴 산업에 고용되었던 근로자의 숙련도가 하락하여 실업 발생	• 성장·쇠퇴 산업 부문 간 노동이동이 제한적임($MP_L^A \neq MP_L^B$) • 새로운 산업에 맞는 직업훈련이 필요하므로 실업이 상당 기간 지속
4. 경기적 실업	재화시장의 수요 감소(규모효과의 축소)는 파생적 노동수요의 감소와 하방경직적 임금이 맞물려 시장의 비청산으로 발생하는 비자발적 실업	• 임금이 하방경직적 ⇒ 시장 불청산 • 구조적 실업과 달리 MP_L은 동일

1. 마찰적 실업

- 구직자와 기업이 서로를 발견하고 일자리 매칭(Job matching)의 가치에 관하여 정확한 정보를 탐색하는 기간 동안의 실업
- 마찰적 실업의 해결책 : 구직자와 기업(구인자) 간 일자리 매칭의 탐색기간을 줄일 수 있도록(일자리 매칭 실패→성공) 매칭 플랫폼(ex. 사람인, 헤드헌터) 도입 및 활성화 필요

2. 계절적 실업

- 해수욕장, 스키장, 첨단산업과 같이 계절과 사업 순환에 연계되는 특정 산업부문에서 정기적으로 채용과 해고의 반복
- 마찰적 실업과 계절적 실업은 일시적 혹은 정기적으로 발생하는 실업이 자연스럽게 청산이 이루어질 수 있기 때문에 구조적 실업과 경기적 실업에 비해서는 실업의 고통이 작다(이와 달리 구조적 실업과 경기적 실업은 한번 발생한 실업이 상당 기간 동안 청산되지 못 하고 지속되므로 실업의 고통이 크다).

3. 구조적 실업

- 구산업에 고용되있던 근로자가 산업이 쇠퇴하여 저숙련 근로자로 전락(인식)
- A 쇠퇴 산업 부문의 노동수요가 감소하여 A부문에서 비자발적 실업이 발생
- B 성장 산업 부문의 노동수요가 증가할 때, A부문에서 비자발적 실업 상태에 있는 개인은 B부문 산업으로 노동공급(이동)이 가능할까? ⇒ 불가능
- 왜냐하면 A부문과 B부문에서 요구되는 MP_L수준이 다름
- 따라서 쇠퇴 산업의 낮은 MP_L^A를 성장 산업에서 요구하는 높은 MP_L^B로 향상시킬 수 있는 직업훈련 프로그램 등의 해결책이 요구됨
- 최저임금제, 효율임금제의 하방경직성이 초래하는 비자발적 실업도 구조적 실업

4. 경기적 실업

- 경기침체로 인한 재화시장 수요가 감소하여 생산량도 감소하므로 규모효과로서 노동시장에서의 노동수요가 감소한다. 이 때 감소된 노동수요에 따라 임금이 하락되어야 함에도 불구하고 임금의 하방경직적이므로 시장이 청산되지 못하고 발생하는 실업
- 이에 대한 해결책으로, 정부는 총수요를 확대($D\uparrow$)하는 확장적 재정정책(경기부양정책)을 활용하여 경직적 임금 수준에서 시장균형이 달성되도록 유도

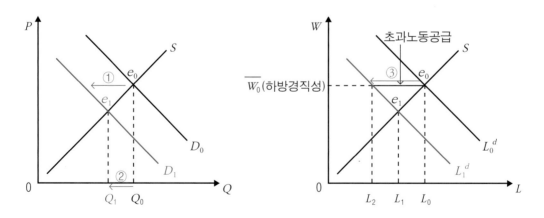

Ⅱ. 정상상태의 실업률 : 자연실업률

자연실업률은 시장 안팎에서 노동흐름의 결과로 장기균형에서 관측되는 실업률이다. 노동시장에서 실업률이 0%가 되는 것은 불가능하므로 자연적으로 발생하는 실업률은 장기적으로 관측되는 정상상태의 실업률을 의미한다.

	1990	1995	2000	2005	2010	2015	2020
실업률	3%	2.9%	3.1%	2.95%	3.05%	3%	3.1%

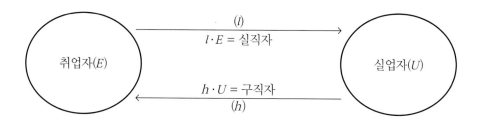

실직률(l): 취업자들 중 실업자로 전환된 비율

구직률(h): 실업자들 중 취업자로 전환된 비율

⇒ 정상상태의 실업률 : 실직자 수 = 구직자수

(1) 정상상태 ☞ $E \cdot l = U \cdot h \rightarrow E = \dfrac{h}{l} \times U$

(2) 실업률 $= \dfrac{U}{E+U}$ 이므로,

$$-\frac{U}{\dfrac{h}{l} \times U + U} = \frac{1}{\dfrac{h}{l}+1} = \frac{1}{\dfrac{h+l}{l}} = \frac{l}{h+l}$$

⇒ 정상상태의 실업률을 낮추려면 실직률(l)↓, 구직률(h)↑

Ⅲ. 노동공급에 대한 '유보임금' vs 일자리 탐색의 '요구임금'

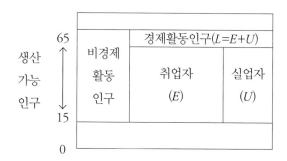

1. 유보임금

개인이 최초 1단위의 노동을 제공하기 위해 최소한으로 요구하는 주관적 임금수준으로서, 시장임금이 유보임금을 넘어서야 비로소 노동공급의사가 발생한다. 이때 소득−여가 선택모형에서 유보임금이 시장임금을 상회하여 경제활동에 참여하지 않는 선택은 효용극대화의 관점에서 자발적인 선택이므로 초기부존점(노동시장 외부)에서 효용극대화를 달성하는 개인을 비자발적 실업자로 단정할 수 없다.

2. 요구임금

구직자가 일자리를 탐색하는 과정에서 기업은 $[W=VMP_L]$의 관점에 입각하여 임금을 제안한다. 이 제안된 임금이 비자발적 실업자인 구직자의 요구임금과 일치(혹은 상회)하면 제안 받은 임금을 수락하여 직장탐색이 종료되고 취업자로 전환된다. 따라서 요구임금은 비자발적 실업 상태에서 일자리 탐색을 중단하고 노동을 공급하기 위한 최소한의 임금 수준이다.

TOPIC 01 실업의 측정

Topic 1-1

아래 〈표〉는 한 나라의 노동시장 현황을 나타내고 있다. 다음 물음에 답하시오. (계산이 필요한 경우 풀이과정을 쓰고 답을 구하시오.) [2021년 2문, 25점]

〈표〉 노동시장 현황

(단위: 만 명)

총 인구	15세 이상 인구	취업자	실업자
4,800	2,800	1,260	420

물음 1) 경제활동참가율(%)은 얼마인가? (5점)

물음 2) 실업률(%)은 얼마인가? (5점)

물음 3) 고용률(%)은 얼마인가? (5점)

물음 4) 위 〈표〉의 실업자 일부가 일자리를 찾는 것을 포기하고 비경제활동인구로 이동하면 고용률에는 어떤 변화가 생기는가? (5점)

물음 5) 경제활동참가율과 고용률에 대한 정보가 주어진다면, 이 정보를 이용하여 실업률을 어떻게 계산할 수 있는지 설명하시오. (5점)

물음 1)

- 경제활동 참가율(%) $= \dfrac{경제활동인구}{생산가능인구} = \dfrac{취업자+실업자}{15세\ 이상\ 인구}\ \dfrac{1,260+420}{2,800} * 100\% = 60\%$

물음 2)

1. 실업률(%) = $\dfrac{\text{실업자}}{\text{경제활동인구}}$ = $\dfrac{\text{실업자}}{\text{취업자+실업자}}$ = $\dfrac{420}{1{,}260+420}$ * 100% = 25%

2. 취업률 = 1−실업률 = 75%

실업률은 비경제활동인구를 과다 산정하여 실제 노동시장에서 관찰되는 실업자를 과소평가한다. 따라서 실업률과 연계되는 취업률은 노동시장에서 관찰되는 실제 고용상황(고용률)을 과대평가하는 문제가 발생한다.

물음 3)

1. 고용률(%) = $\dfrac{\text{취업자}}{\text{생산가능인구}}$ = $\dfrac{\text{취업자}}{\text{15세 이상 인구}}$ = $\dfrac{1{,}260}{2{,}800}$ * 100% = 45%

2. 비고용률 = 1−고용률 = 55%

고용률은 비경제활동인구를 경시하여 실제 노동 시장에서 관찰되는 실업자를 과대평가하는 경향이 존재한다. 비고용률을 실업률과 동일한 맥락에서 접근한다면 학업, 가사노동, 체력 등의 부담으로 경제활동의 사가 없는 학생, 주부, 고령자를 실업자로 과대 산정하여 정부의 적극적인 시장개입을 정당화하는 수단으로 활용되어 정부의 이전지출을 통한 빈번한 시장개입으로 재정건전성의 악화가 우려된다.

물음 4)

1. 실망실업자

경기변동은 생산가능인구의 경제활동참가 여부에 영향을 미친다. 현재 구직활동을 위해 직장을 탐색하고 있는 실업자는 경기불황이 발생하면 직장탐색의 한계편익이 감소하고 한계비용이 상승하므로 직장탐색을 중단하는 합리적 선택을 결정한다. 따라서 직장탐색을 중단한 실망실업자는 일할 의사가 존재하지 않으므로 실망실업자만큼 감소하는 경제활동인구가 비경제활동인구로 전환된다. 그러나 감소하는 경제활동인구와 증가하는 비경제활동인구는 정확히 상쇄되므로 15세 이상의 생산 가능 인구는 변함이 없다.

2. 고용률 – 변함 없음

실망실업자 = ΔU

$$고용률(\%) = \frac{취업자}{생산가능인구} = \frac{취업자}{15세\ 이상\ 인구} = \frac{취업자}{경제활동인구 + 비경제활동인구}$$

$$= \frac{취업자}{(경제활동인구 - \Delta U) + (비경제활동인구 + \Delta U)} = \frac{1,260}{(1,680 - \Delta U) + (1,120 + \Delta U)}$$

$$= \frac{1,260}{2,800} * 100\% = 45\%$$

3. 소 결

실업률은 비경제활동인구를 과다 산정하여 실제 노동시장에서 체감하는 실업률을 과소평가하고, 고용률은 비경제활동인구를 경시하여 실제 노동시장에서 체감하는 취업률을 과소평가한다(=고용률은 비경제활동인구를 경시하여 실제 노동시장의 실업률을 과대평가한다).

물음 5) [※ 고용률 = 경제활동참가율·(1-실업률)]

$$실업률 = \frac{실업자}{경제활동인구}$$

$$= \frac{\dfrac{실업자}{생산가능인구}}{\dfrac{경제활동인구}{생산가능인구}} \qquad [분자와\ 분모를\ 생산가능인구로\ 나눔]$$

$$= \frac{\dfrac{경제활동인구 - 취업자}{생산가능인구}}{경제활동참가율}$$

$$= \frac{\dfrac{경제활동인구}{생산가능인구} - \dfrac{취업자}{생산가능인구}}{경제활동참가율}$$

$$= \frac{경제활동참가율 - 고용률}{경제활동참가율}$$

$$= 1 - \frac{고용률}{경제활동참가율}$$

$$= 1 - \frac{45\%}{60\%} = 0.25 = 25\%$$

 Topic 1-2

A국의 취업자수는 90만 명이다. A국의 실업률은 10%이고, 생산가능인구(labor force)는 200만 명이다. 이 경제의 경제활동참가율을 계산하시오. [공무원 국가직 7급 기출 변형]

- 고용률과 경제활동참가율

$$실업률 = \frac{실업자}{경제활동인구}$$

$$= \frac{\dfrac{실업자}{생산가능인구}}{\dfrac{경제활동인구}{생산가능인구}} \qquad [분자와 분모를 생산가능인구로 나눔]$$

$$= \frac{\dfrac{경제활동인구 - 취업자}{생산가능인구}}{경제활동참가율}$$

$$= \frac{\dfrac{경제활동인구}{생산가능인구} - \dfrac{취업자}{생산가능인구}}{경제활동참가율}$$

$$= \frac{경제활동참가율 - 고용률}{경제활동참가율}$$

$$= 1 - \frac{고용률}{경제활동참가율}$$

∴ 고용률 = 경제활동참가율[1-실업률] (양변을 경제활동참가율로 곱하여 정리)

☞ 고용률 $= \dfrac{취업자}{생산가능인구} = \dfrac{90만}{200만} 100\% = 45\%$

☞ 0.45 = 경제활동참가율[1-0.1]

∴ 경제활동참가율 = 0.5 = 50%

경제활동인구가 일정한 경제에서 안정상태(steady state)의 실업률이 10%이다. 매월 취업자 중 2%가 직장을 잃고 실업자가 되는 경우, 기존의 실업자 중 매월 취업을 하게 되는 비율을 계산하시오.

[공무원 국가직 7급 기출 변형]

― 정상상태(steady state)의 실업률 ― 자연실업률

자연실업률은 노동시장 안팎에서 장기적인 노동흐름의 과정에서 관측되는 실업률이다. 균제상태(정상상태)의 실업률은 일국의 경제에서 실직자의 변동분과 구직자의 변동분이 일치하여 총 취업자수와 총 실업자수가 불변인 상태에서의 실업률이다.

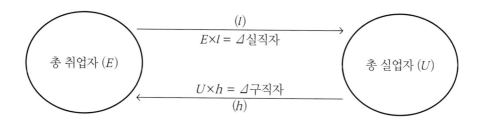

실직률(l): 취업자들 중 실업자로 전환된 비중
구직률(h): 실업자들 중 취업자로 전환된 비중

⇒ 정상상태의 실업률

1. 정상 상태

☞ Δ실직자 = Δ구직자

☞ $E \cdot l = U \cdot h \rightarrow E = \dfrac{h}{l} \times U$

2. 실업률 = $\dfrac{U}{E+U}$ 이므로, (경제활동인구 = $E+U$)

$$= \frac{U}{\frac{h}{l} \times U + U} = \frac{1}{\frac{h}{l}+1} = \frac{1}{\frac{h+l}{l}} = \frac{1 \times l}{\frac{h+l}{l} \times l} = \frac{l}{h+l}$$

3. $0.1 = \dfrac{\text{실직률}(l)}{\text{실직률}(l) + \text{구직률}(h)} = \dfrac{0.02}{0.02 + \text{구직률}(h)}$

4. 구직률 = 0.18 = 18%

일자리 탐색 모형

일자리 탐색 (경험적 사실)

임금제안 분포는 노동시장에서 특정 실업자가 받는 다양한 일자리 임금의 제안
(cf. 도수 분포표는 경험적·통계적 사실로 받아들이자.)

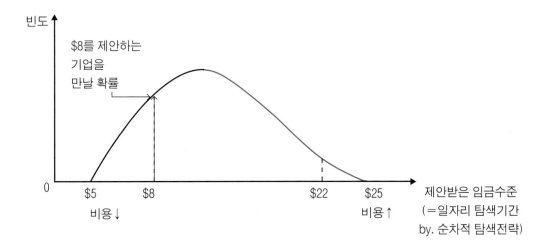

일자리 탐색을 중단하고 일자리 매칭(Job matching)이 이루어지는 시점은 노동시장에서 기업이 제안한
임금과 구직자의 요구임금이 일치할 때이다.

일자리 탐색 모형 (← 합리적 의사결정 모형)

요구임금 수준의 결정

① 실업 발생   ————————————————→   ② 얼마나 지속?
↓
일자리 탐색   언제 직업 탐색이 중단되는지?
↓   ↓
순차적 접근   합리적 관점 : MR=MC 일치지점
↓
임금제안=요구임금 일치

실업급여는 상한선과 하한선이 존재하기 때문에 임금 중 실업 보험 급여에 의해 대체되는 비율인 대체율이 저소득 근로자들은 높은 반면 고소득 근로자들은 낮다. 대체율과 실업기간 사이에는 양(+)의 상관관계가 존재하고, 숙련도와 실업기간 사이에는 음(-)의 상관관계가 관찰되는 사실을 요구임금을 통해 설명하시오.

Ⅰ. 대체율이 높은 저숙련 근로자의 긴 탐색기간

구직자는 일자리 탐색으로부터 기대되는 한계수익인 평생소득의 현재가치 증가분과 발생하는 한계비용이 일치하는 제안 임금을 요구임금으로 수용하여 일자리 탐색을 중단한다.

실업 보험 급여가 임금을 대체하는 비율이 높은 저숙련 근로자는 구직 활동을 하며 실업 보험 급여를 수령하면 일자리 탐색의 한계비용이 대폭 하락하여 요구임금이 대폭 상승하여 일자리 탐색기간이 길다. 그러나 저숙련 근로자와 달리 실업 보험 급여가 임금을 대체하는 비율이 낮은 숙련 근로자는 일자리 탐색의 한계비용이 소폭 하락하여 요구임금의 상승분이 작아 짧은 일자리 탐색으로 실업을 중단한다.

Ⅱ. 일자리 탐색 모형 - 합리적 선택과정

1. 순차적 탐색 전략

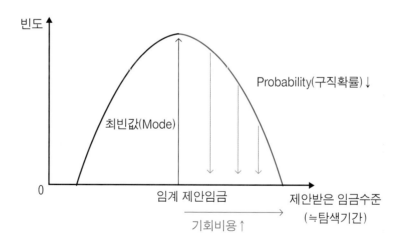

구직자는 탐색 기간을 늘릴수록 지금보다 더 높은 임금을 제안하는 기업을 탐색하는 순차적 탐색 전략을 사용한다. 따라서 일자리 탐색 기간에 비례하여 기업의 제안 임금은 점점 상승하지만 최빈값(mode)의 제안 임금을 기준으로 더 높은 임금을 제안하는 기업을 탐색할 확률(P)은 점차 하락한다.

2. 우하향의 한계수익곡선

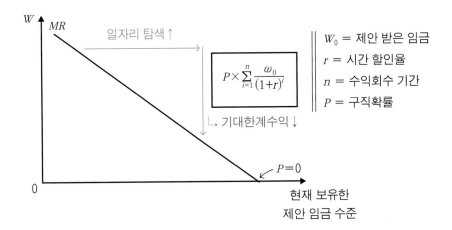

추가적인 일자리 탐색에 따른 한계이득은 평생소득의 현재가치 증가분이다. 현재(1기)의 제안 임금을 수락하여 일자리 탐색을 중단하면 미래(2기)부터 은퇴할 때까지 매년 수익회수 기간(n) 동안 제안 임금의 소득이 발생하고 이를 시간 할인율(r)로 현재가치화하면 일자리 탐색의 한계비용을 계산할 수 있다.

이때 구직자는 순차적 탐색 전략을 사용하므로 임계 제안 임금부터는 현재 제안 받은 임금보다 더 높은 임금을 제안하는 기업을 탐색할 확률(P)은 점차 하락한다. 따라서 추가적인 일자리 탐색으로부터 기대되는 한계수익은 점차 하락하므로 한계수익곡선은 우하향한다.

3. 우상향의 한계비용곡선

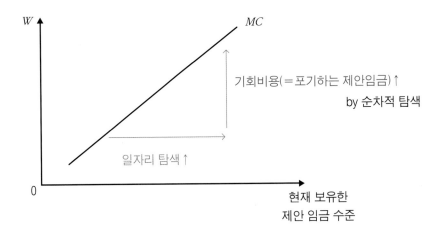

일자리 탐색비용은 교통비와 같은 직접적(명시적, 회계적) 탐색비용과 기회비용의 합으로 결정된다. 추가적인 일자리 탐색은 현재 제안 받은 임금을 포기하고 실업을 선택하였음을 의미하므로 탐색의 기회비용은 현재 제안 받은 임금이다.

구직자는 순차적 탐색 전략을 사용하므로 일자리를 탐색할수록 현재 제안 받은 임금보다 더 높은 임금을 제안하는 기업을 방문하므로 기회비용은 점차 상승하므로 일자리 탐색의 한계비용곡선은 우상향한다.

4. 중단규칙 - 요구임금의 결정(구직자의 행동원리)

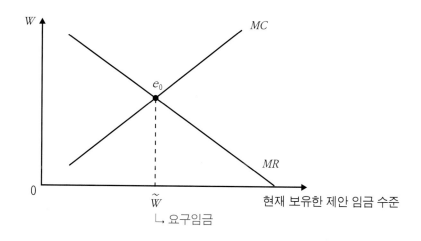

요구임금(asking wage)은 구직자가 제안받은 일자리(임금)을 수락할지 거절할지를 결정하는 임계 임금 수준이다. 순차적 탐색 전략을 사용하는 구직자는 요구임금 수준이 낮을수록 실업 기간이 짧고, 요구임금 수준이 높을수록 탐색기간이 길다.

구직자는 추가적인 일자리 탐색으로부터 기대되는 한계수익과 발생하는 한계비용을 비교하여 한계수익이 크면 탐색 기간을 늘리고 한계비용이 크면 탐색 기간을 줄이는 행동원리에 입각하여 최적 일자리 탐색 기간을 선택한다. 따라서 일자리 탐색의 한계수익곡선과 한계비용곡선이 일치하는 제안 임금은 구직자가 일자리 탐색을 중단하거나 계속하는 것을 무차별하게 인식하는 요구임금이다. 그리고 제안 임금이 요구임금과 일치한다면 구직자는 일자리 탐색을 늘릴 때 한계비용이 한계수익을 상회하므로 순편익이 감소할 확률이 상승하므로 더 이상 실업 기간을 늘리지 않고 일자리 탐색을 중단한다.

Ⅲ. 실업보험과 요구임금의 상승

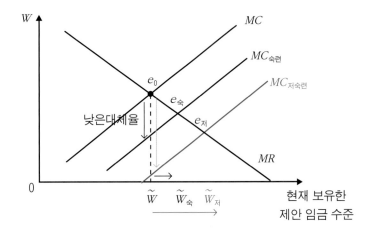

실업 보험 급여가 지급되면 일자리 탐색의 기회비용이 하락하므로 한계비용곡선이 실업 보험 급여의 지급 비율만큼 수직으로 하방 이동한다.

이때 실업 보험 급여는 상한선과 하한선이 존재하므로 고소득의 숙련 근로자는 실업 급여가 임금을 대체하는 비율이 낮고 저소득의 저숙련 근로자는 대체율이 높다. 따라서 숙련 근로자에 비해 대체율이 높은 저숙련 근로자의 한계비용이 더욱 큰 폭으로 하락하여 요구임금의 상승분이 보다 크므로 일자리 탐색의 부담이 감소하여 실업이 더욱 오랫동안 지속된다.

이는 실업 급여의 대체율과 실업기간 사이에는 양(+)의 상관관계가 존재하고 숙련도와 실업기간 사이에는 음(-)의 상관관계가 존재하는 사실을 지지한다.

그러므로 실업보험 제도는 실업 지속기간을 늘리고, 실업률을 높이며, 요구임금을 상승시켜 실업기간 이후의 임금수준을 증가시킨다.

📖 Topic 2-2
··

자발적 실업과 관련하여 직업탐색이론이 합리적 모형임을 보이시오. [2002년 3문, 25점]

Ⅰ. 의 의

실업이 발생하면 구직자의 순차적 일자리 탐색(실업 지속)을 통하여 기업의 제안 임금과 구직자의 요구임금이 일치할 때 탐색을 중단(고용)한다.

Ⅱ. 모형의 설정

1. 우상향하는 직업탐색의 MC 곡선 도출

일자리 탐색 기간이 지속될수록 비용[1]이 상승하므로 일자리 탐색의 MC곡선은 우상향한다.

                          ┗ ① 직접지출비용 – 한계생산체감의 법칙

                      ② 기회비용 – 제안받은(포기한) 임금 수준

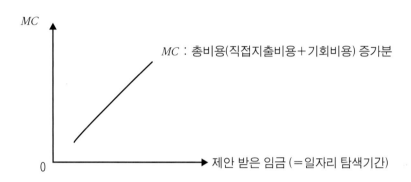

MC : 총비용(직접지출비용＋기회비용) 증가분

제안 받은 임금 (＝일자리 탐색기간)

2. 우하향하는 직업탐색의 MR곡선 도출

MR : 장래에 기대되는 소득의 현재가치의 증가분

☞ 따라서 직업탐색에 따른 수익은 수익회수 기간을 고려한 평생소득을 시간 할인율로 현재가치화

현재 제안 받은 임금수준이 높을수록 추가적인 탐색(실업의 지속)으로부터 얻는 이득이 낮아지므로(임금 제안 분포표에 따르면 보다 높은 수준의 임금을 제안 받을 확률이 낮아지므로) 일자리 탐색의 MR곡선은 우하향한다.

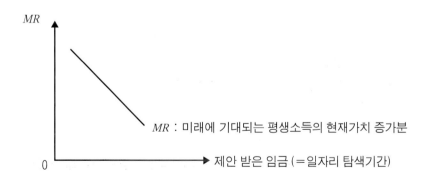

MR : 미래에 기대되는 평생소득의 현재가치 증가분

제안 받은 임금 (＝일자리 탐색기간)

---

1) cf. 대학진학 모형과 기회비용

   대학진학을 선택한 학생의 비용

   - 명시적(직접)비용 : 대학진학 시 등록금 등 비용

   - 기회비용 : 대학진학을 포기하고 곧바로 노동시장에 진입하였을 때 획득 가능한 소득

Ⅲ. 일자리 탐색의 중단규칙

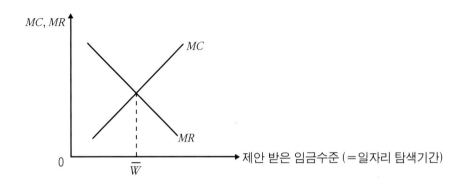

일자리 탐색의 한계비용과 한계수익($MR=MC$)이 일치하는 지점에서 기업의 제안임금 수준과 구직자의 요구임금수준이 일치할 때 구직자는 일자리 탐색을 중단한다. 이는 기업에 곧바로 고용됨을 의미한다.

Topic 2-3

일자리 탐색모형을 이용하여 실업급여의 지급, 저소득층, 고령자의 실업기간을 예측하시오.

Ⅰ. 실업급여의 확대와 실업기간 지속

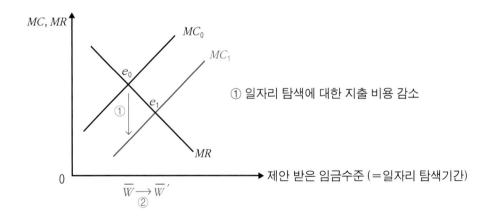

1. 실업급여의 지급과 확대는 일자리 탐색의 기회비용을 낮춘다. 실업급여가 지급되면 제안받은 임금을 포기하고 직장을 탐색하는 구직자에게 일정 부분(실업급여액)의 보상이 제공되므로 탐색의 한계비용

이 감소($MC_0 \to MC_1$)하기 때문이다.

2. 동시에 $\overline{W} \to \overline{W}'$ 으로 기업의 제안 임금 수준도 상승하여 일자리 탐색기간이 증가하여 실업률이 상승한다. 따라서 실업급여의 지급과 확대로 직장 탐색 기간은 지속되어 실업률이 증가하고 취업률(또는 고용률)은 감소한다.

Ⅱ. 저소득층의 실업기간 감소 (Tip. 고소득층과 비교서술)

1. 한계수입(MR)은 1기 수입만이 아니라 2기 수입까지 고려한다.
   ⇒ 평생소득의 극대화
   └ 1기인 현재시점에서 의사결정하므로, 시간할인율에 따라 '평생소득의 현재가치화'

2. 수익회수기간이 30년일 때,
   (1) 저소득층 : $M^L = M_1^L + M_2^L + \cdots + M_{30}^L$
   (2) 고소득층 : $M^H = M_1^H + M_2^H + \cdots + M_{30}^H$

   $- M_{1기} = \dfrac{M_{2기}}{r}$ (미래소득인 $M_{2기}$를 현재가치로 평가)
   ⇒ $M_{2기}$ 높게 평가 : 미래지향 / $M_{2기}$ 낮게 평가 : 현재지향

   $-$ 미래지향적 : $r \downarrow \Rightarrow M_{2기} \uparrow \Rightarrow \dfrac{M_{2기}}{r} \uparrow \Rightarrow M_{1기} \uparrow$

   $-$ 현재지향적 : $r \uparrow \Rightarrow M_{2기} \downarrow \Rightarrow \dfrac{M_{2기}}{r} \downarrow \Rightarrow M_{1기} \downarrow$

   $-$ 저소득층 $- [\dfrac{M_1^L + M_2^L + \cdots + M_{30}^L}{r} - MR_L]$

   $-$ 고소득층 $= [\dfrac{M_1^H + M_2^H + \cdots + M_{30}^H}{r} = MR_H]$

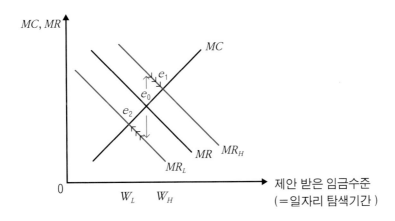

3. 저소득층은 '평생소득 극대화'를 위해 일자리 탐색기간(=실업기간)을 늘릴 여력이 없다.

Ⅲ. 고령자의 실업기간 감소 (Tip. 청장년층과 비교서술)

1. 고령자는 60세, 청장년층은 36세라고 가정할 때

(1) 고령자 $\Rightarrow \dfrac{M_1^0 + M_2^0 + M_3^0 + M_4^0 + M_5^0}{r} = MR_{Old}$

(2) 청장년층 $\Rightarrow \dfrac{M_1^Y + M_2^Y + \cdots + M_{30}^Y}{r} = MR_{Young}$

2. 고령자는 수익회수기간이 얼마 남지 않아서 현재지향적이고, 청장년층은 수익회수기간이 많이 남아서 미래지향적이다.

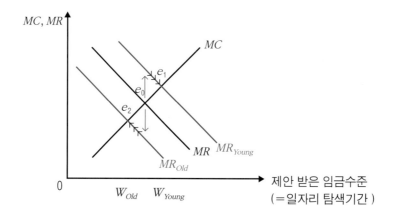

고령자는 평생소득 극대화를 위해 일자리 탐색기간(=실업기간)을 지속시킬 여력이 없다

실업보험 제도의 재원 조성 방식과 일시해고 - 불완전 경험요율

실업보험은 고용주에게 급여세(payroll tax)를 부과하여 재원을 조성한다. 경기변동 및 해당 기업과 산업 부문의 일시해고 이력에 의해 결정되는 급여세율(t)은 상한세율(t_{Max})과 하한세율 (t_{Min})이 존재한다. 이러한 실업보험 구조가 경기 침체 시기에 기업의 일시해고 빈도와 일시해고를 경험한 근로자의 일자리 탐색 활동의 강도에 미치는 영향을 설명하시오.

Ⅰ. 실업보험과 일시해고

불완전 경험요율에 입각하여 재원을 조달하는 실업보험 제도는 기업이 납세자의 기금을 이용해 일시해고를 남용하여 경기불황의 거친 파도를 회피하도록 유인한다. 또한 기업 특화 직업훈련으로 기업과 암묵적인 장기 고용계약을 체결한 근로자는 실업급여가 소진되면 기업은 일시해고를 종료하고 자신의 일자리로 소환되리라는 강한 기대를 바탕으로 일자리 탐색 활동의 강도가 낮다.

Ⅱ. 불완전 경험요율

1. 경험요율 : 수익자-부담 원칙

고용주에게 급여세를 부과하여 재원을 조성하는 실업보험은 해당 기업이 속한 산업의 일시해고 이력과 기업의 일시해고 활용 빈도의 경험에 의존하여 급여세율을 결정한다. 이는 일시해고를 사용하는 기업이 실업급여의 기금을 책임지는 수익자 부담의 원칙에 근거하기 때문이다. 따라서 과거에 해고율이 높은 기업에게는 높은 급여세를 부과하고 해고율이 낮은 기업에게는 낮은 급여세를 부과한다.

2. 불완전 경험요율

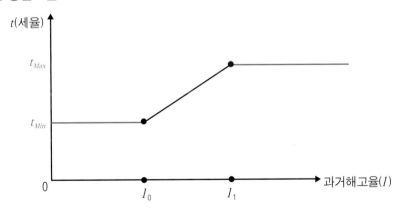

정부가 실업보험 기금을 조성하기 위해 기업에게 부과하는 세율은 상한세율(t_{Max})과 하한세율(t_{Min})이 존재한다. 따라서 일시해고를 과다하게 사용하는 기업이더라도 상한세율 이상으로 급여세를 부과할 수 없고, 거의 사용하지 않는 기업에게도 하한세율 이상으로 급여세를 부과해야 한다. 그러므로 실업보험의 재원 조달 방식은 일시해고를 많이 사용하는 기업은 정당한 몫의 비용을 지불하지 않고 다른 기업과 담세자로부터 보조금을 받는 불완전한 경험요율이다.

Ⅲ. 과다한 일시해고와 낮은 구직활동 강도

불완전 경험요율에 입각한 실업보험의 재원 구조는 기업의 일시해고와 일시해고를 경험한 구직자의 행동에 영향을 미친다.

경기 불황기에 기업은 실업기금이 고갈될 때까지 최대한 납세자의 보조금을 이용하여 고용의 부담을 회피하려 하므로 일시해고를 과다 사용한다. 또한 기업 특화 직업훈련을 바탕으로 자신의 일자리로 재소환될 가능성이 높은 일시해고자는 다른 구직자보다 구직활동의 강도가 낮아 실업급여가 소진될 때까지 실업이 지속된다.

효율임금과 실업 - 비태만 경계곡선

📖 Topic 4-1

물음 1) 경쟁 노동시장의 표준 모형에서 실업이 관측되는 경우를 그래프로 설명하시오.

[2012년 공인노무사 기출 변형]

Ⅰ. 경쟁 노동시장의 실업 - 임금의 하방경직성

임금이 신축적으로 조정되는 경쟁 노동시장에서는 노동의 초과공급이 발생하면 가격(임금)이 하락하여 초과공급이 청산되므로 비자발적 실업은 발생하지 않는다. 따라서 경쟁 노동시장에서 노동의 초과공급인 실업이 목격되는 이유는 임금의 하방 압력이 발생함에도 불구하고 임금의 신축적으로 조정되지 못 하는 하방경직성이 존재하기 때문에 노동의 초과공급이 불청산되기 때문이다.

Ⅱ. 임금의 하방경직성

1. 최저임금제
2. 연공급 임금체계(호봉제)
3. 장기 고용계약
4. 강력한 노조의 존재
5. 노동자의 화폐환상

Ⅲ. 임금과 실업 간의 양(+)의 관계

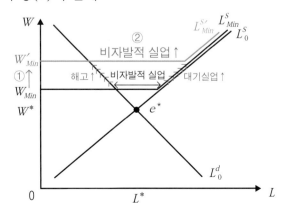

최저임금이 인상되면 고용의 부담이 가중된 기업의 해고가 증가하고, 근로자의 유보임금을 상회하는 근로유인이 발생하여 대기실업이 증가하므로 비자발적 실업이 확대된다. 따라서 전통적인 표준 경쟁 노동시장에서는 임금과 실업 간의 양(+)의 관계가 관찰된다.

물음 2) 실업에 관한 실증연구는 지역 노동시장별 임금수준과 실업 사이에 음(−)의 상관관계를 관찰한다. 이러한 임금곡선(wage curve)를 그래프로 설명하시오.

Ⅰ. 임금곡선

지역 노동시장에서 임금이 상승할수록 실업이 감소하는 음(−)의 임금곡선이 관찰된다. 이는 효율임금이 상승할수록 근무태만의 기회비용이 증가하여 비태만 근로자는 증가하고 태만한 근로자는 감소하기 때문이다.

Ⅱ. 우상향하는 비태만 경계선

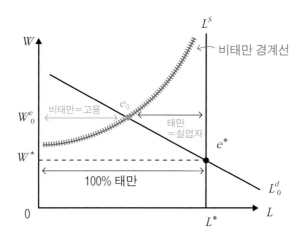

효율임금이 상승할수록 내부 노동시장의 효율임금과 외부 노동시장의 균형임금 간의 격차는 확대되어 근무태만의 기회비용이 상승한다. 따라서 태만하지 않는 비태만 근로자는 효율임금에 비례하여 증가하고 태만한 근로자는 감소하므로 효율임금과 비태만 근로자 사이에 양(+)의 관계를 대변하는 우상향하는 비태만 경계선이 도출된다.

이때 기업은 비태만 근로자는 모두 고용하고 태만하지 않은 근로자를 선별하여 고용하지 않음으로서 효율임금을 통해 이윤극대화를 추구한다.

Ⅲ. 임금곡선 : 효율임금과 실업 간의 음(−)의 관계

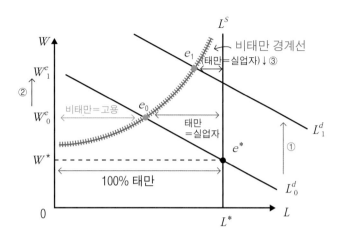

경기호황으로 노동수요가 증가하면 효율임금도 상승하여 근무태만의 기회비용도 증가한다. 따라서 비태만 근로자가 증가한 만큼 효율기업의 고용도 증가하고 태만한 근로자가 감소하는 만큼 실업이 감소하므로 효율임금과 실업 간의 음(−)의 관계가 관찰된다.

📖 Topic 4-2

. . . .

A, B, C 기업 중 B,C 기업은 시장균형임금 W^*=100을 근로자에게 지급하고 있는데, A기업은 W^e=150을 근로자에게 지급한다. A기업온 시장균형임금보다 높은 임금을 지급함으로써 이윤극대화(비용극소화)에 실패하여 정상이윤을 얻지 못해 경쟁력 약화로 시장에서 퇴출되어야 할 것이다. 그러나 A기업은 오히려 이윤이 더욱 높아져 이윤극대화를 달성한다.

$$[W^e > W^*] \Rightarrow MP_L \uparrow \Rightarrow \pi \uparrow$$

Ⅰ. 의 의

내부 노동시장의 효율임금(W^e)과 외부 노동시장의 임금(W^*) 간에 격차($W^e - W^*$)는 근무태만에 대한 기회비용이다.

효율임금을 지급하는 기업에서 노동공급자가 태만으로 인해 해고를 당할 경우 다른 기업에서 시장임금만큼 임금을 지급받게 될 것이므로, 해당 임금차액만큼의 기회비용이 발생한다. 이에 따라 효율임금제를 실시하는 기업은 근로자의 태만을 방지함으로써 높은 생산성으로 이윤을 극대화한다.

$$\begin{cases} W^* = \dfrac{P \cdot MP_L^{\text{태만}} + P \cdot MP_L^{\text{비태만}}}{2} = P \cdot MP_L \text{ (태만과 비태만 근로자의 평균 생산성에 대한 임금지급)} \\ \qquad\qquad\qquad\qquad \wedge \\ W^e = P \cdot MP_L^{\text{비태만}} \text{ (비태만 근로자에게 높은 효율임금을 지급)} \end{cases}$$

Ⅱ. Graph 도해

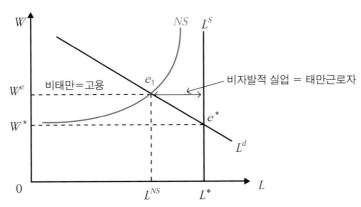

1. 완전 비탄력적 L^s : 최초 시장에 존재하는 근로자는 모두 태만한 근로자이다.
2. 기업은 업무태만에 따른 기회비용을 높이기 위해 최초의 시장 청산 임금(W^*)보다 높은 수준의 효율임금(W^e)을 설정한다.
3. 효율임금이 상승할수록 근무태만의 기회비용이 상승하므로 비태만 근로자가 비례적으로 증가하여 비태만 경계선(NS)은 우상향한다.
4. e^*에서 최초 시장균형을 달성하였고 우상향하는 비태만 경계곡선(NS)과 L^d가 교차하는 지점(e_1)에서 이윤극대화를 달성하는 효율임금(W^e)과 고용량(L^{NS})이 결정된다.
5. 이때 $\overline{0L^{NS}}$ 의 고용은 비태만 근로자들로 구성된다.
6. 반면 $\overline{L^{NS}L^*}$ 만큼의 비자발적 실업이 발생하는데 이는 태만 근로자들이다.
7. 효율임금(W^e)을 통해 이윤극대화를 추구하는 기업은 태만한 근로자는 외부 노동시장으로 퇴출하고 태만하지 않는 근로자만을 고용한다.

Ⅲ. 경기불황이 효율임금에 미치는 영향

실업　　①왜 발생?　　　　　　　　　＋　　　　　　②왜 지속?
　　　　　　⇓　　　　　　　　　　　　　　　　　　　　⇓
　　　　$W^e > W^*$　　　　　　　　　　　W^e : 효율임금의 하방경직성으로 시장 불청산

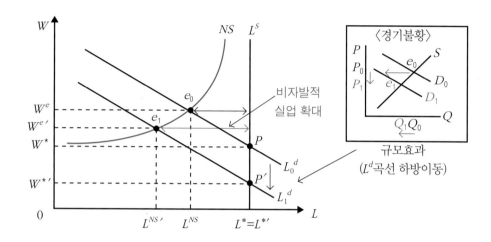

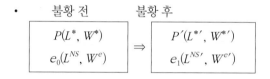

불황 전 / 불황 후

$$\begin{array}{|c|}\hline P(L^*,\ W^*) \\ e_0(L^{NS},\ W^e) \\ \hline \end{array} \Rightarrow \begin{array}{|c|}\hline P'(L^{*\prime},\ W^{*\prime}) \\ e_1(L^{NS\prime},\ W^{e\prime}) \\ \hline \end{array}$$

- 효율임금의 하방경직성 : $[W^e - W^{e\prime}] < [W^* - W^{*\prime}]$

　따라서 경기 불황에 따른 임금 감소폭은 효율임금이 시장임금보다 더 작다. 따라서 경기 불황이 발생하면 내부 노동자와 외부 노동자 간의 임금격차가 더욱 확대되어 비자발적 실업이 증가하고 지속된다.

- $\overline{L^{NS}L^*}$ 에서 $\overline{L^{NS\prime}L^*}$ 로 비자발적 실업[2]이 확대된다.

---

2) 비교 : 일자리 탐색 → 자발적 실업 → 마찰적 실업
　　　　 효율임금 →　비자발적 실업 → 구조적 실업

저자약력　정 용 수

- 고려대학교 정경대학 행정학과
- 전) 법무경영교육원 경제학 전임
- 현) 박문각 공무원(노량진 남부행정고시) 7급 경제학 전임
- 현) 커넥츠 노단기 노동경제학 전임

실전 노동경제학

초 판 발 행 2022년 10월 25일
전면개정판발행 2023년 11월 14일

편　　　　저 정 용 수
발　　행　　인 정 상 훈
디　　자　　인 신 아 름
발　　행　　처 고시계사

서울특별시 관악구 봉천로 472
코업레지던스 B1층 102호 고시계사

대 표 817-2400　　팩 스 817-8998
考試界 · 고시계사 · 미디어북 817-0419
www.gosi-law.com
E-mail : goshigye@gmail.com

정가 38,000원　　ISBN 978-89-5822-637-6　93320

법치주의의 길잡이 70년 月刊 考試 界